Köln und seine Agrippina

Vom Monstrum zur Mutter

DANK

Ohne zahlreiche Hinweise, Ratschläge und Hilfestellungen von Kolleginnen, Kollegen und anderen Persönlichkeiten der Kölner Stadtgesellschaft wäre dieses Buch nicht möglich gewesen. Ihnen allen gilt der herzliche Dank des Verfassers:

Beatrix Alexander, Ingeborg Arians, Johannes Ralf Beines, Joachim Deeters, Marcus Dekiert, Thomas Deloy, Elisabeth Dühr, Hejo Emons, Simon Epp, Johanna Gummlich-Wagner, Christian Hillen, Frauke Kemmerling, Gerald Köhler, Marion Kranen, Romy Kunert, Rolf Lauer, Susanne Laugwitz-Aulbach, Marcus Leifeld, Emilio Lolli, Reinold Louis, Peter W. Marx, Georg Mölich, Hedwig Müller, Rüdiger Müller (I), Rüdiger Müller (II), Friederike Naumann-Steckner, Peter Noelke, Joachim Oepen, Lucie Ortmann, Thomas Parent, Werner Schäfke, Wolf Schönfeldt, Irene Schoor, Bärbel Schulte, René Schulz, Günter Schwanenberg, Ulrich S. Soénius, Claudia Teichner, Marcus Trier, Steffen Unger, Christina Vollmert, Rita Wagner, Jürgen Weise

Dank gebührt auch den Institutionen, deren Hilfe unerlässlich war:

Amt der Oberbürgermeisterin - Repräsentation und Protokoll, Köln im Film e. V., Kölner Frauengeschichtsverein, Kölner Karnevalsmuseum, Kölnisches Stadtmuseum, Landschaftsverband Rheinland - Institut für Landeskunde und Regionalgeschichte, Rheinisches Bildarchiv, Römisch-Germanisches Museum, Stiftung Rheinisch-Westfälisches Wirtschaftsarchiv zu Köln, Theaterwissenschaftliche Sammlung der Universität zu Köln, Universitäts- und Stadtbibliothek Köln

Ein ganz besonders herzlicher Dank des Verfassers gilt Irene Franken, die – fasziniert von diesem Thema – sich spontan bereit erklärte, den Ausblick zu verfassen.

IMPRESSUM

© 2015 Emons Verlag GmbH

Alle Rechte vorbehalten

Lektorat: Steffen Unger, Mechernich

Satz und Gestaltung: Rüdiger Müller, Grafik, Text und Konzept, Köln

Druck und Weiterverarbeitung: B.O.S.S Medien GmbH, Goch

ISBN 978-3-95451-900-2

Unser Newsletter informiert Sie regelmäßig über Neues von emons:

Kostenlos bestellen unter www.emons-verlag.de

Bibliografische Information der Deutschen Nationalbibliothek:

Die Deutsche Nationalbibliothek verzeichnet diese Publikation in der Deutschen Nationalbibliografie; detaillierte bibliografische Daten sind im Internet über http://dnb.d-nb.de abrufbar.

MARIO KRAMP # KÖLN UND SEINE

AGRIPPINA

VOM MONSTRUM ZUR MUTTER

ZUM 2000. GEBURTSTAG
DER RÖMISCHEN KAISERIN

MIT EINEM AUSBLICK
VON IRENE FRANKEN

emons:

„Auch Weiber sah ich dort wandeln, darunter Agrippina mit ihrem schönen, herrschsüchtigen Gesichte (...) Schon hörte ich sie klagen - da plötzlich erscholl das dumpfsinnige Geläute einer Betglocke und das fatale Getrommel des Zapfenstreichs. Die stolzen römischen Geister verschwanden..."
Heinrich Heine 1829

„Colonia Agrippinensis Attrapolis"
Carl Oskar Jatho 1946

Inhalt

Inhalt

Grußworte

Keine Colonia ohne Agrippina
Emilio Lolli, Generalkonsul der Italienischen Republik in Köln

Gleich nach meiner Ankunft in Köln vor fast zwei Jahren habe ich mit großer Freude festgestellt, dass Köln sich auch nach Jahrtausenden seiner antiken Wurzel bewusst ist und diese mit großer Hingabe bis heute pflegt. In der Tat war die Metropole am Rhein Teil des römischen Imperiums und ist daher weit über ihre engeren Stadtgrenzen hinaus mit unserer gemeinsamen europäischen Geschichte verbunden.

Als Generalkonsul der Italienischen Republik freue ich mich natürlich über das große Interesse der Kölner Bürgerinnen und Bürger an diesem römischen Erbe ihrer Stadt, die sozusagen von meinen Vorfahren einst gegründet wurde: Die Kölner wissen das und sind stolz darauf – auch die vielen Italiener, die heute in dieser Stadt leben und die, wie mir einige von ihnen bei einem persönlichen Gespräch in einem traditionellen Kölner Café anvertraut haben, voller Stolz daran zurückdenken, wie ihre Mütter und Väter, die in den 50er und 60er-Jahren hierher ausgewandert sind, mit ihrer Arbeit zum Wiederaufbau der im Krieg zerstörten rheinischen Metropole beigetragen haben.

Und: keine »Colonia« ohne Agrippina. Durch die von Agrippina im Jahr 50 betriebene Erhebung der Ubiersiedlung »Oppidum ubiorum« zur »Colonia Claudia Ara Agrippinensium« wurde Köln zu einer blühenden Stadt des römischen Weltreichs.

Die in Köln vor genau 2000 Jahren geborene Kaiserin, die später in Rom residierte, hat ihren festen Platz nicht nur in italienischen Geschichtsbüchern und der monumentalen Überlieferung Roms, sondern auch im kollektiven Gedächtnis der Kölner.

Mario Kramps Buch mit dem schönen Titel »Köln und seine Agrippina« ist ein erhellender Beitrag zum Thema »Köln und seine Römer«, zeigt es doch überaus anschaulich, mit kritischem Blick und zuweilen zwinkerndem Auge, dass Köln sein antikes Erbe nie vergessen hat, sondern daran anknüpfte und sich darauf berief.

So erfahre auch ich Neues über Grundlagen und Folgen unserer gemeinsamen europäischen Geschichte wie beispielsweise eine Episode aus dem Jahre 1950: Zum 1900-jährigen Jubiläum von Agrippinas Gründung der »Colonia« überbrachte der Bürgermeister Roms der damals vom Krieg zerstörten Stadt Köln als »Spiegelbild lateinischer Kultur auf germanischem Boden« einen aufmunternden Gruß: eine kostbare Plakette, deren Inschrift »Roma communis patria« an die gemeinsame europäische Herkunft erinnerte.

Dem habe ich nichts hinzuzufügen, außer vielleicht: »Buona lettura!«.

Ein Geburtstagsgeschenk für Agrippina und ihre Stadt
Susanne Laugwitz-Aulbach, Beigeordnete für Kultur der Stadt Köln

Wie schön und in jeder Hinsicht angebracht, dass unsere städtischen Museen aus Anlass des 2000. Geburtstags der hier geborenen Kaiserin Agrippina an die römischen Ursprünge Kölns erinnern – das Römisch-Germanische Museum unter Leitung seines Direktors Dr. Marcus Trier mit der Ausstellung »Agrippina – Kaiserin aus Köln« und der Direktor des Kölnischen Stadtmuseums Dr. Mario Kramp mit dem hier vorliegenden Buch.

Eine solche Kooperation ist wegweisend. Denn beides gehört zusammen: Zu Köln gehört seine antike Geschichte, aber auch der Umgang der Stadtgesellschaft mit diesem Erbe im Verlauf der Jahrhunderte – bis heute. So breitet diese Veröffentlichung wissenschaftlich fundiert und mit zahlreichen Illustrationen ein eindrucksvolles 2000-jähriges Panorama kölnischer Geschichte aus. Und zeichnet die Verbindung mit Rom und dem Römischen Reich, der Urquelle europäischer Geschichte, europäischer Politik, europäischer Kunst, aber auch dem Modell des modernen Staatswesens und der zivilen Gesellschaftsordnung der Neuzeit. Europas Geistesgeschichte trägt den Stempel Roms. Ein Bindeglied zu Colonia formte sich unauflösbar in seiner Gründungskaiserin.

Für Agrippina besonders aufschlussreich ist der Blick über die engeren Stadtgrenzen hinaus auf die gesamteuropäische Rezeption dieser faszinierenden römischen Kaiserin.

Das Bild, das man in Köln von Agrippina zeichnete und bis heute zeichnet, war nie festgefügt, nie sozusagen in römischen Marmor gemeißelt. Es wurde diskutiert und immer wieder neu definiert – von Gelehrten, von Politikern, aber auch von der Stadtgesellschaft selbst. Wie es sich wandelte und auch volkstümlich wirksam wurde, in Denkmälern, in Liedern, und (wie kann es in Köln anders sein) auch im Karneval, das wird hier anschaulich geschildert.

Irene Franken zeigt in ihrem Ausblick, wie lebendig die Gestalt der Agrippina in Köln bis heute ist und wohl auch bleiben wird. Ihr gilt dafür mein besonderer Dank, wie auch dem Kölner Emons-Verlag dafür, dieses reich illustrierte Buch herausgebracht zu haben.

Es lenkt zugleich den Blick auf Kölner Befindlichkeiten, auf die Selbstvergewisserung einer Stadtgesellschaft, die mit Leib und Seele hoch interessiert und begeistert Anteil nahm und nimmt an ihrer eigenen Geschichte.

Seinen 2000. Geburtstag feiert man nicht alle Tage. Das hier vorliegende Buch ist ein wahrhaftiges Geburtstagsgeschenk. Für die Kaiserin aus Köln. Und für ihre und unsere Stadt.

Köln und
seine Agrippina
Zur Einstimmung

Wer war Agrippina? Die Antwort ist einfach. Es war Anni Hinz aus Köln-Hürth. 25 Jahre lang flog sie jeden September die USA, streifte ihr weißes Seidengewand über und repräsentierte Köln als römische Kaiserin »Agrippina Colonia«. Millionen haben sie bejubelt, in New York auf der Steuben-Parade, mit der deutschstämmige Amerikaner an den Unabhängigkeitskampf vor über 200 Jahren erinnern.

Seit Anni Hinz im Alter von 83 Jahren 2007 zum letzten Mal teilnahm, zieht an ihrer Stelle eine überlebensgroße Skulptur auf dem Festwagen der »Kölsche Funke New York« alljährlich durch die US-Metropole. München zeigt Trachten und Bier, Berlin ein Modell des Reichstagsgebäudes – und Köln die römische Kaiserin. Als »strammes Weib«[1], die Brüste halb entblößt, mit der einen Hand eine Löwin kraulend, in der anderen eine Goldmünze mit Kölner Stadtwappen. Sexy Agrippina: So will man ihre »Erotik und Dominanz auch gegenüber der Männerwelt«[2] betonen.

Womit eigentlich schon alles gesagt wäre. Über die wohl weltweit bekannteste Kölnerin, die nun ihren 2000. Geburtstag feiert. Denn das Urteil steht fest: Seit den Schriften der Antike, jahrhundertelang, bis heute: Agrippina gilt als Prototyp der erotisch verführerischen, skrupellosen und männermordenden Machtpolitikerin, schließlich als Opfer ihres moralisch ebenso verwerflichen Sohnes, des römischen Kaisers Nero. Mal fiel im Laufe der Jahrhunderte das Urteil zuungunsten Neros und etwas mehr zugunsten Agrippinas aus, mal umgekehrt.[3] Eine Spur aus Sex and Crime zieht sich von Agrippinas Geburt in Köln bis zum Brand Roms. Zumindest sah man dies so – in ganz Europa.

Nur nicht in Köln. Denn Köln hat ein Problem. Gehen doch Entstehung und Name der Stadt auf sie zurück, nannten sich doch die Kölner selbst nach ihr »Agrippinensier«. War die Gründerin, ja Urmutter der Stadt ein Monstrum? Nicht nur für Wallraf, Kölns Lokalpatriot und Geschichtserzähler par excellence, galt es, »die Ehre der Mutter zu retten«.[4]

Auch 2015, im Vorfeld ihres 2000. Geburtstags, entfacht Agrippina immer noch Emotionen. Warum sie in Köln immer noch kein Denkmal hat, wird gefragt. Journalistisch, politisch und auch wissenschaftlich wird – mit Recht –

Anni Hinz und die Figur der Agrippina für die Steuben-Parade in New York in der Wagenhalle des Kölner Karnevals-Museums, 2007

betont, dass die Verdammung der Agrippina mit ihrer Rolle als Frau zusammenhängt. Denn wäre sie ein Mann gewesen, hätte man ihre machtbewussten Aktionen nicht moralisch verurteilt, sondern vielleicht sogar respektvoll zur Kenntnis genommen. Von Agrippinas endlich nötiger »Rehabilitation«[5] ist die Rede. Im Schatten der Kaiserin verbündet sich vaterstädtisches Engagement mit eher anarchisch inspiriertem Karneval: kölsche Volksfront mit Ähzebär für Agrippina.[6]

Und das Römisch-Germanische Museum präsentiert zum Geburtstag der Kaiserin die große Ausstellung »Agrippina – Kaiserin aus Köln« – schließlich feiert frau ja nicht alle Jahre ihren 2000. Geburtstag …

Wer die Geschichte Kölns erzählen möchte, kam (und kommt) an Agrippina nicht vorbei. Ein Buch über Köln und seine Agrippina kann und darf sich nicht auf die antike Geschichte beschränken. Diese ist relativ gut erforscht – Agrippinas Nachleben und ihr Mythos wurden dagegen kaum und für Köln merkwürdigerweise nie beschrieben. Wer dies unternimmt, schreibt zwangsläufig auch eine Revue Kölner Geschichte von 2 000 Jahren im europäischen Kontext – inklusive der notwendigen Blicke über den rheinischen Tellerrand hinaus.

Viele haben geholfen, diesen erstaunlichen Ritt durch unsere 2000-jährige Stadtgeschichte zu bestehen. Ihnen allen gebührt großer Dank – wie auch Hejo Emons und seinem Verlag für das Wagnis, ein reich illustriertes Buch darüber herauszugeben. Denn was wäre Agrippina ohne die Bilder, die wir, zumal in Köln, von ihr im Kopf haben und die zu ihr immer wieder neu erzeugt wurden und werden?

Ein ganz besonders herzlicher Dank geht an meine Kollegin Irene Franken für ihren Ausblick über »Agrippina in Bewegung« der letzten dreißig Jahre. Reiseführer und Geschichten, große Stadtansichten, Ufer und Werft, Versicherung, Frauenpower und Schlager, vom Karneval ganz zu schweigen: kaum einer, der ihren Namen nicht kennt – in »ihrer« Stadt, wo seit 1916 sogar ein Fußballklub[8] nach ihr benannt ist, der, wie Eingeweihte verraten, in der Kreisliga wegen seines offensiven Elans von betroffenen Gegnern zuweilen auch »Aggro-Pina« genannt wird …

Köln und
seine Agrippina
Zur Einstimmung

Die römische Kaiserin bewegt sich und uns immer noch: »Agrippina, Agrippinensis, wenn do ding Pänz sühs, bes de vun de Söck.« Die »Pänz« wissen offenbar, was sie an ihr haben. Mögen Historiker, Philologen oder Archäologen doch schreiben, was sie wollen.

Muss man sich dieser Stadtgründerin schämen, die machtbewusst und machtbesessen auch in ihrer eigenen Familie mörderisch gewütet haben soll? Für Anni Hinz ist der Fall klar: »Ach, da müsste man auch bei heutigen hohen Tieren über einiges hinwegsehen. Agrippina aber hat sehr viel für Köln getan. Und nur das zählt.«[9]

Wie dem auch sei: Jede Epoche erschafft sich ihre eigene »Agrippina«. Und wer will heute schon prophezeien, wie diese faszinierende Gestalt der europäischen Geschichte in weiteren hundert oder fünfhundert Jahren gesehen wird?

Zumal hier in Köln. Der wohl einzigen Stadt in Europa, deren weibliche Urgestalt gleichzeitig als Mutter, Monstrum und Jungfrau gilt. Diese Kombination muss uns erst einmal jemand nachmachen …

Darauf einen »Mamma Nero« – jenen »echt kölschen Kräuterlikör« der Traditionsbrauerei Gaffel als »Hommage an die Mutter des Kaisers Nero und Gründerin Kölns, Julia Agrippina«.[10]

»Die beste Mamma der Welt« – Mit diesem Slogan und auf Bierdeckeln wirbt die Kölner Privatbrauerei Gaffel Becker & Co. für ihren Kräuterlikör »Mamma Nero«

Dieser kölsche Kräuterlikör transportiert mit seiner weichen, fruchtig-würzigen Note aus über 100
Kräutern das mediterrane Flair, das Köln mit seiner offenen und gastfreundlichen Art ganzjährig
versprüht. Die  Wurzeln hierfür ordnet man den römischen
Gründern der Rheinmetropole
zu. Der Name MAMMA NERO
ist eine Hom- mage an die
Mutter des rö- mischen Kaisers Nero, Ju- lia Agrippina,
die 50 n. Chr. dafür sorgte,
dass unsere Stadt Colonia Claudia Ara Agrippinensium nach ihr benannt wurde und Stadt-
rechte erhielt.

Die zwei Sätze des Tacitus
Prolog

Das, was wir über die von Agrippina betriebene, immer wieder zitierte Stadtgründung Kölns im Jahr 50 n. Chr. erfahren, hat Tacitus in seinen »Annalen« kurz erwähnt: »Sed Agrippina, quo vim suam sociis quoque nationibus ostentaret, in oppidum Ubiorum, in quo genita erat, veteranos coloniamque deduci impetrat, cui nomen inditum e vocabulo ipsius. Ac forte acciderat, ut eam gentem Rhenum transgressam avus Agrippa in fidem acciperet.«[1]

Man könnte dies übersetzen mit: »Agrippina aber setzte, um auch den verbündeten Völkern ihre Macht zu demonstrieren, durch, dass in der Stadt der Ubier, in der sie geboren war, Veteranen angesiedelt und eine Kolonie gegründet wurde, die nach ihr benannt wurde. Zufällig traf es sich dabei, dass ihr Großvater Agrippa diesen Stamm, nachdem dieser über den Rhein gegangen war, in den römischen Schutz aufgenommen hatte.«[2]

So erfahren wir, wenngleich eher in Form lapidarer Nebensätze, dass die Frühgeschichte Kölns zwei entscheidende Phasen hatte: Die erste hängt zusammen mit Agrippinas Großvater Marcus Agrippa, der die (germanischen) Ubier, nachdem diese vom rechten auf das linke Rheinufer gezogen waren, als Verbündete unter römischen Schutz gestellt hatte.

Die zweite Phase wurde geprägt von seiner Enkelin Agrippina, die zufällig zwei Generationen später in diesem Ort der Ubier geboren wurde. An ihrem Geburtsort ließ sie Veteranen ansiedeln und eine Kolonie gründen, die nach ihr benannt wurde, auch um den Verbündeten ihre Macht zu zeigen.[3] Aber: Diese beiden knappen Sätze sind alles. Der Rest ist Deutung, Nachleben, Mythos.

Büste der Agrippina der Jüngeren, um 50–54 n. Chr., Stuttgart, Landesmuseum Württemberg

Zur Person: Agrippina

Die Kaiserin aus Köln

Zunächst zur Geschichte der Iulia Agrippina, genannt »Agrippina die Jüngere« (Agrippina minor), um sie von ihrer gleichnamigen Mutter unterscheiden zu können: Sie wurde in Köln geboren, wohl in dem von Tacitus an anderer Stelle erwähnten Haus des Germanicus »domus Germanici«, dem mutmaßlichen Vorgängerbau des späteren Statthalterpalastes oder in dessen Nähe. Dies geschah am 6. November 15 oder 16 n. Chr., wobei die meisten Historiker heute vom Geburtsjahr 15 ausgehen.[4] Mithin könnte man in ihrer Geburtsstadt Köln jetzt ihren 2000. Geburtstag feiern. Doch wen sollte man da feiern – ein schon von der antiken Geschichtsschreibung verdammtes Monstrum? Oder eine in Köln hoch gelobte Mutter der Stadt?

Versuchen wir uns zu Beginn einen knappen Überblick über das Leben der Agrippina zu verschaffen.[5] Das Wichtigste vorweg: Agrippina gehörte mit ihren Eltern und acht Geschwistern zum inneren Kreis der römischen Aristokratie und des julisch-claudischen Kaiserhauses.

Ihrem Großvater Marcus Agrippa, nach dem die kleine »Agrippina« benannt wurde, wird die erwähnte Umsiedlung der germanischen Ubier auf die linke Rheinseite zugeschrieben – unter Kaiser Augustus, Agrippinas Urgroßonkel.[6]

Ein anderer herausragender Feldherr des Augustus war Germanicus, gleichzeitig Kandidat mit großen Chancen als kaiserlicher Nachfolger. Wie bereits sein Vater Drusus kämpfte er gegen die Germanen. Nach der Niederlage der Römer in der sogenannten Varus-Schlacht 9. n. Chr. wurde Germanicus in den hohen Norden des Imperiums gesandt. So zog er mit seiner Frau Agrippina der Älteren in die Ubiersiedlung an den Rhein, wo der kleine Sohn Gaius, der spätere Kaiser, zum Liebling der hier stationierten Soldaten wurde und seinen Spitznamen Caligula (»Soldatenstiefelchen«) erhielt.[7]

Als Augustus 14 n. Chr. starb, konnte Germanicus seine rheinischen Legionen nur mit Mühe daran hindern, einen Aufstand zu wagen und ihn – anstelle des von Augustus designierten Nachfolgers Tiberius – zum Kaiser auszurufen. Im Verlauf der im Folgejahr erneut aufflackernden Rebellion ließ Germanicus, in seinem Haus bedrängt, seine schwangere Frau und den kleinen Caligula aus der Stadt schaffen. Von Reue

Die Eltern der Agrippina: Germanicus, Marmorbüste, Museo nazionale romano di Palazzo Massimo, Rom, und Agrippina d. Ä., Marmorbüste, Römisch-Germanisches Museum Köln

ergriffen, sollen die Soldaten sich schließlich gebeugt haben. Agrippina die Ältere kam zurück und brachte ihre Tochter Agrippina die Jüngere zur Welt – in Köln, der Zwischenstation des Paares Germanicus-Agrippina d. Ä. in dessen Karriere auf dem Weg zum erhofften Führungsanspruch in Rom.[8]

Danach blieb die Familie nur noch wenige Monate am Rhein – die kleine Agrippina sollte Köln nie wiedersehen. Kaiser Tiberius sandte den als Rivalen betrachteten Germanicus zu

Figur mit grausamem Cäsarenwahn) in die Geschichte einging. Agrippina, inzwischen Witwe, wurde mit ihren beiden überlebenden Schwestern rehabilitiert und konnte nach Rom zurückkehren. Doch dann folgten das Zerwürfnis mit dem kaiserlichen Bruder und nach der Anklage wegen Hochverrats im Jahr 39 Agrippinas Verbannung auf die Insel Pontia (Ponza).[10]

Nach der Ermordung des Caligula riefen die Prätorianer 41 n. Chr. Agrippinas Onkel Claudius zum Kaiser aus – zu dessen eigener Über-

Kriegszügen in den Nahen Osten, wo dieser in Syrien unter nicht ganz geklärten Umständen einer Krankheit erlag. Seine Witwe blieb mit den Kindern alleine zurück und starb, von Tiberius argwöhnisch beiseitegeschoben und vom Senat verurteilt, in der Verbannung.[9] Die Tochter Agrippina entkam diesem grausamen Schicksal. Mit dreizehn Jahren wurde sie verheiratet und brachte schließlich in dieser Ehe im Jahr 37 ihr einziges Kind, ihren Sohn, zur Welt, den man später Nero nannte.

Nach Tiberius' Tod wurde Agrippinas Bruder Gaius Kaiser, der als Caligula (und womöglich zu Unrecht als ausgesprochen unappetitliche

raschung: Er soll sich hinter einem Vorhang versteckt haben, weil er ebenfalls seine Ermordung erwartete. Claudius hat in den antiken Chroniken den Ruf eines ältlichen, umständlichen Bürokraten und Bücherwurms – um nicht zu sagen: des Trottels der Familie. Nicht ganz zu Recht, denn der durchaus intellektuelle und musisch begabte Kaiser regierte und verwaltete das Imperium mit einigem Geschick.[11]

Wie dem auch sei: Dies war Agrippinas zweite Chance. Und sie ergriff sie. Erneut kehrte sie nach Rom zurück, heiratete ein zweites Mal – diesmal einen nützlichen, da sehr reichen, älteren Senator, den sie, glaubt man den Andeu-

Zur Person: Agrippina

tungen der antiken Autoren, danach aus dem Leben befördert haben soll. Jedenfalls verfügte sie jetzt über alle Grundvoraussetzungen, die sie in ihrer Rolle als Frau benötigte, um am Hof Einfluss zu erlangen: erotische Anziehungskraft, vornehme Herkunft, Reichtum und Nähe zum regierenden Kaiser. Einigkeit besteht selbst bei all ihren Gegnern darüber, dass sie letztlich ein einziges Ziel verfolgte: ihren Sohn Nero zu schützen, ja, ihn zum Nachfolger des Kaisers zu machen. Und damit, unausgesprochen, auch die Familiendynastie zu sichern und wohl auch über Nero Zugang zur Macht zu erlangen.

Nachdem Claudius sich von seiner als sexuell überaus ausschweifend charakterisierten Frau Messalina getrennt hatte und diese wohl mit seiner Billigung erwürgt worden war, heiratete die 34-jährige Agrippina ihren 24 Jahre älteren Onkel. So wurde sie im Jahr 49 Kaiserin – wofür man eigens Gesetze änderte, da eine solche Verbindung zwischen Onkel und Nichte zuvor als Inzucht verboten gewesen war.[12]

Gemeinsam mit dem Kaiser empfing Agrippina Gesandtschaften und nahm an entscheidenden Beratungen teil – wenigstens »velo discreta«[13] – hinter einem Vorhang: nicht weil sie selbst unerkannt bleiben wollte, sondern weil die offene Teilnahme einer Frau an Staatsgeschäften dem patriarchalischen römischen Moralcodex widersprach. Dennoch verlieh der Senat der ehrgeizigen Agrippina sogar den kaiserlichen Beinamen »Augusta«.[14] In dieser Phase des Höhepunktes ihrer Macht kam es auf ihr Betreiben im Jahr 50 zur Erhebung der Ubiersiedlung, ihrer Geburtsstadt am Rhein, zur römischen Kolonie. Fazit: »Der Triumph Agrippinas war umfassend.«[15]

Es gelang Agrippina zudem, dass Claudius ihren Sohn Nero adoptierte und dessen eigener Sohn Britannicus in der Thronfolge zurückgesetzt wurde. Als Nero auf Agrippinas Betreiben auch noch Octavia, die erst dreizehnjährige Tochter des Claudius, heiratete, war die Verbindung Agrippinas mit der Kaiserfamilie so gefestigt, dass einem Regierungsantritt Neros kaum noch etwas im Wege stand. Außer Claudius selbst. Erst recht, sobald dieser wieder Anstalten machen sollte, Britannicus zum Nachfolger ernennen zu wollen.

Agrippina krönt ihren Sohn Nero, römische Statuengruppe, Museum in Aphrodisias, Türkei

Zur Person: Agrippina

Goldmünze mit dem Bildnis Neros und Agrippinas, 54 n. Chr. Die Münzinschrift feiert Agrippina als »Mutter des göttlichen Nero«, Privatbesitz

Die Vorliebe des Kaisers für gutes und reichliches Essen wurde ihm am 13. Oktober 54 n. Chr. zum Verhängnis. Er soll an einem vergifteten großen Pilz gestorben sein, den er aus einem Pilzgericht als Erster in der Speisefolge zu sich nahm.[16]

Die antiken Historiker erwecken einhellig den Eindruck, dass Agrippina hinter dem Mordkomplott stand. In der neueren Forschung ist man sich da nicht mehr ganz so sicher, zumal Tacitus sich hinter der Behauptung versteckt, dies werde von den damaligen Chronisten so berichtet. Die Geschichte vom Mord an Claudius wurde wohl nach dem Tod Neros in die Welt gesetzt – um ihn und seine Mutter als umso verwerflicher darstellen zu können.[17] Vermutlich wird man den Todesfall Claudius nie ganz aufklären können. Agrippina jedenfalls war am Ziel: Nero wurde Kaiser.

Die Beste aller Mütter

Zunächst waren Mutter und Sohn ein Herz und eine Seele. Agrippina wurde der Prätorianergarde vorgestellt als »*optima mater*« (»Beste aller Mütter«)[18]. Der junge Kaiser ließ es sogar zu, ihr Bild mit seinem eigenen auf Münzen erscheinen zu lassen, wobei die Umschrift nahelegte, dass nicht er, sondern sie die Hauptrolle spielte: Symbol eines Machtanspruchs der Agrippina, der von senatorischen Führungskreisen keineswegs goutiert wurde.[19]

Anfangs hatte Agrippina im Prätorianerpräfekten Burrus und im Philosophen Seneca, der den jungen Nero erzog, zwei zuverlässige Unterstützer. Dann wurde die Mutter des Kaisers lästig, von den beiden kaltgestellt und verlor am Hof rasch an Einfluss. Waren die Gründe für die schon in den ersten Monaten von Neros Herrschaft einsetzende Entfremdung zwischen Mutter und Sohn wirklich, wie Tacitus unterstellt, Neros Liebesaffären, unter anderem mit der verführerischen Poppaea Sabina?[20] Agrippina muss darin eine Gefährdung der eben erst gefestigten Herrschaft ihres Familienclans gesehen haben. Als sie Nero damit drohte, dessen Stiefbruder Britannicus wieder als möglichen Konkurrenten aufzubauen, ließ Nero diesen töten.

Die tiefere Ursache für das Zerwürfnis mag eher darin gelegen haben, dass Agrippina, wie Tacitus und Sueton berichten, mit ihrem Machthunger, ihrer Skrupellosigkeit und ihren Intrigen zur Gefahr wurde. Doch für wen? Für die Herrschaft der männlichen Elite, die in der Wahl ihrer Machtmittel ebenfalls keineswegs zimperlich war? Man könnte es auch anders ausdrücken: Agrippina unterlag, weil sie nicht willens war, sich mit der ihr zugewiesenen zweitrangigen Rolle als Frau zu begnügen. Und Nero als herrschender Princeps musste sich von seiner Mutter distanzieren, weil er ansonsten in Verruf kam, schwach und von einer Frau abhängig zu sein.[21]

Schließlich fassten Nero und seine Berater den Entschluss, Agrippina ermorden zu lassen.[22] Dies musste heimlich geschehen, da Muttermord als besonders ruchloses Verbrechen galt. Nachdem mehrere Versuche fehlgeschlagen waren – Agrippina war einer über ihr zusammenbrechenden Deckenkonstruktion ebenso lebend entkommen wie einem für ihre Ermordung sogar eigens präparierten Schiffsuntergang auf dem Meer[23] –, wurde sie von Neros Soldaten im Frühjahr 59 mit dem Schwert getötet. Nach der theatralischen Erzählung des Cassius Dio soll Agrippina ihrem Mörder den Unterleib entgegengehalten und ausgerufen haben: »Durchbohre ihn, dass er einen Nero gebären konnte!«[24]

Der feige Muttermord wurde kaschiert mit der im gesamten Imperium offiziell verbreiteten Falschmeldung, Agrippina habe ihrerseits geplant, ihren Sohn Nero töten zu lassen, und Selbstmord begangen, als ihr Komplott aufgeflogen sei. Das Andenken an sie musste nun überall getilgt werden.[25]

Es folgte die vielfach beschriebene Zeit der letzten Jahre von Neros Herrschaft, seine öffentlichen Auftritte, seine Prachtbauten, seine Opfer wie der in den Tod getriebene Seneca, der Brand Roms, die Christenverfolgung und schließlich sein eigener Selbstmord im Juni des Jahres 68, als er, um seiner Tötung durch die sich gegen ihn erhobenen Prätorianer zuvorzukommen, sich einen Dolch in die Kehle stieß.[26] Es war zugleich das Ende der julisch-claudischen Dynastie.

Das Monstrum

Das größte Problem bei dem Versuch, Agrippinas Leben zu beschreiben oder gar zu bewerten, sind die Quellen. Nicht, dass es keine gäbe. Doch alle antiken Autoren – Sueton, Tacitus, Cassius Dio und andere – verfassten ihre Berichte erst 70 Jahre oder noch später nach dem Tod der Agrippina. Und alle sind ihr zutiefst feindlich gesinnt. Agrippinas eigene Memoiren, die Tacitus behauptete, für seine düstere Darstellung ihrer Person genutzt zu haben[27], würden wir allzu gerne lesen. Doch müssen sie wohl als für immer verloren gelten.

Seit einigen Jahren erfolgt zaghaft in der historischen Forschung eine vorsichtige Revision des zuvor durchweg negativen, ja vernichtenden Urteils über Agrippina (wie übrigens auch im Falle des Caligula und des Nero).[28] Zum einen wirkte sich die Mitregierung Agrippinas unter Claudius in den ersten Jahren durchaus auch positiv aus, etwa in der Frage der Staatsfinanzen und sogar dem Rückgang öffentlicher Skandale.[29]

Vor allem aber wird mit Recht eingeräumt, dass es sich bei den antiken Quellen, die von Agrippina berichten, zumindest auch um fiktional aufgebaute Texte, um Diskurse handelt – mit der Funktion, die herrschende Moral und den politischen Führungsanspruch der römischen Elite zu legitimieren, jener durch und durch patriarchalischen Aristokratie. Dies wurde nicht ganz unzutreffend, wenngleich verkürzt zugespitzt in dem Fazit »Wäre Agrippina männlichen Geschlechts gewesen, hätten die Quellen vielleicht ein anderes Bild von ihr gezeichnet.«[30]

Fest steht nach neueren kritischen philologischen und historischen Analysen: Antike Autoren konstruierten Agrippinas Biografie und ihre (Un-)Taten mit topischen Versatzelementen und überdies nicht frei von Widersprüchen, die manche Passagen als wenig plausibel erscheinen lassen, wenn sie nicht sogar in das Reich der Legende zu verbannen sind: »Die reale, konkrete Person der Mutter Neros lässt sich daraus« jedenfalls, so lautet derzeit das ernüchternde Fazit, »nicht rekonstruieren«.[31]

Dies hält viele Historiker jedoch nach wie vor nicht davon ab[32], Agrippina als »machthungrige«[33] (Un-)Person, als durch »krankhafte

Zur Person: Agrippina

Herrschsucht getriebene«[34] Frau zu präsentieren, »gleichgültig gegenüber konventioneller Moral«.[35] Und als Hauptakteurin in einem antiken Drama – oder sollte man sagen: in einer die Massen faszinierenden Soap-Opera? Sex and Crime sells: Selbst wenn die Untersuchung seriös ist und dem aktuellen Forschungsstand entspricht, verzichtet man auf Buchumschlägen nicht auf die Erwähnung der »unwiderstehlichen Verquickung von Verrat, Inzest und Mord«[36] oder, wie bei der gerade erst erschienenen französischen Biografie der Agrippina, auf die Nennung von »Sex, Verbrechen und Macht«.[37]

Ob es im Gegenzug angebracht ist, zu einer radikalen und groß angelegten »Rehabilitation« auszuholen und vollmundig zu erklären, die »senatorischen Propagandalügen« über Agrippina als eine »völlig zu Unrecht systematisch verteufelte Person« seien nun endlich »entlarvt«[38] – oder es nicht vielmehr darum gehen sollte, anhand der Biografie der Agrippina die Herrschaftsstrukturen und Legitimationsstrategien der führenden römischen Familienclans quellenkritisch zu hinterfragen und zu erläutern: Das alles mag künftigen althistorischen und philologischen Forschungen überlassen werden. Denn hier geht es um die Rezeptionsgeschichte. Genauer: um Köln und seine Agrippina.

Agrippina d. J., Kopenhagen, Ny Carlsberg Glyptotek

Agrippa, Augustus, Agrippina: Phasen der Stadtgründung

Agrippinas Großvater Marcus Agrippa, Marmorbüste, Berlin, Staatliche Museen, Preußischer Kulturbesitz, Altes Museum

Auf der Suche nach dem Ursprung

Für Köln kommt Agrippina als »Stadtgründerin«[1] eine entscheidende Bedeutung zu. Die Frage, die sich hieraus ergibt, ist sehr einfach zu stellen, aber weitaus schwieriger zu beantworten: Wann und von wem wurde die Stadt Köln gegründet? Gern hätte man eine verbindliche, knappe Antwort mit einem konkreten Datum und einem konkreten Gründungsvater (oder einer Gründungsmutter). Schließlich geht es oft genug um vermeintlich historisch korrekt zu feiernde Jubiläen. Die folgenden Kapitel werden zeigen, wie sehr man sich schon seit dem Mittelalter in Köln an dieser Frage die Zähne ausgebissen hat.

Das mag daran liegen, dass die Frage womöglich falsch gestellt ist, geht sie doch von der Idee eines einzigen »Aktes« der Gründung mit einem einzigen »Akteur« aus, statt zu berücksichtigen, dass wir es mit einer etwas längerfristigen Entwicklung zu tun haben könnten. Denn: Was bedeutet »Stadt«? Und was »Gründung«?

Agrippa und die Ubier

Unbestritten ist: Cäsar besiegte und vertrieb die hier ansässigen Gallier. Auch als unter Agrippa die germanischen Ubier aus ihrem ursprünglichen Siedlungsgebiet an der Lahn auf das linke Rheinufer zogen, gab es noch keine »Stadt«. Sie verteilten sich in Familienverbänden im ländlichen Raum etwa zwischen dem heutigen Krefeld und Remagen.

Nach der Eroberung Galliens durch Cäsar und der Befriedung der westlichen Teile Germaniens unter Augustus wurden zunächst Straßen angelegt: Ein neues Netz römischer Fernstraßen verband seit etwa 10–18 v. Chr. künftige Zentralorte wie Lyon und Köln mit der Kanalküste und mit Rom – wohin ja bekanntlich alle Wege führen. Etwa gleichzeitig, wohl um 19 v. Chr., erfolgte in der zweiten Amtszeit des Statthalters Marcus Agrippa am Rhein die Integration der umgesiedelten Ubier als Verbündete auf dem linken Ufer.[2] Damit waren die Bedingungen für die Entstehung des künftigen Köln geschaffen.

Es war jedoch für die Römer unabdingbar, einen Zentralort zu haben, erst recht in erst kürzlich einverleibten Gebieten wie Gallien und

Germanien – unentbehrlich für Verwaltung, Infrastruktur oder Steuereintreibung, vor allem aber: um sich der Botmäßigkeit der untergebenen Stämme zu versichern.

Augustus und die Ubierstadt

Ein zentraler Ort mit einem zentralen Heiligtum musste geschaffen werden, geweiht der Göttin Roma und dem Augustus, wo sich die Stammesvertreter alljährlich treffen, Opfer bringen und damit Rom Treue und Gefolgschaft schwören konnten. Erst recht, nachdem um das Jahr 7 v. Chr. die Eroberung des rechtsrheinischen Germanien erfolgreich abgeschlossen zu sein schien.

Der Zentralort der Ubier war somit auserkoren, Hauptort der neuen Provinz Germania zu werden – und zwar beiderseits des Rheins. So begann der urbane Ausbau Kölns. Weitere, ähnliche Zentralorte sollten Tongern, Nimwegen oder Trier werden.[3] All dies geschah als »Teil der Erschließung und Gestaltung der Welt unter Augustus – nach römischen Vorstellungen und Formen.«[4]

Auf dem heutigen Gebiet der Kölner Altstadt, hochwassergeschützt und mit natürlichem Hafen, entstand die Anlage eines urbanen Gemeinwesens, des von Tacitus erwähnten *oppidum Ubiorum* als gewissermaßen städtischer Kern der Ubier.[5] Man zögert, dieses Gemeinwesen »Köln« zu nennen. Es war, so Hartmut Galsterer, noch keine Stadt, »die ein Besucher aus dem Mittelmeerraum als solche akzeptiert hätte«.[6] Noch drastischer formuliert es Lindsay Powell in seiner 2015 erschienenen Biografie des Marcus Agrippa und zieht die Bezeichnung »*oppidum Ubiorum*« vor – anstelle von »Köln, das in dieser Zeit eher aussah wie eine Stadt im amerikanischen Wilden Westen.«[7]

Für die Römer und die kulturell hoch entwickelten urbanen Gesellschaften des Mittelmeerraums war es eher der »Wilde Norden«, in dem das *oppidum Ubiorum* wuchs. Lange wurde in der Forschung debattiert, wie diese »Ubierstadt« wohl beschaffen gewesen sein mag. Darüber wissen wir, nicht zuletzt durch Funde der Archäologen, heute mehr.[8] Es gab Tempel, Verwaltungsgebäude, sogar eine Stadtbefestigung, deren bedeutender Überrest das dendrochronologisch auf 4–5 n. Chr. datierte »Ubiermonument« ist. Diese Bezeichnung ist populär, doch müsste es eigentlich eher »Römermonument« heißen – denn all diese Bauten wurden von römischen Architekten, Ingenieuren und Soldaten errichtet. Nach und nach kamen im Umland lebende Ubier gewissermaßen im Schlepptau des römischen Militärs in die entstehende Stadt.[9] Aus dem Jahr 9, dem Jahr der Niederlage des Varus, stammt die erste bislang bekannte Erwähnung ihres Altars, der »ara Ubiorum«, als zentraler Kultstätte.[10]

Welches wäre somit das gesuchte »Datum« der Gründung der Stadt Köln? Die Umsiedlung der Ubier unter Agrippa um 19 v. Chr.? Das Wachstum einer urbanen Struktur unter Augustus seit 7 v. Chr.? Oder die Befestigung dieses Zentralortes ebenfalls unter Augustus, wohl um 4 oder 5 n. Chr.? Im allgemeinen Sinn muss der von den Römern unter Augustus ausgebaute Zentralort der Ubier jedenfalls durchaus als Stadt bezeichnet werden.

Was aber genau heißt »Stadt«? Leider stiftete hier bereits Tacitus Verwirrung: Mal bezeichnet er den Zentralort der Ubier als »civitas«, als halbautonome Einheit mit städtischem Charakter, ein anderes Mal als »oppidum«, ein Begriff,

Agrippa, Augustus, Agrippina: Phasen der Stadtgründung

den Cäsar für befestigte keltische Zentralorte benutzt hatte, die zwar städtische Züge aufwiesen, aber kein Stadtrecht im römischen Sinne besaßen. Cassius Dio, von griechischer Herkunft, sprach dagegen von »poleis« – was eher an regelrechte Städte wie im römisch-hellenistischen Raum denken lässt.[11] Inzwischen glaubt man, die korrekte Bezeichnung für Köln als Gemeinwesen der Ubier gefunden zu haben. »Ara Ubiorum« wurde auf Grabmälern als Herkunft von aus Köln kommenden Veteranen angegeben, die weit weg vom Rhein ihr Leben ließen: Der Verstorbene stamme »vom Altar der Ubier« bzw. vom Altar der Ubiersiedlung – was auf die bedeutende Funktion des zentralen Kultortes verweist. Doch stammen diese Grabmäler erst aus der Zeit um 69 n. Chr.[12]

Rechtlich gab es im römischen Imperium zwei Arten von »Städten«: das »Municipium« mit eingeschränkten Rechten seiner Einwohner – als solches müsste man wohl den Ubierort am ehesten ansehen – und die »Colonia«, die Kolonie, deren Bewohner das volle römische Bürgerrecht besaßen und den Bürgern Roms gleichgestellt waren. Auch wenn es hierbei innerhalb der Stadtgesellschaft wiederum Abstufungen gab: Diese Qualität fehlte dem neuen Zentralort am Rhein noch. Hier bildeten eingewanderte Römer die Minderheit. Die Mehrheit der Ubier war nicht gleichgestellt; sie mussten Truppen stellen, Steuern zahlen und konnten sich nur eingeschränkt an der Gestaltung des Gemeinwesens beteiligen.[13]

Mit der Vernichtung der Legionen des Varus in Germanien im Jahr 9 und den Rückeroberungsversuchen des Germanicus, die nur Teilerfolge brachten, änderte sich die geopolitische Situation am Rhein. Kaiser Tiberius entschied, das unwirtliche Land östlich des Rheins nicht zu erobern – sondern die Germanen ihren eigenen Zwistigkeiten zu überlassen. Er berief Germanicus ab. Lediglich theoretisch blieb der Anspruch auf die Herrschaft über das rechtsrheinische Germanien vorerst noch bestehen.[14]

Agrippina und die Colonia

Seitdem lief es darauf hinaus, das entstehende Köln zur Hauptstadt des linksrheinischen Gebietes zu machen, woraus dann später die Provinz Niedergermanien wurde.[15] So lag der

Porträtköpfchen des Augustus, Glas, frühes 1. Jh., Römisch-Germanisches Museum Köln nächste Schritt in der Gründungsgeschichte Kölns nahe: die Erhebung zur Colonia.

Diese Erhebung ist für immer und unwiderruflich mit Agrippina verbunden. Man darf davon ausgehen, dass hiermit auch die Verleihung des »ius Italicum«, des römischen Rechts, verbunden war, was zu den Ambitionen der Agrippina gut passen würde, auch wenn sich erst im frühen 3. Jahrhundert sicher nachweisen lässt, dass »in Niedergermanien die Agrippinenser (d. h. die Kölner) Bürger römischen Rechts« waren.[16] Damit waren die Bewohner des städtischen Gemeinwesens, in dem der Altar der Ubier stand, von regelmäßigen Steuern befreit und vollwertige Staatsbürger, gleichgesetzt mit den Bürgern im italienischen Mutterland und den Bürgern Roms. Mit dieser Erhebung verhalf Agrippina der bereits bestehenden Verwaltungseinheit der Ubier »zum höchsten rechtlichen und politischen Rang«. Und Köln als Colonia wurde »zum Abbild Roms«.[17]

Altgediente Veteranen des römischen Heers bekamen in der Colonia und im Umland Land zugewiesen, römische Neubürger fassten schnell Fuß. Von Konflikten mit den inzwischen auch kulturell zu römischen Städtern mutierten Ubiern ist nichts bekannt – im Gegenteil: Nachweislich traten sie im Konfliktfall für ihre römischen Mitbürger ein.[18] Ohnehin schotteten sich Ubier und Römer nicht gegeneinander ab, sondern gingen durch zahlreiche Ehen und Adoptionen Verbindungen ein. Kurz gesagt: Von nun an wurden die Kölner Römer.

Dies ist – je nach politischer Großwetterlage – in der Geschichtsschreibung sehr unterschiedlich bewertet worden. Ein Relief des Kölner Römerbrunnens von Franz Brantzky von 1914/15 zeigt, gewöhnungsbedürftig formuliert, aber sehr positiv gemeint, diese am Rhein gelungene »Rassenmischung«.[19] Augenzwinkernd wird 1969 die geglückte Verbindung von »römische(n) Legionäre(n) mit blonden Ubiermädchen« gepriesen auf dem Monument der »Schmitz-Säule« in der Kölner Altstadt.[20] Ganz zu schweigen von Kabarettisten wie Jürgen Becker und Konrad Beikircher, die sich heute fragen, wie in aller Welt man den Sieg der Germanen über die Römer nur feiern könne (»Varus-Getue«),[21] wo es doch in Köln »Wasserleitungen und Klos, Orangen, Oliven, Wein und Aubergi-

nen« gegeben habe und »ein Blick über den Limes« für die Germanen »so etwas wie Westfernsehen«[22] gewesen sein müsse …

Zuvor jedoch hatten national inspirierte Historiker, die Deutschland in der Nachfolge der Germanen sahen, mit Römern und Ubiern ihre Probleme – dies gilt keineswegs nur für die NS-Zeit, sondern auch für das 19. Jahrhundert. Waren nicht die Germanen von Tacitus als aufrichtig und sittenstreng gepriesen worden? Freilich: als bewusst stilisiertes Gegenbild, das der

noble Senator seinen Landsleuten angesichts der von ihm verteufelten vermeintlichen Dekadenz in Rom entgegenhielt.[23]

Sogar der Kölner Stadtarchivar Leonard Ennen hatte, als er seine Geschichte Kölns verfasste, Schwierigkeiten mit der Stadtgesellschaft der von Agrippina begründeten Colonia. 1863 bedauerte er, »die Ubier selbst« hätten geholfen, »die Ketten zu schmieden, an denen die germanischen Stämme in das Joch der römischen Gewaltherrschaft gepfercht wurden.«[24] Leider sei auch der sittenstrenge germanische Charakter »bei den Ubiern« recht bald verschwunden, »und an die Stelle trat glatte Geschmeidigkeit, römische Zuchtlosigkeit und schwankende Unzuverlässigkeit.«[25]

Agrippa, Augustus, Agrippina: Phasen der Stadtgründung

Ein ungleiches Paar: Kaiser Claudius, Bronzebüste Madrid, Museo Arqueológico Nacional, und seine Nichte und Gattin Agrippina, um 41-54 n. Chr., Kopenhagen, Ny Carlsberg Glyptotek

Jenseits aller ähnlich klingenden und weiterer mentalitätsgeschichtlichen Spekulationen: Es besteht kein Zweifel, dass diese Entwicklung durch die von Agrippinas betriebene Kolonie-Erhebung im Jahr 50 angestoßen wurde: Damit wurde »Köln die größte und sicher auch die romanisierteste Stadt Niedergermaniens«.[26] Doch warum? Wo lagen die Beweggründe der Kaiserin?

War es wirklich tiefe persönliche Anhänglichkeit an ihre »Vaterstadt«, wie Wallraf und andere später nahelegen sollten? Wohl kaum. Schließlich hatte Agrippina nur die ersten Monate ihres Lebens hier verbracht, dann ein abenteuerliches Auf und Ab an den verschiedensten Orten erlebt und ist auch später nie in ihren Geburtsort zurückgekehrt. Es scheint für die Klärung der Frage vielmehr hilfreich zu sein, den Blick über den Tellerrand der Regional- und Nationalgeschichte zu wagen – nach Frankreich. Pardon: nach Gallien.

Claudius und Agrippina: Lyon und Köln

Wer heute auf der Luxemburger Straße die Stadt verlässt, mag sich daran erinnern, dass diese schnurgerade Strecke die alte römische Fernstraße ist, die Köln mit Lyon verband – und Niedergermanien mit Gallien. Die Entstehungsgeschichte beider Städte hat erstaunliche Parallelen.

Lyon war eine keltische Siedlung, aus der Bezeichnung »Festung des Lug« wurde das römische Lugdunum. Unter Kaiser Augustus erhielt die Stadt an der Rhône im Jahr 12 v. Chr., ähnlich wie nur wenige Jahre später die Ubierstadt am Rhein, einen der Göttin Roma und dem Augustus geweihten Altar als Kultzentrum, wo alljährlich die von Cäsar unterworfenen gallischen Stämme – ganz wie die Ubier in Köln – Opfer darbrachten und Rom die Treue gelobten. Lyon sollte Hauptstadt Galliens, »caput Galliarum«[27] sein, Köln Hauptstadt Germaniens werden, dann Niedergermaniens sein.

Einziger Unterschied: Lyon war bereits seit 43 v. Chr. eine römische Kolonie und somit vollwertige Stadt – Köln nicht. Hinzu kamen persönliche, eng mit dem Kaiserhaus verbundene Motive. Claudius war nämlich ebenso wie Agrippina nicht in Rom geboren, sondern im Jahr 10 v. Chr., in Lyon.

Als Kaiser gab Claudius seiner Heimatstadt den mit ihm persönlich verbundenen Ehrentitel »Claudia Augusta«, nun war die Stadt an der Rhône sichtlich aufgewertet zur »*Colonia Copia Claudia Augusta Lugdunum*«.[28] Im Jahr 48 verlieh er den Einwohnern seiner Vaterstadt in einer berühmten Rede vor dem Senat sogar das Recht, in Rom höchste öffentliche Ämter zu bekleiden. Damit hatte Lyon den vornehmsten Rang in der Hierarchie der Provinzstädte des Imperiums erlangt.[29]

So etwas hatte Agrippina, die ja ebenfalls in einer der relativ neuen Provinzen nördlich der Alpen das Licht der Welt erblickte, nicht zu bieten.[30] Gleichzeitig war sie darauf bedacht, ihre Machtstellung zu sichern und auszubauen.

Sie hatte Nero gegen Britannicus als Nachfolger durchsetzen lassen und war eben erst vom Senat mit dem höchsten Ehrentitel »Augusta« dekoriert worden. Mag sein, dass sie – wie Tacitus schreibt – die Erhebung Kölns betrieb, um auch den dortigen Ubiern ihre Macht zu demonstrieren.[31] Mag sein, dass sie sich auch am Rhein Verbündete schaffen wollte, schließlich ging es um die Verteilung von Landbesitz für Veteranen.[32] Zudem eröffnete die Erhebung Kölns zur Kolonie möglichen dortigen Parteigängern der Agrippina den Weg in den Senat – ganz ähnlich, wie Claudius es in Lyon unternahm.

Dies verweist auf den tieferen Grund von Agrippinas Ambitionen. Der lag wohl darin, dass sie nicht in erster Linie am Rhein, sondern in Rom ein unübersehbares Signal setzen und nun »mit ihrem Gatten gleichziehen« wollte.[33] Damit betrat sie eine ausgesprochene Männerdomäne – und übertrat ungeschriebene Gesetze.

Deshalb sollte auch ihre Geburtsstadt Köln die höheren Weihen einer Kolonie erhalten und ebenfalls in der Namensgebung mit Claudius verbunden werden – mehr aber noch mit ihr selbst, versehen mit dem Namenszusatz, dass die Kölner nach ihr Agrippinensier hießen.

Deshalb wurde, ganz so wie zwei Jahre zuvor Lyon mit dem neuen ehrenvollen Stadtnamen zum Denkmal des Claudius geworden war, nun Köln durch ihren Namen zu ihrem Denkmal: als »*Colonia Claudia Ara Agrippinensium*«.

Der Name der Stadt

Agrippina und Colonia: Antike

Trotz der von Nero befohlenen Tilgung der geschmähten Kaiserin aus dem Gedächtnis lebte die Erinnerung an sie auch in Antike und frühem Mittelalter erstaunlicherweise weiter – jedenfalls in Köln.

Hier wurde im Frühjahr 59 n. Chr. die offizielle Verlautbarung aus Rom bekannt, nach der Agrippina durch Selbstmord aus dem Leben geschieden sei, nachdem sie erfolglos versucht habe, ihren Sohn Kaiser Nero zu ermorden – was durch den Schutz der Götter vereitelt worden sei. In Wirklichkeit war es gerade umgekehrt: Agrippina wurde getötet, nachdem mehrere Mordanschläge, die ihr Sohn Nero gegen sie betrieben hatte, gescheitert waren.[1] Nun setzte die »damnatio memoriae« ein: Agrippinas Statuen wurden schon neun Jahre nach der Gründung »ihrer« Stadt auch in Köln vom Sockel gestoßen, ihr Bild aus Münzen und anderen Darstellungen getilgt und Inschriften zerstört.[2] Sogar ihr – zuvor überall im Reich gefeierter – Geburtstag nun zum »dies ater«[3], zum »schwarzen Tag«, erklärt.

»Überraschenderweise«[4] aber wurde ihr Name »Agrippina« in der Bezeichnung für die Stadt Köln und für deren Einwohner dennoch beibehalten. Dies ist umso bemerkenswerter, als Agrippina die erste – und einzige – Frau war, nach der je eine römische Kolonie benannt worden war.[5] Die Verhältnisse und Machtkämpfe im fernen Rom blieben unübersichtlich – wollte man sich deshalb womöglich auch in Köln zunächst zurückhalten und die Entwicklung abwarten?[6]

Wie dem auch sei: Der Name der Stadt am Rhein blieb. Er lautete seit dem Jahr 50 offiziell »COLONIA CLAUDIA ARA AGRIPPINENSIUM« – was man übersetzen könnte mit »Claudische Kolonie und Opferstätte der Agrippinenser« und was mit »CCAA« abgekürzt wurde. Gemeint war damit Köln als Stadt römischen Rechts der nach Agrippina benannten Einwohner, der Agrippinensier, die unter Kaiser Claudius dort am Ort des Altars für den Kaiserkult gegründet worden war.

Der Namensbestandteil »Colonia« kennzeichnete die ehemalige Ubierstadt als römische Kolonie, »Ara« erinnerte an die Fortsetzung der Funktion des Kaiserkults mit einer

CCAA für »Colonia Claudia Ara Agrippinensium« auf dem Bogen des römischen Nordtors Kölns, Römisch-Germanisches Museum Köln

zentralen Kultstätte, »Claudia« bezog sich auf Claudius, der dem Gemeinwesen den neuen Rang verliehen hatte. »Agrippinensium« aber machte deutlich, dass dies auf Betreiben Agrippinas geschehen war, nach der sich auch die Einwohner benannten. So überdauerte der Name der Kaiserin die Jahrhunderte.[7]

Agrippina statt Colonia: Spätantike

Doch nicht nur dies. Der Name »Agrippina« ersetzte in den folgenden Jahrhunderten sogar

lonie an Bedeutung – was dazu führte, dass ab dem 4. Jahrhundert auch der Namensbestandteil »Colonia« entfiel.

Also blieb einzig der Name der Kaiserin als Stadtname übrig: »*Agrippina*«. Die Kölner Bürger nannten sich bis in das 4. Jahrhundert hinein ohnehin überwiegend nur kurz und knapp »Agrippinensier«.[11]

So war die Kurzform des Stadtnamens »Agrippina« für Köln im 4. und 5. Jahrhundert allgemein üblich – in offiziellen Texten oströmischer

die umständlich lange ursprüngliche Bezeichnung für die Stadt am Rhein.[8] Zuerst verlor der römische Stadtname im Gebrauch allmählich seine Bestandteile »Ara« und »Claudia«.

Spätestens als um 100–150 n. Chr. alle Einwohner der Stadt am Rhein gleichberechtigte römische Bürger waren und somit keine Unterschiede mehr zwischen »Ubiern« und »Römern« gegeben waren, entfiel die Bezeichnung »Ara«, denn ein zentraler Opferaltar war nun nicht mehr maßgeblich.[9] Seit dem 3. Jahrhundert wurde auch der Verweis auf Kaiser Claudius bei der Namensnennung Kölns meist weggelassen, es war nun vorwiegend nur noch von »*Colonia Agrippina*« die Rede.[10] Schließlich verlor auch die Kennzeichnung als römische Ko-

Kaiser ebenso wie bei westlichen Klerikern und gallorömischen Autoren.[12]

Colonia statt Agrippina: Frühes Mittelalter

Seit dem 6. Jahrhundert muss dagegen der Name »Colonia« stärker in Gebrauch gekommen sein. Gregor von Tours fand es erklärungsbedürftig, dass man sich »nach Colonia« begab, und fügte erklärend hinzu, dies sei »die Stadt der Agrippinensier, die nun Colonia genannt« werde.[13] An anderer Stelle nannte er Köln nur knapp »die Stadt Colonia«.[14] Diese Bezeichnung »Colonia« übernahm die Geschichtsschreibung des 7. Jahrhunderts im Zusammenhang mit der Erwähnung der in Köln siedelnden Franken[15] und auch vom Kölner Bischof

Der Name der Stadt

Bereits mit dem Namen „COLONIA": Goldprägung (Triens) des Kölner Münzmeisters Rauchomarus, frühes 7. Jh., Römisch-Germanisches Museum

Kunibert hieß es, er stamme »aus der Stadt Colonia«.[16]

Dabei machte der Stadtname »Colonia« anstelle von »Agrippina« für sich alleine nach römischer Tradition streng genommen gar keinen Sinn, da die allgemeine Definition als »Colonia«, als römische »Kolonie«, von zahlreichen Städten im Namen geführt wurde und dies einen Namenszusatz erforderte, um lokalisierbar zu sein und eine konkrete Stadt zu kennzeichnen.

Dennoch bestätigen auch frühmittelalterliche Münzen für Köln die sich nun vollziehende Namensänderung von »Agrippina« hin zu »Colonia«: Die ersten Goldmünzen des fränkischen Königs Theudebert I., eines Enkels von Chlodwig, waren Nachprägungen römischer Solidi, trugen aber bereits das Kürzel »COL« für den Prägeort »Colonia«[17] und die Münzen der Nachfolger Karls des Großen im 9. Jahrhundert die Bezeichnung »COLONIA«. Auf Münzen des lotharingischen Königs Zwentibold taucht kurz vor dem Jahr 900 sogar erstmals die Inschrift »sancta Colonia« für den Prägeort Köln auf.[18]

Erklärungsversuche spätmittelalterlicher Chronisten

Wie war es im Mittelalter um die Erinnerung an die Kaiserin Agrippina in Köln bestellt? Allein die unterschiedlichen überlieferten Namen der Stadt waren erklärungsbedürftig. Chronisten versuchten rückblickend, diese verschiedenen Bezeichnungen zu deuten. In seiner 1270 entstandenen Reimchronik über die Geschichte Kölns ging Gottfried Hagen nicht auf die historische Figur der Kaiserin Agrippina ein – wohl aber auf die auch ihm bekannte alte Bezeichnung »Agrippina« als Stadtname.[19]

Laut Hagen hatte kein Geringerer als Maternus, der im Jahr 328 verstorbene erste historisch bezeugte Kölner Bischof, dafür gesorgt, dass der bis dahin geläufige Stadtname »Agrippina« durch »Colonia« ersetzt worden sei: »Agrippin, die Coelne nu is genant« (»Agrippina, die nun Köln genannt wird«).[20] Ausgerechnet Bischof Maternus, von dem es in den Quellen der Jahre 313/314 noch hieß, er stamme »aus der aus Stadt Agrippina«[21], soll somit laut Hagen den Namen »Colonia« in christlich-moralischer Absicht und im Sinne einer Pflege der

Tugenden eingeführt haben – keinesfalls abgeleitet vom römischen »Colonia«, sondern vom lateinischen Verb »colere« (pflegen). Die Hervorhebung des vermeintlich »Heiligen Köln« (»sancta Colonia«), zunächst auf die Kirche, dann auf die Stadt bezogen und ihr eine Sonderstellung einräumend, hat in Hagens Reimchronik einen ihrer Ausgangspunkte. Der Autor war innerhalb der stadtkölnischen Machtkämpfe Parteigänger der Overstolzen und führte den Sieg dieses Patriziergeschlechts auf den Beistand der Kölner Heiligen zurück.[22]

In der 1468 verfassten Schrift »Der Doernenkranz van Coellen«[23] wird eine hiervon abweichende Erklärung der Namensänderung von »Agrippina« hin zu »Collen« gegeben: Ein gewisser Marcus, Sohn des legendären Priamus und Vater des (mindestens ebenso legendären) fränkischen Königs Pharamond, sei im Jahr 380 »Herzog« von Köln gewesen und habe die Stadt damals umbenannt in »Collen«.[24]

Gleichzeitig mit dem »Doernenkranz« wagte Heinrich van Beeck den Versuch, eine erste vollständige Chronik der Stadt Köln von den Anfängen bis zur Gegenwart zu verfassen. Das nur in Form von Handschriften erhaltene umfangreiche Werk beendete er im Jahr 1472. Zu Beginn erläutert der Autor den programmatischen Titel seiner der Chronik: »Agrippina ist dies Buch genannt«.[25] Mit »Agrippina« meinte Beeck keineswegs die römische Kaiserin, sondern den Namen der Stadt Köln (und seiner eigenen Chronik). Diesen Namen führte Beeck nicht auf Agrippina, sondern auf einen antiken Agrippa zurück – jedoch nicht, wie man vermuten könnte, auf Marcus Agrippa, sondern auf einen legendären, angeblich 900 Jahre zuvor regierenden König Agrippa »von dem Köln erst (sic!) 926 vor der Geburt Christi seinen Namen Agrippina empfangen hatte«[26].

Agrippina oder Agrippa – eine kölnische Begriffsverwirrung

Dagegen waren sich Hartmann Schedel, dessen Weltchronik 1493 erschien, und Johann Koelhoff d. J., der 1499 in Köln seine »Chronik der heiligen Stadt Köln«[27] herausgab, weitgehend einig: Die einst über Jahrhunderte als Stadtname gebräuchliche Bezeichnung »Agrippina« für Köln ging auch in ihren Augen auf eine historische Persönlichkeit namens Agrippa zurück – allerdings auf den Feldherrn Marcus Agrippa, der ja tatsächlich durch die Ansiedlung der Ubier einen entscheidenden Beitrag zu den Anfängen der Stadtgeschichte geleistet hatte. Schedel konstatierte, die »wahrhaftigeren und glaubwürdigeren Geschichtsschreiber« würden »alle sagen«, dass Marcus Agrippa »ein Stifter dieser Stadt gewesen« sei.[28] Koelhoffs Chronik pflichtete dieser Meinung bei: Man nenne Köln »zu der Zeit und lange danach, mehr als 300 Jahre lang, nach ihm Agrippina«.[29]

Doch auch die – zutreffende – These, dass Köln nicht nach dem Feldherrn Marcus Agrippa, sondern nach der Kaiserin Agrippina benannt sei, war damals bekannt. Für den gelehrten italienischen Humanisten und Kenner antiker Quellen Enea Silvio Piccolomini, seit 1458 Papst Pius II., war der Fall klar, als er, beeindruckt von der Pracht Kölns, der Stadt am Rhein seinen ersten Besuch abstattete und erklärte, Köln sei »benannt nach Agrippina, der Frau des Claudius und Mutter Neros«.[30]

Doch dies wurde in Köln von einflussreichen Chronisten in Bausch und Bogen verworfen. Agrippa und Agrippina: Das klinge ähnlich und die Verwirrung war groß. Für Koelhoffs Chronik stand deshalb fest, dass nur diese »Einstimmigkeit oder Gleichförmigkeit«[31] der beiden Namen »Agrippa« und »Agrippina« dazu geführt habe, dass der Name dieser Frau des Claudius lange Zeit verbreitet wurde, »als wäre die Stadt von ihr gemacht« und als wären die Kinder dieser Stadt nach ihren Namen benannt worden.[32]

Spätmittel-alterliche Gründungs-mythen der Stadt

Darstellung von Christi Geburt als dem Zeitpunkt, zu dem auch Köln gegründet worden sei, Koelhoffsche Chronik, Bl. XLIr

Troja, Trajan, Babylon?

Der gelehrte Disput der Chronisten, unterfüttert mit Legenden und Berichten von antiken Gestalten und den Namen der Stadt Köln, war untrennbar verbunden mit der von ihnen ausführlich erörterten Frage, wann und von wem denn Köln eigentlich gegründet worden sei.

Von der historischen Person der Kaiserin Agrippina wusste auch Beeck in seiner »Agrippina« wie zuvor Gottfried Hagen nichts zu berichten – wohl aber überlieferte er verschiedene Varianten der Gründungsgeschichte Kölns, die Hagen zweihundert Jahre zuvor noch in die Zeit des Apostels Petrus gerückt hatte.

Dies erschien nun als bei Weitem zu jung. Wo das besonders hohe Alter einer Stadt als wünschenswert galt und ihre Ansprüche legitimieren konnte, war es da nicht denkbar, dass Köln noch viel älter war und – Marcus Agrippa oder Agrippina hin oder her – sogar viele Jahrhunderte vor der Römerzeit entstanden sei? Bekanntlich hatten ja bereits die Römer selbst ihren Ursprung auf den Trojaner Aeneas zurückgeführt.

Für Köln entschied sich Beeck für diejenige Gründungsgeschichte, die der Stadt das höchste Alter zuwies: die Legende von Trebeta aus Babylon. Dieser Stiefsohn der sagenumwobenen altorientalischen Heldin Semiramis habe um das Jahr 1494 v. Chr. zuerst Trier und dann Köln gegründet. Verbreitet worden war dieser Gründungsmythos durch die »Gesta Treverorum«, in der Trierer Geschichtsschreibung des 12. Jahrhunderts – ursprünglich, um den Vorrang des etwas älteren Trier vor Köln zu begründen.[1]

Wenn schon nicht Babylon, dann vielleicht wenigstens Troja? In Hartmann Schedels Weltchronik von 1493 heißt es, einer anderen These zufolge sei Köln von einem Trojaner namens »Colonus« gegründet worden.[2] Diese »Meinung« über den »Anfang der Stadt Agrippina, die nun Köln heiße«[3] referierte sechs Jahre später auch die Koelhoffsche Chronik – und lieferte damit auch gleich eine exakte Datierung für die verwegene Theorie vom trojanischen Ursprung der Stadt, nach der im Jahr 1178 v. Chr. der Trojaner »Colonus« Köln gegründet habe.[4]

Und die römische Zeit? Beeck erwähnte auch Julius Cäsar, Augustus und dessen Schwiegersohn, den Feldherrn Marcus Agrippa. Doch gehören diese für ihn zur jüngeren Geschichte Kölns und ihre Nennung erfüllte vor allem den Zweck, die Verbundenheit Marcus Agrippas als »Herzog« von Köln – und damit auch Kölns – zum Kaiser zu betonen.[5]

Auch weiß Beeck über vier Seiten hinweg eine Geschichte zu erzählen, auf die bereits Gottfried Hagen angespielt hatte: die der einst unter Kaiser Trajan zur Herrschaft über Köln vermeintlich aus Rom gesandten 15 senatorischen Familien. Diese Legende hatte ihre Ursprünge im 12. Jahrhundert und war um 1300 ausgebildet. Sie sollte die Vorherrschaft der führenden Kölner Geschlechter, vor allem der Overstolzen, auf angeblich römische Wurzeln zurückführen, blieb aber auch lange nach deren Sturz 1396 bis in das 16. Jahrhundert hinein im kollektiven Bewusstsein der Kölner.[6]

Ob Cäsar, Agrippa oder Trajan: Beeck kam es vor allem darauf an, die Nähe Kölns zum Kaisertum hervorzuheben. Seine Chronik ist Ausdruck des stolzen Selbstverständnisses Kölns und seiner herausgehobenen Stellung – Beeck verfasste sein Werk unmittelbar vor der Erhebung Kölns zur freien Reichsstadt 1474. Das »Heilige Köln« tritt dagegen eher in den Hintergrund, vom Erzbischof ist nirgends die Rede, auch reale Kölner Institutionen wie Rat, Gaffeln oder Bürgermeister finden keine Erwähnung.[7]

Mit Agrippa gegen Aachen

Reichte »Agrippina, die starke Stadt« für Gottfried Hagen um das Jahr 1270 zurück in die Zeit des heiligen Petrus,[8] so unterbreitete der »Doernenkranz« zweihundert Jahre später eine zeitlich ähnliche Datierung – jedoch verbunden mit einer anderen Variante der Gründungsgeschichte Kölns. Als Gründungsvater Kölns gelte Marcus Agrippa, die Stadt sei entstanden in dem Jahr, als die Jungfrau Maria ihren Sohn Christus empfangen habe.[9]

Diese Verbindung mit der Zeit der Geburt Christi fügte sich gleichzeitig trefflich ein in den von Köln aus betriebenen Kult um die Heiligen Drei Könige – die ja bekanntlich dem neugeborenen Heiland huldigten. Einige Jahrzehnte später betonte dies die Koelhoffsche Chronik ebenfalls im Zusammenhang mit der Debatte um die Gründung Kölns, illustriert mit einem

Holzschnitt, der die Geburt Christi und die Anbetung der Könige zeigt.[10]

Neben solch frommen Spekulationen und Analogien war die behauptete Gründung Kölns durch Marcus Agrippa vor allem auch eine wirksame Munition im Kampf Kölns gegen die Ansprüche anderer Städte als lästige Konkurrenten. Denn das hohe Alter einer Stadt war nicht nur Gegenstand gelehrter Spekulationen, sondern hatte erhebliche, auch politische Konsequenzen.

Mit weitschweifigen Legenden von Babylon oder Troja waren gelehrte Politiker und Juristen im Spätmittelalter nicht mehr zu überzeugen – eher dagegen mit dem bereits von Tacitus erwähnten Beitrag Marcus Agrippas zu den Anfängen Kölns. So berichtet der erwähnte Humanist Enea Silvio Piccolomini bereits 1454 von einem erbitterten Streit zwischen Aachen und Köln um die Rangfolge beider Städte auf dem Reichstag zu Regensburg. Selbstbewusst hätten die Kölner erklärt, ihnen gebühre der erste Platz und dies vor allem mit der klaren Aussage belegt, »Köln sei von Agrippa selbst gegründet, der bekanntlich der Schwiegersohn des Augustus Octavianus war«.[11] Doch damit nicht genug. Zusätzlich führten sie auch das Argument der Erhebung Kölns zur römischen Stadt ins Feld, wenn auch ohne Agrippina zu nennen oder die Stadterhebung exakt zu datieren: »Köln« habe

Spätmittel-alterliche Gründungs-mythen der Stadt

»schon früher unter italischem Recht gelebt«, lange vor einer Zeit, als »die Stadt Aachen überhaupt erst das Licht der Welt erblickt« habe – womit die Aachener Ansprüche fürs Erste abgeschmettert waren.[12]

Die »erstaunlich vielfältige« Kölner Geschichtsschreibung des 15. Jahrhunderts schöpfte wohl aus denselben Quellen. Doch die historische Figur der Kaiserin Agrippina sucht man darin zunächst vergeblich.[13]

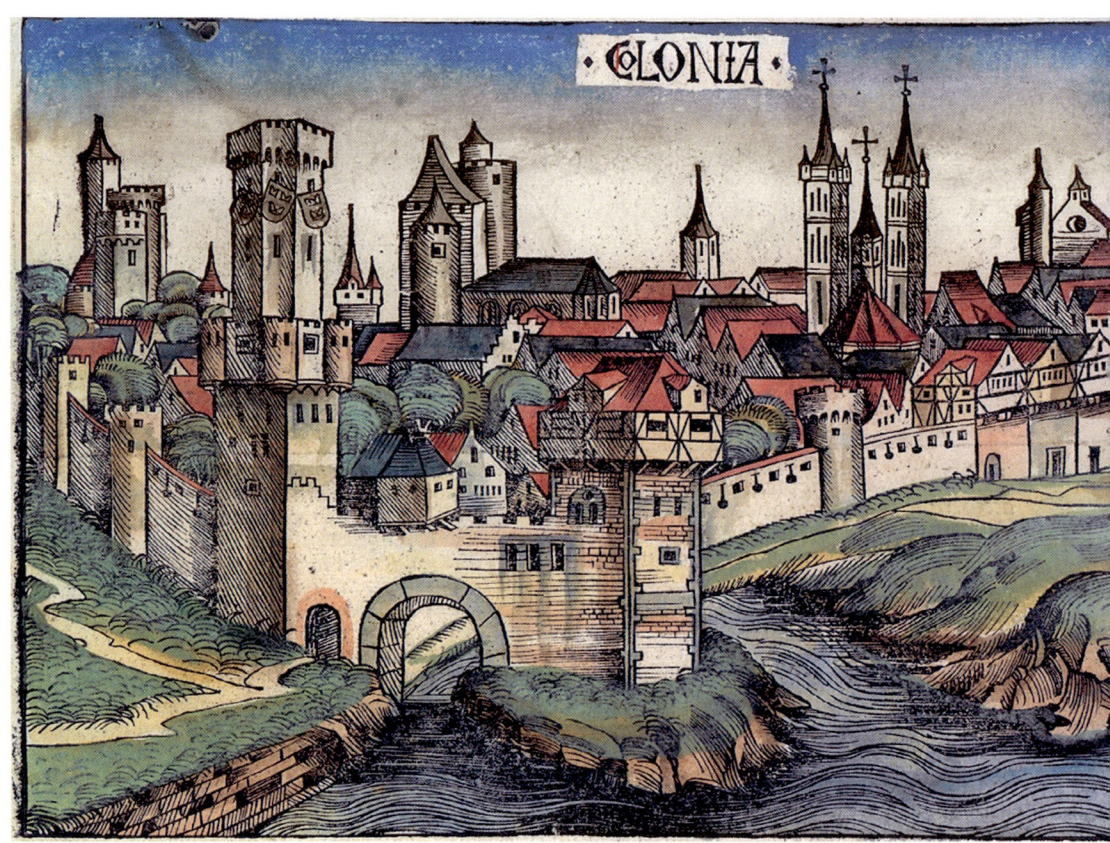

Stadtpanorama von Köln, kolorierter Holzschnitt in Schedels Weltchronik, 1493, Blatt 90v und 91r

Agrippa statt Agrippina: Schedel und Koelhoff

Dies änderte sich mit der 1493 in Nürnberg erschienenen Weltchronik des Hartmann Schedel.[14] Hierin findet sich im »fünften Weltalter« neben Beschreibungen von Verona, Toulouse, Mailand, Augsburg und zahlreicher weiterer Städte auch eine Ansicht Kölns. Offenbar hatte der Holzschneider ungenaue Vorlagen, aus denen er das Bild zusammenkomponierte: Der unvollendete Dom ist falsch dargestellt und erinnert eher an den Turmbau zu Babel – dennoch sind der Bayenturm und andere Bauten zu identifizieren.[15]

Dieses erstaunliche Panorama wird begleitet von noch verblüffenderen Mutmaßungen über den Ursprung der Stadt. Vielleicht sei Köln, so Schedel wie zuvor Beeck, von dem Trojaner »Colonus« gegründet worden – vielleicht aber auch durch die Römer zur Zeit des Kaisers Claudius.[16] Mit dieser Variante kommt nun erstmals Agrip-

»Capitolinum« erhalten.[19] Ein Bildnis des Marcus Agrippa ziert konsequenterweise auch die gegenüberliegende Buchseite, jedoch nicht als Feldherr, sondern als »Baumeister«, der in Rom seine Erfahrungen gemacht habe und von dem sich der Name Kölns herleite.[20] Auch ein Bildnis Agrippinas der Älteren als Gemahlin des Germanicus präsentiert Schedel – doch keines von Agrippina der Jüngeren.[21]

Die im 15. Jahrhundert kursierenden Legenden von der Gründung Kölns erwiesen sich als

pina ins Spiel. Denn Claudius sei »ein Gemahl der Frau Agrippina gewesen« und so sei nach dieser von Schedel referierten These die Stadt der Ubier »von derselben Frau (…) Agrippa genannt« worden.[17] Doch umgehend verwirft Schedel diese Interpretation: Denn schließlich sei nicht Agrippina, sondern Marcus Agrippa »Stifter dieser Stadt gewesen«.[18]

Aus der Römerzeit seien, so Schedel, in Köln noch zahlreiche Überreste und Bauten wie das

erstaunlich ausbaufähig. Nur sechs Jahre nach der Weltchronik von Hartmann Schedel erschien in Köln im August 1499 die erwähnte »Chronik der heiligen Stadt Köln«[22] als bedeutendste Publikation von Johann Koelhoff d. J., der 1493 das Kölner Druck- und Verlagsgeschäft seines gleichnamigen Vaters übernommen hatte. Wie Schedels Weltchronik ist auch die Koelhoffsche Chronik annalistisch aufgebaut und mit Holzschnitten illustriert.[23]

Spätmittelalterliche Gründungsmythen der Stadt

In diesen Aufbau integriert Koelhoffs Chronik die Geschichte der Stadt Köln, die auf Blatt 30 beginnt – programmatisch eingeleitet mit einer ganzseitigen, wenngleich seitenverkehrt wiedergegebenen Stadtansicht unter dem Titel »Agrippina oder Köln«.[24] Es folgt ein Überblick zu den verschiedenen, damals kursierenden Theorien und Meinungen (»opinien«) über den Ursprung Kölns und seiner Namensgebung.[25] Vier dieser konkurrierenden Erzählstränge werden ausführlich erläutert und diskutiert. Die

erste bezieht sich auf die bereits von Beeck genannte, bei Koelhoff auf wenig Gegenliebe stoßende Geschichte vom Stadtgründer Trebeta aus dem alten Babylon.[26]

Koelhoffs Chronik referierte – zu Recht – eine weitere »widderrede« gegen die ebenfalls von ihm nacherzählte, hochfliegende und auf Aeneas zurückgehende Theorie von der trojanischen Gründung Kölns. Er fragte, wie denn Köln eine trojanische Gründung sein solle, wo sich doch alle Gelehrten einig seien, dass der älteste Name der Stadt »Agrippina« laute. Und weil In der Koelhoffschen Chronik dieser Name der Stadt auf Marcus Agrippa statt auf Agrippina zurückgeführt wurde, wurde im gleichen Atemzug auch die ebenfalls erwähnte (und wie wir heute wissen zutreffende) Annahme von der Stadterhebung durch Kaiserin Agrippina verworfen.[27]

Agrippina d. Ä., kolorierter Holzschnitt in Schedels Weltchronik, 1493, Blatt 97r

Marcus Agrippa als »Baumeister«, kolorierter Holzschnitt in Schedels Weltchronik, 1493, Blatt 90r

»Agrippina of Coellen«, Holzschnitt aus der Koelhoffschen Chronik, Blatt XXXr

Spätmittel-alterliche Gründungs-mythen der Stadt

Marcus Agrippa als Träger des Kölner Banners in dem von der Stadt gestifteten Domfenster, 1508

Figur des Marcus Agrippa am Gürzenich, um 1450, restauriert von Christian Mohr 1861

Denn ähnlich wie zuvor Schedel folgt auch Koelhoffs Chronik weitgehend einer anderen Theorie, nach der die Stadt Köln ihren Namen nicht von Agrippina, sondern von Marcus Agrippa bekommen habe, jenem Feldherrn, den Koelhoff »Herzog« nennt: »Und als die Stadt erbaut war, so wurde sie Agrippina genannt nach dem Namen desjenigen, der sie begonnen und vollendet hatte. Und die Einwohner, die zuvor Ubier genannt wurden, hießen danach Agrippinenser.«[28]

Dass Köln auf Marcus Agrippa zurückgehe, bestätige sich, so die Koelhoffsche Chronik, in alten Berichten. Auch Tacitus schreibe, dass »Marcus Agrippa Köln begonnen und gemacht habe«[29] – was nicht korrekt ist, denn Tacitus erwähnte nur die Umsiedlung der Ubier durch Agrippa, die der Benennung und Stadterhebung durch Claudius und Agrippas Enkeltochter Agrippina vorausgegangen war – was in der Koelhoffschen Chronik allerdings übersehen wurde.[30]

Das römische Heldenpaar: Agrippa und Marsilius

All dies werde zudem, so heißt es in Koelhoffs Chronik an anderer Stelle, bestätigt durch die Agrippa-Figur am »Tanzhaus der Stadt, dem Gürzenich«[31]. Agrippa sei dort mit einer Inschrift bezeichnet als »Der herrliche Agrippa, ein heidnischer Mann / vor Gottes Geburt Agrippina nun Köln begann«.[32]

Diese in der Koelhoffschen Chronik 1499 zitierte Inschrift zierte die erst wenige Jahrzehnte zuvor, wohl um die Mitte des 15. Jahrhunderts entstandene Figur des Marcus Agrippa an der Ostfassade des Gürzenich.

Dessen Pendant ist dort die Figur des Marsilius. Dieser römische Ritter soll der Legende zufolge Kölns Belagerungsring durchbrochen und die Stadt gerettet haben. Vielleicht bezieht sich dies auf die militärischen Auseinandersetzungen mit dem zum Kaiser ausgerufenen Vitellius 69 n. Chr. Jedenfalls galt Marcus Agrippa als Gründer, Marsilius dagegen als Bewahrer Kölns in römischer Zeit. Die beiden großen, spätgotischen Skulpturen wurden an dieser prominenten Stelle am Gürzenich unter Baldachinen präsentiert mit zeitgenössischen Rüstungen, Stadtwappen und Spruchbändern und

ergänzten die bislang die Ikonografie prägenden christlichen Stadtpatrone.[33]

Skulpturen und Schriftbänder hat man
im 19. Jahrhundert im Zuge der Restaurierung und des Umbaus des Gürzenich durch
Stadtbaumeister Julius Carl Raschdorff erneuert. Raschdorff erwähnte die Worte auf dem
Schriftbanner des Marcus Agrippa leicht abwei-
chend als »Der herrliche Marcus Agrippa eyn
heidnisch man / Vor Gotz Geburt Agrippina,
un (sic!) Coelne began.«[34] Die gleiche Inschrift
– zu Recht verbessert mit »nu Coelne« statt »un
Coelne«[35] – wird 1880 genannt, aber zugleich
die Erneuerung der »stark verwitterten alten
Heldenbilder des Agrippa und Marsilius«[36] und
ihrer Schriftbänder durch den Bildhauer Christian Mohr bedauert: »Sie sind neu angefertigt
in ärmlicher Plumpheit; die alten waren kunst-
reich und schön.«[37] Nach den Zerstörungen des
Zweiten Weltkrieges sind die Skulpturen und
Schriftbänder ein weiteres Mal erneuert worden.[38]

Wenige Jahre nach dem Erscheinen der Koelhoffschen Chronik stiftete die Stadt 1508 ein
monumentales vierbahniges Fenster für das
nördliche Seitenschiff des Kölner Doms, in
dem Marcus Agrippa und Marsilius dargestellt
sind. Beide tragen Rüstung, halten das Kölner
Stadtbanner mit den drei Kronen und sind mit
Schriftbannern gekennzeichnet. Das des Marcus Agrippa lautet – fast wortgleich wie das
am Gürzenich: »Marcus Agrippa eyn roemische
man Agrippina colonia eitst began«. Mussten
die Anwärter auf einen Sitz im Domkapitel
16 Ahnen nachweisen und sich auf den Kirchen-
fenstern mit 16 Wappen darstellen lassen, so
konnte die selbstbewusste Stadt Köln mit diesem Verweis auf Agrippa und ihre römischen
Wurzeln ein wesentlich höheres Alter und Ansehen bezeugen.[39]

Dieses römische »Heldenpaar« der Stadtgeschichte gehörte von nun an zum ikonografischen Repertoire der kölnischen Symbolpolitik.
Am Gürzenich, im Dom, seit etwa 1540 auch
hoch oben an der Altermarktfassade des Rathauses und auch auf dem 1601 neu gefertigten
Gestühl im Senatssaal des Rathauses:[40] Überall
waren Marcus Agrippa und Marsilius zu sehen.

Monströse Laster: Das Agrippina-Bild im Mittelalter

Agrippina, Claudius und die Pfifferlinge

Und die historische Gestalt der Kaiserin Agrippina? Auch wenn man in ihr zunächst noch nicht die eigentliche Namensgeberin und Betreiberin der Stadterhebung Kölns erkannte, so wussten die spätmittelalterlichen Kölner Chroniken dennoch über sie zu berichten, schließlich waren in der Zeit des auch im Rheinland beginnenden Humanismus die antiken Schriften eines Tacitus oder Sueton ja bekannt.

Schon Schedel sprach in seiner Lebensbeschreibung des Kaisers Claudius am Rande von Agrippina: wie sie den Claudius »mit fürwitzigen Schmeicheleien« umgarnt und schließlich »mit Gift getötet« habe.[1] Bei Schedels Lebensbeschreibung Neros stehen dessen eigene Laster und Grausamkeiten im Vordergrund, auch gegen Seneca und gegen Agrippina, »seine Mutter«.[2]

Der Autor der Koelhoffschen Chronik, der die Schriften des Tacitus kannte, war über die historische Gestalt der Agrippina recht gut informiert. Auf Blatt 46v ließ er sogar einen (im Ganzen stimmigen) Stammbaum des julisch-claudischen Kaiserhauses abbilden – von Julius Cäsar bis zu Agrippina d. J. und ihrem Sohn Nero. Er versah den Stammbaum bei Marcus Agrippa mit der Randbemerkung, dass »dieser Marcus Agrippa die Stadt Agrippina am Rhein erbaut« habe.[3]

An anderer Stelle, im Zusammenhang mit den Lebensbeschreibungen römischer Kaiser, erfuhren die Leser seiner Chronik unter der Biografie des Claudius auch manches über dessen Frau Agrippina: über deren Hochzeit mit Claudius, ihren Kampf um die Akzeptanz ihres Sohnes Nero und dessen Konkurrenz zu Britannicus, schließlich sogar detailliert über die von Agrippina betriebene Vergiftung des kaiserlichen Onkels und Gatten durch ein Pilzgericht, eingeleitet mit dem Satz: »Der Kaiser Claudius aß gern Pfifferlinge, und dies wusste wohl seine Frau Agrippina.«[4]

Am Ende schildert Koelhoffs Chronik, dass es kam, wie es kommen musste: Claudius starb und Nero wurde Kaiser. Dessen Christenverfolgung widmet der Chronist in seiner weiteren Erzählung sehr viel Raum.[5] Keine Rede aber ist von der Stadterhebung und Namensgebung Kölns durch Agrippina, weil Koelhoffs Köln-

Chronik diese ja mit Marcus Agrippa verband – und nicht mit Agrippina.

Popularität und Kritik

Koelhoffs 1499 erschienene Chronik mit all ihren Geschichten, historischen Berichten, aber auch Ungereimtheiten und nicht belegbaren mythischen Erzählungen litt zwar unter geistlichem Verbot – dies tat jedoch ihrer weiten Verbreitung in den folgenden Jahrzehnten keinen Abbruch. Sie wurde zum Spiegel des kölni-

kaum stand. Fakt allein sei die römische Gründung der Stadt Köln, ihre Christianisierung durch Bischof Maternus und ihre einzig dem Kaiser unterstellte Vorrangstellung im Reich.[7]

Doch was nützten gelehrte Argumente und kritische Methoden schon angesichts der Tatsache, dass in Köln »der gemeine Mann«[8] die in der Koelhoffschen Chronik erzählten Geschichten begierig las oder hörte?

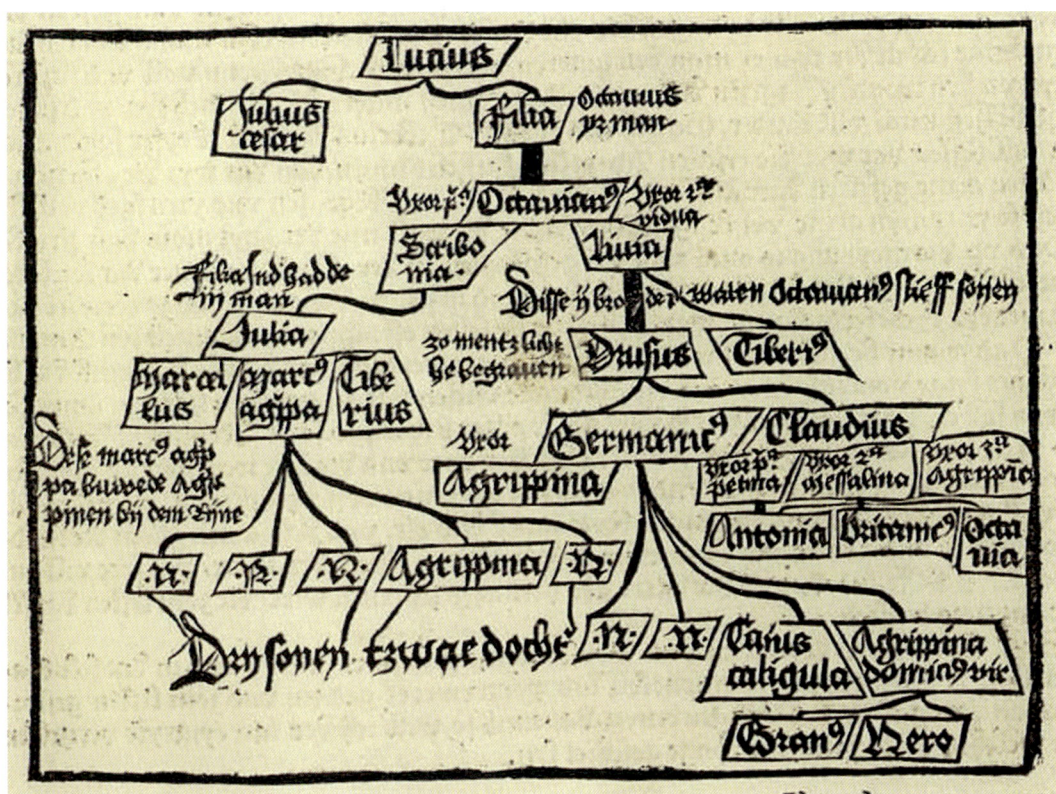

schen Selbstbewusstseins.[6] Das populäre Buch stieß bei manchen gelehrten Kölner Humanisten des 16. Jahrhunderts auf mitleidiges Lächeln oder gar harte Kritik. Noch 1571, als sich die Vertreter der Stadt Aachen im erneut aufflackernden Rangstreit mit Köln auf einige Aussagen in Koelhoffs Chronik beriefen, lehnten die Kölner diese mit Recht als unzutreffend ab: Die Chronik sei unzuverlässig, sie halte der kritischen Prüfung durch inzwischen weiterentwickelte philologische und historische Methoden

Monströse Laster: Das Agrippina-Bild im Mittelalter

Nero lässt seine Mutter Agrippina ermorden, illuminierte Handschrift, französische Ausgabe von Boccaccio: De mulieribus claris, um 1440, British Library, Royal Collection

Nero beobachtet, wie seine Mutter Agrippina seziert wird, illuminierte Handschrift, Jean de Meung: »Roman de la Rose«, um 1490–1500, British Library

Agrippina im europäischen Urteil

Ein Blick sei gewagt über den Kölner Tellerrand hinaus – mit der Gegenfrage, was man denn gleichzeitig im übrigen Europa über Agrippina begierig las oder hörte.

Im Mittelalter, verstärkt dann in der italienischen Renaissance, wurden antike Autoren wie Tacitus oder Sueton mit großem Interesse rezipiert. Dazu gehörten natürlich auch deren Berichte über die Taten – und Untaten – in den Kaiserfamilien des römischen Imperiums.

Die Geschichten von Agrippina der Älteren, Germanicus und Kaiser Tiberius, erst recht die um Agrippina und ihren Sohn Kaiser Nero blieben im europäischen Mittelalter lebendig. Mit drastischen Darstellungen illustriert, fanden sie Eingang in vielgelesene und in zahlreiche Sprachen übersetzte Schriften.[9]

So wurden Hinweise des Tacitus über Inzest im julisch-claudischen Kaiserhaus, speziell über die Gerüchte, Agrippina habe ihren Sohn Nero ermuntert, mit ihr sexuell zu verkehren, in der mittelalterlichen Literatur als sittlich besonders abstoßendes Verhalten gerne kolportiert.[10] Gleiches gilt für die Ermordung des Kaisers, vermeintlich durch seine Gattin Agrippina[11], für den abscheulichen Muttermord an ihr und für die von Nero verbreitete Propaganda-Botschaft, Agrippina habe Selbstmord begangen und in Wirklichkeit ihn töten wollen.[12] Besonders einflussreich waren in dieser Hinsicht der »Roman de la Rose« und die Biografien großer Männer und Frauen des Florentiner Dichters Giovanni Boccaccio.

Der »Rosenroman«, 1235 von Guillaume de Lorris begonnen und um 1280 von Jean de Meung vollendet, war das erfolgreichste Werk der französischen Literatur des Mittelalters. In Versen wird darin ein Traum ausgebreitet vom Ideal der Liebe, von deren Faszination und auch der damit verbundenen Abgründe. Besonders im zweiten Teil spielt das Problem moralischer und unmoralischer Handlungen eine große Rolle.[13]

Jean de Meung griff darin die von Tacitus und anderen angedeutete Szene auf, in der Nero den Leichnam der ermordeten Agrippina betrachtete.[14] Diese Episode war bereits im 13. Jahrhundert von Vincent de Beauvais erwähnt und in späteren Ausgaben illustriert worden.[15] Sie war ebenso in der Weltchronik Heinrichs um 1300 zu lesen, wurde auch in Boccaccios um 1356–1373 entstandenen Schriften über berühmte Persönlichkeiten, die ein übles Schicksal ereilte, zum Besten gegeben[16] und fand Eingang in weitere illuminierte Schriften.[17]

Die mittelalterlichen Versionen steigerten die in antiken Quellen berichteten oder auch nur angedeuteten Ungeheuerlichkeiten: Nero habe angeordnet, den Bauch der toten Agrippina aufzuschneiden, um zur Befriedigung sei-

»Die berühmten Frauen« – mythische Gestalten und Heldinnen der Antike. Boccaccio war der Erste, der, inspiriert durch Petrarcas Werk über »große Männer«, sich auch den Biografien bedeutender Frauengestalten widmete: Insgesamt 106 stellte er vor, darunter Agrippina die Ältere in Kapitel 90 und Agrippina die Jüngere in Kapitel 92. Boccaccios Biografien waren populär; bald erschienen Übersetzungen, zahlreiche illuminierte Handschriften und dann auch viele frühe Drucke.[20]

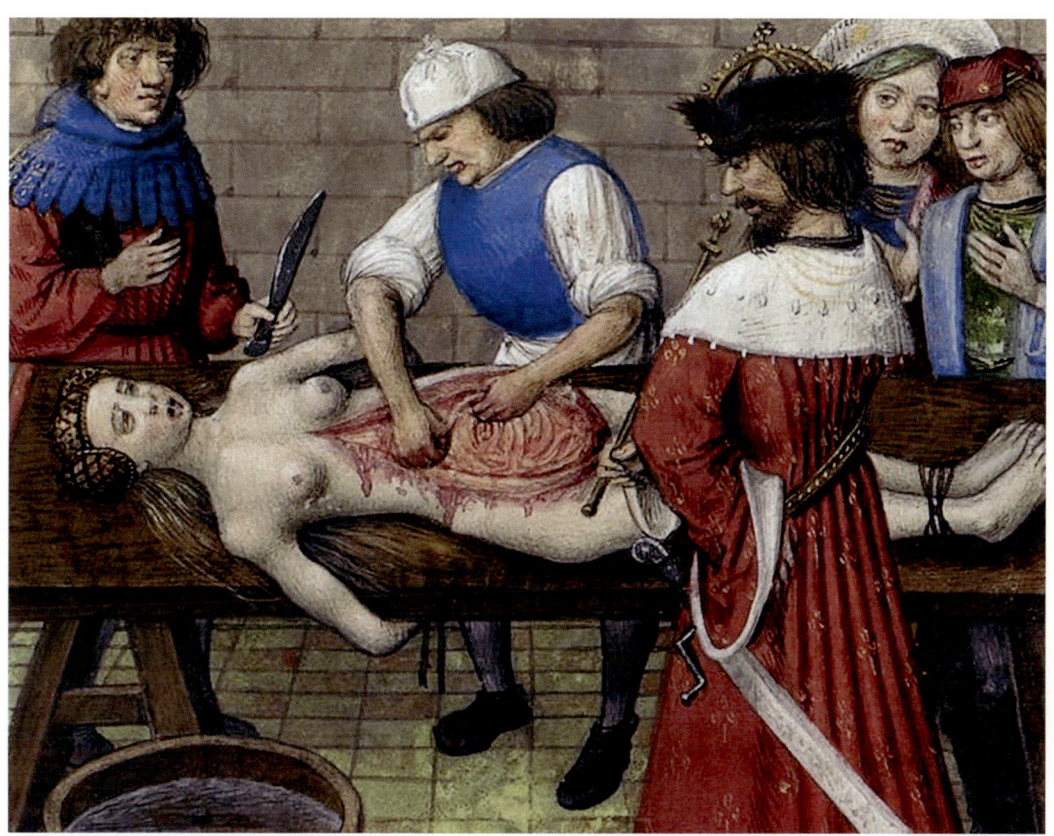

ner sündhaften Neugier jenen Leib zu inspizieren, aus dem er selbst hervorgegangen sei. Diese als pervers gewertete Sektion der ermordeten Mutter wurde zwar in den antiken Texten nicht explizit geschildert,[18] von mittelalterlichen Illustratoren aber begierig aufgegriffen und drastisch ausgeschmückt.[19]

Zu großer, wenngleich negativer Popularität gelangte Agrippina durch das zwischen 1360 und 1362 verfasste Werk des Boccaccio über

In diesem Zusammenhang besonders gerne illustriert wurden erneut jene drastischen Szenen, in denen Nero Agrippina ermorden und wie er die Leiche der Mutter sezieren ließ. So erschien ein Bild vom Muttermord um 1440 in einer in Rouen entstandenen Handschrift.[21]

Doch wer aus solchen Bildern und Schilderungen schließen würde, Boccaccio sowie seine Übersetzer, Verleger und Illustratoren hätten die Grausamkeit des Nero verurteilen und da-

Monströse Laster: Das Agrippina-Bild im Mittelalter

gegen die Biografie der Agrippina in ein positiveres Licht rücken wollen, der irrt sich gewaltig.

Schon die Gegenüberstellung von Agrippina mit ihrer gleichnamigen Mutter spricht Bände: Eine französische Boccaccio-Ausgabe der Zeit um 1488–1499 – also etwa zeitgleich mit der Koelhoffschen Chronik erschienen – zeigt Agrippina die Ältere, wie sie ähnlich einer frommen Schutzmantelmadonna ihre nackten Kindlein behütet, während auf dem folgenden Bild ihre inzwischen erwachsene und eitle Tochter

Boccaccio: »Die großen Frauen«, hier: Agrippina die Ältere und Agrippina die Jüngere, französische illuminierte Handschrift um 1488–96, Paris, Bibliothèque Nationale, Ms. fr. 599, folio 77 und 78

Boccaccio: »Die großen Frauen«: Agrippina die Ältere wird im Auftrag des Kaisers Tiberius zwangsernährt und Agrippina die Jüngere vergiftet Kaiser Claudius und verhilft Nero zur Macht, deutsche Ausgabe von Heinrich Steinhöwel, Ulm 1473

Agrippina gebannt von ihrem eigenen Spiegelbild ist.[22]

Die deutsche Ausgabe von Boccaccios »Berühmten Frauen« des Ulmer Arztes Heinrich Steinhöwel, 1473 mit kolorierten Holzschnitten illustriert, wird noch deutlicher: Agrippina die Ältere erscheint hier als Opfer, als eine von Tiberius' Verfolgungswahn Gequälte, der mit Gewalt Nahrung eingeflößt wird (tatsächlich soll sie ja in ihrem Exil verhungert sein). In einem der folgenden Bilder ist dagegen Agrippina die Jüngere eine Täterin, die gerade dabei ist, Claudius zu vergiften, während sich im Hintergrund bereits der Regierungsantritt des »bösen kaisers Neronis« mit Krone und Zepter anbahnt – sowie dessen diverse sündige Eskapaden, verkörpert durch eine Nackte.[23]

Kein Zweifel: Boccaccios Biografie der Agrippina war ein Höhepunkt der Schilderung einer zutiefst zu verdammenden Persönlichkeit. Sie wurde in Text und Bild dargestellt als sexuell ausschweifend, berechnend und machtbesessen, kurzum: Agrippina diente als prototypisches moralisch schlechtes Beispiel im Rahmen antiker Lebensgeschichten. Nicht nur für den einflussreichen Florentiner Dichter vereinten und steigerten sich in Agrippina »alle monströsen Laster« der traditionellen Überlieferung.[24] Dies ging so weit, dass Agrippinas Ermordung im Auftrag Neros als beinahe gerechtfertigt galt.[25]

Võ agrippina dem gemahel.germaici das lxxx

Võ agrippina deß bösen kaiser Neronis müter das lxxxvij capitel.

Auch andere bedeutende Autoren verurteilten Agrippina in Kenntnis der gleichen antiken Quellen – etwa der in Mailand tätige italienische Philosoph und Humanist Gerolamo Cardano. In seinem 1562 in Basel erschienenen »Lob Neros« baute er Agrippina sogar zur negativen Gegenfigur des Nero auf, den er versuchte, wenigstens teilweise zu rehabilitieren: Viel mehr noch als Nero war für Cardano Agrippina das Monstrum. Die Mörderin des Claudius habe ihren Tod eigentlich verdient, was Cardano mit dem Auftritt des mythischen Rächers Orestes zusätzlich ausschmückte.[26]

Fazit: Die genannten Beispiele illustrieren, dass im 13. bis 16. Jahrhundert das negative Urteil über Agrippina gefällt war. Sie wurde einhellig als durch und durch verdorbene Person betrachtet. Darüber waren sich Dichter, Gelehrte und Humanisten einig – in Italien, Frankeich, ganz Europa. Nur nicht in Köln. Hier musste und wollte man dies offenbar anders sehen.

Der Urknall: Agrippinas Aufnahme in den Kölner Himmel

Anton Woensam: Stadtansicht von Köln, 1531,
Kölnisches Stadtmuseum, Graphische Sammlung

Woensams Stadtpanorama von 1531

Denn in der Rheinmetropole vollzog sich das genaue Gegenteil: Agrippinas Aufnahme in den Himmel. Plötzlich, 32 Jahre nach Koelhoffs Chronik, ist sie dort angekommen. An prominenter Stelle schwebt sie, einer heiligen Stadtpatronin gleich, über Köln: im monumentalen Holzschnitt des Anton Woensam. Der hatte, seinem Vater aus Worms folgend, den Weg in die Domstadt gefunden, eine Kölnerin geheiratet und deren elterliches Haus an der Drachenpforte bezogen. Seit 1520 trat er hervor als Buchillustrator.[1]

Die große Stadtansicht, geschaffen für den erfolgreichen Kölner Drucker und Verleger Peter Quentell, ist Woensams Haupt- und Meisterwerk – und nicht nur dies: Sie ist zugleich herausragend innerhalb der europäischen Stadtansichten seiner Zeit, die Antwerpen, Venedig, Amsterdam oder Löwen zeigten.

Das zuvor entstandene monumentale Panorama von Venedig des Jacopo de' Barbari von 1500 und die einige Jahre nach Woensam von Cornelis Anthonisz 1538 bzw. 1544 gefertigte Ansicht von Amsterdam sind Vogelschauen, ähnlich wie Arnold Mercators Ansicht von Köln von 1571.[2] Woensam dagegen präsentiert 1531 Köln auf einem gigantischen, gut dreieinhalb Meter langen Holzschnitt aus neun Druckstöcken als Ansicht vom Rheinufer aus. Mit größter Akribie gezeichnet, breitet sich die erstaunliche Skyline des reichen und mächtigen Köln mit seinen zahllosen Kirchenbauten, dem unvollendeten Dom, mit geschäftigem Treiben am Rheinufer und Hafen vor den Augen des Betrachters aus.[3]

Woensams prächtiges Panorama übergab Quentell im Auftrag des Kölner Rats am 5. Januar 1531 an Kaiser Karl V. und dessen jüngeren Bruder, den soeben in Köln zum römisch-deutschen König gewählten Ferdinand I., bevor beide zur Königskrönung Ferdinands nach Aachen weiterzogen. Eine Widmung am unteren Bildrand mit den Bildnissen des Kaisers und designierten Königs erläutert dies.

Diese Angabe wird ergänzt durch Auszüge aus dem Gedicht »Flora« zum Lobe Kölns, 1508 verfasst vom Humanisten Hermann von dem Busche. Die Hymne preist die Stadt in den höchsten Tönen unter dem Titel »O FELIX AGRIP-

PINA NOBILIS ROMANORUM COLONIA« (»Oh glückliche Agrippina, edle Kolonie der Römer«).[4]

Köln als »heilige Stadt«, aber mindestens ebenso Köln als antike Gründung, als wehrhaftes und durch Handel und Schifffahrt reiches und mächtiges Gemeinwesen und als immer schon mit dem Kaisertum eng verbunden, niemandem sonst untertan und herausragend über allen anderen Städten: Dies ist die Botschaft, die Kaiser Karl und Ferdinand zur Krönung nach Aachen durch Woensams Panorama mit auf den Weg bekamen. Dass darauf die

Embleme, rechts Marsilius in der Tracht eines Ritters mit dem neueren Wappen mit den drei Kronen. Letzterer habe sich, so erläutert es die Beischrift, »mitten durch die Feinde gestürzt« und dadurch Köln vor Belagerern gerettet.[6]

Die Präsenz seines Pendants Marcus Agrippa wird ebenfalls auf einer Tafel erklärt: »Christus ward noch nicht geboren, da schickte sich der edle Marcus Agrippa an, diese schöne Stadt zu gründen.«[7] Die mit Marcus Agrippa verbundenen Anfänge der Ubierstadt werden somit –

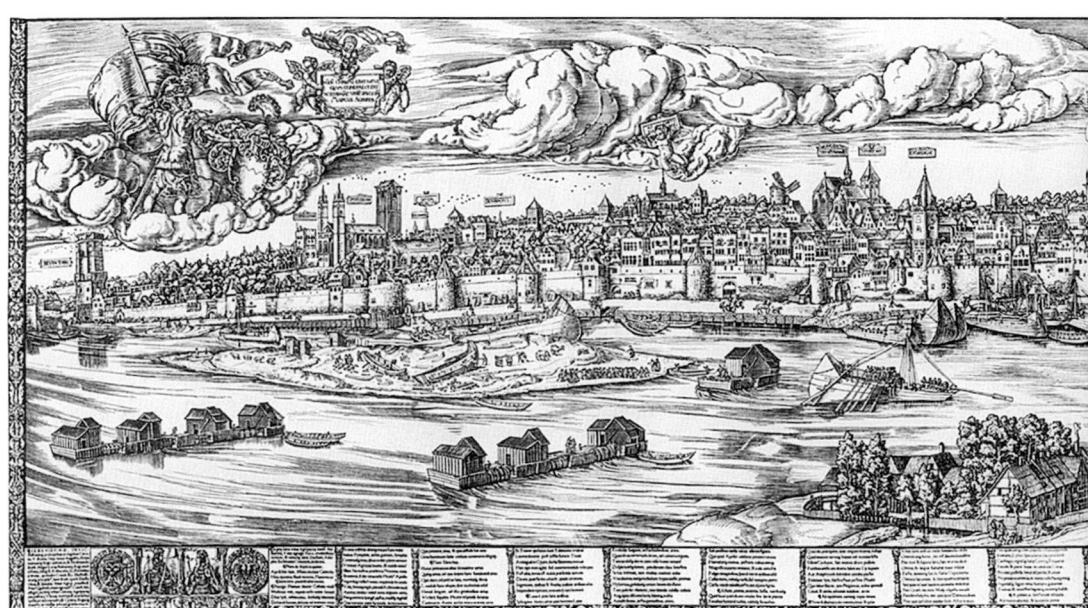

Heiligen Drei Könige als riesige Gestalten über dem Dom schweben, mag kaum verwundern. Doch der Himmel über Köln, bislang vorbehalten christlichen Märtyrern, Heiligen und Stadtpatronen, erfährt nun in der Zeit des Humanismus entscheidende antike Erweiterungen. Schon die Ansicht von Venedig zuvor und wenige Jahre nach Woensam die von Amsterdam präsentierten als Leitmotive im Himmel keine Heiligen, sondern als Hafen- und Handelsstädte die antike Figur des Neptun.[5] Auch auf Woensams Kölnpanorama erscheinen Gestalten der heidnischen Antike: am linken und rechten Bildrand die beiden römischen Bannerträger, links Marcus Agrippa in einer antikisierenden Rüstung mit dem älteren Kölner Wappen ohne

historisch zutreffend – vor der Geburt Christi angesetzt.

Doch erfährt das inzwischen ikonografisch in Köln eingespielte Paar Marcus Agrippa-Marsilius durch Woensam eine aufsehenerregende antike Erweiterung. Der Name »Agrippina« findet sich nämlich nicht allein im Titel, sondern auch bei der ebenfalls monumentalen Figur der gleichnamigen römischen Kaiserin hoch oben in den Wolken: über der Eigelsteintorburg, im Norden Kölns, ungefähr dort, wo man nach frommer Tradition eher die heilige Ursula mit ihren Jungfrauen erwarten würde.

Majestätisch schwebend in einem kostbaren Renaissance-Gewand, auf dem Haupt die kaiserliche Bügelkrone, lächelt die jugendliche römische Kaiserin über ihrer Stadt hinüber zu

Der Urknall: Agrippinas Aufnahme in den Kölner Himmel

den Heiligen Drei Königen. Agrippina hält in der linken Hand ein Winkelmaß, in der Rechten einen Holzhammer, einen Schlägel. Dies sind Symbole der Baumeister und Architekten – im Falle des Winkelmaßes zusätzlich auch der Tugendhaftigkeit.[8] Die neben ihr von einem Putto gehaltene Schrifttafel gibt nähere Auskunft zu diesen überraschenden Attributen: »AGRIPPINA IMPERATRIX HANC URBEM RESTAURAVIT«. Man hat dies bislang nicht weiter hinterfragt und lediglich übersetzt mit »Kaiserin Agrippina

hat diese Stadt erneuert«[9] – dabei wohl eine Art lyrische Überhöhung der von ihr betriebenen Erhebung Kölns zur römischen Stadt unterstellend.

Merkwürdigerweise ist die monumentale Präsenz der Agrippina zwar immer wieder erwähnt, ihre überraschende Rolle als Baumeisterin jedoch bislang nie thematisiert oder gar erklärt worden.[10] Gewiss, nun wäre mit Woensams Stadtansicht erstmals auf beide Phasen der Entstehung Kölns zusammen und gleichrangig verwiesen: mit Marcus Agrippa auf die Anfänge der Ubiersiedlung und mit Kaiserin Agrippina auf die Stadterhebung.

Doch lassen weder die bildliche Darstellung mit ihren ikonografischen Verweisen noch die Worte der Inschrift darauf schließen, dass mit

Anton Woensam: Stadtansicht von Köln, 1531, Kölnisches Stadtmuseum, Graphische Sammlung

Agrippinas plötzlichem Auftritt am Kölner Himmel ausschließlich ein Hinweis auf diesen Rechts- und Gründungsakt im Jahr 50 n. Chr. gegeben werden sollte.

Wieso aber erscheint sie gleich beim ersten Mal so prominent auf Woensams Stadtansicht als mit der Gründung Kölns verbundene Gestalt und warum hält sie dabei Winkelmaß und Schlägel? Diese Attribute der Architektur lassen zusammen mit der Inschrift kaum Zweifel daran, dass »restauravit« viel konkreter mit »wie-

ausführlich der »Kölner Bauer« als allegorische Figur gewürdigt, als Verkörperung Kölns im sogenannten Quaternionensystem, das die Glieder des Heiligen Römischen Reichs innerhalb einer Heerschildordnung darstellte,[12] übernommen 1499 auch in der Koelhoffschen Chronik.[13] Doch ein einfacher Bauer mit Dreschflegel war kaum befriedigend als Symbol der stolzen Bürger der damals größten Stadt des Reiches. Daher wurde der »Bauer« inklusive des Stadtnamens umgedeutet: »Köln ist ein Baumann, auf

derhergestellt«[11], ja sogar mit »wieder aufgebaut« übersetzt werden müsste. Doch warum? Aus Quentells Erläuterungen, von dem Busches Hymnus oder anderen zeitgenössischen Informationen im Zusammenhang mit der Übergabe des Holzschnitts am 5. Januar 1531 erfahren wir darüber nichts. Doch werden wir fündig bei einem erneuten Blick zurück in die einige Jahrzehnte zuvor erschienenen Kölner Chroniken, deren Inhalte ja immer noch populär waren und kursierten.

Köln ist ein Baumann

Das Motiv des »Baumeisters« spielte im Prozess der Kölner Mythenbildung des 15. Jahrhunderts eine zunehmend bedeutende Rolle. In Beecks Chronik »Agrippina« wird erstmals

Lateinisch Colonus genannt«.[14] Mit dem Kölner Bauer als »boumann« (Baumann) und »Gärtner« ließ sich bibelfest argumentieren: Schließlich sei Jesus selbst Maria Magdalena als Gärtner erschienen und habe Gott als »ackerman« oder »boumann« bezeichnet. Aus der ländlichen Figur des Kölner Bauern wurde somit eine allerhöchste Ehrenbezeichnung – und das Ansehen Kölns war gerettet.[15]

Gleichzeitig wurde die Geschichte vom Bau der Stadt ausgeschmückt. Schedel bezeichnete Marcus Agrippa als »Baumeister« Kölns[16] – die Koelhoffsche Chronik führte dies weiter aus. Und hierbei kommt erstmals auch Agrippina eine entscheidende Rolle zu – in einer allerdings völlig neuen Variante.

Der Urknall: Agrippinas Aufnahme in den Kölner Himmel

»Sacri Imperii Colonus«, der Kölner Bauer im Reichsadler, aus Beeck, Agrippina, Bl. 35r, Historisches Archiv der Stadt Köln

Anton Woensam: Stadtansicht von Köln, 1531, Ausschnitt: Kaiserin Agrippina über dem Eigelsteinviertel, Kölnisches Stadtmuseum, Graphische Sammlung

Der Autor der Koelhoffschen Chronik bevorzugte die Theorie, nach der der Name der Stadt Köln sich von Marcus Agrippa und nicht von Agrippina herleitete. Dennoch erläuterte er auch eine andere »Meinung« zu der Frage, wann und »durch wen Köln seinen Anfang fand«.[17] Er hielt sie zwar für unzutreffend, doch auch diese andere Meinung über Kölns Gründung verdiene es, »gut aufgenommen zu werden«.[18] Diese These besage, die Stadt sei »Colonia der Römer« genannt gewesen »und gemacht von dem Kaiser Claudius, und nach seiner Frau, die Agrippina hieß, ist die Stadt nach dieser Agrippina benannt worden«.[19] Deshalb heiße es, Köln sei nach der Frau des Claudius, nach Agrippina, die in der Stadt des Volks der Ubier geboren worden sei, »Agrippina« genannt worden.[20] Die Stadt, in der das Volk der Ubier gewohnt habe, sei später unter Kaiser Claudius »erneuert«[21] worden.

Wiederaufbau anno 58 n. Chr.?

Mit »Erneuerung« war konkret eine bauliche Erneuerung Kölns unter Kaiser Claudius und Kaiserin Agrippina gemeint. Claudius nämlich habe, so fährt die Koelhoffsche Chronik fort, Köln so sehr »verbessert und gestärkt«[22], dass man sagen könne, Claudius habe die Stadt »gemacht«.[23] Unter Berufung auf einen Brief Senecas, des »Zuchtmeisters von Nero«,[24] erklärte die Chronik, die Städte Köln und Lyon seien damals nämlich »von Blitz und Ungewitter und von himmlischem Feuer verzehrt« worden.[25] Man könnte hierin eine moralische Analogie als Vorwegnahme des Brands von Rom unter Nero sehen – doch die Koelhoffsche Chronik datierte diese Naturkatastrophe in die Zeit des Kaisers Claudius und seiner Gattin Agrippina. Daher sei es zwar so, dass »Agrippa Octavianus« der erste Gründer der Stadt Köln gewesen sei, dass aber »Claudius, der vierte Kaiser nach Octavianus« nach dieser Brandkatastrophe »dieselbe wiederaufgebaut« habe.[26]

Auch Tacitus beschrieb ein »Unglück«, das mit dem in der Koelhoffschen Chronik erwähnten »himmlischem Feuer« in Verbindung gebracht werden kann. 1645 berichtete auch Gelenius von einem »unterirdischen Feuer«.[27] Dieses Unglück habe, so Tacitus, »das mit uns verbündete Gemeinwesen der Ubier« heimge-

Der Urknall: Agrippinas Aufnahme in den Kölner Himmel

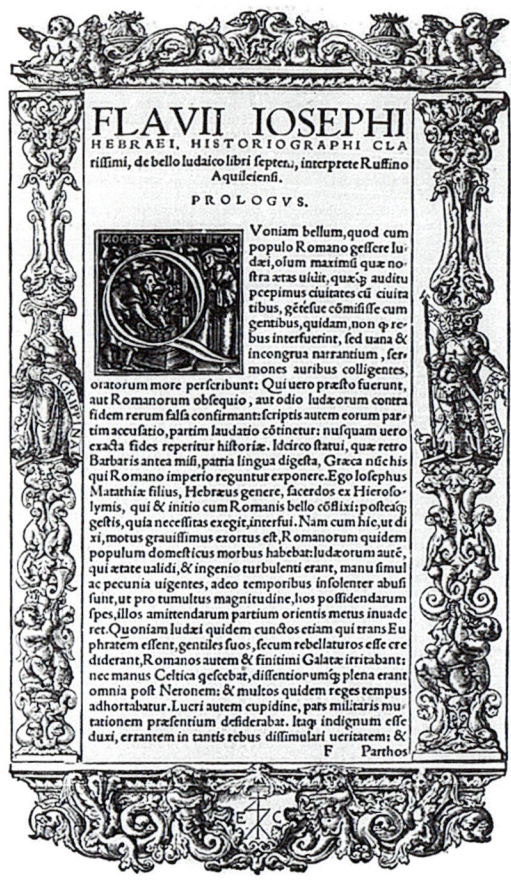

Anton Woensam: Agrippina und Marcus Agrippa auf dem Titelblatt der Schriften des Flavius Josephus des in Köln tätigen Buchdruckers Eucharius Cervicornus, Staatliche Kunstsammlungen Dresden

sucht durch »Feuer, das aus der Erde brach«. Tatsächlich ereignete sich die Katastrophe erst nach dem Tod des Claudius, unter Kaiser Nero und noch zu Lebzeiten seiner Mutter Agrippina im Jahr 58 n. Chr. Bis »in die Stadtmauern der eben erst gegründeten Kolonie« sei das Feuer eingedrungen und habe nicht gelöscht werden können.[28]

Was den verheerenden Flächenbrand tatsächlich ausgelöst hatte, bleibt offen. Da in Köln und seiner nahen Umgebung vulkanische Ursachen für diese Brandkatastrophe auszuschließen sind, mutmaßte man später, das Feuer sei wohl beim Ziegelbrennen ausgebrochen.[29] Früher ging die Forschung von einem »ausgedehnten Moorbrand«[30] als Ursache aus – doch auch dies kommt kaum in Betracht, schließlich gab und gibt es in Köln und seinem Umland keine Hochmoore.[31]

Jedenfalls muss diese Kölner »Umweltkatastrophe«[32] ein außerordentliches Ereignis gewesen sein, das selbst im fernen Rom wahrgenommen wurde und somit Eingang in die Annalen des Tacitus fand. Er widmete der Schilderung des außergewöhnlichen Kölner Naturereignisses sogar deutlich mehr Raum als seinen äußerst knappen Bemerkungen zur Ubiersiedlung und ihrer Stadterhebung unter Claudius und Agrippina. Die Worte vom »Feuer aus der Erde«[33], die Tacitus wählte, weisen auf eine mögliche Ursache hin.

Heute geht man von einem Flözbrand im Braunkohlegebiet als mögliche Ursache aus: Im Südwesten von Köln, wo Braunkohle-Flöze bis an die Erdoberfläche streichen, könnte sich durch Blitzschlag oder einen Waldbrand die Braunkohle entzündet haben, die das von Tacitus erwähnte Feuer verursacht, immer weitere Brände ausgelöst und sich in einen übelriechenden Flächenbrand verwandelt hätte. Dies würde auch die etwas unklare Formulierung des Tacitus erklären, nach der der Flächenbrand zunächst im Kölner Umland »Bauernhöfe, Felder und Dörfer vernichtete«, um dann erst bis in die »Stadtmauern der eben erst gegründeten Kolonie« vorzudringen.[34]

Ein solcher Flözbrand ist mit Wasser nicht zu löschen; die Brandherde können nur erstickt werden – was wiederum durch den Bericht des Tacitus gestützt würde, der ja vergebliche

Löschversuche der Kölner und ihr anschließendes Bewerfen mit Steinen erwähnte. Eine Verfüllung der Brandherde mit Steinen hätte demnach dem Flözbrand den Sauerstoff entzogen und ihn endlich zum Stillstand gebracht.[35] Jedenfalls war der Flächenbrand des Jahres 58 n. Chr. wohl der Anlass, von nun an in Köln feuergefährliche Gewerbebetriebe wie Töpfereien und Glashütten in die Vorstadt zu verbannen.

Man darf vermuten, dass Quentell und Woensam diese Nachrichten von der Kölner Naturkatastrophe bekannt waren, zumal beide über enge Kontakte zu Kreisen gelehrter Kölner Humanisten verfügten, die wiederum mit den Schriften des Tacitus vertraut waren.

Vor diesem Hintergrund ist die Darstellung der Agrippina mitsamt Winkelmaß, Schlägel und der Bemerkung, sie habe »diese Stadt wieder aufgebaut«, auf Woensams großem Stadtpanorama weniger überraschend. Dies kann sowohl allgemein interpretiert werden als Beitrag Agrippinas zur unter Kaiser Claudius im Jahre 50 n. Chr. erfolgten Stadterhebung ihres Geburtsorts als auch sehr viel konkreter im Zusammenhang mit den vermeintlich ebenfalls unter Claudius, in Wahrheit aber erst in Neros Zeit erfolgten vermeintlichen Wiederaufbaumaßnahmen nach den Zerstörungen im Jahres 58 – auch wenn wir von Tacitus lediglich erfahren, dass das Umland, vorstädtische Siedlungen und die Kölner Stadtummauerung betroffen waren, nicht aber, ob und wie weit das Feuer auch in die Stadt eingedrungen war.

Dieser Stadt »gewaltige Massen« steigen 1531 jedenfalls, wie es im Hymnus unter dem Woensams Panorama heißt, »herrlich empor« – jener Stadt, die einst Marcus Agrippa begründet und die Agrippina wieder aufgebaut haben soll. Agrippina bevölkert von nun an den Kölner Himmel als sichtbares Zeichen dieser Art doppelten (Neu-)Gründung der nach ihr benannten »glücklichen Stadt«.[36]

Agrippina, Agrippa und der heilige Hieronymus

Die Deutung von Marcus Agrippa und Agrippina als gleichwertiges »Gründungspaar« Kölns wird gestützt durch eine weitere, bislang kaum beachtete Darstellung der Agrippina, die Woensam schuf. Gemeinsam mit Marcus Agrippa ziert sie nämlich einen Holzschnitt, der einen von zwei Säulen eingefassten Schmuckrahmen darstellt, kunstvoll dekoriert mit Genien, Putten, Tieren und Arabesken.

Inmitten der linken Säule erkennt man die stehende vornehme Dame im Kostüm des 16. Jahrhunderts, mit einem Schriftband als »AGRIPPINA« bezeichnet. In der rechten Säule gegenüber sieht man ihr Pendant als Held in Rüstung mit dem Schriftband »M. AGRIPPA«.

Somit wird auch hier der Hinweis auf die beiden grundlegenden Akte der Anfänge des römischen Köln deutlich: durch die Personifikationen des Marcus Agrippa und der Agrippina, die gewissermaßen die beiden Säulen der Stadtgeschichte bilden – und dies ganz im neuen Stil der Renaissance, der mit Woensam Einzug in die Kölner Buchkunst hielt.

Denn dafür war der kunstvolle Druck gedacht. In einem Schild in der Mitte der unteren Leiste erkennt man die Hausmarke mit den Initialen »EC« des zeitweilig in Köln tätigen Buchdruckers Eucharius Cervicornus, der wie Peter Quentell zu den einflussreichen Auftraggebern Woensams gehörte.[37] Offenbar wurde der verzierte Rahmen als Titeleinfassung für dessen Bücher genutzt: 1530 leitete dieser Holzschnitt eine Bibel nach der Übersetzung des Hieronymus ein und 1539 eine Kölner Ausgabe der Schriften des Wiener Bischofs Johannes Fabri.[38] Aber auch anderen Schriften wie denen des antiken Geschichtsschreibers Flavius Josephus wurde die Darstellung vorangestellt.[39]

Sogar ein frommes Einzelblatt war mit dieser Schmuckrahmung mit den Gründungsfiguren des antiken Köln verziert: das Bildnis Woensams vom frommen heiligen Hieronymus in seiner Studierstube, nun flankiert vom heidnischen Marcus Agrippa und der ebenso heidnischen und sündigen römischen Kaiserin.[40] Der mit ihrer Präsenz zum Ausdruck kommende Verweis auf die Antike und den kultivierten Bildungsstand gelehrter Kölner Humanisten erlaubte es, dies miteinander zu verbinden.

Kölner Humanisten

Antikes Erbe am Hals

Kölner Humanisten arbeiteten in den folgenden Jahrzehnten verstärkt an der Erforschung der historischen Ursprünge Kölns.[1] Einer ihrer Protagonisten, Heinrich Suderman(n), Kölner Patrizier und Jurist, wurde 1576 Geschäftsführer der Hanse in Antwerpen und ließ sich aus diesem Anlass von dem in Köln tätigen Frans/Franz Hogenberg porträtieren.[2] Der große repräsentative Kupferstich zeigt Sudermann mit Wappen und hymnischen Inschriften.[3]

An der Halskette trägt er eine antike Münze mit dem Bildnis der Agrippina. Bislang in der Forschung als Agrippina die Jüngere identifiziert[4], handelt es sich jedoch nach der zu erkennenden Umschrift »AGRIPPINA M(arci) F(ilia) MAT(er) C(ai) CAESARIS AVGVSTI« wohl um Agrippina die Ältere, gekennzeichnet als Mutter des Gaius, des Caligula. Wir können davon ausgehen, dass sich solche und ähnliche antike Münzen in den Kabinetten Kölner Sammler befanden. Exemplare dieser Münze sind erhalten, allerdings mit Profil nach links.[5] Denkbar ist, dass das Bildnis der Kaiserin einer seitenverkehrten Vorlage folgte, vom Stecher seitenverkehrt übertragen wurde oder dass es sich bei dem Schmuckstück um eine der zahlreichen damals kursierenden Nachbildungen handelt. Wie dem auch sei: Ein solcher Halsschmuck diente als Hinweis auf Sudermanns Bildung und Bekenntnis zu römischer Geschichte seiner Heimatstadt.

In ganz Europa waren im 16. Jahrhundert solche als Schmuck getragenen Verweise auf humanistische Bildung und die Kenntnis des antiken Erbes bei Gelehrten und Sammlern beliebt. Prominent ist das Bildnis, das Tizian nur wenige Jahre vor Hogenbergs Porträt des Heinrich Sudermann vom Altertumskundler Jacopo Strada schuf. Dieser Sammler und Kunsthändler aus Mantua hatte ein Standardwerk mit Kurzbiografien und Münzbildern von Herrschern herausgegeben, das wiederum, zusammen mit anderen Publikationen, als Bildvorlage für die Kaisermedaillons an der Kölner Rathauslaube diente.[6] Tizians Porträt zeigt Strada, eine Venus-Statue in Händen, mit seinen antiken Münzen – eine davon trägt er, ähnlich wie Sudermann, an seiner Halskette.[7]

Frans Hogenberg: Bildnis des Heinrich Sudermann, 1576, rechts: Ausschnitt mit Agrippina-Münze aus seiner Halskette, Kölnisches Stadtmuseum, Graphische Sammlung

Der mehrfach geschwungenen Halskette des Sammlers aus Mantua sehr ähnlich ist die der Kölnerin Elisabeth von Lyskirchen auf deren Bildnis aus dem Jahr 1572.[8] An ihrer Kette hängt ebenfalls eine antike Goldmünze – zwar nicht mit dem Bild der Agrippina, dafür aber des römischen Kaisers Otho, eines Rivalen und später glücklosen Nachfolgers von Agrippinas Sohn Nero.[9] Der Bezug zu Köln ergibt sich aus den Schriften des Sueton, der berichtete, dass der Dolch, mit dem Otho sich das Leben nahm,

würfe für die Kölner Rathauslaube in den Formen der Renaissance einreichte.[12]

Die Laube wurde 1573 mit antikisierenden lateinischen Inschriften versehen, größtenteils entworfen vom Kölner Humanisten und Stadtschreiber Johann VI Helman, einem der Wortführer des Kreises Kölner Gelehrter und Antikensammler, zu denen auch Sudermann, Konstantin von Lyskirchen und andere zählten und die sich dem Studium antiker Texte und der Erforschung der Ursprünge Kölns verschrieben hatten.[13]

nach Köln gesandt worden sei.[10] Die Münze – heute wissen wir, es handelt sich wohl um eine, wenngleich kostbare, Fälschung aus der Zeit der Renaissance – war vermutlich ein Geschenk des Johannes von Lyskirchen, Bräutigam der Elisabeth und Sohn des in Köln als Bürgermeister, Sammler und Humanisten einflussreichen Konstantin von Lyskirchen, der wiederum mit Sudermann in engem Kontakt stand.[11]

Die Rathauslaube: Geschichtsbild ohne Agrippina

Sudermann war zudem persönlich beteiligt an der historisch unterfütterten monumentalen Zurschaustellung der antiken Kölner Geschichte. Denn diesem Gelehrten und international vernetzten Global Player ist es wohl zu verdanken, dass Cornelis Floris aus Antwerpen Ent-

Die in Stein geschlagenen und heute noch weithin sichtbaren, im Namen des »Rats und Volks der Ubier«[14] verfassten Inschriften verweisen auf Cäsar, der den Ubiern zur Hilfe geeilt sei, auf Augustus, unter dem sie umgesiedelt wurden, und auf Marcus Agrippa, der die Stadt gegründet und aufgebaut habe. Mit weiteren Inschriften gepriesen werden Kaiser Konstantin der Große wegen des Baus der Kölner Rheinbrücke, Kaiser Justinian wegen des römischen Rechts und der zur Erbauungszeit der Rathauslaube regierende Habsburger Kaiser Maximilian II., der den von seinem Vorgänger Friedrich III. verliehenen Status der Freien Reichsstadt erneut bestätigte.[15]

Wie intensiv der Humanist Helman als Vorarbeit die antiken Quellen auswertete, zeigt sich an der Inschriftentafel für Kaiser Justinian und

Kölner
Humanisten

dessen Bestätigung des römischen Rechts, des »ius Italicum« für die Bewohner Kölns. Tatsächlich hatte die Verleihung dieses Rechts an die Kölner erst im 6. Jahrhundert Eingang in die Gesetzestexte Kaiser Justinians gefunden. Dies beruht, wie man heute weiß, auf einem älteren Text des Rechtsgelehrten Paulus aus dem frühen 3. Jahrhundert.[16] Dagegen gehen heute die Historiker davon aus, dass bereits die von Agrippina betriebene Kolonieerhebung unter Kaiser Claudius im Jahr 50 mit der Verleihung

dieser Rechte verbunden war.[17] Das Studium der Schriftquellen spielte gleichzeitig mit der Fertigstellung der Rathauslaube eine wichtige Rolle im erwähnten, erneut aufflackernden Rangstreit der Städte Köln und Aachen. Die Kölner Rathauslaube sollte als historisches Monument die verbindliche, auf dem ernsthaften Studium der Antike und nicht auf mittelalterlichen Mythen beruhende Gründungsgeschichte Kölns verkünden.[18]

Dazu gehören auch die an der Laube im Fries angebrachten Medaillons mit Bildnissen römischer Herrscher: Cäsar, Augustus, Tiberius, Vitellius, Konstantin der Große, Aemilianus, Constans, Galba, Otho und Caliglua. Sogar Marcus Agrippa und auch Claudius sind hier vertreten.[19]

Tizian: Bildnis des Jacopo Strada, 1567/68, Öl auf Leinwand (Ausschnitt), Kunsthistorisches Museum Wien

Südniederländischer Meister: Bildnis der Elisabeth von Lyskirchen geb. Court, 1572, Öl auf Holz, Wallraf-Richartz-Museum & Fondation Corboud

Köln, Rathauslaube mit den 1573 gefertigten Inschriften, Stich von Johann Toussyn um 1665 (Ausschnitt), Kölnisches Stadtmuseum, Graphische Sammlung

Nur Agrippina sucht man an der Rathauslaube vergeblich. In ihrem programmatischen Zusammenspiel von Architektur, Text und Bild kommt Agrippina an keiner Stelle vor. Dabei war die Koloniegründung des Jahres 50 den Kölner Humanisten bekannt und wurde auch in den Rangstreitigkeiten gegen Aachen ins Feld geführt.[20] Doch bei der Abfassung der Inschriften für die Rathauslaube bezog man sich einzig und streng auf vorhandene antike Textquellen. So kam es, dass zwar der oströmische

Kaiser Justinian gewürdigt wurde – dagegen Claudius nur in einem Medaillon und Agrippina gar nicht.

Mercator und Broelmann: Auf der Suche nach dem römischen Köln

Die große Ansicht Kölns aus der Vogelschau des Arnold Mercator von 1570/71 zeigt Köln detailliert in seinem damals aktuellen Baubestand, eingerahmt von zahlreichen Verweisen und Darstellungen antiker Überreste sowie Skulpturen, Funde und Inschriften, deren Her-

Kölner Humanisten

kunft aus rheinischen und Kölner Sammlungen inzwischen weitgehend belegt ist. Es handelt sich um eine auf exaktem Studium beruhende Kombination von antikem Erbe und moderner Stadtgestalt, 1642 in einer zweiten, aktualisierten Auflage vorgelegt. Heilige und auch antike Gründergestalten wie Marcus Agrippa, Marsilius und Agrippina sind nun aus dem Himmel verbannt. Auch hier suchen wir Agrippina vergebens.[21]

Als Prototyp des Kölner Gelehrten, Sammlers und Geschichtsforschers kann Stephan Broelmann gelten. Er hatte seine Sammlung nach der Tradition italienischer und niederländischer Humanisten in seinem Studierzimmer in einem der Türme der Römermauer eingerichtet. Hier arbeitete er an der Publikation seiner umfangreichen Geschichte Kölns von der Römer- bis zur Frankenzeit, inklusive der Aufnahme der erhaltenen Monumente, die, abgesehen von einer knappen illustrierten Werbeankündigung, nie erschien.[22] Seine umfangreichen Manuskripte sind jedoch, wie auch zahlreiche Zeichnungen, erhalten.[23]

Auf der Basis seiner Studien, angeregt vom Vorbild des Titus Livius und seiner antiken Geschichte Roms von den Ursprüngen an (»ab urbe condita«) und in der Tradition des späten Humanismus, entwarf der Kölner Antiquar ein lokales Rom am Rhein: inklusive der Beschreibung der antiken Überreste und sogar der Rekonstruktion der Wasserleitung, die das römische Köln aus der Eifel versorgte.

Der eigentliche Held von Broelmanns römischer Geschichte Kölns war Marcus Agrippa als Gründer Kölns. Agrippina dagegen spielte bei Broelmann bestenfalls eine Nebenrolle, etwa, wenn es ihm darum ging, antike Bauwerke Kölns in zuweilen hochtrabender Weise mit Bauten in Rom wie etwa dem Palast des Kaisers Claudius in Verbindung zu setzen.[24]

Immerhin: Broelmann hinterließ zwei Stadtansichten als Rekonstruktionen des römischen Köln; eine zeigt Köln – oder besser: die Ubierstadt – zur Zeit des Marcus Agrippa[25], die zweite die Colonia kurz nach ihrer Gründung durch Claudius und Agrippina »im Jahr 52«. In der Titulatur der zweiten Stadtansicht wird »Jul.(ia) Agrippina Aug.(usta)« ausdrücklich genannt.[26]

Stephan Broelmann: Köln zur Zeit der Kolonieerhebung 50 n. Chr., Zeichnung vor 1608, Kölnisches Stadtmuseum, Graphische Sammlung

So konnte Broelmann seinen Lesern den Bau-
fortschritt demonstrieren, der in seinen Augen
als Gemeinschaftswerk der drei Generationen
von Marcus Agrippa bis hin zu Agrippina erreicht worden war.[27] Einem solchen Vorbild sollten, so die damit verbundene und leider weitgehend verhallte Mahnung des Autors, auch
die Kölner Ratsherren verpflichtet sein, denen
Broelmann selbst angehörte: die Stadt als Gemeinwesen und deren Zukunft aktiv gestalten.

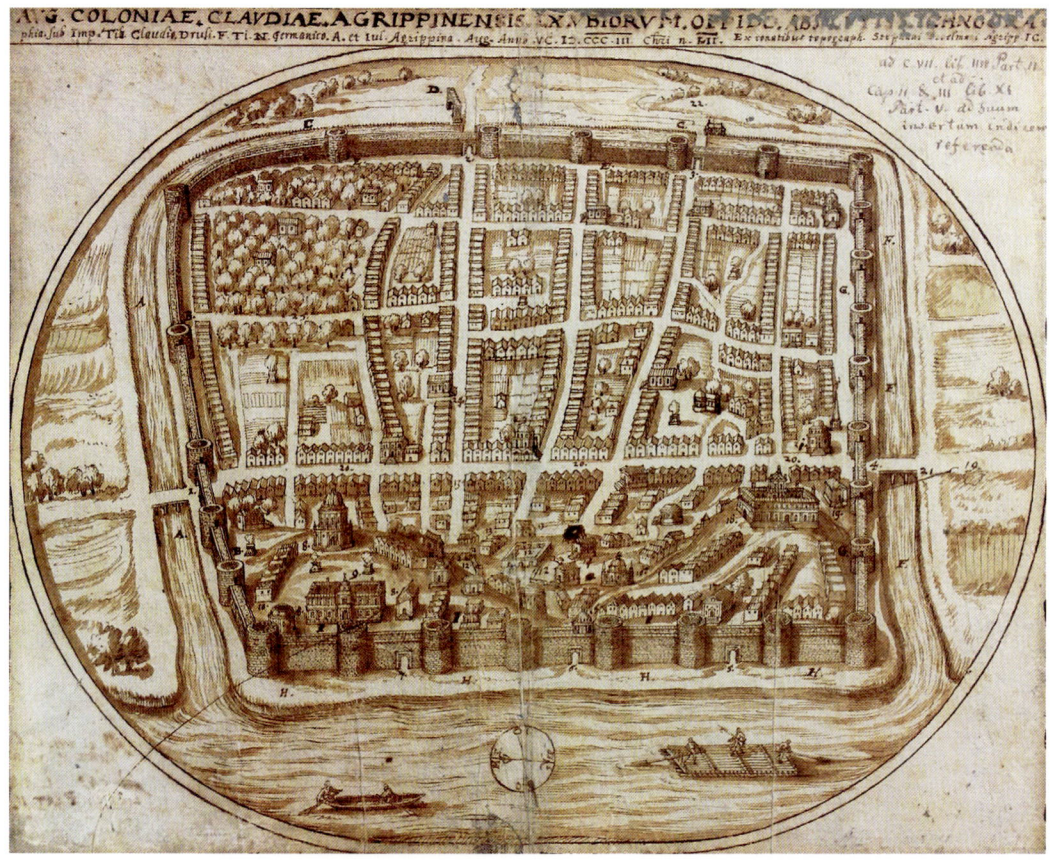

Agrippina abgekupfert: Die Kaiserin behauptet ihren Platz

Woensams Wirkung

Obwohl Agrippina in der Präsentation der Ursprünge des römischen Köln durch gelehrte Humanisten allenfalls eine Nebenrolle spielte, blieb sie dennoch präsent. Woensams monumentaler Holzschnitt mit dem Panorama von Köln war ausgesprochen erfolgreich. Nur noch wenige Exemplare sind erhalten, bereits im Februar 1531 wurde ein zweiter Druck mit vollständigem Text vertrieben. 1557 gab die Witwe des Verlegers anlässlich der Kölner Bischofs-

wahl eine zweite, auch im Bild leicht aktualisierte Auflage heraus.[1]

Woensam hatte hohe Maßstäbe für alle weiteren, nun folgenden Ansichten der Stadt Köln gesetzt. Sein Panorama aber blieb bis weit in das 17. Jahrhundert hinein unübertroffen.[2] Doch musste man sich an ihm messen. So verwundert es nicht, dass mehrere jüngere Stadtansichten, wenngleich qualitativ meist weit weniger hoch stehend, auch Woensams Motiv der Agrippina wiederholten.

Achtzig Jahre nach Woensams Stadtansicht veröffentlichte der Stecher und Verleger Pieter van de(n) Keere (Petrus Kaerius) in Amsterdam zwischen 1613 und 1615 seine mit über zwei Metern Länge ebenfalls monumentale Köln-Ansicht mit dem Titel »COLONIA AGRIPPINA«, die in vereinfachter Form die im Himmel über der Stadt schwebenden Gestalten aus Woensams großem Vorbild variiert.

Pieter van den Keere: »Colonia Agrippina«, Amsterdam 1613/1615, Kupferstich, Kölnisches Stadtmuseum, Graphische Sammlung

Auch hier erkennt man am linken Bildrand Marcus Agrippa und am rechten Bildrand Marsilius, links einen Engel, über dem Dom die Heiligen Drei Könige und rechts, über dem Eigelsteinviertel, Agrippina mit Schlägel und einem Winkelmaß, das sie demonstrativ hochhält, den Blick diesmal auf Marsilius gerichtet. Im umfangreichen Text unter der Stadtansicht geben Erklärungen in französischer Sprache weiteren Aufschluss. Bei Agrippina (Figur Nr. 2) wird deren Verwandtschaft mit dem julisch-claudischen

verbreitet, noch 1699 erschien in Köln eine weitere Auflage.[5] Erläutert wurden die himmlischen Gestalten – und somit auch Agrippina – auf Birbouns Stadtansicht nicht mehr. Wo bei van den Keere noch die Wappen der Kölner Gaffeln und ein umfangreicher Begleittext die Stadtansicht unterfangen, sind bei Birboum nur noch die Gaffelwappen zu sehen.

Kaiserhaus erläutert. Marcus Agrippa habe, so heißt es dort, »die Stadt Köln begonnen« und Agrippina diese »ausgebaut«, daher halte sie die Attribute eines Baumeisters »in der Hand«.[3]

Die wenig später bei Peter Overadt in Köln erschienene, über einen Meter breite Ansicht Kölns, gestochen von Michel L. Birboum, folgt van den Keere mit dem gleichen Schema und dem gleichen Vorbild: Woensam.[4] Auch hier erkennen wir Marcus Agrippa, den Engel, die Heiligen Drei Könige und links von Marsilius die Kaiserin Agrippina in gleicher Haltung wie bei van den Keere. In der – gemessen an Woensam – recht groben, künstlerisch wenig anspruchsvollen Fassung hat die Kaiserin bei van den Keere und Birboum ihre weiblichen Reize allerdings weitgehend eingebüßt.

Birbouns Stich erschien 1625. Offenbar war seine Stadtansicht – wohl auch, weil sie nur etwa halb so groß ist wie die von van den Keere – recht beliebt und als Wandschmuck weit

Agrippina abgekupfert: Die Kaiserin behauptet ihren Platz

Agrippina am Kölner Himmel, Ausschnitt aus: Michel L. Birboum:»Colonia Agrippina«, Kupferstich, Köln 1625, Kölnisches Stadtmuseum, Graphische Sammlung

Wenzel Hollar: Agrippina im Himmel über Köln, Ansicht der Stadt Köln, Kupferstich (Ausschnitt), Kölnisches Stadtmuseum, Graphische Sammlung

Wenzel Hollar 1636: Heroische Kaiserin in den Wolken

Ohne das Vorbild des monumentalen Stadtpanoramas von Anton Woensam von 1531 ist auch die große, ebenfalls meisterhafte Stadtansicht nicht denkbar, die gut hundert Jahre später der aus Prag stammende Wenzel Hollar während seines Aufenthalts in Köln schuf.[6]

Woensams Holzschnitt von 1531 war auch prägend für die Darstellung der Stadtpatrone im Himmel über Köln des Jahres 1636. Hollar präsentierte sie dort in je einer Wolkenformation: am linken Rand Marcus Agrippa und am rechten Rand Marsilius. Neben einer großen Schmuckkartusche in der Mitte des Blattes erkennt man links Agrippina und rechts die Heiligen Drei Könige.

Die ihrem Großvater Marcus Agrippa nun näher gerückte Agrippina erscheint– Woensam folgend – im kostbaren wallenden Gewand, gekrönt und mit den Attributen der Baumeister: Auf ihre Stadt hinunterblickend, hält sie in der Rechten den Schlägel und in der Linken Winkelmaß sowie nun auch einen Zirkel, ein Symbol, das aufgrund seines hohen Ranges sogar für die Schöpfung stand. Seit dem Ende des 16. Jahrhunderts gehörte diese Ausstattung als Standardattribute zur Allegorie der Architektur, verkörpert als zumeist reife Frau.[7]

Im Vergleich mit der hohen zeichnerischen Qualität von Hollars Darstellung der beiden Banner- und Wappenträger Marcus Agrippa und Marsilius wirken die Figuren der Agrippina und der Heiligen Drei Könige ein wenig unbeholfen, sodass vermutet wurde, ob sie nicht von einem anderen Künstler stammen könnten. Sollte Agrippina später hinzugefügt worden sein und hatte Hollar lediglich Marcus Agrippa, Marsilius und die Mittelkartusche gezeichnet, dagegen Johann Toussyn oder Johann Schott die Zeichnung der Agrippina und der Heiligen Drei Könige überlassen?[8] Andererseits spricht die feine Ausführung der auch diese beiden umgebenden Wolkenformationen für die Zuschreibung an Hollar.[9]

Im Text in der unteren Zone des aus sechzehn Druckplatten gefertigten Kupferstichs erklärt der Herausgeber und Verleger Gerhard Altzenbach in seiner Widmung an den Kölner Rat, wieso Agrippina über dem Stadtpanora-

S. Catharina.   Lyeßkerche   S.Panthaleon.

S.Ian.

Ad Carm

Holtz Efort

Oberländische   vnd

S

Agrippina abgekupfert: Die Kaiserin behauptet ihren Platz

ma erscheint: Die »weit berümbte(n) Stadt Cöllen« habe ihren »Namen bekommen von den Römern« und diese hätten »under dem IV. Keyser Claudio an diesem orth einen fürtrefflichen theil der Edelsten Römischen Bürger« angesiedelt.[10]

An »selbigem orth« – dem späteren Köln – aber sei, so die Erläuterung im Text, auch »Agrippina dieses nahmens die III. Heroische Keyserinne, welche dem mächtigsten Keyser Claudio vermählet, gebohren / und erzogen«

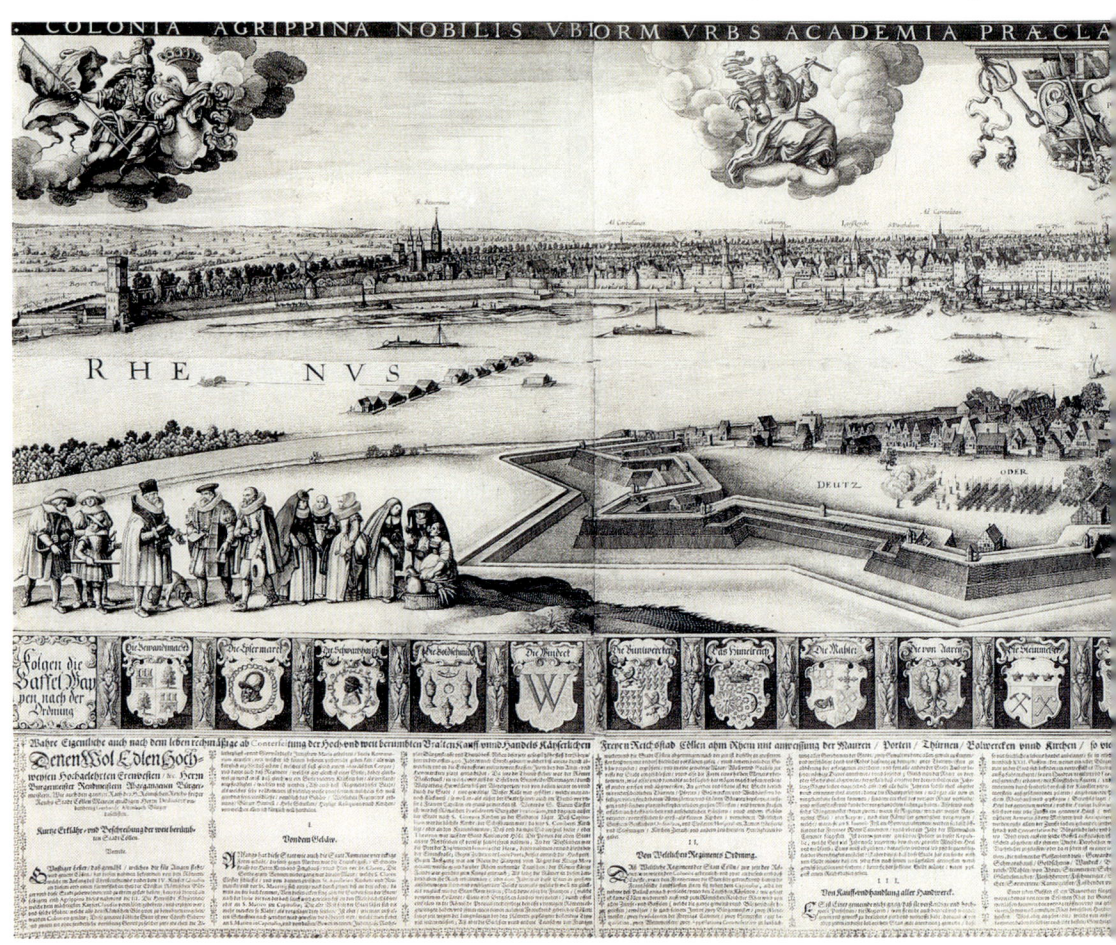

worden. Und »solche Städte, welche also den Römischen Bürgeren zu bewohnen eingeben, wurden Colonien genant«. In Kenntnis der Anfänge der Stadt, verbunden mit dem im Himmel ja ebenfalls präsenten, wenngleich im Text nicht genannten Marcus Agrippa, fügt Altzenbach ergänzend hinzu, schon »vor Christi Ge-

Wenzel Hollar: Ansicht der Stadt Köln, Kupferstich, 63 x 156 cm, Kölnisches Stadtmuseum, Graphische Sammlung

burt« sei Köln ein römisches Gemeinwesen, eine »Socia Romanorum«, gewesen.[11]

So weit Altzenbachs stimmige Herleitung des Namens der Stadt Köln in Kenntnis der von Tacitus erwähnten, von Agrippina betriebenen Gründung der Colonia. Jedoch wird nicht erklärt oder auch nur angedeutet, warum Agrippina hier, wie schon 1531, mit Baumeister-Attributen gezeigt wird; es fehlen die bei Woensam noch vorhandenen, den Stadtpatronen beigefügten Texttafeln. War diese Darstellung der

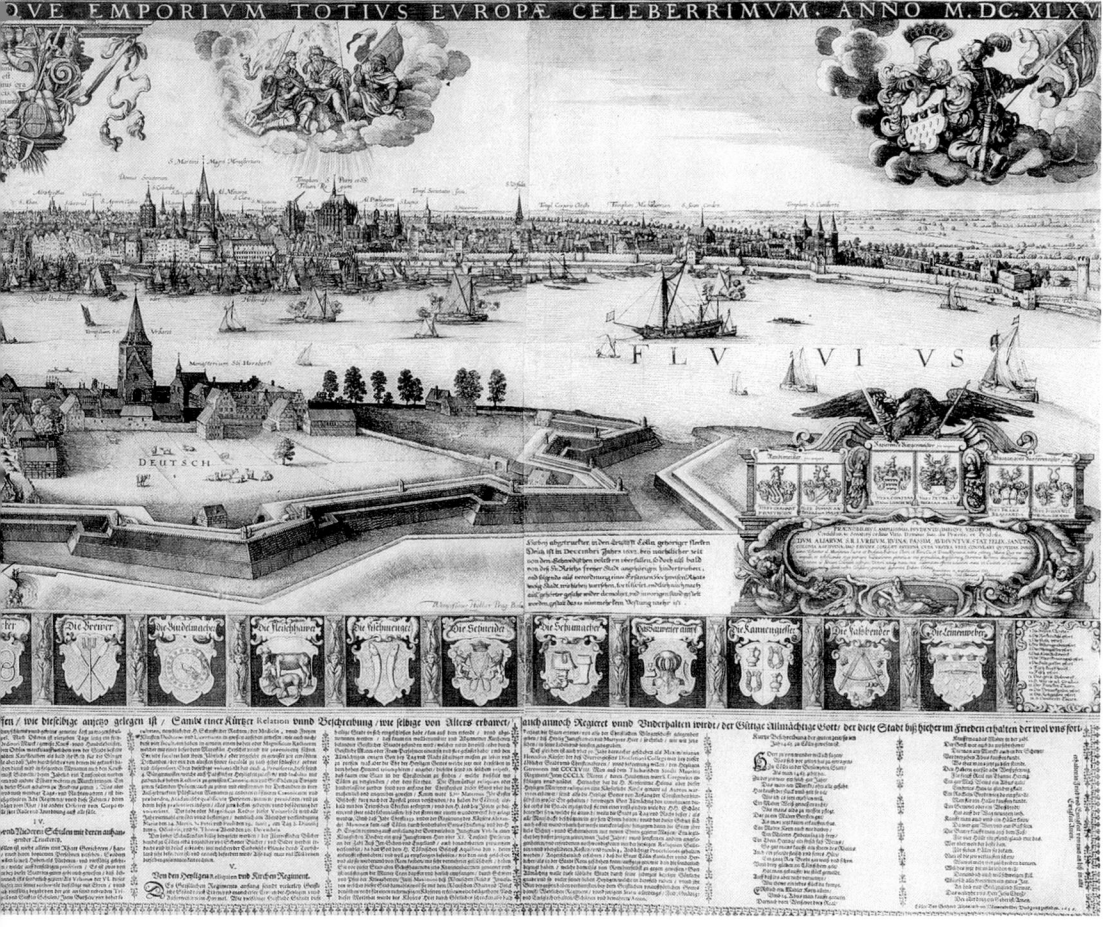

Agrippina als »Baumeisterin« Kölns inzwischen Allgemeingut und brauchte nicht mehr eigens erläutert zu werden? Der Verdacht liegt nahe, dass es nun, hundert Jahre nach Woensam, auf etwas ganz anderes ankam.

Agrippina und die Kölner Jungfrau

Jungfrau und Bauer erobern den Himmel über Köln

Das, worauf es im 17. Jahrhundert ankam, hängt zusammen mit dem Bild der Stadt als Jungfrau. Die Figur der Kölner Jungfrau entwickelte sich nämlich zeitlich und motivisch parallel zur Figur der Agrippina – wobei die Kölner Jungfrau das Rennen gewinnen und zum festen Bestandteil der stadtkölnischen Ikonografie werden sollte. Kaum verwunderlich für eine Stadt, in der im Barock der Kult um die Heilige Ursula und ihre elftausend Jungfrauen erneut ungeheuren Auftrieb bekam.

Ihren ersten Auftritt hatte die Kölner Jungfrau wohl 1529 auf einem Kalenderblatt.[1] Es ist bekrönt von zwei Motivgruppen, in denen je zwei Figuren ein Stadtwappen halten. Die linke Gruppe, »AGRIPPINA« genannt, bezieht sich auf den älteren Stadtnamen der römischen Zeit und zeigt das Wappen noch ohne Symbole, gehalten von einem römischen Cäsaren mit Lorbeerkranz und einem Krieger in Rüstung – vielleicht waren damit Augustus und Marcus Agrippa gemeint. Die rechte Gruppe mit dem Untertitel »COLONIA« zeigt das jüngere Stadtwappen mit den Drei Kronen, gehalten von einer weiblichen Figur als Gegenüber des Kölner Bauern mit seinem Dreschflegel.

Von nun an bekam der Kölner Bauer ein weibliches Pendant, die Kölner Jungfrau. In den Stadtansichten des 16. und 17. Jahrhunderts herrscht ein merkwürdiges Wechsel- und Doppelspiel: Mal schweben – wie erläutert in der Nachfolge von Woensams Stadtpanorama – Marcus Agrippa, Marsilius und Agrippina im Himmel über Köln, mal aber auch Bauer und Jungfrau, etwa auf der Großen Kölner Stadtansicht, die Hans Weigel um 1570 in Nürnberg herausgab.[2] Wo bei Woensam, Birboum und Hollar links als Wappenhalter Marcus Agrippa zu sehen ist, erscheint hier der Kölner Bauer, während die wappenhaltende Figur rechts nun nicht mehr Marsilius, sondern die Kölner Jungfrau ist. Sie trägt ein kostbares Gewand in der Mode der Renaissance und ist somit im Gegensatz zum Bauern von vornehmer Herkunft. Damit wird – so das dem Holzschnitt beigefügte Lobgedicht – »gewiß / Das Cölln die aller schönste ist.«[3]

Kalenderblatt von 1529 mit der Darstellung von Bauer und Jungfrau (oben rechts), Kölnisches Stadtmuseum, Graphische Sammlung

Ähnliche Darstellungen mit Bauer und Jungfrau über der Stadtansicht folgten, etwa die um 1570/80 bei Peter Jordan in Köln gedruckte.[4] Hier erscheinen über einer Stadtansicht zusammen mit Bauer und Jungfrau auch erstmals die Sprüche, die die beiden sich einander entgegenhalten. Die Jungfrau mahnt den Bauern, in Treue fest zum Reich zu stehen, in »süßen« oder »sauren« Zeiten: »Halt fast du keyserlicher Bawr / Bleib bei dem Reich / es fall suesz off sawr.« Der Bauer dagegen fordert die Jungfrau

Reichstreue bezieht sich auf Kölns Funktion einer Freien Stadt innerhalb des Heiligen Römischen Reichs Deutscher Nation, aber auch auf die Stadt des antiken römischen Reichs, dessen Nachfolge das mittelalterliche Reich ja beanspruchte. Weitere Stadtansichten entstehen, in denen ebenfalls Bauer und Jungfrau als Wappenträger im Himmel über Köln erscheinen.[7]

auf, sich vor geistlichen und weltlichen »Buhlern« zu hüten: »Huet dich Dochter desz Roemischen Reichs / Geystlich und weltlich bulen um dich.«[5]

Auf einer weiteren, 1632 entstandenen Ansicht Kölns werden Stadt, Jungfrau, Bauer und deren Sprüche verbunden mit einem konkreten Vorfall: dem abgewehrten Angriff der Schweden auf Deutz. Auch hier erscheint erneut die mahnende Aufforderung des Bauern an die Jungfrau zu Enthaltsamkeit und äußerster Vorsicht: »Halt dich fein Jungfraw seuberlich / Geist und weltlich bulen umb dich.«"[6]

Damit wird gleichzeitig auch klar, warum die Jungfrau als »Tochter des Römischen Reichs« so vornehm gekleidet daherkommt. Denn die

Das schönste Mädchen und die Freier

Kurz danach fertigt Wenzel Hollar 1636 sein prächtiges Stadtpanorama – diesmal nicht mit Bauer und Jungfrau im Himmel, sondern wieder mit Marcus Agrippa und Marsilius. Und mit einer Agrippina, die hier neue Qualitäten erlangt: Sie verschmilzt mit der gleichzeitig herausgebildeten Figur der Kölner Jungfrau und mit dem Bild der Stadt Köln.

Dies verrät ein Blick auf die mit Trophäen und Gerätschaften rechts von Agrippina, in der Mitte Hollars Stadtansicht bekrönende, prunkvoll verzierte Kartusche. Die Zeilen in Latein bilden gewissermaßen das Leitmotiv für die historische Betrachtung und die antiken Helden (und unsere Heldin) im Himmel über der

Agrippina und die Kölner Jungfrau

Stadt Köln – der Stadt, die in der Inschrift dieser Kartusche selbst zu Wort kommt und zu uns spricht.

Zu unserer Überraschung erklärt sie, sie verdanke ihren Namen dem Marcus Agrippa – und nicht der Agrippina. Doch war diese Herleitung des Stadtnamens von Marcus Agrippa ja seit der Chronik Koelhoffs allgemein verbreitet.[8] Die folgende Strophe ihrer hymnischen Verlautbarung enthüllt, wie Agrippina bzw. Köln sich sah und gesehen werden wollte:

»Den frühesten Ruhm und den Namen verdanke ich Agrippa,/
Den späteren guten Ruf meiner eigenen Tugend. /
Viele haben ihr Ansehen geschändet,/
Aber ich bewahre als einzige das jungfräuliche Gesicht, /
Nachdem ich mich tapfer der Freier erwehrt hatte.«[9]

Bauer und Jungfrau im Himmel über Köln, »Eigentliche Abbildung des H. Romischen Reichs freier Statt Cöln«, Kupferstich, Kölnisches Stadtmuseum, Graphische Sammlung

Wenzel Hollar: Agrippina im Himmel über Köln, Ansicht der Stadt Köln, Kupferstich (Ausschnitt), Kölnisches Stadtmuseum, Graphische Sammlung

»Colonia Agrippina« ist also eine Jungfrau. Und eine schöne, wehrhafte und widerspenstige obendrein – und sie gedenkt dies auch zu bleiben, woran die imaginäre Personifikation keinen Zweifel lässt: »Die Freier setzten ihre Werbung fort – allzu heftig ist das Bemühen der Liebhaber,/ Jedoch werde ich, das schönste Mädchen, meinen Spott mit allen treiben.«[10]

Wieso eine »Jungfrau«? Und wer sind die bei Hollar und auf anderen Darstellungen beschworenen »Freier«, derer sie sich erwehrt? Ein Blick auf die Entstehungsgeschichte von Hollars Stadtansicht hilft, dies zu erklären. Von dem Stadtpanorama, das er spätestens vor seinem Wegzug aus Köln 1636 vollendet haben muss, das aber erst 1656 von Gerhard Altzenbach in der Domstadt veröffentlicht und dem Rat gewidmet wurde, existieren verschiedene Fassungen; die Kupferdruckplatten sind im

lang, sollte niemandem je gelingen: Agrippina zu erobern. Sie ist nun die jungfräuliche Verkörperung der wehrhaften Stadt, die niemand zu nehmen vermag. Die Funktion des Schutzes der Stadt, für die zuvor die unzähligen Heiligen mit ihren Fürbitten zuständig waren, sollte nun durch die Tugendhaftigkeit der Stadt selbst sichergestellt werden. Deren führende Repräsentanten sind in Gestalt der 22 Wappen der Kölner Gaffeln als unter Hollars Stadtansicht in der gesamten Breite durchlaufendes Motiv verkör-

Kölnischen Stadtmuseum erhalten.[11] Die in den Platten und der Kombination der Druckabzüge getätigten Änderungen beziehen sich vor allem auf den vorderen Teil der Stadtansicht, das befestigte Deutz.[12]

Deutz war im Dreißigjährigen Krieg 1632 von den Schweden angegriffen worden. Die Eroberung der katholischen, wenngleich neutralen Stadt Köln durch protestantische Truppen konnte jedoch abgewendet werden. Deutz wurde danach befestigt, diese Fortifikationen 1641 wieder beseitigt. Das erklärt die Änderungen, die bis 1656 in Hollars Ansicht der Stadt von 1636 vorgenommen werden mussten.[13]

Es erklärt aber ebenso die Darstellung der Agrippina. Was den Schweden 1632 nicht ge-

pert und anwesend: Sie bilden somit die Basis des Gemeinwesens der »Agrippina«.

Mitten im Dreißigjährigen Krieg, als das vielbeschworene Bild vom »Heiligen Köln« seine letzte und prächtigste Ausformulierung fand,[14] wurde es gleichzeitig überflüssig – und schließlich ersetzt durch die Tugendhaftigkeit, Wehrhaftigkeit und moralische Stärke der Stadtbürger(innen).

Dass ausgerechnet die heidnische und als skrupellos und sexuell ausschweifend betrachtete römische Kaiserin Agrippina hierfür als passende Allegorie dienen sollte, ist die schöne und dialektische Ironie einer Geschichte, die sich in dieser Form nur in Köln entwickeln konnte.

Agrippina und die Kölner Jungfrau

Vom Himmel auf die Erde

Ebenfalls Wenzel Hollar und der Kupferstecher Johann Julius Milheuser fertigten zwischen 1633 und 1635 zwei Stadtansichten, auf denen Agrippina und Marcus Agrippa nicht gezeigt werden – stattdessen Bauer und Jungfrau. Allerdings an ungewohnter Stelle: Die Stadtwappen schweben darauf im Himmel (bei Milheuser von Engeln gehalten) und sind mit dem mittig über dem Panorama zu sehenden doppelköpfigen Reichsadler mit Schnüren verbunden. Diese münden unten in Schilden, in denen links der Bauer und rechts die Jungfrau zu sehen sind. Dem Bauern zugeordnet ist das neue Kölner Dreikronenwappen, der Jungfrau das ältere Wappen. Bauer und Jungfrau, ehemals im Himmel, befinden sich nun auf dem Boden – hier wiederum verbunden mit der unter der gesamten Stadtansicht durchlaufenden Reihe von Wappen der aktuell amtierenden Kölner Bürger- und Rentmeister.[15]

Fazit: Über allem steht Köln als Freie Reichsstadt, die Mittler zwischen den Kölner Regierenden und der Reichstreue sind Bauer und Jungfrau. Aber auch zugleich Mittler zwischen Gegenwart und Vergangenheit der Stadt – wobei dem Bauern die jüngere, der Jungfrau die ältere Geschichte Kölns seit ihren Anfängen zugeordnet wird.

Das gleiche Stadtpanorama erschien 1645 in Amsterdam – diesmal ohne Jungfrau, Bauer, Doppeladler und Bürgermeisterwappen, dafür aber mit erläuternden Texten in Latein, Niederländisch und Französisch.[16] »Ich bin eine Königin, ernährt vom Rhein«, erklärt »Colonia Agrippina« dort, »Mein Vater war der alte Agrippa«.[17] Den Betrachter fordert sie auf, ihre »Macht und ihr hohes Alter« zu achten und nicht vergeblich gegen »ihre Grazie und ihre Schönheit« zu kämpfen.[18]

Auf einer um 1660/70 ebenfalls in Amsterdam erschienenen Stadtansicht nach dem Vorbild von Hollars großem Panorama wird dies in weiteren mehrsprachigen Strophen ausgeführt. Der deutsche Text erwähnt Köln als Ubierstadt und Geburtsort der Agrippina: »Schau Köln, das Deutsche Rohm, des Reines Königin, / der Uben burg und sitz, der Agrippinen wiege, / gestiftet durch die macht der Röhmischen kriegeszüge«.[19]

Bauer und Jungfrau sind vom Himmel auf die Erde gelangt: Köln aus der Vogelschau, Johann Schott (Zeichner) und Abraham Aubry (Stecher), 1654, Kupferstich (Ausschnitt), Kölnisches Stadtmuseum, Graphische Sammlung

1654 verwandeln sich Gestalt und Position von Bauer und Jungfrau endgültig. Auf der Ansicht Kölns aus der Vogelschau, gezeichnet von Johann Schott und gestochen von Abraham Aubry[20], ist der Himmel nun wieder der Schar Kölner Heiliger vorbehalten. Bauer und Jungfrau dagegen sind wie zwei reale Gestalten unten auf der Erde angekommen, wo sie »auf einem imaginären Poller Hügel«[21] auf Kisten sitzen und sich auf Tafeln ihre Sprüche entgegenhalten.

Nur einmal erscheinen beide gleichzeitig in einem Bild – allerdings nicht beide als allegorische Figuren, denn als solche tritt stets entweder nur Agrippina oder aber nur die Kölner Jungfrau auf. Der von Johann Toussyn 1660 entworfene »Arcus triumphalis«, der Kölner Triumphbogen, vereinigt im großen Format alle politischen Ansprüche der Freien Reichsstadt. Er entstand in offiziellem Auftrag als Illustration einer umfangreichen Schrift des Kölner Rats gegen die Herrschaftsansprüche des Erz-

Von Frau zu Frau: Köln und die Antike

Auf den ältesten Darstellungen des 16. Jahrhunderts trägt die Kölner Jungfrau noch keine Krone. Diese erhält sie erst im 17. Jahrhundert als Attribut. Vornehme Kleidung und Krone weisen sie als allegorische Figur aus, die aus einem Herrscherhaus stammt. Die Verbindung mit der ebenfalls gekrönten und mit kostbaren Gewändern bekleideten Figur der Agrippina ist evident. Beide sind miteinander verschränkt – beide verkörpern die Stadt mit ihrem alten Namen »Agrippina« und ihrer uneinnehmbaren Jungfräulichkeit.

bischofs. Demonstriert werden sollte die vermeintlich schon seit römischen Zeiten bestehende Rolle der Stadt Köln, lediglich dem Kaiserhaus und sonst niemandem untertan zu sein.[22] Man hat im Zusammenhang mit diesen Kölner Ambitionen von der Herausbildung einer »imperialen Ikonografie« gesprochen.[23] So zeigt Toussyns Bildmanifest oben die Reihe der kaiserlichen Gestalten in der Form von Münzbildern: links absteigend römische Kaiser von Cäsar bis Konstantin dem Großen, rechts die von Justinian über Otto den Großen und dem Staufer Friedrich Barbarossa bis zu den Habsburgern Maximilian I., Karl V. und Ferdinand I., kulminierend im großen Medaillon in

Agrippina und die Kölner Jungfrau

der Mitte mit dem Bild des damals herrschenden Habsburgers, Kaiser Leopold I. Dies konnte man aktualisieren: In einer späteren Auflage wurde das mittlere Medaillon ersetzt durch den aktuell regierenden Kaiser Karl VI. Unter all diesen männlichen Gestalten findet sich eine einzige Frau: zwischen Marcus Agrippa und Trajan erkennt man Agrippina.[24]

Von ihr hinab führt ein Band, das eine weibliche Gestalt mit Mauerkrone und Stadtwappen hält. Der bislang ausgebildeten Ikonografie zufolge entspricht ihr Aussehen dem der Kölner Jungfrau. Jedenfalls verkörpert sie die Stadt, die würdig sei – so ein beigefügtes Schriftbanner – die Krone zu tragen. Sie steht auf dem Gebäude der Pfaffenpforte mit dem eingemauerten antiken Torbogenfragment, auf dem »CCAA« als Name der römischen Stadt zu lesen ist.

Ihr Pendant rechts ist ein Bannerträger, ähnlich wie Marcus Agrippa oder Marsilius auf den Stadtansichten von Woensam und Hollar. Er steht auf einem Rundturm der Stadtbefestigung, in dem die Jahreszahl »1288« an den Sieg bei Worringen erinnert. Auch er hält ein Band, das ihn mit den Habsburgerbildnissen darüber verbindet.

Die Verbindung Kölns mit den glorreichen Zeiten des Mittelalters und der Frühen Neuzeit wird über diese männliche Figur sichergestellt. Die Anknüpfung an die römische Antike jedoch erfolgt, von Agrippina ausgehend, über die weibliche Allegorie. Beides verheißt Unabhängigkeit und Ruhm.

Die Verbindung Kölns mit der römischen Antike ist weiblich: von Agrippina (3. Medaillon v. l.) zur Kölner Jungfrau darunter, Johann Toussyn: »Arcus triumphalis« von 1660, Kölnisches Stadtmuseum, Graphische Sammlung

Die Stadt als Frau

Abraham Hogenberg (zugeschrieben): Allegorische Darstellung eines Kölner Bürgermeisters und der Colonia, um 1600–1650, Kölnisches Stadtmuseum, Graphische Sammlung

Weibliche Stadt-Allegorien

In diesem komplizierten allegorischen Wechselspiel von Agrippina und Kölner Jungfrau fehlt, um die Verwirrung in der kölnischen Symbolik komplett zu machen, noch eine dritte Personifikation: die Allegorie der »Colonia«.

Die Verkörperung von Städten als weibliche Figuren geht auf die Antike zurück. In der römischen Zeit wurden mit ihren Bildwerken Tempel und Altäre geschmückt. Der Altar der Ubier in Köln war dem Kaiser Augustus und der Personifikation Roms, der Göttin Roma, gewidmet, in Rom selbst gab es erst seit Kaiser Hadrian eine entsprechende Kultstätte. Die Göttin Roma als Personifikation Roms wurde zuweilen nach dem Vorbild kleinasiatischer Stadtgöttinnen mit einer Mauerkrone dargestellt.[1]

Fast alle Stadtallegorien sind weiblich. Dies liegt auf den ersten Blick daran, dass bis in die Zeit des Barock die entsprechenden lateinischen Stadtnamen weiblich waren.[2] Doch welchen Namen hatte in der Frühen Neuzeit die Stadt »Köln«?

Agrippina – Colonia – Coellen: Die Namen der Stadt

Auch diese Frage lässt sich nicht eindeutig beantworten. Im Gegenteil: Zwischen 1550 und 1650 existierten für »Köln« verschiedene Stadtnamen munter nebeneinander her.

Der spätantike, nun wieder allgemein bekannte Stadtname lautete »Agrippina«. Auch der Titel von Woensams Stadtansicht nannte als Namen der »glücklichen« Stadt lediglich »Agrippina«, die eine »edle Kolonie der Römer« sei.[3]

In den Jahrzehnten nach Woensams monumentalem Panorama war aus den beiden Namensbestandteilen »Agrippina« und »Colonia« der Stadtname »Colonia Agrippina« geworden – erstmals 1545 im Titel der Stadtansicht in Sebastian Münsters Kosmographie und deren Folgeauflagen bis 1598 und 1628.[4] Mit »Colonia Agrippina« waren auch van den Keeres Stadtpanorama von 1613/15 und Birboums Stadtansicht von 1625 überschrieben.[5]

Dagegen hieß 1570 die dargestellte Stadt auch erstmals nur »Statt Cölln am Rhein«. Ganz ohne »Agrippina« oder »Colonia« hat man diese Nennung von Köln bis 1581 wiederholt[6], 1632 bis 1634 mit der zusätzlichen Bezeichnung als »des H. Romischen Reichs freijer Statt Cöln«[7]. Im Jahr 1610 erschien erstmals in den Niederlanden sogar eine Stadtansicht, die einzig die Bezeichnung »Coln« im Titel führte, gefolgt von in Deutschland in den 1630er-Jahren publizierten Ansichten, die ebenfalls lediglich mit »Cöllen« bzw. »Coellen« betitelt sind.[8]

Die von Matthäus Merian d. Ä. 1620 geschaffene Stadtansicht kombinierte die bislang herausgebildeten Varianten des Stadtnamens zu »Colonia.Agrippina / die Stadt Collen«, 1645 gefolgt von einer Darstellung aus Amsterdam mit der fast gleichlautenden Namenskombination »Colonia Agrippina / De Statt Cöllen«,[9] während ein anonymer Kupferstich um 1650 die Stadt wiederum unter dem Titel »Colonia Agrippina« zeigt, im unteren Teil jedoch erklärend hinzufügt: »Cölln die weit beruhmte statt / Von Marco Agrippo sein anfang hatt«[10] – obwohl ja gerade der aus »Colonia« hervorgegangene Namensbestandteil »Cölln« eben nicht auf Marcus Agrippa, sondern auf die später von Agrippina betriebene Erhebung zur Kolonie zurückzuführen war.

Von ähnlicher Kombinatorik ist der Titel der repräsentativen großen Stadtansicht Wenzel Hollars von 1636 mit der Kaiserin Agrippina über dem Himmel von Köln. Die beiden Namensbestandteile »Agrippina« und »Colonia« werden auch hier vereint zum Stadtnamen »Colonia Agrippina« – allerdings mit historischen Bezügen im gelehrten lateinischen Duktus. Der Anfang des über Hollars Stadtansicht in gesamter Breite in auffälligen weißen Lettern auf schwarzem Grund durchlaufenden, weitschweifigen Titels und damit der Name der Stadt lautet übersetzt: »Colonia Agrippina, edle Stadt der Ubier«.[11]

Agrippina für fromme Pilger

Einen anderen, bislang nicht bemerkten Auftritt hatte Agrippina auf dem Titel des 1607 in Köln bei Bernhard Wolter (Walters) erschienenen Pilgerbüchleins »Sacrarium Agrippinae« des Würzburger Kartäusermönchs Erhard Winheim.[12] Es enthält neben einer kurzen Stadtgeschichte ein Verzeichnis Kölner Reliquienschätze – sozusagen als Vorläufer der umfassenderen Beschreibung »De admiranda« des Aegidius Gelenius von 1645.

Die Stadt als Frau

Das Titelblatt, vom Kupferstecher Johannes Leypolt wie ein Altarbild gestaltet, versammelt unter einer Stadtansicht die wichtigsten Patrone des »Heiligen Köln«. Die Heiligen Drei Könige und die Machabäer werden eingerahmt von Bildleisten mit Darstellungen der Heiligen Petrus, Gereon, Ursula, Maternus, Bruno und Barbara. Erstaunlicherweise – oder, aus Sicht der Kölner Mythenbildung: konsequenterweise – hat sich auch eine antike, heidnische Gestalt in diese Heiligenversammlung eingeschlichen: In der Bildleiste rechts über dem heiligen Bruno taucht in seiner Rüstung »M(arcus). Agrippa« auf.

Doch damit nicht genug: In jeder Hinsicht den Höhepunkt der frommen kölnischen Kompilation bildet Agrippina an vornehmster und höchster Stelle des gesamten Blattes. Flankiert von den weiblichen Allegorien der Religion mit einem Kirchenmodell links und der ebenfalls weiblichen und partiell barbusigen Allegorie der Politik rechts thront in der Mitte »Agrippina« über dem Stadtpanorama.

Wie ein Monarch oder Weltenrichter mit kaiserlicher Bügelkrone hält sie das Kölner Wappen und ihr Zepter als Insignien ihrer Herrschaft. Die sündige heidnische Herrscherin war nun die Verkörperung der Stadt Köln. Agrippina war mit Köln, der altehrwürdigen Stadt »Agrippina«, so sehr eins geworden, dass sich nicht mehr unterscheiden ließ, ob es sich um das Bildnis der römischen Kaiserin oder um eine weibliche Allegorie der Stadt handelte. Oder besser: um beides.

Colonia: Göttin, Jungfrau und Mutter?

Ob »Agrippina« oder »Colonia«: Stadt-Allegorien waren nicht nur deshalb weiblich, weil sie grammatisch von weiblichen lateinischen Städtenamen abgeleitet wurden.

Ein tieferer Grund liegt in der herrschenden, von Männern geprägten Sichtweise: Das Weibliche diente als Bildreservoir, blieb aber von der tatsächlichen Macht innerhalb des Gemeinwesens, das die Allegorie verkörpert, ausgeschlossen. Weibliche Stadtallegorien gehen meist auf Gründungsmythen zurück, die mit dem Bau der Stadtmauer verbunden sind, und spalten die herrschenden Geschlechterrollen auf: Die mit den Gründungsmythen verbundenen

Agrippina über Köln thronend: Titelkupfer Johannes Leypolt für das Pilgerbüchlein »Sacrarium Agrippinae« von Erhard Winheim, Köln 1607 (Ausschnitt), Kölnisches Stadtmuseum, Graphische Sammlung und Bibliothek

männlichen Helden sind innerhalb und außerhalb der Mauern aktiv, der Frau gebührt nur
der Platz innerhalb der Stadtmauern, als treue
Gattin oder brave Mutter.[13]

Oder wie in Köln als verführerische, aber
enthaltsame Jungfrau. Die Stadtmauern sind
gewissermaßen ihr Keuschheitsgürtel. Doch
auch die historische Gründungsgestalt der
Stadt Köln ist ebenfalls eine Frau, weit weniger
enthaltsam: nämlich Agrippina – die wie kaum
eine zweite im eigentlich »männlichen« Terrain

außerhalb und innerhalb der Stadtmauern aktiv war. Sie ist damit zugleich die Verkörperung
der Mutter der Stadt.

Die allegorische, im Barock auftauchende,
die Stadt symbolisierende Figur der »Colonia«
ist somit – welch eine Unvereinbarkeit – beides:
Jungfrau und Mutter. Auch sie wird dargestellt
im Gewand der Antike oder der Renaissance,
das Stadtwappen haltend und eine Mauerkrone auf dem Haupt.

Vom Kölner Kupferstecher Abraham Hogenberg stammt wohl die Darstellung der Colonia mit einem Kölner Bürgermeister, erkennbar
an seiner Tracht und dem Stab in seiner Hand.
Freudig überreicht die »Stadtgöttin« ihm die
Herrschaft – in der Form des einer Mauerkrone
ähnelnden Modells der Stadt mit ihren Mau-

Die Stadt als Frau

ern, sogar den unvollendeten Dom erkennt man darauf.[14] Wesentlich prächtiger noch, wohl nicht zufällig ebenfalls im Zusammenhang mit dem Amtsantritt eines Kölner Bürgermeisters, ist ein von Johann Heinrich Löffler dem Jüngeren um 1662 gefertigter Kupferstich.[15] Diese Allegorie zum Regierungsantritt des Bürgermeisters Johann Andreas von Mülheim zieht alle Register der stadtkölnischen Symbolik: mit der Jungfrau Maria und den Kölner Stadtpatronen im Himmel, weiteren Heiligen und Legenden wie der Sage vom Kampf des Bürgermeisters Grin mit dem Löwen sowie mit Hercules und Minerva als Verkörperung von Kraft und Klugheit. Links steht der neue Bürgermeister und bekommt einen Spiegel vorgehalten, der ihm seinen Einzug in die Rathauslaube vor Augen führt. In der Mitte aber thront als zentrale Figur im wallenden Gewand, das Stadtwappen an ihrer Seite, die Colonia mit strahlendem Haupt. Und mit einer Mauerkrone, allerdings einer sehr kölnischen Variante: Sie zeigt deutlich anstelle des sonst üblichen Mauerrings einen Kranz von Rosenblüten, aus dem mächtig mit weiteren Turmspitzen Kölner Kirchen der unvollendete Dom mit dem Domkran herauswächst. In der Inschrift unter der thronenden »Diva« wird diese aufgefordert, ein tausendfaches Lob entgegenzunehmen.[16]

»Colonia« ist in dieser allegorischen Zuspitzung ein typisches Produkt des Barock. Es ist kein Zufall, dass ähnliche gekrönte Personifikationen wie etwa die mit den Habsburgern verbundene »Austria« mit ihrer Mauerkrone gleichzeitig entstanden.[17]

Aus den Kölner Stadtansichten verschwanden im 18. Jahrhundert schließlich alle allegorischen Gestalten und mit ihnen Agrippina, Colonia und auch die Jungfrau. Die von Bauer und Jungfrau und somit auch der Agrippina sollten in gänzlich anderer Form erst im Karneval des 19. Jahrhunderts wiederbelebt werden.

Der Bürgermeister und die »Colonia« mit Mauerkrone: Allegorie zum Regierungsantritt des Bürgermeisters Johann Andreas von Mülheim, um 1662 (Ausschnitt), Kölnisches Stadtmuseum, Graphische Sammlung

Vorstellungen aus Kölns Vorzeit

War Agrippina unter den hymnischen Verweisen auf Kölns antike Vergangenheit an der Laube des Rathauses noch ausgespart worden, so hielt sie im 18. Jahrhundert dennoch Einzug in diesen symbolisch bedeutsamen Ort.

Dies erfolgte mit der Neugestaltung der »Prophetenkammer« zwischen Hansasaal und Senatssaal im Turm – eine wenig bekannte Episode in der reichen Baugeschichte des Kölner Rathauses.

des Rats ausführen zu können, beantragte Mesquida sogar das Kölner Bürgerrecht, kehrte aber dennoch anschließend in seine Heimat zurück.[1]

Die für seine Gemälde vorgesehenen Wandflächen wurden zunächst mit einem »Behängsel« verkleidet.[2] 1734 war es endlich so weit und Mesquidas fertiggestellte Leinwände wurden, teils als Supraporten, in die Prophetenkammer des Kölner Rathauses eingefügt, ergänzt durch ein siebtes Gemälde vom Ende

Dem frisch installierten Marmorkamin und einer schwungvollen barocken Treppe von 1723 folgte eine neue Ausmalung, vor allem aber die Ausschmückung mit sechs neuen Gemälden. Damit beauftragte der Rat den aus Mallorca stammenden Maler Guillermo Mesquida i Munar, der in Palma, Rom, Bologna und Venedig und dann für den Kölner Kurfürsten Clemens August unter anderem in Brühl und im Kölner Dom tätig war. Um seine Arbeiten im Auftrag

des 17. Jahrhunderts mit dem Motiv einer Kaiserhuldigung. Mesquidas Gemälde – von denen sich keine Abbildung erhalten halt – zeigten vier Allegorien von Kirche, Reich, Stadt und Handel. Den Anfang machten die beiden ersten Bilder: »Die Ubier vor Cäsar« und »Die Heirat der Agrippina«. Die Gemälde trugen erläuternde »lange Unterschriften«.[3]

Leider sind diese Erläuterungen ebenfalls nicht überliefert. Allzu gerne würden wir wis-

Die Stadt als Frau

sen, warum bei den Ubiern nicht wie in Köln sonst üblich Agrippa, sondern Cäsar im Mittelpunkt stand. Denn man sah auf Mesquidas Gemälde »die Sendung der Ubier zum Caj. Iulius Caesar«[4] – möglicherweise, weil die Berufung auf Cäsar in der damaligen Antikenrezeption auch in Köln eine wichtige Rolle spielte.[5] Vor allem ist erstaunlich, dass das Thema des zweiten Bildes nicht Agrippinas Stadterhebung Kölns 50 n. Chr. war, sondern »die Vermählung der Agrippina mit dem Claudius«[6] zwei Jahre zuvor – mit jenem Claudius, den sie, wie es im 18. Jahrhundert allgemeines Bildungsgut war, später ermorden ließ. Und dies im Vorzimmer zum Senatsaal des Kölner Rats. Verherrlicht wurde damit die Bedeutung der Stadt Köln – diesmal aber nicht, wie es zuvor meist bei solchen Malereien üblich war, bezogen auf das Christentum und die mittelalterliche Blüte Kölns, sondern mit »Vorstellungen aus Köln's Vorzeit«[7] von der Römerzeit bis in die Gegenwart hinein.

Schon sechzig Jahre nach ihrer Entstehung galten Mesquidas Historienbilder als völlig überholt. Im Zeitalter der Aufklärung und der Erforschung der Antike galt es, sich um authentische Darstellungen zu bemühen (oder was man, nach intensivem Studium von Skulpturen und Münzbildern, dafür hielt). Kein Wunder, dass ein kunstsinniger Betrachter im Jahr 1792 Mesquidas Gemälde im Kölner Rathaus kritisierte: Der Maler habe das Kostüm »der damaligen Zeit« völlig »verfehlt« und »behielt nur jenes bei, worin er lebte.«[8] Ähnlich lautete auch das Verdikt des Koblenzer Gelehrten und Kunstsammlers Joseph Gregor Lang über Mesquidas Historienbilder.[9] So haben wir uns denn das Kölner Vermählungsbild mit Agrippina in Kostümen des Barock vorzustellen.

Verschwanden die barocken Gemälde Guillermo Mesquidas für das Kölner Rathaus – und somit auch seine »Hochzeit der Agrippina mit Claudius« –, wie es noch 1913 hieß, »leider zur Zeit der Fremdherrschaft«, also in der französischen Zeit zwischen 1794 und 1814?[10] Dies ist nicht möglich. Nicht nur, weil Mesquidas Gemälde kaum dem Geschmack der französischen Kommissionen entsprochen haben dürften, die Werke zum Abtransport nach Paris auswählten,[11] sondern weil die Gemälde 1812 und 1815 beschrieben wurden und somit immer noch an Ort und Stelle hingen. So sah man in preußischer Zeit noch im Kölner Rathaus das Bild der »Vermählung der Agrippina, welche in Köln geboren wurde«.[12] Es ist möglich, aber kaum wahrscheinlich, dass das Gemälde mit der Agrippina bereits 1818–1819 ersten Umbauarbeiten zum Opfer fiel.[13] Im Jahr 1863 jedenfalls sah man »noch drei« von Mesquidas Gemälden »an den Wänden im Vorzimmer der ›Ratsstube‹«, erwähnt wurden in diesem Zusammenhang wie bereits zuvor die Motive der »Ubier«, der »Agrippina« und des »Stapelrechts«.[14] Seitdem fehlt von Mesquidas barocken Historienbildern jede Spur.

Agrippina, die Ubier und die Habsburger

Doch Agrippina hielt noch zu einer weiteren Gelegenheit Einzug ins Rathaus. Als am 3. April 1764 der Sohn Maria Theresias in Frankfurt zum römischen König gekrönt wurde, wollte auch der Rat der Stadt Köln nicht abseits stehen und organisierte einen großen Festakt.[15] Am 6. Mai 1764 war »der wonnevolle Tag«[16]; Köln feierte mit »allgemeine(m) Frolocken«[17] den neuen König Joseph II. mit Kanonendonner, Glockengeläut, Hochämtern und einer Parade des Stadtbataillons auf dem Alter Markt. Auf dem Rathausplatz war ein großes »Ehren=Gerüst«[18] aufgebaut – besser: Man hatte die Rathauslaube in ein solches verwandelt. Der aufwendig gestaltete temporäre Festschmuck zeigte den neuen König Joseph II., dessen Eltern Maria Theresia und Kaiser Franz I. und dessen Ahnen und kaiserliche Vorfahren beginnend mit Karl V.[19] Die Rathauslaube war bekrönt mit einem riesigen doppelköpfigen Adler, darunter erblickte man im mittleren Bogen Joseph II.

An prominenter Stelle unter diesem Herrscherbild erschien die monumentale Gestalt der römischen Kaiserin, »die mit gethürmtem Haupt und dem drey Königen=Sterne prangende Agrippina«.[20] Mit der Linken hielt sie das »Stadt=Wappen«. Mit der Rechten zeigte sie auf die »Brustbilder Ihrer Kaiserlich=Königlichen Majestäten« im Medaillon – mithin auf Joseph und seine Eltern, dargestellt »wie Helden auf alt und neuen Münzen«. Kaiserin Agrippina mit der Mauerkrone als Namensgeberin und Patronin der Stadt Köln fügte sich so mühelos ein in die Herrschaftsreihe der Habsburger. Diese wurden in einer großen »Unterschrift« nochmals genannt, die sich auf den »eben ausgestandenen« Siebenjährigen Krieg bezog und »die damals aus äusserster Gefahr gerettete Stadt Cölln«. Den Dank dafür erwies in lateinischen Lettern die »COLONIA UBIORUM«[21].

So wurden Ubierstadt und Agrippina symbolisch zu Garanten der Kaisernähe und des hohen Alters der Stadt Köln – pikanterweise wesentlich älter noch als allen hier gehuldigten Habsburgern.

Mit den Feierlichkeiten lehnte sich der Kölner Rat selbstbewusst an die Riten der Aachener und Frankfurter Königskrönungen an: Während am Abend auf dem Alter Markt der Bevölkerung Wein ausgeschenkt wurde, tafelte der Rat beim Festbankett im Muschelsaal und auf dem Rathausplatz wurden Agrippina und Joseph II. illuminiert. Die Altermarktfassade blieb frei von Festarchitekturen, damit von dort aus der Blick auf das Feuerwerk frei blieb, mit dem der gloriose Festakt endete.[22]

Sex and Crime: Agrippinas Auftritt im europäischen Barock

Pietro Negri: Nero und Agrippina, 1675–1679, Öl auf Leinwand, H 199 x B 267 cm, Musée Calvet, Avignon

Exemplum und Erotik: Malerei

Zur gleichen Zeit, als Agrippina im 17. Jahrhundert ihren Platz im Himmel über Köln ein letztes Mal grandios behauptete und dann Anfang des 18. Jahrhunderts in das Rathaus einzog, wurde sie außerhalb Kölns in ganz anderer Weise dargestellt.

Für die barocke Malerei mit ihrer Vorliebe für theatralische Inszenierungen war die seit dem Mittelalter auch in Bildern verbreitete makabre Szene mit Nero vor seiner ermordeten Mutter besonders attraktiv.[1] Eine um 1680–1700 entstandene Zeichnung zeigt dieses Motiv sehr drastisch: Von seinem Thron aus beugt sich Nero neugierig über die im Vordergrund lagernde Leiche der Agrippina, die von seinen Schergen mit Messern aufgeschlitzt wird.[2] Der in Venedig tätige Pietro Negri malte diese Szene gleich mehrfach: einmal in beeindruckender Nahsicht[3], ein anderes Mal wie auf einer Bühne inszeniert, wobei die nackte Agrippina vor den Augen des Kaisers dramatisch enthüllt wird[4]. Ein Gemälde mit dem gleichen Sujet wird Negris Lehrer Antonio Zanchi zugeschrieben: Nero beugt sich über die verführerisch vor ihm ausgebreitete Leiche seiner attraktiven Mutter, deren Mörder mit nacktem Oberkörper im Hintergrund steht.[5]

Zum führenden Vertreter des venezianischen Rokoko aufgestiegen war Giovanni Battista Pittoni. August der Starke erwarb für seine Dresdener Kunstsammlungen mehrere Werke des Malers, darunter als Pendants die beiden monumentalen Gemälde »Der Tod des Seneca« und »Der Tod der Agrippina«.[6] Auch dieses Bild der Agrippina war von großer Dramatik: »Rechts liegt, in Tücher und Kissen zurückgesunken, der Leichnam der Mutter Nero's. Neben ihr steht der Mörder, welcher das Messer noch in der Rechten hält, während er die Linke an die aus der Wunde hervortretenden Gedärme legt. Zu beiden Seiten des Thrones entsetzte Frauen, an seinen Stufen ein Knabe, vorn ein Hund. Links steht, lorbeerbekränzt, der Kaiser; neben ihm zwei Begleiter mit pathetischen Geberden.«[7] Eine weitere Fassung dieses Bildthemas, das den Maler offenbar faszinierte, ist in einer Privatsammlung erhalten.[8]

Aber auch andere Motive aus dem Leben der Agrippina wurden auf Leinwand gebannt:

Agrippina und Nero erscheinen gemeinsam auf einem Gemälde des Venezianers Pietro Negri – in noch friedlicher Eintracht, aber auch in theatralischer Verzweiflung, das kommende Unheil ahnend.[9]

Ein neu hinzugekommenes, gern aufgegriffenes Bildmotiv war Agrippina, der es gelang, sich aus dem in Neros Auftrag eigens für ihren Untergang präparierten Schiff ans Ufer zu retten. Der Venezianer Antonio Zanchi komponierte das Ereignis mit theatralischem Realismus: Muskulöse Männer helfen Agrippina, dem Tod auf dem Meer mit letzter Kraft zu entgehen.[10] Mehrere Darstellungen von Agrippinas Rettung aus dem untergehenden Schiff schuf der aus München stammende Johann Carl Loth, der sich Carlotto nannte, nachdem er in Venedig um 1650 vom Umkreis Zanchis beeinflusst worden war.[11] Auf einem seiner dort entstandenen Gemälde wird »Agrippina (…) höchst disgraziös aus dem Meer getragen«.[12] Die aufgebrachte Kaiserin mit entblößten Brüsten, von ihren Begleitern gehalten, präsentierte Loth in einer weiteren Fassung mit unbekanntem Verbleib.[13] Eine von Loths Zeichnungen zeigt, wie Agrippina, dem Schiffbruch knapp entkommen, von Helfern an Land getragen und dort in Empfang genommen wird.[14]

Eine ungewöhnliche Herangehensweise wählte der angesehene französische Maler Noël Coypel, Mitglied und schließlich Direktor der Pariser Akademie und zeitweilig der französischen Akademie in Rom. Auf seinem Gemälde »Nero inmitten eines Festes, den Tod der Agrippina anordnend«[15] ist die Protagonistin

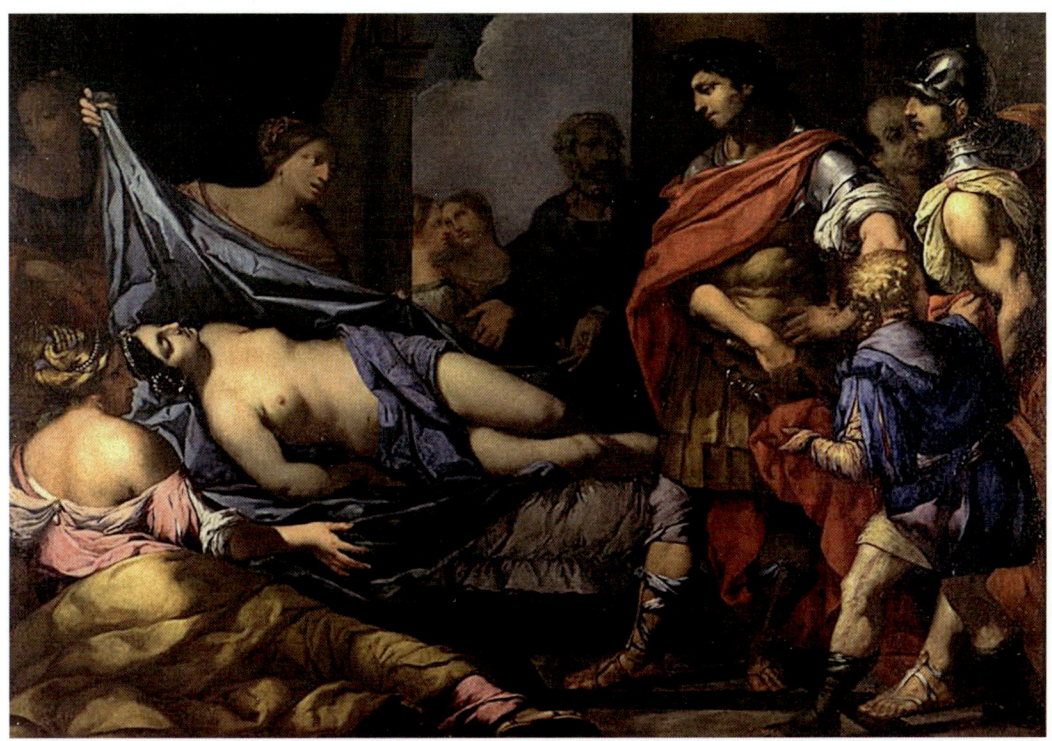

gar nicht zu sehen – und wird in der Vorstellungskraft umso mehr zum bemitleidenswerten Opfer ihres brutalen Sohnes.

Agrippina als Opfer, denn ihre Untaten werden von denen ihres Sohnes Nero bei Weitem in den Schatten gestellt – Agrippina aber keineswegs als unschuldig, denn auch sie ist prägendes Mitglied einer Kaiserfamilie von großer moralischer Verworfenheit: So lautet die Botschaft, das Exemplum im Gewand des Historiengemäldes der Malerei des 17. und 18. Jahrhunderts. Dies zeigt auch der Kontrast der Darstellungen beider Agrippinen: Im Gegensatz zu

Sex and Crime: Agrippinas Auftritt im europäischen Barock

Agrippina d. J. wird deren Mutter Agrippina d. Ä. tatsächlich zum unschuldigen Opfer der Machtpolitik stilisiert. Angelika Kauffmann malt sie 1793 einfühlsam als trauernde Witwe, die die goldene Urne mit der Asche ihres Gatten Germanicus an ihrem Herzen hält.[16]

Hinzu kommt, dass sich die von Tacitus und Sueton wie auch von mittelalterlichen Darstellungen inspirierten Szenen im höchsten Maße eigneten, das Schaubedürfnis des Barock üppig zu bedienen. Und dass mit angereicherter

Theatralik nun auch eine zunehmende Erotisierung herausgearbeitet wird – mit nackten Brüsten, ausgeleuchteten Körperteilen und dem dahingegossenen Leib der attraktiven Kaiserin.[17]

Ein Bildbeispiel aus der Zeit des Klassizismus kommt da bereits wesentlich strenger daher, in der künstlerischen Form, aber auch in seiner moralischen Aussage. Diese Darstellung der Kaiserin schuf der zuletzt in Rom als Direktor der dortigen französischen Akademie tätige Pierre Narcisse Guérin: Hinter der Leiche des ermordeten Britannicus erhebt sich die wütende Agrippina und zeigt anklagend auf dessen Mörder, ihren Sohn Nero.[18]

Agrippina auf der Bühne: Schauspiel

Guérins Motiv verweist auf das übergeordnete Zusammenspiel von Bildender Kunst und Literatur im 17. und 18. Jahrhundert – denn Malerei, Schauspiel und Oper inspirierten sich gegenseitig und international, auch was die Dar-

Antonio Zanchi (zugeschr.): Nero an der Leiche Agrippinas, Öl auf Leinwand, H 117 x B 139 cm, Museumslandschaft Hessen Kassel, Gemäldegalerie Alte Meister

Noël Coypel: Nero ordnet inmitten eines Festes den Tod der Agrippina an, um 1700–1707, Öl auf Leinwand, H 138 x B 282 cm, Musée de Grenoble

stellung der Agrippina anging. »Britannicus« war der Titel eines 1665 in Paris uraufgeführten Dramas von Jean Racine, in dem Nero die obligatorische Rolle des Bösewichtes spielt und Agrippina zumindest Reue empfindet nach dem Mord an Neros Widersacher Britannicus, dem von ihr zuvor zugunsten Neros zurückgesetzten Sohn des Claudius aus erster Ehe.[19]

Wenige Jahre vor Racine hatte der Jurist, Diplomat und Dichter Daniel Casper von Lohenstein eine düstere Interpretation der Agrippina

war sie eine höchst aktuelle Anspielung auf die umstrittene und bei Protestanten verhasste katholische Henrietta Maria, die Gattin des schließlich hingerichteten Königs Charles I.[23] Ähnliche Anspielungen wiederholten sich 1675, als das Londoner Theaterpublikum im Titelhelden von Nathaniel Lees »The Tragedy of Nero, Emperor of Rome« und seiner Sippe den englischen König Charles II. und dessen Familie wiedererkannte.[24]

auf die Bühne gebracht. Die Titelheldin seines Trauerspiels »Agrippina« rechtfertigt sogar den Inzest mit ihrem Sohn Nero, der sich nach ihrer Ermordung auf offener Bühne erotisch an der schönen Leiche ergötzt.[20] Lohenstein hinterließ auch einen Roman über Arminius und die Varusschlacht, in dem, illustriert von Johann Jakob von Sandrart, Agrippina d. Ä. in wesentlich hellerem Licht als ihre verdorbene Tochter erschien.[21]

Ein anderes Bild der Agrippina wurde in England verbreitet. In seinem in London 1603 uraufgeführten Drama »Nero. A New Tragedy« ließ Matthew Gwinne die ermordete Agrippina als Geistererscheinung auftreten, die den von Gewissensbissen geplagten Nero bedrängt und dessen Untergang prophezeit.[22]

In London wurde in den 1620er-Jahren inmitten der Kämpfe gegen Königtum und Katholizismus und des heraufziehenden englischen Bürgerkriegs Agrippina politisch instrumentalisiert: Als intrigant und machthungrig

Venezianische Verwirrspiele mit Happy End: Oper

Auffallend viele barocke Maler, die Agrippina zum Bildthema wählten, waren Repräsentanten der venezianischen Schule oder sind deren Umkreis zuzuweisen. Dies ist kein Zufall, denn Venedig war zugleich ein Zentrum europäischer Opernkultur – und die italienische Oper, ohnehin geprägt von römisch-antiken Stoffen, entdeckte ebenfalls das faszinierende Thema der Agrippina. Dabei wurde mit der historischen Überlieferung noch viel freier verfahren als in Malerei und Schauspiel – zumal zahlreiche Aufführungen in Venedig im Karneval stattfanden. So dominieren komödiantische Elemente in schwer durchschaubaren Handlungssträngen aus Intrigen, Erotik und Verwechslung.[25]

Einen wichtigen Auftakt machte Claudio Monteverdi mit seiner »Krönung der Poppea« in Venedig 1642.[26] Es folgten in Deutschland 1705 Georg Friedrich Händels »Nero« mit dem

Sex and Crime: Agrippinas Auftritt im europäischen Barock

aussagekräftigen Obertitel »Die durch Blut und Mord erlangte Liebe« und im gleichen Jahr Reinhard Keisers »Die römische Unruhe, oder Die edelmütige Octavia«.[27] Einen Höhepunkt der musikalischen Agrippina-Rezeption bildete Händels 1709 in Venedig uraufgeführte Oper »Agrippina«, deren Heldin ebenso intrigant wie auch intelligent und verführerisch agiert.[28]

Agrippina wurde auf europäischen Opernbühnen zwar als machtbesessen und erotisch umtriebig dargestellt, doch niemals moralisch in Bausch und Bogen verworfen. Schließlich ging es um amüsante Verwirrspiele mit höfischen Intrigen und dem diesem Genre eigenen Happy End. Die Mordtaten beschränken sich somit auf das dramaturgisch absolut Nötigste, die Charaktere – Agrippina eingeschlossen – sind doppeldeutig, aber keineswegs nur negativ oder gar vernichtend gezeichnet.

Aufklärung? Historiker und Antikenforscher

Ganz im Gegensatz zu solch frivolen und kunstvollen Inszenierungen, die das Thema der Agrippina zwar populär machten, es aber mit den historischen Tatsachen keineswegs genau nahmen, standen die Bemühungen von Schriftstellern, Historikern und Antikenkennern, sich dem wahren Bild der Agrippina zu nähern.

Einer der ersten, der sich als Historiker der Geschichte der Agrippina widmete, war Francesco Capocci Cuccini de' conti Berardi, aus einer einflussreichen Familie stammend und als Militärpräfekt in Rom tätig. 1647 erschien in Venedig seine umfangreiche Untersuchung über »Agrippina die Jüngere und die Entwicklung des römischen Imperiums der ersten Cäsaren«.[29]

Darin berichtete er kenntnisreich auch von Agrippinas Geburtsort, der Ubierstadt am Rhein, die sie zur Kolonie erhoben hatte[30] sowie von der weiteren Entwicklung Kölns in der römischen Kaiserzeit.[31] Ob – und falls ja, wie – sein in mehreren Auflagen in Italien verbreitetes Werk auch in Köln rezipiert wurde, ist bislang nicht erforscht. Auf der Titelseite der Erstausgabe erkennt man Agrippina, ein Medaillon mit dem Bildnis ihres Sohnes Nero haltend. Ähnliche Porträts der Nero vorangegangenen Herrscher seit Cäsar sind am oberen Bildrand

Agrippina mit den Bildnissen der ersten Kaiser, dasjenige ihres Sohnes Nero in der Hand haltend, Kupferstich, Frontispiz von Francesco Capocci Cuccini Berardi: »Agrippina die Jüngere und die Entwicklung des römischen Imperiums der ersten Cäsaren«, Venedig 1647

Sex and Crime: Agrippinas Auftritt im europäischen Barock

angeordnet. Darunter thront Agrippina wie eine würdige Herrscherin. Zepter und Krone sind ihr entfallen, aber: keine Spur einer Verteufelung. Nur das brennende Rom weit im Hintergrund erinnert an die heraufziehenden dramatischen Ereignisse.[32]

Antiquare und Sammler, vor allem aus Italien, versuchten, antike Bildnisse zu identifizieren, auch solche der Agrippina. Das mit Kupferstichen illustrierte Buch des italienischen Schriftstellers und Antiquars Paolo Alessandro Maffei von 1704 galt lange als Standardwerk über antike Statuen – inklusive einer vermeintlichen Statue der Agrippina.[33]

Schließlich bemühte man sich im Zeitalter der Aufklärung darum, das mit Agrippina seit der Antike verbundene Gewirr historischer Überlieferungen, Behauptungen und Legenden zu entflechten und kritisch zu überprüfen. Als einer der Ersten legte 1768 Voltaire mit seinen Bemerkungen »Über Nero und Agrippina«[34] den Finger in die Wunde. Mit akademischer Skepsis hinterfragte er die Gerüchte, dass Agrippina ihren Sohn zum Inzest verführt habe, und dies sogar angeblich »in Anwesenheit des Seneca und anderer Tischgenossen«.[35] Voltaire deckte Widersprüche auch innerhalb der Berichte des Tacitus auf und verwarf die von Nero nach Agrippinas Ermordung verbreitete, noch immer kursierende These, Agrippina habe sich selbst getötet, um ihrer Bestrafung zuvorzukommen.

Anno 1778 legte Denis Diderot nach: Die Szene, in der Nero seine ermordete Mutter sezieren ließ, wie auch andere drastische Erzählungen von Agrippinas und Neros Untaten hielten einer kritischen Überprüfung der Quellen kaum stand und wurden von nun an in das Reich der Legende verwiesen.[36]

Gleichzeitig setzte man, beflügelt durch die Fortschritte in der Erforschung der Kunst des Altertums, die Suche nach authentischen Bildnissen der Agrippina fort. Im Jahr 1768, als Voltaire seine kritischen Anmerkungen über das herrschende Agrippina-Bild veröffentlichte, erschien in Rom der erste Band eines umfangreichen Tafelwerks über antike Skulpturen. Verfasser war der Bildhauer Bartolomeo Cavaceppi, der unzählige dieser Statuen restaurierte. Seine Zusammenstellung diente einerseits

Agrippina d. J., antike Statue, Petworth, Großbritannien, Petworth House, Sammlung Wyndham, aus: Cavaceppi, Raccolta, 1768, Bd. 1, Tafel 12

als Katalog der von ihm bearbeiteten und – oft nach England – verkauften Antiken, folgte aber zugleich auch historischen Ansätzen, die einer Überprüfung durch gelehrte Gesellschaften und antikenbegeisterte Sammler in Europa standhalten mussten.[37] Seine auf Tafel 12 präsentierte Statue der Agrippina gilt bis heute als authentisch und befindet sich immer noch in Petworth.[38]

AGRIPPINA
Poffeduta da Milord Egremont in Inghilterra

Antikensehnsucht in Köln

Römische Dame in Paris – Kaiserin Agrippina in Köln

Ein großformatiger Kupferstich von reizvoller künstlerischer Qualität im Kölnischen Stadtmuseum zeigt ebenfalls »Die Kaiserin Agrippina« – so jedenfalls lautet die handschriftlich im Motiv aufgebrachte Bezeichnung.[1] Dargestellt ist in Profilansicht nach dem in der Platte in Französisch und Latein eingravierten Titel die »antike Marmorbüste einer Kaiserin« aus dem »königlichen Palais der Tuilerien« in Paris.[2] Wie dieses Bildnis im Jahr 1900 den Weg in das Kölnische Stadtmuseum fand, ist nicht mehr zu rekonstruieren. Wer schuf es – und in welchem Zusammenhang?

Den Hinweis gibt eine weitere Bleistiftnotiz auf dem Kölner Blatt: Genannt wird »Claude Mellan«, der 1601 in Abbévillle geboren worden sei und im Louvre gewohnt habe. Tatsächlich wurde Mellan, der die Jahre zwischen 1621 bis 1636 in Rom verbrachte, nach seiner Rückkehr in Frankreich ein angesehener Maler, Zeichner und Kupferstecher und logierte im Louvre.[3]

Illustriert mit Stichen von Mellan publizierte in Paris 1677 André Félibien, Mitbegründer der Kunsttheorie und Ehrenmitglied der Académie royale, sein Standardwerk über die Gemälde und Skulpturen in königlichem Besitz.[4] Hierin findet sich unser Kupferstich aus dem Kölnischen Stadtmuseum wieder, der auch als Einzelblatt im Louvre und im Museum des Schlosses Versailles erhalten ist.[5]

Bei Félibien wird die antike Büste aufgeführt im Bestand der Sammlungen in den Sälen von König Ludwig XIV. Das Gewand sei aus Jaspis, der Kopf selbst aus antikem Marmor.[6] Félibien erklärt, die prachtvolle Büste stamme aus der Kunstsammlung des Kardinals Mazarin.[7] Möglicherweise gelangte sie 1627 aus Italien nach London, wo der englische König Charles I. die Sammlung der Familie Gonzaga aus Mantua zusammentrug.

Von hier aus sind zwei Wege denkbar, die in die Gemächer des Sonnenkönigs führten: direkt über Kardinal Mazarin oder über den Umweg eines geschäftigen Kölner Sammlers. Denn einen Teil der Kunstsammlungen des 1649 hingerichteten englischen Königs erwarb Kardinal Mazarin, einen anderen der aus

»Die Kaiserin Agrippina«, Kupferstich von Claude Mellan, Kölnisches Stadtmuseum, Graphische Sammlung

Köln stammende, in Paris residierende und in London eine Handelsniederlassung führende Händler und Kunstsammler Eberhard IV. Jabach. 1662 kaufte der französische König große Teile der Kunstsammlung Jabach sowie der Sammlung Mazarin.[8] Unter Kardinal Richelieu wurden die Kunstwerke der Gonzaga, Jabach und Mazarin Teil der königlichen Sammlungen und somit Grundstock des späteren Louvre-Museums.[9]

Doch stellte die Büste wirklich »Kaiserin Agrippina« dar? In der Druckplatte des 1677 publizierten Stichs ist von einer Kaiserin keine Rede, sondern nur von der »Büste einer römischen Dame«.[10] Nicht einmal deren im Haar steckendes Diadem verführte Félibien dazu, hierin eine Kaiserin – oder gar die Agrippina – zu erkennen, wenn er im Begleittext auch hervorhob, dass »die extravagante Haartracht dieser Figur zu dem Urteil« führe, »in ihr eine herausragende Persönlichkeit« zu sehen, denn »nicht alle römischen Damen« hätten einen derartigen Kopfputz zur Schau getragen.[11]

Offenbar existieren unterschiedliche Varianten des Kupferstichs mit abweichenden Bezeichnungen in der Druckplatte.[12] War bei Félibien noch von der »römischen Dame« die Rede, so nennt der in Versailles erhaltene Stich diese als »Büste einer Kaiserin«,[13] ebenso wie der im Werkverzeichnis von Mellan aufgeführte Stich im Louvre.[14] Auf dem Kölner Abzug bezeichnet die in gleichen Buchstaben geformte Inschrift in der Platte – mit Rechtschreibfehler – die Dargestellte ebenfalls als »un (sic!) Imperatrice«.[15]

Von »Agrippina« war somit nicht von Anfang an die Rede. Ob Mellan (oder Félibien) gezögert haben, die Büste so zu nennen? In einem anderen Fall bestanden offenbar weniger Skrupel: Eine veritable »Statue der Agrippina« im königlichen Besitz, ebenfalls aus der Sammlung Mazarin, findet sich, gestochen von Mellan, im gleichen Werk von Félibien.[16]

Fazit für das Kölner Blatt: »Römische Dame« bestimmt, wahrscheinlich sogar »Kaiserin«. Doch »Agrippina«? Womöglich. Wichtiger ist im Zusammenhang mit der Agrippina-Rezeption die Frage, wer den Kölner Kupferstich so betitelt hat. Diese handschriftliche Bezeichnung ist blass, aber akkurat ausgeführt in großen

Lettern inklusive Hilfslinien. Schreibweise und Schriftzug verweisen auf das 19. Jahrhundert. Sollte der Kupferstich als Vorlage für eine weitere Abbildung dienen – etwa als Illustration eines deutschsprachigen Buchs, in dem von der umstrittenen Kaiserin die Rede ist?

Der Autor eines anderen, mit »Agrippina.« in der Platte betitelten Kupferstichs, der als Tafel »49« eine weitere Büste der Agrippina zeigt, konnte bislang weder im Kölnischen Stadtmuseum noch in der Österreichischen National-

bibliothek identifiziert werden, wo er als Bildnis von Agrippina d. J. geführt wird. Der handschriftliche Zusatz »No 27« auf dem Kölner Stich könnte darauf hinweisen, dass er ebenso wie der Stich von Mellan als Illustration eines Buchs dienen sollte.[17]

Antikensehnsucht in Köln

Köln auf der Suche nach der wahren Agrippina

Doch wie hat sie wirklich ausgesehen, die römische Kaiserin? Im beginnenden Zeitalter der Aufklärung bemühte man sich, authentische Münzbilder der Agrippina zu finden. Porträts des Agrippa und der Agrippina nach antiken Münzen waren 1731 in Amsterdam in einem Buch über »Bildnisse von Helden und großen Männern der Antike« erschienen.[18] Den als Tafeln beigefügten Kupferstich mit dem Bild des

Agrippa schuf Guillaume Vallet[19], den mit dem Bildnis der Agrippina Étienne Picart, genannt »Le Romain«, der mit seinem Sohn Bernard 1710 von Paris nach Amsterdam gezogen war.[20] Picarts Bildquelle wird nicht genannt, der beigefügte Lebenslauf der Agrippina in italienischer Sprache mit französischen Erläuterungen folgt den bekannten Rahmendaten unter expliziter Berufung auf Tacitus und Cassius Dio – dies war aus internationalem Blickwinkel wichtiger als die kleine Episode der Stadterhebung der Colonia. Köln wird in dem Werk nicht erwähnt.[21]

Doch auch in der Domstadt war man auf der Suche nach Agrippinas Bild. So wundert es nicht, dass auch Picarts Stich den Weg aus Kölner Sammlungen in das Kölnische Stadtmuse-

Bildnis der Agrippina, Stich von Picart von 1731, Kölnisches Stadtmuseum, Graphische Sammlung

Lavierte Zeichnung nach diesem Stich, Kölnisches Stadtmuseum, Graphische Sammlung

Marcus Agrippa und Agrippina, Kupferstich nach antiken Münzbildern, Kölnisches Stadtmuseum, Graphische Sammlung

um gefunden hat.[22] Erhalten ist auch eine lavierte Zeichnung, die handschriftlich mit »Agrippina Augusta« betitelt ist und bezeichnet wird als »gez v. A. S. Cöl.«.[23] Zwar sind vom damit gemeinten spanischen Künstler Alonso Sánchez Coello, Hofmaler Philipps II., zahlreiche Porträts erhalten, doch Agrippina sucht man darunter vergebens: Offenbar tappte man in Köln bei der Erforschung der Agrippina-Ikonografie noch im Dunkeln; die etwas unbeholfene Zeichnung imitiert den 1731 publizierten Stich von Picart.[24]

gelehrten Suche nach antiken Porträts. Schlüsselfigur war der dort tätige Jesuit Hermann Joseph Hartzheim, der 1747 Schriften aus der Jesuitenbibliothek, dem »Scriptorum Coloniensium«, herausgab sowie 1754 eine illustrierte Geschichte kölnischer Münzbilder – in der Agrippa und Agrippina allerdings nicht als Kupferstiche abgebildet wurden.[26]

Daneben gab es auch in Köln bereits im 18. Jahrhundert eigenständige Überlegungen. Denn weitere im Kölnischen Stadtmuseum erhaltene Kupferstiche zeigen Marcus Agrippa, der Agrippina gegenübergestellt, beide »nach einer Münze«[25] – zwar nach dem gleichen antiken Vorbild wie bei Picart, bei Agrippina diesmal allerdings mit der Umschrift »AGRIP. AUG. DIVI CLAUDII«. Die darüber in der Druckplatte lesbare Bezeichnung »Icones Scriptorum Coloniensium Tabula I« lässt an eine Sammlung antiker Bildnisse aus Köln denken, die mit Kupferstichen illustriert für eine Veröffentlichung vorgesehen war.

Die Nennung »Scriptorum Coloniensium« verweist wohl auf die Bibliothek des Kölner Jesuitengymnasiums als mögliche Quelle der

Antikensehnsucht
in Köln

Dreikönigenschrein im Kölner Dom, Stirnseite

Nero-Kameo auf der Trapezplatte des Dreikönigenschreins: Agrippina reicht Nero den Lorbeerkranz

Unentdeckter Einzug ins Allerheiligste: Agrippina am Dreikönigenschrein

Dabei gab es schon seit sechs Jahrhunderten in Köln ein zeitgenössisches Bildnis der Agrippina, zudem an sehr prominenter Stelle: auf der Stirnseite des höchsten Kölner Heiligtums, des Dreikönigenschreins. Nur ahnte dies damals noch niemand.

Man vermutet, dass der im deutschen Thronstreit um die Legitimation seiner Herrschaft bemühte König Otto IV. die kostbaren Antiken zusammen mit weiteren Schenkungen im Jahr 1200 dem Dom vermacht hatte, die dann an prominenter Stelle auf der Stirnseite des Schreins in die Trapezplatte eingearbeitet wurden.[27]

Der vertieft gearbeitete Stein (Intaglio) links zeigt Venus und Mars, in der Mitte, auf dem (seit 1630 in Wien befindlichen) »Ptolemäerkameo« erkennt man den ägyptischen König Ptolemaios II. und seine Schwester. Die Darstellung auf dem Kameo rechts präsentiert Agrippina, die ihren Sohn Nero krönt. Bekannt waren diese Identifikationen im Mittelalter nicht, gedeutet wurden sie wohl als fromme Verweise auf die christliche Heilsgeschichte im Zusammenhang mit der theologischen und politischen Interpretation der biblischen Könige als Vorläufer der deutschen Herrscher.[28]

War die Trapezplatte geöffnet, so erblickte man – wie heute noch alljährlich am Dreikönigentag am 6. Januar – die Schädel der Heiligen Drei Könige im Innern des Schreins. War sie geschlossen, so befand sich je ein Schädel hinter je einem der kostbaren antiken Steine, die sinnbildlich für diese Reliquien standen. Die eingearbeiteten Antiken wurden im Mittelalter, vor der Umarbeitung der Trapezplatte im 18. Jahrhundert, von Engeln gehalten und so den Gläubigen präsentiert.[29]

Der Nero-Kameo muss zwischen dem Regierungsantritt Neros 54 n. Chr. und dem Tod der Agrippina 59 n. Chr. entstanden sein, genauer: wohl in den ersten Jahren nach 54, bevor sich Agrippina und ihr Sohn entzweiten.[30] Nero ist dargestellt als thronender Jupiter, zu dem der kaiserliche Adler aufblickt. Den Kaiser krönt hier erstmals das Motiv des Sterns der Apotheose. Ein Zepter und ein voluteartiges Gebilde hält er als Symbol der Schifffahrt in seinen Hän-

Antikensehnsucht in Köln

den – vielleicht in Anspielung auf den von Nero aufgegriffenen Plan eines Kanalbaus durch den Isthmus von Korinth.[31]

Agrippina wird mit den Attributen Füllhorn und Ähren als Göttin der Fruchtbarkeit (Ceres) und des Glücks (Fortuna) gekennzeichnet. Gleichzeitig verweist ihre Geste des mit erhobenem Arm gehaltenen Lorbeerkranzes, den sie Nero, diesen gleichsam krönend, entgegenhält, auf die Siegesgöttin Victoria.[32]

Elegant erscheint sie in der für sie typischen und modeprägenden Lockentracht, selbst lorbeerbekränzt, im ärmellosen Chiton mit um die Hüfte geschwungenem Mantel.[33] So verheißt sie einer Göttin gleich Glück und Segen für die Herrschaft ihres Sohnes. Ähnliche Darstellungen der vergöttlichten Mutter Agrippina, die ihrem Sohn den Lorbeerkranz reicht, waren in deren Lebzeiten verbreitet, erhalten ist sogar ein monumentales Relief in Aphrodisias in der heutigen Türkei.[34]

Davon ahnte man im Mittelalter offenbar nichts. Was man sich damals wohl dabei gedacht hatte, ausgerechnet im Kölner Dom, im Zentrum religiöser Verehrung, drei antike Kameen zu montieren, die heidnische Gestalten glorifizierten? Im Venus-Intaglio sah man wohl einen König, der die Knie vor Maria mit dem Kind beugt, im Ptolemäer-Kameo die Darstellung der Heiligen Drei Könige. Das Motiv des Nero-Kameo dagegen dürfte als Darstellung der Krönung des Heilands gedeutet worden sein: Agrippinas linker Arm mit dem Füllhorn und dem über die Armbeuge fallenden Mantelzipfel konnte allzu leicht als Flügel interpretiert werden – und somit ausgerechnet Agrippina als Engel, der nicht Nero, sondern einem thronenden Christus den Lorbeerkranz reicht.[35] Auf diese Weise gelangte die umstrittene, in Köln geborene und als Stadtgründerin verehrte heidnische Kaiserin in das Epizentrum des größten christlichen Heiligtums der nach ihr benannten Stadt und der europaweiten Pilgerströme. Was für ein abenteuerliches, frommes Missverständnis …

Zwar wusste man im Mittelalter nicht, wann und wie die Kameen entstanden sind – der in Köln lehrende Albertus Magnus vermutete, solche erstaunlichen Schöpfungen könnten nur durch eine Art Naturwunder entstanden sein.[36]

Nero-Kameo am Dreikönigenschrein, historischer Gipsabguss

Nero-Kameo am Dreikönigenschrein, gedeutet als Apotheose des Augustus, aus: Vogel, Dreikönigenschrein, 1781, Tafel 10

Doch dass es sich bei diesen und über zweihundert anderen antiken Edelsteinen auf dem Schrein um seltene, kostbare Stücke handelte, war allgemein bekannt. Kein Wunder, dass sich zweimal Diebe am Schrein zu schaffen machten.

Im Jahr 1574 wurde der Ptolemäer-Kameo entwendet und fand seinen Weg über Mantua nach Wien, 1820 der Venus-Kameo mit weiteren Zimelien gestohlen, die aus dem Versteck des Diebesguts wieder ausgegraben und er-

neut am Schrein angebracht werden konnten.[37] Nur Agrippina und Nero blieben am Platz.

Offen ist, warum Kölner Humanisten und Sammler von Münzen, Medaillen, Kameen und Gemmen – etwa anlässlich der in Köln aufsehenerregenden Fahndung nach dem gestohlenen Ptolemäer-Kameo 1574 – nicht erkannten, wer da auf der Stirnseite des Dreikönigenschreines prangte. Später erwarb auch Goethe einen Abguss des Nero-Kameo.[38]

1781 publizierte Joannes Vogel seine grundlegende Untersuchung der antiken Gemmen und Kameen am Dreikönigenschrein, dieser »von Kännern und Alterthumsforschern« bewunderten »zwei hundert zwanzig sechs Stücke der sogenannten Antiquen oder dichten

Antikensehnsucht in Köln

Agrippina als Kybele, Kupferstich von Thelott nach Kuntze, Kölnisches Stadtmuseum, Graphische Sammlung

Edelgesteinen von allerhand Gattungen und theils erhobenen, theils vertieften Schnitzarbeit«.[39] Auch der Nero-Kameo wurde erstmals abgebildet. Von nun an war es unbestritten: Dargestellt war ein antiker römischer Kaiser. Vogel erwähnte die Figur der Agrippina nicht und deutete die Darstellung als »Des Kaisers Augustus Apotheosis oder Vergötterung«.[40]

Dies blieb herrschende Lehrmeinung bis 1948, als Hans Möbius den Kameo im Rahmen einer ersten archäologischen Untersuchung in eine etwas spätere Zeit datierte. Jetzt war es offensichtlich, dass der vermeintliche Engel in Wahrheit Agrippina darstellte. Möbius deutete die beiden auf dem Kameo zu sehenden Figuren zunächst als Agrippina und Claudius, seit den 1960er-Jahren als Agrippina und Nero, was unabhängig davon in einer gleichzeitig erschienenen weiteren Studie ebenfalls nachgewiesen wurde.

Es sollte noch ein wenig dauern, bis diese unerhörte Tatsache auch in Köln allgemein anerkannt wurde. Hier erklärte man zunächst, »dass das Mittelalter« in der antiken Huldigungsszene wohl »eine Anspielung auf die Anbetung Christi durch die Könige sah«, und sprach vorsichtig von einem »Kaiser (Nero?)«. Agrippina wurde nicht erwähnt, sondern beschrieben als eine »Genie«, die den Lorbeerkranz überreiche.[41] Heute jedoch ist die Identifikation der Dargestellten als Agrippina und Nero in der Forschung unbestritten.[42]

1794 war der Dreikönigenschrein mitsamt weiterer Schätzen aus dem Dom vor den anrückenden Franzosen in Sicherheit gebracht worden, 1803 kehrte ein Teil der Kostbarkeiten zurück – doch durch »nicht ganz zufällig zustande« gekommene Verluste fehlten seitdem mindestens 70 der wertvollen antiken Gemmen.[43] Agrippina und Nero hatte man nicht herausgebrochen. 1807 wurde der Schrein restauriert, mithilfe von Spenden der Kaiserin Joséphine und unter leitender Aufsicht von Ferdinand Franz Wallraf.

Doch auch dieser – wiewohl zeitlebens auf der Suche nach antiken, in Köln erhaltenen Spuren und Bildnissen der Agrippina – ahnte nicht, wer auf dem kostbaren Stein dargestellt war. Hätte Wallraf gewusst, dass es sich in Wirklichkeit um Agrippina und Nero handelte, hätte er sich viele Mühen und auch eigene Bildschöpfungen sparen können, von denen im Folgenden die Rede sein wird.

Kuntzes Kölner Agrippina

Ein im Kölnischen Stadtmuseum erhaltener kleiner Kupferstich zeigt eine nach rechts blickende Dame im Profil mit Mauerkrone. Die darunter handschriftlich in Tinte genannte »la Collect. J. Schieffer« verweist auf die Herkunft aus der Sammlung des reichen Kölner Kaufmanns, Stadtrats und Gewerberichters Johann Schieffer. Der Titel im Sockel lautet »AGRIPPINA. CLAUD.«, die Bezeichnungen in der Druckplatte unten »Kuntze Colon= delin= ex Nummo.« und »Thelott Sculp.«[44]

Der hier als Stecher genannte »Thelott« (wohl Ernst Karl Gottlieb Thelott) war in Köln tätig und schuf unter anderem eine allegorische Stadtansicht[45] und 1816 einen Kupferstich des aus Paris nach Köln zurückgekehrten Rubens-Gemäldes »Die Kreuzigung des heiligen Petrus«.[46]

Entworfen hat dieses merkwürdige Agrippina-Bild Johann Christian Kuntze, Miniatur- und Bildnismaler[47] und bis zu seinem Tod in Köln Zeichenlehrer »am katholischen Gymnasio« und am Friedrich-Wilhelm-Gymnasium.[48] Doch wie kam es dazu und auf welchen Quellen beruhte seine Agrippina-Darstellung?

Den entscheidenden Hinweis gibt Johann Jakob Merlo. Er erinnerte sich an das von Kuntze gezeichnete und von Thelott gestochene Bildnis der Kaiserin als die »in Kupfer« gestochene »Büste der Agrippina, Profil, mit der Unterschrift: AGRIPPINA. CLAVD.«. Entstanden sei das »unbedeutende(s) kleine(s) Blatt« für »Wallraf's Geschichte der Agrippina im Taschenbuch der Ubier für 1800.«[49] Dies führt uns zu den Problemen, die Ferdinand Franz Wallraf mit Agrippina hatte.

Die Ehre der Mutter zu retten: Wallraf und Agrippina

Johann Anton de Peters: Ferdinand Franz Wallraf, Porträt, Köln 1792, Wallraf-Richartz-Museum & Fondation Corboud

1798: Agrippina ante portas

Sobald große Jubiläumsjahre bevorstehen, stellen sich zuweilen Probleme. Auch und erst recht, wenn die entsprechenden historischen Kenntnisse inzwischen allgemein verbreitet sind und die Erwartungshaltung steigt.

So auch in Köln im Vorfeld der für das Jahr 1800 anstehenden Erinnerung an die römische Stadterhebung 1750 Jahre zuvor. Die Rolle, die die für die Stadt namensgebende Agrippina dabei gespielt hatte, war nun – befreit vom Geflecht ungereimter Legenden des späten Mittelalters und der Frühen Neuzeit – in der Stadtgesellschaft und weit über die Grenzen des Rheinlandes hinweg fest verankert.

Wessen zu gedenken sein sollte, war somit allen klar. Doch wie – und vor allem, womit? Diese auch heute immer wieder aktuelle Frage bereitete dem Kölner Gelehrten und Lokalpatrioten Ferdinand Franz Wallraf schon vor über 200 Jahren Kopfzerbrechen.

Dabei war gerade Wallraf nicht unschuldig am wachsenden Interesse für Agrippina und die römische Gründung Kölns. Im Dezember 1794 – die Franzosen waren im Oktober einmarschiert – beschrieb Wallraf zur Feier der Amtseinführung seines Freundes Nikolaus Dumont als neuer Kölner Bürgermeister »unter allgemeinem Frohlocken« ein (wohl nie ausgeführtes) »allegorisches Gemälde« für den »edlen Bürger N. Dumont«. Zum Lob dessen poetischer Leistungen »greift« auf dem Bild nicht nur Apollo »in die Leier« und »Musen bereiten sich zum Reigentanze« – nein, sogar Kaiserin Agrippina selbst hält für den neuen Bürgermeister Dumont »den seine Verdienste ums Vaterland krönenden Eichenkranz« bereit. Die Inschrift auf einem Obelisken feierte Dumont, der nun die »Liktorenbündel der Agrippina« erhalte.[1]

Wallraf war es auch, der mit der Schrift »Der Senat der Ubier an den Nationalkonvent zu Paris«[2] die Berufung auf das römische Köln politisch instrumentalisierte – schließlich besaß er profunde »Kenntnisse über die bis auf Cäsar und Tacitus zurückreichende Vergangenheit der Stadt«.[3]

Mit dieser historischen Munition ausgestattet, hielt Dumont am 19. März 1795 vor dem Pariser Nationalkonvent seine Rede, um – auf

Kölns vermeintlich seit seiner Gründung in der Römerzeit bestehende Eigenständigkeit und Größe pochend – die Unabhängigkeit der Stadt zu wahren (und lästigen Abgaben an die Franzosen zu entgehen).[4] Dumont berief sich vor dem Konvent auf Cäsar und die erste Phase der Stadtgeschichte und mit Tacitus auf die Stadterhebung durch Agrippina. Seitdem verfüge »das Volk der Ubier, das heißt die freie Stadt Köln«, über »seinen Senat und seine demokratische Verfassung«.[5] Frankreich als »freie und siegreiche große Nation«, die »die Ketten versklavter Völker zerbreche«, könne es nicht wollen, dieses »Volk« – gemeint waren die Ubier bzw. Kölner – »in Ketten zu legen, das seit zwanzig Jahrhunderten frei sei«.[6] Doch alle von Wallraf historisch unterfütterten flammenden Appelle liefen ins Leere: Die Revolutionsregierung hatte andere Sorgen und der Wohlfahrtsausschuss die Kölner Ansprüche bereits zurückgewiesen.[7] Auch in Köln blieb der Spott nicht aus: Die Berufung auf ein vermeintliches uraltes Kölner »Gleichheitssystem« sei »lächerlich«[8], darüber könnten »weder Cäsar noch Tacitus (…) wahre Auskunft geben«.[9]

1798 war ohnehin alles Makulatur, die Träume von Kölns Eigenstaatlichkeit wie auch die von einer Cisrhenanischen Republik: Köln wurde Teil Frankreichs.[10] Und sollte jetzt konkret Rechenschaft ablegen und Auskunft über die Zeugnisse seiner Vergangenheit.

Inzwischen war Franz Valentin Mulot – Gelehrter, ehemalig Geistlicher und zeitweise Abgeordneter der französischen Nationalversammlung – zum Sekretär und Stellvertreter von François Joseph Rudler berufen worden, des in Mainz residierenden »Regierungskommissars für die eroberten Länder des linken Rheinufers«.[11]

Wallraf nahm über einen Freund mit Mulot Kontakt auf. Hauptsächlich ging es dabei um die Besetzung von Lehrstühlen der neuen Zentralschulen in den rheinischen Departements. Wallrafs Rolle war delikat, hatte er doch 1797 den Eid auf die Verfassung der französischen Republik verweigert. Dazu stand er auch und lancierte Seitenhiebe auf die sich der neuen politischen Herrschaft andienenden »Wendehälse«.[12] Mit Erfolg. Die französische Verwaltung fasste Vertrauen, am Ende wurde Wall-

raf in Köln zunächst Professor für Geschichte, dann, wie Mulot in Mainz, Professor für Literatur.[13]

Mulot und Wallraf verkehrten gewissermaßen auf Augenhöhe. Mulot war sehr interessiert an Kölns antiken und künstlerischen Schätzen und »an Antiquitäten«, die Wallraf »zusammengetragen« habe.[14] In offizieller Funktion als Zuständiger für den öffentlichen Unterricht richtete er am 2. Fructidor des Jahres VI (19. August 1798) an Wallraf 14 Köln betref-

fende, dezidierte Fragen: über Gerichtsverfassung, Kunstwerke in Kirchen, Bibliotheken und Kunstsammlungen, Rathauslaube und Zeughaus sowie Künstler und deren Techniken.

Mulots erste Frage galt der römischen Gründung und Stadterhebung Kölns. Ob es denn zu dieser vielbeschworenen »Stadtgründung« überhaupt noch antike Überreste gebe, wollte Mulot wissen, ob etwa »Medaillen« oder »Münzen« erhalten seien, die damit verbunden sind – und wie diese beschaffen seien?[15]

Diese konkrete Anfrage stürzte den Kölner Professor in arge Verlegenheit. Ganze vier Monate ließ er sich Zeit mit seiner Antwort.[16] Am 12. Dezember 1798 formulierte er sie, lavierte sich mit weitschweifigen historischen Ausführungen über die Umsiedlung der Ubier unter

Die Ehre der Mutter zu retten: Wallraf und Agrippina

Marcus Agrippa und die Stadterhebung durch Agrippina um den Kern der Anfrage herum.

Schließlich konstatierte er kleinlaut, dass es in Köln aus der römischen Gründungszeit nur noch »Überbleibsel alter Mauern« gebe und »ein oder zwei Türme« sowie als Rest des ehemaligen »römischen Nordtors das Äußere der Pfaffenpforte« (»de la porte paphie ou flaminea«), wo die Stadt bezeichnet sei mit den »Lettern CCAA« – was Wallraf fälschlich auflöste als »colonia claudia augusta agrippinensis«.[17] Die-

Agrippina als Frontispiz für das »Taschenbuch der Ubier«, Deutz 1800; in diesem Band befindet sich Wallrafs Biografie: »Agrippina, die Gemahlin des Claudius die Stifterinn Kölns«

Vorlage für den 1800 erschienenen Kölner Kupferstich: Pierre Séguin, Selecta numismata antiqua (...), Paris 1666, S. 52

ser antike Torbogen befindet sich heute im Römisch-Germanischen Museum, eine Kopie an Ort und Stelle des Nordtors vor dem Dom.

Ein Bildnis der Agrippina jedoch, zumal eines auf einer Medaille oder Münze, die wie Mulot anfragte, als »médaille de fondation« die oft beschwore Stadterhebung Kölns im Jahr 50 n. Chr bezeugen könnte, war in Köln einfach nicht zu finden.[18]

Was tun? Münzen mit Bildnissen der Kaiserin Agrippina kannte Wallraf zwar, doch verbunden mit einer Erwähnung Kölns in der Umschrift? Die ältesten antiken Münzen mit dem Stadtnamen der CCAA entstanden erst 200 Jahre nach Agrippina, diese Antonianen des

Postumus waren in Kölner Sammlungen vorhanden und auch Wallraf bekannt.[19] Doch nützte ihm dies nichts auf der Suche nach einem »authentischen« Bild der Agrippina.

Agrippinens Bild am Titelblatt

Ein solches Bild benötigte Wallraf aber dringend. Auch für seinen eigenen Beitrag zur 1750. Wiederkehr der von Agrippina betriebenen und nach ihr benannten Gründung Kölns als CCAA: seine bis heute kaum bekannte, 128 Seiten umfassende Biografie »Agrippina, die Gemahlin des Claudius die Stifterinn Kölns«.[20]

Wallrafs Agrippina-Biografie wurde zuerst publiziert als Teil des in Deutz gedruckten »Taschenbuchs der Ubier«, das mit 14 Seiten zur Erläuterung der Jahreszeiten mit Übersichtstabellen zum nun auch in Köln geltenden französischen Revolutionskalender beginnt und nach der eingefügten Biografie der Agrippina mit Gedichten und Liedern fortgesetzt wird. Das Werk wurde 1799 im »Intelligenzblatt der Literatur-Zeitung« in Erlangen angekündigt: »Nebst ausgewählten Arbeiten in Prosa, Dichtkunst und Musik, von bereits geprüften Verfassern unserer Gegend[21], wird man darin in moralischer, sowohl als politischer Rücksicht so merkwürdige Geschichte der Mitstifterin Cölns Agrippina, der Gemahlin des Kaiser Claudius, in einer intelligenten Darstellung liefern.«[22]

Im »Jubiläumsjahr« 1800 erschien ebenfalls in Deutz bei Haas auch eine separate Ausgabe von Wallrafs Agrippina-Biografie – ein Exemplar dieses seltenen Büchleins aus dem Besitz von Johann Jakob Merlo ist erhalten.[23]

Kuntzes Bild der »Agrippina« entstand als Frontispiz für dieses »Taschenbuch«, dann auch für die separate Ausgabe – und somit als Leitbild für Wallrafs Schrift über Agrippina.[24] »Das Bild der Agrippina nach einer seltenen Münze als Cybele gestochen von Thelot« werde, so die Vorankündigung, »diese Ausgabe zieren, auch sollen Papier, Druck und Niedlichkeit des äußeren dem inneren Gehalt gewiß entsprechen, daß es auf dem Parnas der Deutschen mit Ehre erscheinen kann.«[25]

Wallraf – sozusagen auf diesem »Parnass« sitzend – nennt auch die Bildquelle, die Kuntze als Vorlage unterbreitet wurde: das antike Münzbild der Agrippina, »dessen Abbildung auch in Seguini Numism. vorkömmt«.[26] Gemeint waren die 1666 in Paris erschienenen »Selecta numismata antiqua ex museo Petri Seguini«, worin Pierre Seguin genau dieses Bildnis der Agrippina hatte abbilden lassen.[27] Wallraf besaß dieses numismatische Standardwerk.[28] Heute erst weiß man, dass der emsige französische Numismatiker dabei einer Fälschung aufgesessen und das Bildnis der Agrippina auf dieser Münze manipuliert worden war.[29]

Kuntze konnte dies nicht ahnen und übernahm das fiktive Münzporträt der Agrippina aus dem Druck des 17. Jahrhunderts detailgetreu, ließ die Umschrift weg und setzte seine – nun mit dem dekolletierten Charme der Goethezeit versehene – Agrippina im Medaillon auf einen Sockel.[30]

Er jedenfalls, so Wallraf, finde »Agrippinens Bild am Titelblatt« als »Cybele« für die »Mitstifterin unserer Stadt ganz passend«.[31] Darstellungen dieser großen antiken Göttin und Übermutter Kybele, die eine Mauerkrone trug, waren im 18. Jahrhundert sehr beliebt.[32] Wallrafs Beobachtung, dass die Mauerkrone in der Antike oft Hinweis auf Göttinnen einer Stadt sei, war durchaus zutreffend.[33] Aber auch allzu verführerisch: Denn trug nicht auch die wohl von der Figur der Agrippina in der Frühen Neuzeit abgeleitete Kölnische Jungfrau ebenfalls eine solche Mauerkrone? Zu dumm nur, dass die Fälschung der Münze, der Seguin aufgesessen war, auf eine rhodische Drachme zurückging – und so erst im 17. Jahrhundert aus der ursprünglichen Strahlenkrone des Helios die von Wallraf ersehnte Mauerkrone der Agrippina geworden war.[34]

Die Ehre der Mutter zu retten: Wallraf und Agrippina

Ein großes Weib

Ansonsten folgte Wallraf in seinem Büchlein über Agrippina den Stationen ihrer Lebensgeschichte nach den üblichen Quellen des Tacitus, Sueton und Cassius Dio.[35] Dennoch gelang es dem lokalpatriotischen Professor, sich von der seit diesen antiken Autoren vorherrschenden, unser Bild bis heute prägenden pauschalen Verdammung der Agrippina zu befreien.[36]

Wallraf, klassisch gebildet in der Tradition der Aufklärung, wurde nicht müde, die vermeintlich große Rolle Kölns in vergangenen Epochen zu betonen. Ihm diente seine Kenntnis antiker Quellen gewissermaßen als »Steinbruch«, um daraus die Legitimität Kölner Ansprüche in seiner eigenen, von politischen Umbrüchen bewegten Zeit ableiten zu können.

Dabei zeigte sich der Professor äußerst anpassungsfähig: erst Kanoniker und Verweigerer des Eids auf die Verfassung der Republik, dann Autor der den neuen französischen Herren schmeichelnden Denkschrift des »Senats der Ubier« an den Pariser Nationalkonvent mit dem Ziel, Kölns Unabhängigkeit zu erhalten, anschließend Dichter zahlreicher Lobeshymnen auf Napoleon und zuletzt sich den neuen preußischen Machthabern andienend. Die gelegentlich gestellte Frage »Opportunist oder Kölner Lokalpatriot?«[37] stellte sich für ihn wohl nicht – oder könnte zugespitzt recht einfach beantwortet werden: beides. Denn so wandelbar er sich zeigte, so sehr leuchtete beständig ein einziger Fixstern am Himmel des Gelehrten: Köln.

Und nun, im Jahr 1800, eine Biografie der Namensgeberin der geliebten Heimatstadt. Die Betonung der Bedeutung Kölns in römischer Zeit war historisch leicht herzuleiten und hob gleichzeitig das gemeinsame Erbe hervor, das die nun französische Stadt mit Frankreich verband.

Mit Agrippina jedoch begannen die Probleme. Ihr Ruf als herrschsüchtige und skrupellose Mörderin war seit Tacitus und Sueton fest gefügt in der europäischen Rezeptionsgeschichte. Und diesem Monster hatte Köln seine Gründung und seinen Namen zu verdanken? Sie galt es deshalb zu preisen?

Zwischen jeder Zeile seiner Vorrede, die Wallraf deshalb der Biografie voranstellte, ist

Triumph der Kaiserin Agrippina, Gattin des Claudius, in Rom, Kupferstich, in: Wallraf, Agrippina, Stich n. S. 84

dieser Konflikt lesbar. Bibelgleich beginnt er: »Ich hebe den Finger zu schildern ein großes, aber durch ihren Zeitengeist und durch ganz eigene Schicksale, zum Verderben, zum Unglück geleitetes Weib – Agrippina, die Mitstifterinn, die Mutter meiner Vaterstadt.«[38] Sicher, so Wallraf weiter, es gelte, »die Wahrheit« zu respektieren: »Die Geschichte hat sie geächtet.«

nur einen Schluss zu: Er müsse »mit Ehrfurcht reden von einer Frau, welche durch Herkunft, durch Rang, durch alle Talente einer Weltlenkerin, durch den Kraftschwung ihrer Schöpfungen, zwischen den Weibern und – Männern ihrer Nachwelt durchglänzt, und ebenso gut, wie diese (…) das Idol ihrer Epoke und ihrer Geschöpfe war.«[40]

Ihm jedenfalls, erklärte Wallraf, möge man »das Recht der Sitte« einräumen, sich nicht auf die üblichen »Nachschwärzungen« zu konzen-

Jos Hoffman. Colon. del.　　　　　　　　　　　　　　　　　　　　　　　　*A.W. Küffner Sc*

Den Augen der Zeit wieder angenehm: Wallrafs Umdeutung der Agrippina

Doch sofort stellt er diese Ächtung infrage: »Geschichte! Hast du dich nicht an ihr versündigt! Neid und Verleumdung verscharrte mit ihrer Asche die Quellen der Wahrheit; und haben dir nur die ihrigen offen gehalten.«[39] Wie fiele sein Urteil wohl aus, fragte sich Wallraf, wenn Agrippa heute erst gestorben wäre und er nun ihre »Trauerrede« halten müsse. Dieses reizvolle Rollenspiel für Historiker lässt für Wallraf

trieren, sondern Agrippinas Bild »den Augen der Zeit wieder angenehm« und »der Galerie der Schönheit wieder würdig« zu machen.[41] Schließlich sei es, so beschließt Wallraf seine Vorrede, »Ehrenrettung der Vorwelt, sich des Rufes der unglücklich Verdammten anzunehmen.«[42]

Der einzige Beweggrund für diesen ungewöhnlichen Ansatz verbirgt sich in einem Nebensatz: »insbesonders am Ort ihrer Wiege und ihres Namens« gehöre es sich nämlich, das

Die Ehre der Mutter zu retten: Wallraf und Agrippina

vorherrschende vernichtende Urteil über die Gründerin und Namensgeberin infrage zu stellen – um erst vor diesem Hintergrund die Stadt Köln desto deutlicher preisen zu können.

Dieser Strategie folgen auch die Kupferstiche, mit denen Wallraf seine Agrippina-Biografie ausstatten ließ. Manche seit der Antike kolportierte Szene wäre reizvoll für Illustratoren gewesen – etwa Agrippinas Geburt in Köln, ihre Ausschweifungen oder die Beseitigung ihrer Gatten. Doch bei Wallraf setzt die Bebilderung erst nach Seite 80 ein und zeigt die für Agrippina nicht negativ zu bewertenden Begebenheiten wie die Gründung Kölns als Colonia oder jene Episoden aus ihren letzten Jahren, in denen Agrippina nicht Täterin war, sondern Opfer ihres Sohnes Nero.

So bot im zweiten Teil der Biografie etwa die Geschichte, wie – laut Wallraf – »Rom erstaunt« war, mit Agrippina nach ihrer Rehabilitierung »ein Weib im Pompzug auf einem Götterwagen ins Capitol fahren zu sehen«, Anlass für eine Illustration.[43]

Die Ermordung des Kaisers Claudius mittels eines vergifteten Pilzgerichts verschwieg Wallraf nicht – wenn er diese Untat auch mit der Erklärung versah, dass Agrippina für die Beseitigung ihres Onkels und Gatten keine Alternative gesehen habe, weil sie ihrem – auf dem Kupferstich sich an die Mutter klammernden – Söhnchen Nero die Zukunft sichern wollte. Bei Wallraf hört sich das so an: »Ihr schien nichts übrig, als die Tage des Claudius zu verkürzen. Unverzeihlich!«[44]

Die zeichnerischen Vorlagen für die Illustrationen schuf Joseph Hoffmann, ein Schüler und Kollege Wallrafs und in Köln renommierter Maler, der – was Wallraf nicht müde wurde zu betonen – sogar von Goethe gelobt worden war.[45] Kein Wunder, dass man im Umkreis des Dichterfürsten wohlwollend registrierte, dass »Wallraf selbst« für seine Agrippina-Biografie die »Zeichnungen zu den Kupfern« dem »berühmten, gekrönten Maler Hoffmann zu Cöln« anvertraut habe.[46] In Hoffmanns Werk spiegelt sich das Studium der Antike ebenso wie der Stil des späten Rokoko und des Klassizismus. Bei der Wahl seiner der antiken Mythologie und der Historie entlehnten Bildmotive war Hoffmann von Wallraf stark beeinflusst, was dem

Claudius stirbt an einem vergifteten Pilzgericht, beobachtet von Agrippina und dem kleinen Nero, Kupferstich, in: Wallraf, Agrippina, Stich n. S. 94

Die Ehre der Mutter zu retten: Wallraf und Agrippina

eifrigen Künstler zuweilen Spott einbrachte: Nach einem Bruch mit Wallraf habe Hoffmann, wie böse Zungen behaupteten, nur noch »Schmierereien« zuwege gebracht.[47]

Hoffmanns Illustrationen für Wallrafs Agrippina-Biografie – »sechs Charakteristische Scenen dieser Geschichte von Küffner«[48] – stach der Nürnberger Verleger und Kupferstecher Abraham Wolfgang Küfner.[49] Die »Folge von 6 Blättchen«[50] ist (bis auf die Darstellung des Schiffsuntergangs nach S. 122) in den Druck-

Jos. Hofman. Colon del.   A. W. Küffner. sc.

platten bezeichnet mit »Jos. Hoffman. Colon. del.« und »A. W. Küffner. Sc.«.[51]

Der erste, nicht illustrierte Teil der Biografie beginnt mit der Feststellung, dass es für Köln ja eigentlich um »zwey Agrippinen«[52] gehe, die Ältere und die Jüngere. Die Geschichte der Älteren ist rasch erzählt; von Seite 11 bis Seite 128 geht es allein noch um die andere, um »unsere Agrippina«.[53] Der Schilderung ihrer Geburt in Köln, das sie »immer mit Vorliebe bedacht« habe, folgen Wallrafs Reflexionen über das »Muster weiblicher Bildung« und Agrippinas

Das »Schutzbild« der Agrippina wird anlässlich der Gründung der CCAA nach Köln hineingetragen, Kupferstich, in: Wallraf, Agrippina, Stich n. S. 80

Agrippina überlebt den im Auftrag ihres Sohns Nero herbeigeführten Schiffsuntergang, Kupferstich, in: Wallraf, Agrippina, Stich n. S. 122

jugendliche Schönheit anhand antiker Münz-bildnisse: eine »Minervastirne« und »Wimpern-bogen einer Juno« habe sie gehabt.[54] Die Frag-würdigkeit solcher Spekulationen hätte dem gelehrten Professor, der auch numismatische Studien betrieb, eigentlich bewusst sein müs-sen. Edward Gibbon – der übrigens ähnlich kritisch mit der pauschalen Verurteilung Ne-ros ins Gericht ging wie Wallraf mit der Agrip-pinas – hob bereits 1764 hervor, dass diese Art der Münzbilddeutung äußerst fragwürdig und

dabei nicht ganz korrekt als »Colonia Claudia Augusta Agrippina« auf.[57] Ob philologisch kor-rekt oder nicht, es bestand kein Zweifel, dass der Name seiner Heimatstadt Köln CCAA mit Agrippina verbunden war – was dem emsigen Professor Gelegenheit gab, über acht Seiten hinweg auf das römische Köln einzugehen und in einer langen Fußnote zu einer (im Ganzen zutreffenden) topografischen Beschreibung der CCAA auszuholen. Schließlich war, so Wall-raf, bei der Namensgebung für Agrippina nicht

nicht mehr zeitgemäß sei.[55] Dies gilt erst recht, so darf man mit heutigem Wissen hinzufügen, wenn solche Urteile auf gefälschten Münzbil-dern beruhen.

Agrippina und das deutsche Rom

Nach »lauter Zwischenszenen« folgte im Leben der Agrippina endlich, so Wallraf, deren »Haupt-aktion«.[56] Darin sah er – wen wundert es – die Gründung und Namensgebung der Colonia. Das Kürzel CCAA über der Pfaffenpforte, dem römischen Nordtor Kölns, schlüsselte Wallraf

der »Stolz ihrer« eigenen »Größe« ausschlagge-bend, sondern den »Ort der Wiege« zu preisen sei ihr eigentlicher »Trieb« gewesen (und war doch in Wahrheit Wallrafs Trieb). Deshalb also »gründete sie jenes Rom in Deutschland«.[58]

Den pathetischen Topos von Köln als »deut-schem Rom« gab Wallraf auch seinen Schülern mit auf den Weg – noch 1818 schreibt Franz Christian Gau begeistert seinem Lehrer nach Köln (»Nun zum Beschluß noch etwas Herr Pro-fessor was Ihnen Freude machen wird«), wie er mit den deutschen Romantikern in Rom im

Die Ehre der Mutter zu retten: Wallraf und Agrippina

Caffè Greco den Jahrestag der Schlacht von Leipzig feierte. Der Höhepunkt: »Das deutsche Rom, Köln soll leben Hoch und abermal Hoch! donnerte der ganze Saal dass die Fenster klirrten.«[59]

Diese Gründung des »deutschen Rom« war es wert, mit dem ersten Kupferstich illustriert zu werden. Er zeigt, wie »Agrippinens Schutzbild (…) zwischen den Vexillen und Trophäen der einziehenden Cohorten« unter großem Jubel nach Köln hineingetragen wird.[60] Das von

Jo: Hoffman. Colon del.   A.W.Küffner. sc.

Hoffmann gezeichnete »Schutzbild« ist eine antike Sitzstatue der Agrippina, ähnlich der, wie sie in den Museen in Rom und Neapel erhalten sind und wie sie, von Winckelmann beschrieben, den Antikenfreunden um 1800 bekannt waren.[61] Diese Anleihe war nötig, denn Köln, seufzte Wallraf, war »von den Monumenten seines ehrwürdigen Ursprungs ach! fast gänzlich entblöset.«[62] Mit diesem Kölner Dilemma war er ja bereits im Jahr zuvor durch Mulots Anfrage schmerzlich konfrontiert worden.

Dennoch werde Köln, so Wallraf, »den Namen der Stifterin in sich verewigend« und »ver-

Die Ermordung der Agrippina, Kupferstich, in: Wallraf, Agrippina, Stich n. S. 124

Nero wird geplagt vom Geist der toten Agrippina, Kupferstich, in: Wallraf, Agrippina, Stich n. S. 126

ewigt durch ihn!« in »bessere Perioden seiner Blüte einst wieder hinüber leben«.

Und sehen Agrippinen sterben

Auf diesen Appell der Hoffnung für die Zukunft Kölns folgen in Wallrafs Agrippina-Biografie die seit Sueton und Tacitus allseits bekannten Geschichten von Nero, seiner Mutter Agrippina und schließlich deren Ermordung.[63]

Illustriert wird die Episode, wie die Heldin von Wallrafs Büchleins dem von Nero für Agrippinas Untergang präparierten Schiff entkam: »Agrippina – nur eine Wunde auf der Schulter, schweigt und schwimmt sich rettend, gegen ihr Ufer zu«.[64]

Dramatisch schildert Wallraf auch die ebenfalls mit einem Kupferstich illustrierte Szene, in der Agrippinas Mörder zusticht – frei nach den Berichten des Tacitus und des Cassius Dio: »Als er zielte; warf sie die Decke von sich, hier, rief sie, morde wo ich das Ungeheuer trug! – izt wiederholte Dolchstiche. – Matt beben die Mörder zurück und sehen Agrippinen sterben.«[65]

Die moralisierende Erzählung von Agrippina als personifiziertem schlechtem Gewissen Neros gab Anlass für die letzte Illustration: »Aber der Muttermörder hatte keine Rast (…) Ueberall fand er den Geist seiner Mutter zwischen den Prachtsäulen der Päläste sich entgegen, Harpyen und Drachen über seinem Haupte, Furien mit Geisseln um ihn her.«[66]

Mutter meiner Vaterstadt

Überall in Europa war man sich, beruhend auf den Überlieferungen des Tacitus und Sueton, einig in der Beschreibung Agrippinas als besonders abstoßender und negativer Figur. Nur nicht in Köln.

Denn, so formulierte es Wallraf wortgewaltig in der Vorrede: »Pflicht ist es fürs Enkelgeschlecht die Ehre der Mutter zu retten.«[67] So widersprach er mit seiner abwägend positiven – jedenfalls nicht der gängigen, pauschalen Verdammung folgenden – Schilderung der Agrippina allen bisherigen Beurteilungen der Historiker. Der Kölner Gelehrte gelangte so bereits im Jahr 1800 zu jener ungewöhnlichen und zaghaften Neubewertung der Agrippina, die sich in der Geschichtsschreibung unter Ge-

sichtspunkten der Quellenkritik und der kritischen Revision des Frauenbilds erst heute abzeichnet …[68]

Wallrafs innerer Beweggrund jedoch war ein gänzlich anderer – nämlich einzig das Bemühen um die Lobpreisung Kölns, der antiken »Agrippina«. Denn schließlich ging es ihm bei Agrippina ja um »die Mutter meiner Vaterstadt.«[69]

So musste die Anhänglichkeit zur Vaterstadt ein neues Mutterbild hervorbringen. »Urenkelin, Tochter, Schwester, Gemahlinn und Mutter eines Cäsars« und »eine der unglücklichsten Heldinnen des Ruhms«: Agrippina sei, so Wallraf, nicht vergleichbar mit zeitgenössischen Frauengestalten – um im selben Atemzug dennoch »die verewigte Mutter Josephs des II.« zu erwähnen und somit eine Parallele mit Kaiserin Maria Theresia anzudeuten.

Das Bild der Agrippina als Kybele, das Wallraf der Biografie voranstellen ließ, spricht Bände. Sündig und mordgierig oder nicht: Agrip-

Die Ehre der Mutter zu retten: Wallraf und Agrippina

Agrippina als Kybele, Kupferstich von Thelott nach Kuntze, hier als Frontispiz für »Köln und seine Merkwürdigkeiten für den Alterthums-Forscher und Kunstliebenden«, Köln 1818

pina wird zur Übermutter stilisiert. So wird bei Wallraf Agrippina zur Heldin und Urmutter der Colonia: Die Verwandlung vom Monstrum zur Mutter war vollendet.

Agrippinas Bild am »Agrippina Platz«

1798, als Wallraf zähneknirschend eingestehen musste, dass in Köln kaum Zeugnisse aus der Zeit Agrippinas – geschweige denn ihr Bildnis – erhalten seien, forderte Regierungskommissar Rudler den offiziellen Gebrauch der französischen Sprache ein. Dazu gehörten auch französische Straßennamen.[70] Die Unternehmung der Nummerierung und Umbenennungen zog sich hin. Erst 1810 nahm das Projekt wieder Fahrt auf.[71]

In Köln übernahm Wallraf diese undankbare Aufgabe.[72] Er tat es mit Akribie – obwohl er erklärte, er habe nur »etwa zwanzig«[73] Straßen umbenannt, waren es doch mindestens einhundert. Sein Konzept war ambitioniert, neu, im französischen Rheinland einzigartig und auf die Dauer wegweisend: Er wollte durch Straßennamen Geschichte lehren.

Dabei kam es ihm vor allem darauf an, »wenigstens auf den Hauptpunkten der alten Stadt die Wiedererweckung unseres für die römische und fränkische Geschichte so classischen Bodens« zu bewirken – was in seinen Augen anders als so manche »pöbelhaft« klingende Flurbezeichnung aus dem Mittelalter auch die kulturhistorische Verbundenheit mit Frankreich hervorhob.[74] Namen aus der römischen Geschichte sah Wallraf geballt im Viertel um St. Maria im Kapitol vor, »für den Bezirk unseres von einem prächtigen Agrippa zu erst erbauten Capitols, wo nach ihm nur die nächsten Verwandten der Caesaren (…) wohnten.«[75]

Wo hinter St. Maria im Kapitol ein Platz nach Marcus Agrippa benannt wurde, durfte auch Agrippina nicht fehlen. So wurde aus der Straße »Am Malzbüchel« auf Wallrafs Vorschlag der »Agrippina Platz – Place Agrippine«. In seinen Ausführungen erwähnte Wallraf noch nicht einmal die alte Bezeichnung.[76] In einer weiteren Liste neuer Straßennamen wünschte er, dass hier auch »Agrippinas Bild« mitsamt »einer bedeutenden« Inschrift auf einem dort neu zu errichtenden Ziehbrunnen dargestellt werde.[77] Man braucht wenig Fantasie, um sich auszudenken, wer diese Inschrift zur Erinnerung an Agrippina im Kölner Stadtbild wohl formuliert hätte.

Wallrafs Umbenennungen wurden 1813 größtenteils vom Präfekten genehmigt, doch mit dem Beginn der preußischen Herrschaft scheiterte sein Plan von der Stadt als Geschichtsbuch. Nach 1814 wurden etwa die Hälfte seiner neuen Straßenbezeichnungen wieder rückgängig gemacht[78] – und der »Agrippina Platz« hieß wieder »Am Malzbüchel«.

Köln und seine Merkwürdigkeiten

Offenbar war die Strategie des umtriebigen Kölner Urgesteins Wallraf dennoch erfolgreich, in seiner Heimatstadt ein eher positives Bild der Agrippina zu verbreiten. Und nicht nur dort, auch außerhalb registrierte man seinen »großen und sehr interessanten Aufsatz« über Agrippina im »günstig angenommen Taschenbuch« der Ubier.[79]

Auch in der preußischen Zeit finden wir das gleiche für Wallraf von Kuntze 1799 geschaffene Bildnis der Agrippina: Diesmal als Frontispiz eines anonym verfassten ersten Reiseführers der Stadt unter dem Titel »Köln und seine Merkwürdigkeiten für den Alterthums-Forscher und Kunstliebenden«, verlegt 1818 bei J. Mathieux in Köln.

Berichtet wird darin von Marcus Agrippa und der Ansiedlung der Ubier, dann von Agrippina und der eigentlichen Entstehung der Colonia: »Endlich gründete der römische Kaiser Claudius aus Liebe zu seiner Gemahlinn, am Hauptorte der Ubier, wo sie geboren worden war, eine römische Pflanzstadt, und benannte sie nach ihr Colonia Agrippina.« Dies schuf den Auftakt zur kenntnisreichen Stadtwanderung, der der Rest des Reiseführers gewidmet ist: »Diese Römerstadt läßt sich noch mit ziemlicher Genauigkeit beschreiben. Wir werden also zuerst die Urstadt der Römer besuchen…« – um dann, ab Seite 26, zum Dom überzugehen.[80]

Autor dieses erfolgreichen Kölner Reiseführers war wohl sein Drucker und Verleger Johann Paul Mathieux, der 1820 eine zweite Auflage und 1854 eine Geschichte der Stadt Köln folgen ließ und sich 1857 erfolglos als Kölner Stadtarchivar bewarb.[81]

Auf Wallraf wird in einer Fußnote Bezug genommen.[82] Doch ohne dessen Einfluss bis in Formulierungen hinein ist die Schrift kaum denkbar – erst recht im Hinblick auf das darin vermittelte Urteil über Agrippina, das in die dem Führer vorangestellte Vorbemerkung einfloss und nahtlos an Wallrafs Bemerkungen aus dem Jahr 1800 anknüpft. Dies gilt für die Erläuterung der Herkunft des Titelmotivs (»nach einer alten Münze gezeichnet«), vor allem aber für die positive Umdeutung der historischen Agrippina: »Sie ist die Mitgründerinn ihrer Geburts-Stadt und nach ihrem Namen Colonia Agrippina genannt.«[83] Erst von Agrippina aus und durch sie habe sich Pracht und Größe Kölns entfaltet: »Nur Kölln allein hat den Namen seiner Urväter, die Denkmäler seiner Größe alter und neuer Zeit durch alle Epochen und Revolutionen glücklich gerettet. War Kölln unter dem Imperator Claudius und Agrippina noch im Entstehen, so wurde die Folgezeit glorreich für die neue Pflanzstadt.«[84]

Mathieux' Vorrede schließt mit salbungsvollen Worten über die ansonsten verachtete Agrippina: »Alle Schriftsteller kommen darinn überein, daß sie ein Muster weiblicher Schönheit war. Groß war sie an Leib und Seele – das erste Gegenbild zum athenischen Alkibiades – ihr unnatürlicher Sohn ließ die Unglückliche auf ihrem Krankenbette ermorden.« Die zwielichtige kölnische Apotheose mündet in die Feststellung, die »fühlende Menschheit« werde Agrippina »in ihren Fehlern bedauern, in ihren Tugenden bewundern, als eines der größten Weiber vergangener und gegenwärtiger Zeit.«[85]

Das auch diesem Buch vorangestellte Bildnis der Agrippina mit der Mauerkrone jedenfalls blieb im Bewusstsein der Kölner – und nicht nur dieser. 1821 mahnte der mit Goethe befreundete Nicolaus Meyer Wallraf, ihm das Bild – vielleicht die Vorzeichnung Kuntzes? – doch endlich zuzusenden: »Der versprochenen Zeichnung von der Agrippina mit dem schönen Haarputz hat meine Frau noch immer mit Verlangen entgegengesehen; sie trägt mir auf, Sie freundlich daran zu erinnern.«[86] Ob diese Agrippina je eintraf, wissen wir nicht.

Die Ehre der Mutter zu retten: Wallraf und Agrippina

Wallrafs Wahn

Die Kaiserin Agrippina sollte dem zerknirschten Professor keine Ruhe lassen. Er erwarb eine »Büste der Agrippina« aus Marmor, die 1730 »auf einem Kirchhof in Coln (...) gefunden«[87] worden sei. Damit hatte Köln nun endlich das lang ersehnte antike Bildnis der Kaiserin. Es wurde nach Wallrafs Tod präsentiert in einem Saal des »Wallrafianum«, des ersten Kölner Museums in der Trankgasse – zusammen mit einer Büste Cäsars und des Germanicus. Doch diese beiden entpuppten sich als Arbeiten des 18. Jahrhunderts. Und auch die in Köln immer wieder präsentierte Agrippina-Büste muss spätestens seit 1990 als äußerst zweifelhaft bezeichnet werden: Wallraf hatte sie dem bei ihm im Haus wohnenden Sohn des Rheinzollbeamten Ferdinand Nolten abgekauft, ihr Fundort Köln ist mehr als fraglich. Zwar ist die in der Neuzeit überarbeitete Büste antik, aber erst nach dem Tod der Agrippina entstanden, als bereits eine andere Haarmode vorherrschte. Sie zeigt nicht die Kaiserin, sondern ist ein Privatporträt.[88]

Noch 1815 unterhielten sich Goethe und Sulpiz Boisserée in einem Mainzer Gasthof über Wallrafs Problem mit Agrippina. Ob man, fasziniert von einer historischen Epoche, so spaßten sie, wohl ein früheres Leben gehabt habe – Goethe »unter Hadrian« und Boisserée irgendwann im späteren Mittelalter? Beim alten Wallraf sei »dergleichen Wahn« offensichtlich, erinnerte sich Boisserée: »... ich habe schon Wallraf im Jahr 1811 (...) damit aufgezogen, daß seine Verliebtheiten in die Stadt und in die Agrippina die Folgen einer alten Liebschaft zu dieser Kaiserin sein müßten, die jetzt auch der Seelenwanderung unbewußt in ihm wieder erwache.«[89] Boisserée schämte sich dessen als »närrischer, abergläubischer Einbildung«, doch am Ende »lachten« er und Goethe »fröhlich über dies geheime Gespräch, das wir am Tisch führten.«[90]

Wallrafs Vision vom römischen Köln: Saal im „Wallrafianum" mit der vermeintlichen Büste der Agrippina (rechts), des Cäsar (Mitte) und des Germanicus (oben links). Thomas Crantz und Adolph Wegelin: aquarellierte Zeichnung, Kölnisches Stadtmuseum, Graphische Sammlung (Tafel 6 für Johann Peter Weyer: Kölner Alterthümer, 1852)

DEANAE
SACRVM
A·LLLIVS·C·F
PO M·SEVER
VS·ARRE LO
Q·LEG·VD·VIGE
DE MO VE VIVARI
VM·SAEI·SHE?

Sie ist wieder da

Für unsere einzige, theure Agrippina: Kölns wehmütige Elite

Bereits in der französischen Zeit hatten sich Bildungsbürger, Schöngeister und Künstler – darunter Wallraf und Matthias Joseph de Noël – in der »Olympischen Gesellschaft«[1] der Pflege der kölnischen Kultur und Geschichte verschrieben. Nach 1815, als die wenig geliebten Preußen die Herrschaft über das Rheinland angetreten hatten, beschwor diese »wehmütige Elite«[2] die große antike Vergangenheit Kölns und trauerte den Zeiten alter reichsstädtischer Herrlichkeit nach.

Diese literarischen Kreise gehörten zu jener männlichen Elite von Besitzbürgern, die die Modernisierung im Rheinland entscheidend vorantrieben und davon profitierten. In romantischer Verklärung beschworen sie zugleich die Wiederbelebung des Karnevals und den Mythos »Colonia«.[3] So erfuhren die von Wallraf verehrte »Stadtmutter« Agrippina wie auch die Symbolfigur der »Colonia« überraschende Wiedergeburten.

Der Name »Agrippina« wurde von vaterstädtisch gesinnten Bildungsbürgern kultiviert – selbst von jenen, die wie Eberhard von Groote in preußischen Diensten standen. Im Juli 1815 kündigte er in einem Brief aus Paris freudig an, er sei gerade dabei, die von den Franzosen nach dort hin verschleppten Kunstwerke zurück zu erlangen – für Köln, »für unsere einzige, theure Agrippina«.[4]

Im August 1817 kam der preußische Kronprinz, der spätere König Friedrich Wilhelm IV., nach Köln. Man überschlug sich mit Empfängen, einer Ausstellung, Huldigungen und Veranstaltungen. Der Stadtrat forderte für Köln eine Universität, das Stapelrecht und weitgehende Unabhängigkeiten. Daher wurde der Kronprinz mit einem glänzenden Spektakel am Rhein beeindruckt.

Nach Kanonendonner, Trompetenschall und illuminierten Schiffen folgte ein Feuerwerk mit strahlendem Höhepunkt: Am Himmel erschien die monumentale Vision einer antiken Stadtgöttin. Die Mauerkrone auf dem Haupt, thronte sie über dem Rhein und hob bittend die rechte Hand. An ihrer Seite erschienen schlagwortartig die Wünsche der Stadt Köln nach staatlicher Förderung in den Bereichen »Wissenschaft,

Vision der thronenden COLONIA, Brief Friedrich Wilhelms (IV.) an seine Schwester Charlotte, 18.8.1817

Kunst, Universität« sowie »Handel, Schiffahrt, Stapel«.[5]

In einem Brief an seine Schwester berichtete der Kronprinz über die teils peinlichen Hintergründe dieser Kölner Inszenierungen – und zeichnete darin auch die kolossale römische Dame, im Sockel mit der Inschrift »COLONIA«.[6]

Die mit ihrer Hilfe erfolgte erneute Berufung auf die große antike Vergangenheit Kölns vermochte die Preußen 1817 ebenso wenig zu beeindrucken wie die Franzosen 1795: Köln blieb

in Köln. Hier war er ebenfalls Redakteur einer belletristischen Zeitschrift, die von der preußischen Zensur 1822 verboten wurde. Diese war gewissermaßen die Vorgängerin der »Agrippina« – und führte als »Unterhaltungsblatt für gebildete Leser« ausgerechnet den Namen »Colonia«.[9]

Die »Agrippina«, in der unter anderem auch der junge Heinrich Heine Gedichte veröffentlichte, fand in Köln und im Rheinland nicht das erhoffte Echo und erlangte einen überregiona-

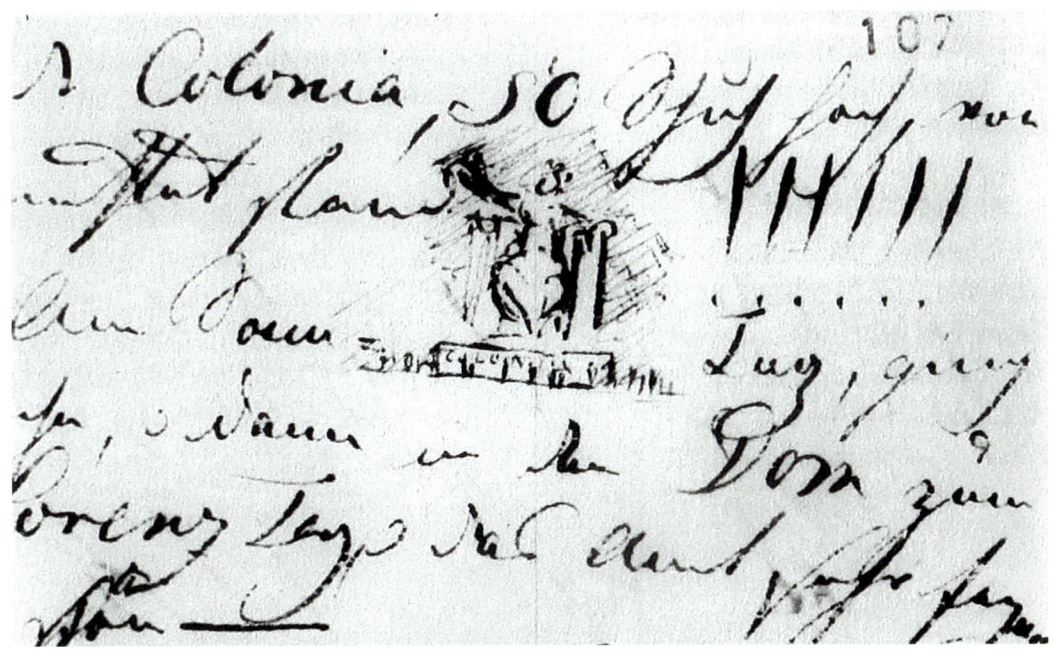

preußische Stadt ohne die alten Sonderrechte. Noch nicht einmal die Universität kam: Der Kronprinz bedankte sich artig – aber machte keine einzige Zusage.[7]

Agrippina: Poesie, Literatur und Kritik

»Agrippina« hieß die ambitionierte, in Köln von Johann Baptist Rousseau herausgegebene »Zeitschrift für Poesie, Literatur, Kritik und Kunst«. Die Anregung, das Experiment mit der Literaturzeitschrift »Agrippina« zu wagen, kam vom Dichter Christian Samuel Schier.[8] Schier hatte eine bewegte politische Laufbahn hinter sich, hatte am Wartburgfest der oppositionellen Burschenschaften teilgenommen, war nach New York geflüchtet und lebte seit 1820

len Ruf lediglich in literarischen Kreisen.[10] Diese registrierten respektvoll, aber nicht ohne Ironie, welche Herrscherin sich hinter dem historischen Kölner Zeitschriftennamen verbarg. In den in Frankfurt erscheinenden »Blättern« für »Geist, Gemüth und Publizität« hieß es: »Ihr Gelehrte und Schriftsteller Deutschlands, es muß euch genug seyn, zu wissen, daß die Frau Agrippina ihren Thron zu Köln am Rhein aufgeschlagen hat; und endlich einmal ein kompetenter Richterstuhl errichtet ist, vor dem ihr voll Vertrauen erscheinen, und der ihr die Produkte eures Geistes und eurer Musen in aller Demuth zu Füssen legen dürft, und von der ihr ein unparteiisches Urtheil zu erwarten habt.«[11]

Sie ist wieder da

Früher als erwartet musste »Agrippina« ihren »Thron zu Köln« räumen. Sie wurde noch im gleichen Jahr 1824, von der preußischen Zensur misstrauisch beobachtet, verboten – Auslöser war unter anderem ein in der »Agrippina« erschienenes spöttisches Gedicht Heines über Berlin.[12]

Dabei war die »Agrippina« alles andere als politisch radikal. Der literarische Kreis, der sich um den Herausgeber Rousseau scharte, zählte mit dem Geistlichen und Dichter Wilhelm Smets,

mit Schier und von Groote eher »zur katholisch-erbaulichen Richtung«. Konflikte mit Heine waren vorprogrammiert, der sich über die Kölner »Ehrfurchtsbücklinge« lustig machte.[13]

Karneval und Kybele

Diese Kölner wirkten gleichzeitig aktiv mit an der Wiederbelebung des Karnevals. Schier erklärte, 1822 hätten »einige junge, zur That rasche Männer« beschlossen, »die alte, hoch gerühmte Feier zu retten, was aber nur durch Einheit in der Idee und durch Theilnahme (...) des gebildeten Publikums erreicht werden konnte«.[14] Von Groote war Mitglied der Kölner Karnevals-Gesellschaft[15], Rousseau im »Literaturkränzchen« aktiv, wie auch Schier und Smets, der für die Karnevals-Gesellschaft literarisch arbeiten sollte.[16] Und wie De Noël, der bei der

»Agrippina. Zeitschrift für Poesie, Literatur, Kritik und Kunst«, Titelblatt (Ausschnitt), Köln 1824

»Colonia«, Ein Unterhaltungsblatt für gebildete Leser, Köln 1818–1822, hier der Titel der Ausgabe vom 1. 4. 1821 (Ausschnitt)

Wiederbelebung des Karnevals wohl der entscheidende »Motor« war.[17] Alle Mitglieder des Literaturkränzchens waren wiederum Mitarbeiter der Kölnischen Zeitung und ihres Beiblatts für Kultur, das Marcus DuMont herausgab. Ihnen gelang es, so das Fazit von Ayçoberry, den Kölner Karnevalsfeiern »insgesamt einen zeremoniellen, geradezu liturgischen Charakter aufzuerlegen«.[18] So lieferten diese Kölner Intellektuellen den Stoff für die ersten »Maskenzüge«.

lich. Der Karneval war in vollem Gange. Der Autor, der die Frage in der »Agrippina« gestellt hatte, war 1828 Herausgeber der ersten umfassenden Sammlung Kölner Karnevalslieder. Seit 1823 fanden in Köln große Maskenzüge – die späteren Rosenmontagszüge – statt. Kybele hin oder her: »…genug von diesem allem. Wir haben einmal das Fest fest, und damit basta.«[23]

Sie suchten auch nach historischen Vorbildern und Herleitungen. In der »Agrippina« erschien im April 1824 ein Artikel, in dem die Leser gebeten wurden, Informationen über die antiken Ursprünge und die mittelalterliche Geschichte des Kölner Karnevals beizusteuern.[19] Heute müssen wir davon ausgehen, dass die Thesen über antike Ursprünge des Kölner Karnevals äußerst fragwürdig sind.[20] Anno 1824 aber wollte man wissen, wie sich der Kölner Karneval vom antiken Fest der Göttermutter Kybele herleiten ließe – jener »Cybele«, die Wallraf seiner Biografie als »Agrippinens Bild am Titelblatt« und als für die »Mitstifterin unserer Stadt ganz passend« hatte abbilden lassen.[21]

Die Anfrage blieb ergebnislos, es erfolgte nie eine Antwort, »geschweige denn eine gelehrte«.[22] Doch dies war inzwischen unerheb-

1823: Was nahet dort, welch edles Bild!

Schon beim ersten Maskenzug 1823 war eine antike Heldin mit Mauerkrone vertreten, hinter dem »Bannerheld«[24] in einer der ersten Gruppen. 1825 wurde sie von den Massen auf den Kölner Straßen bejubelt, begleitet von einer »Triumph=Melodie« mit Gesang: »Wo sie den milden Herrscherstab / Dem Wohl der Völker weiht, / Da steigt zum Erdenthal herab / Des Himmels Seligkeit.«[25]

Doch welche Lieblichkeit wurde da begrüßt, wer war die kunstvoll geschaffene und wiederbelebte historische Figur, die hier ihre spektakulären Auftritte hatte?

Im gedruckten Festprogramm von 1823 scheint der Fall klar zu sein: »Colonia mit vier geharnischten Rittern« habe die Gruppe mit der Nr. 6 des Zuges gebildet.[26]

Sie ist wieder da

Doch ganz so einfach ist es nicht. War diese weibliche Gestalt »klar und eindeutig orientiert am antiken Bild der Stadtgöttin«?[27] Eine solche aber gab es gar nicht, jedenfalls nicht im antiken Köln, allenfalls als barocke Schöpfung.[28] War sie »die Verkörperung der Colonia Agrippina der (…) Stadt der Ubier«?[29] Doch wessen »Verkörperung«: der antiken Stadt oder der römischen Kaiserin? Oder wurde die Figur »mit Agrippina selbst identifiziert, jener in Köln geborenen römischen Kaiserin«, die Kaiser Claudius einst bewegte, Köln zur Stadt »mit römischem Recht zu erheben«?[30]

Lassen wir Schier selbst zu Wort kommen – denn er verfasste in 192 Strophen die einzig erhaltene ausführliche Beschreibung dieses ersten Kölner Maskenzugs[31]:

»*Doch sieh! Was nahet dort, welch edles Bild!*
Gab R o m a seine Heldenbilder wieder?
Stieg die M i n e r v' aus dem O l y m p hernieder
Hat sich mit G ö t t l i c h e n die Welt erfüllt?«[32]

Die Heldin stammte demnach aus der römischen Vergangenheit, sie stieg aus der »grauen Zeit empor«[33] und die »Rheinesvölker« begrüßten sie »tausendstimmig« mit dem Ruf: »Colonia Agrippina sey gepriesen!«[34]

Die Umjubelte trug eine Mauerkrone (»Mit Mauern sind die Scheitel dir umgeben«), in der linken Hand das Kölner Stadtwappen (»den weitgerühmten Schild, / Elf Flammen siehst du seinen Grund beleben, / Drei Kronen in dem glühenden Gefild«) und in der Rechten einen Merkurstab (»Den festen Stab, den Schlangen eng umwinden«) als Zeichen »des Fleißes« der »Bürger«, der »Klugheit« und der »Kraft«.[35]

Kurzum – und ohne dass Schier dies erwähnte: Die von ihm hymnisch beschriebene Person sah exakt so aus wie die Illustration, die seit 1821 regelmäßig das Titelblatt der Zeitschrift »Colonia« zierte, die er als Redakteur betreut hatte.[36] Da also war es, das weibliche Kölner Urbild im Karneval.

Tatsächlich entsprach es dem Bild einer in der Antike als Stadtgöttin verehrten Tyche. Oder, präziser noch: der phrygisch-römischen Göttermutter Kybele, von der Wallraf auf der Suche nach einem Bildnis der Kaiserin Agrippina geträumt und wie sie im Barock die Ent-

Christian Samuel Schier als »Colonia Agrippina« mit Mauerkrone und Lyra (links) im Karneval 1823, Umrisslithografie von Joseph Weber, 1829 (Ausschnitt), Kölnisches Stadtmuseum, Graphische Sammlung

stehung der Stadt-Allegorie »Colonia« geprägt hatte. Neu war nur – auf Schiers Zeitschriftentitel wie dann auch im Karneval – das Attribut des Merkurstabs, Symbol des Handels. Dieser war an gänzlich anderer Stelle, erst kurz zuvor und nur für kurze Dauer Bestandteil der stadtkölnischen Symbolik geworden: auf dem von Napoleon verliehenen neuen Stadtwappen der »bonne ville de Cologne« als Bekrönung, zusammen mit der Mauerkrone und dem französischen Kaiseradler.[37] Eine erstaunliche Remi-

Agrippina Alaaf?

Somit wäre alles klar. Im Kölner Maskenzug wurde 1823 die Stadt-Allegorie der »Colonia« umjubelt, aus barocken Bildtraditionen stammend und nun mit Merkurstab ergänzt. Doch weit gefehlt. Denn diese »Colonia« war zugleich die römische Kaiserin Agrippina.

Dies geht aus Schiers Beschreibung hervor: »In reichen Falten wirft sich das Gewand, / Es zeigt das Pallium des Stamms aus Rom, / Obgleich am Rheine blüht das Vaterland«. Hier

niszenz, hatte Schier doch begeistert an den sogenannten Befreiungskriegen gegen Napoleon teilgenommen.

Unbestritten war, dass die unter den Franzosen in Köln eingeführte Freiheit von Handel und Gewerbe einen Fortschritt darstellte – und die Basis für den Reichtum jener Großbürger bildete, die wiederum im Kölner Karneval den Ton angaben. Auch im Maskenzug von 1825 hielt die Statue einen Merkurstab.[38]

blickte sie auf den Dom, als wolle sie sagen: »Seht, s o l c h e s konnten meine Söhne wagen!«[39] Sie ist somit Stadtmutter. Und Stadtgründerin: »Zur Gründung unseres Ruhmes auserkoren, / Der selbst im Drang der Zeit sich nicht verlor«.[40]

Und wer jetzt noch Zweifel hegen könnte, dass mit dieser Stadtmutter Colonia die römische Kaiserin Agrippina gemeint war, der wird in den folgenden Zeilen, in denen es um ih-

Sie ist wieder da

ren Sohn geht, eines Besseren belehrt: »Es hat dein Sohn dem Schönen sich verschworen, / Der frommen Kunst, die er sich still erkor, / Noch prangt der Kunst erhabene Geschichte / Und seine Größe lebet im Gedichte.«[41] So sehr wie hier im Kölner Karneval dürften Neros schauspielerische und künstlerische Ambitionen, von Historikern seit der Antike einmütig als abwegig und krank verurteilt, nie gepriesen worden sein.

Schier lässt weitere Strophen folgen, mit Überlegungen zum Wert der »a l t e n Kunst«,[42]

Jodocus Schlappal: »Mauerwagen« der »Kölnischen Jungfrau« im Maskenzug von 1825, aquarellierte Lithografie (Ausschnitt), Kölnisches Stadtmuseum, Graphische Sammlung

zur Vergänglichkeit und zum Zusammenhang von Scherz und Ernst (»Doch, wie verirrt sich der Gedanken Flug / Bei deinem Bilde o Colonia? –«[43]), kehrt dann zu »der H o h e n«[44] zurück und zu den Reitern, die im Maskenzug ihren »stolzen Wagen«[45] schützten – um schließlich in weiteren 162 Strophen die Beschreibung der übrigen Zugteilnehmer fortzusetzen.

Schier musste es am besten wissen. Denn alles spricht dafür, dass er selbst es war, der sich im Maskenzug 1823 als Jungfrau alias Colonia alias Agrippina bejubeln ließ. Jedenfalls zeigt ein von Joseph Weber 1829 geschaffenes Album mit Umrisslithografien für das Jahr 1823 den Höhepunkt des Maskenzugs unter dem Motto »Thronbesteigung des Helden Carneval«: Auf dem Neumarkt bekam der thronende Held die Insignien der Macht – vom Hanswurst die Pritsche und vom Offizier der »kölnische(n) Nationalgarde« die Stadtschlüssel.

Dahinter sieht man die Colonia Agrippina mit Mauerkrone und Lyra. Es hätten sich nämlich, so die beigefügte Erläuterung, die Väter des wiederbelebten Karnevals, »die Stifter der Vorzeit«, dieser Huldigung 1823 angeschlossen.[46] Zwei von ihnen sind handschriftlich gekennzeichnet: der Offizier mit den Stadtschlüs-

ne Liturgie sah vor, dass am Karnevalsmontag auf dem Neumarkt vier Züge zusammentreffen sollten: der Kölner Zug mit dem befreundeter Karnevalsgesellschaften aus anderen Städten, ein Zug »vermittelnder« Kräfte und der Zug der »Feinde« der Freude. Natürlich war klar, wer den Sieg davontragen würde.[49]

Denn für den Showdown sorgte die Dea ex Machina: »Da erscheint plötzlich, wie durch einen Zauber, die k ö l n i s c h e J u n g f r a u auf einem Mauerwagen (…) Ihr huldigen die Völ-

seln als »Nückel«, die Colonia Agrippina als »Chier«.[47]

Schier selbst konnte dies weder kommentieren noch an der weiteren Gestaltung des Kölner Karnevals mitwirken. Er starb – wie Wallraf – bereits 1824.[48]

1825: Siegeszug der Dea ex Machina

Vielleicht war dies auch der Grund, weshalb zweieinhalb Monate später, im Maskenzug am 14. Februar 1825, die »Colonia« bzw. »Agrippina« ausnahmsweise nicht – wie zuvor und wie die Kölner Jungfrau bis heute – von einer lebenden männlichen Person verkörpert wurde?

Das Motto des Zuges von 1825 war »Der Sieg der Freude« über den »Griesgram«. Sei-

ker – einstimmig erschallt das Triumphlied (…) und beim Absingen des Siegesmarsches beginnt / Der Triumphzug.«[50] Nach diesem glorreichen Sieg formierten sich alle Züge gemeinsam zum endlosen Defilee durch die Stadt, mit dem Triumphwagen der Göttlichen als krönendem Abschluss.[51]

Jodocus Schlappal hielt den gesamten Zug in kolorierten Lithografien fest. Er war ein sehr exakter Zeichner – was ihm später zum Verhängnis wurde, als er falsches Papiergeld herstellte und, deshalb zu lebenslanger Haft verurteilt, in den Kerkerräumen des Hahnentors 1837 starb.[52]

Er zeigt den Mauerwagen als riesiges Modell der befestigten Stadt Köln. Das monumentale

Sie ist wieder da

Gefährt wurde von acht Pferden gezogen, geführt von acht Personen in Kostümen nach den »verschiedenen Herrscher-Perioden (…) denen Köln abwechselnd früher angehörte« – allen voran ein »Ubier und ein Römer«, dann »Hunne« und »Normanne«, ein »Franke« und ein »Krieger aus den Kölnischen Ritter-Geschlechtern«, schließlich »Funke« und ein »Carmagnole«[53] – in dem man weniger einen Sansculotten als eher einen französischen Dragoner erkennt. Diese letzten beiden verkörperten somit die jüngste Epoche: die im Karneval als Reinkarnation der alten Stadtsoldaten aktiven roten Funken und die französische Zeit. Der Mauerwagen sah aus wie jene Miniatur-Modelle der Bastille, die 1789 nach deren Erstürmung und Abriss als Zeichen der siegreichen Revolution überall verbreitet wurden.[54]

Eine andere Darstellung zeigt den gleichen Wagen, als Stadtwappen darauf das zweigeteilte ältere und das neuere mit den drei Kronen.[55] Nur ein Pferdelenker ist zu sehen, der »Hunne« mit seiner Trophäe des aufgespießten Kopfes. Und die Heldin auf dem Wagen ist nicht antik, trägt statt der Mauerkrone einen Lorbeerkranz sowie – ganz wie zu Woensams Zeiten – ein Renaissance-Kostüm; ihr Merkurstab mit Narrenkappe ist hier missverstanden als Stab mit Hut.[56]

Schlappals Zeichnungen waren dagegen zutreffend und stimmen auch mit den schriftlichen Erläuterungen überein, in denen von einem »Triumphwagen«[57] die Rede ist, auf der eine »schneeweiße kolossale Statue« gesessen habe.[58] Bei ihm erkennt man eine Statue im antiken Gewand. Ein Anker liegt zu ihren Füßen, sie hält einen Merkurstab, bekrönt von einer Narrenkappe – laut Beschreibung Attribute »des Handels, der Schiffahrt, der Künste und Wissenschaften«.[59]

Doch wen sollte diese Statue darstellen? In den Quellen ist die Rede von einer »Colonia«. So wurde sie 1823, als sie zum ersten Mal im Karnevalszug auftrat, im gedruckten Festprogramm genannt.[60] Ebenso 1825: Ein Rechnungsheft verzeichnete akribisch die Ausgaben für den Maskenzug; demnach baute und bemalte der Bildhauer Christian Stephan den Mauerwagen, der Maler Johann Jacob Meinertzhagen wurde bezahlt »für Anfertigung der Colonia«, Pietro Giordano »für den Kopf zur Colonia«.[61]

Unbekannter Künster: Colonia Agrippina auf ihrem Triumphwagen im Maskenzug 1825, undatiert, Lithografie, Kölnisches Stadtmuseum, Graphische Sammlung

Dagegen heißt es 1825 in anderen Quellen, »die kölnische Jungfrau«[62] bzw. eine »kolossale Statue der Kölnischen Jungfrau« habe auf dem »Mauerwagen«[63] gesessen.

Zu sehen jedenfalls war 1823 wie auch 1825 die gleiche weibliche Figur: im weißen antiken Gewand, bekrönt und mit Merkurstab nach dem Vorbild der »Colonia« und von Schier zugleich hymnisch gepriesen als Kaiserin Agrippina.

Offensichtlich herrschte bereits unter den Kölner Zeitgenossen einige Verwirrung. Oder, vornehmer ausgedrückt: Mit der im Karneval von nun an wiederbelebten Figur der Kölnischen Jungfrau verschmolzen die bisherigen Bildtraditionen sowohl der Colonia als auch der Kaiserin Agrippina. Davon, wie sich diese drei Kölner Damen darstellten und dann wieder ausdifferenzierten, ist im nächsten Kapitel die Rede.

Die drei Damen: Agrippina – Colonia – Jungfrau

Kölnisches Verwirrspiel

Seit den 1820er-Jahren traten diese drei mythischen weiblichen Personifikationen in der kölnischen Bilderwelt verstärkt hervor: zunächst die Kaiserin Agrippina als »Stadtmutter« im weißen antiken Gewand und mit Mauerkrone, seltener mit Lorbeerkranz, meist mit einem Stadtmodell.

Hiermit eng verwandt und anfangs kaum von Agrippina zu unterscheiden war die weibliche Stadt-Allegorie, zuweilen als »Colonia« bezeichnet in einer entsprechenden In- oder Beischrift, fast immer mit dem Attribut des Stadtwappens.

Die dritte im Bunde war die »Kölnische Jungfrau«. Im vornehmen Renaissance-Kostüm, anfangs ungekrönt und schließlich ebenfalls mit einer Mauerkrone, war sie eindeutig identifizierbar, sobald sie mit ihrem Pendant, dem Kölner Bauern, oder gar mit dem entsprechenden Spruch erschien, den sie dem Bauern entgegenhielt.

Im Karneval sollten sich diese drei Frauengestalten erst allmählich deutlicher voneinander abgrenzen. Zunächst aber herrschten noch symbolische Doppeldeutigkeiten und sprachliche Vielfalt: Mal war, wie 1825, die Rede von der »kölnischen Jungfrau«, mal hieß sie »Colonia's schönste Tochter Lätitia« (1840), dann wieder »Mutter Colonia« (1844).[1] Drei Jahre später finden wir »die kölnische Jungfrau« zusammen mit dem Bauern »vorn auf dem Thronwagen« des »Helde(n) Carneval« – der zur zusätzlichen Verwirrung als weibliche Begleitung damals noch eine »Gemahlin Venetia« mitführte.[2]

Dekorative Geschichtsbilder

1843 tauchten Colonia und Jungfrau auf einer Darstellung gemeinsam auf. Gestaltet hat das Blatt nach dem Entwurf des Aachener Zeichners Nikolas Salm der erfolgreiche Kölner Zeichner und Lithograf David Levy Elkan, der sich für die Stadt Köln, für zahlreiche Vereine, für den Dombau und für seine Kölner Synagogengemeinde engagierte.[3] Auf seinem schmuckvollen Diplom für ein »Ehrenmitglied des großen stadtkölnischen Carnevals-Vereins« marschiert die gesamte Festgemeinde des romantisch inspirierten Karnevals auf.[4] Man schart sich um

Die thronende Colonia mit Bauer und Jungfrau dahinter: David Levy Elkan, Diplom, 1843, Lithografie (Ausschnitt), Kölnisches Stadtmuseum, Graphische Sammlung

eine thronende Herrscherin im antiken Gewand, die auf ihrer Mauerkrone als »COLONIA«
gekennzeichnet ist. Sie folgt damit der Bildtradition, in der Wallraf die Agrippina und Schier
die Colonia Agrippina sah. Hinter deren Thron
hat die Kölnische Jungfrau im kostbaren Kostüm der Renaissance, sich auf das ältere Stadtwappen stützend, Aufstellung genommen –
wie auch der Kölner Bauer auf der anderen Seite. Kein Zweifel: Colonia und die Jungfrau sind
hier zwei völlig unterschiedliche Gestalten.

Auf einem von Levy Elkan 1847 gestalteten
Diplom für Georg Osterwald hält eine sitzende Allegorie mit Mauerkrone und Stadtwappen eine Fahne des »Männer Gesang Vereins in
Köln«. Sie wird als »Colonia« zu interpretieren
sein.[5] Dies gilt erst recht für die junge Frau im
mittelalterlichen Kostüm mit Mauerkrone unter einem Stadtwappen, die sich 1854 über ein
Buch beugt – auf einem weiteren Widmungsblatt für diesen »ruhmgekrönten« Verein, der
sich bis heute für die Domvollendung enga-
giert.[6] Und auch auf einem ebenfalls von Levy
Elkan 1856 gestalteten Ehrenbürgerbrief darf
man in der thronenden Gestalt mit Mauerkrone und Stab wohl die Colonia vermuten.[7] Von
fast gleichem Aussehen ist die weibliche Figur

Die drei Damen: Agrippina – Colonia – Jungfrau

auf dem Schmuckblatt für den Festgesang zur Eröffnung des neuen Wallraf-Richartz-Museums 1861, ebenfalls entworfen von Levy Elkan.[8]

Eine thronende weibliche Allegorie, gezeichnet von Max Hess, dominiert das Titelmotiv der »STAEDTE-CHRONIK« – in diesem Fall der »Stadt Cöln« von Nikolaus Hocker. In der Hand hält sie den Schreibgriffel und eine »Rheinische Chronik«. Links von ihr schüttet Fortuna ihr Füllhorn über das prosperierende Köln, rechts schaut eine Furie in die Zeiten von Krieg

Nikolaus Hocker: »Die Chronik der Stadt Cöln«, Düsseldorf 1857, S. 5, Kupfertitel von Max Hess

Caspar Scheuren: »Cöln«, 1862, farbig aquarellierte Zeichnung: Ausschnitt mit Marsilius, Agrippina und Drusus, Wallraf-Richartz-Museum & Fondation Corboud

Caspar Scheuren: »Cöln«, 1862, farbig aquarellierte Zeichnung aus einer Serie von 26 Blättern, Wallraf-Richartz-Museum & Fondation Corboud

und Zerstörung. Erkennt man in der allegorischen Gestalt in der Mitte, mit antikem Gewand, Lorbeerkranz, Mauerkrone und Stadtschlüsseln die Kaiserin Agrippina? Oder eher – obwohl ohne Stadtwappen – die »Colonia«? Die in großen Lettern darunter zu lesende Inschrift vermag eher zu irritieren, denn diese bezeichnet wohl nur den Ort, wo Hockers Buch 1857 erschien: »DÜSSELDORF[9]« ...

Etwa gleichzeitig begann der einflussreiche Illustrator Caspar Scheuren die verschiedensten Motive der Rheinromantik mit ihren historischen Gestalten zu immer wieder neuen Bildern zu komponieren. Seine meisterhaft ausgeführten, farbig aquarellierten Zeichnungen waren Vorlagen für populäre Alben mit Schmuck-blättern als Chromolithografien.[10] 1862 schuf Scheuren eine großformatige Ansicht von »Cöln« mit zahlreichen Anspielungen vor allem auf die mittelalterliche Vergangenheit der darauf als »COLONIA AGRIPPINA« bezeichneten Stadt, die als Silhouette mit dem Dom im Hintergrund zu sehen ist – mitten in den gerade durchgeführten Bauarbeiten zu dessen Vollendung, Südquerhaus und Dachreiter sind bereits errichtet. Die Basis bildet – kompositorisch wie

modell auf dem Schoss haltend: »AGRIPPINA«.[11] Diese Köln-Ansicht fand als Chromolithografie in mehreren Alben ihren Weg in den Handel. Im Jahr 1880 erschien sie im Album »Der Rhein«, wiederum mit »AGRIPPINA«; diesmal ist der Dom, wie auch in Wirklichkeit, bereits vollendet und steht auch im Mittelpunkt des darauffolgenden Blattes mit Einblicken in die zeitgenössische Stadt mit ihren wiederhergestellten mittelalterlichen Bauten und dem Reiterdenkmal auf dem Heumarkt.[12]

auch historisch – die Antike am unteren Bildrand. Schemenhaft und dennoch monumental, wie ein Denkmal in Grisaille-Technik ausgeführt, steht hier eine Dreiergruppe vor der erst wenige Jahre zuvor errichteten Dombrücke. Links der »MARZEL.« genannte Marsilius, rechts der ebenfalls in römischer Rüstung dargestellte Vater des Germanicus, als »DRUSSUS« bezeichnet, in der Mitte aber als wichtigste Person im antiken Gewand auf einem Thron sitzend und ein Stadt-

Die drei Damen: Agrippina – Colonia – Jungfrau

Drei Jahre zuvor hatte Scheuren 1877 sein Album »Vom deutschen Rhein« mit einer anderen »Köln« betitelten Stadtansicht publiziert. Hier dominiert im Vordergrund, vor dem Stadtpanorama mit bereits vollendetem Dom, eine »COLONIA AGRIPPINA« die Komposition: flaniert von zwei Bildnis-Medaillons römischer Cäsaren, auf einem Stadtwappen sitzend, im antiken Gewand, mit Mauerkrone und Merkurstab – ganz wie auf dem Titelblatt von Schiers Zeitschrift 1822 und wie sie 1825 im Karneval

Älteste erhaltene Fotografie einer Kölner Jungfrau, hier mit dem Bauern, 1865, Kölnisches Stadtmuseum, Graphische Sammlung

Drei Damen auf einem Blatt: Colonia, Jungfrau und Agrippina: David Levy Elkan, Grußadresse bei Eröffnung des Museums Wallraf-Richartz 1861, Chromolithografie (Ausschnitt), Wallraf-Richartz-Museum & Fondation Corboud und Kölnisches Stadtmuseum, Graphische Sammlung

am Maskenzug teilgenommen hatte.[13] Im Karneval sah man 1862 die »Jungfrau« erstmals zusammen mit dem Kölner Bauern auf einem Wagen.[14] 1863 nannte das Programm lediglich den »Kölner Bauer und Frau nebst Nobelgarde«[15], im Zug von 1865 schließlich formieren sich »Der kölsche Bauer und die kölsche Jungfrau« zur 28. Gruppe des Festzuges.[16]

Die älteste erhaltene Fotografie einer »Kölner Jungfrau« stammt von 1865.[17] Ihr Kostüm ist seitdem in den Grundzügen gleich geblieben: Sie trägt ein vornehmes Gewand im Stil der Renaissance und eine Mauerkrone – hervorgegangen aus dem Bild der Kaiserin Agrippina, wie es Woensam 1531 und Hollar 1636 prägten, sowie der barocken Stadt-Allegorie der »Colonia«. Und deren Verschmelzung seit dem ersten Maskenzug. Nur den Merkurstab von 1823 hat sie irgendwann verloren und seit 1993 gegen einen Spiegel als Attribut getauscht.[18]

Drei auf einen Streich

Eindeutig zu identifizieren hingegen sind die städtischen Heldinnen auf dem großen und prächtigen »Festblatt«, das Levy Elkan zum

Oben rechts aber, in Grisaille-Technik ausgeführt und an ein Relief erinnernd, hat sich das historische Heldenpersonal aus Kölns großer Vorzeit versammelt. Den Mittelpunkt bildet, ähnlich wie ein Jahr später bei Scheuren, die auf einem Thron sitzende Herrscherin mit dem Stadtmodell auf ihrem Schoß.

Kein Zweifel: Dies ist Agrippina – zumal die beiden anderen Rollen in dieser reich dekorierten kölnischen Bild-Enzyklopädie ja bereits vergeben sind.

gleichen Anlass 1861 schuf.[19] Hier nämlich erscheinen alle drei Damen endlich einmal gemeinsam: Im Hauptmotiv, dem großen Oval links, sieht man unter dem Kölner Wappen die Kölnische Jungfrau mit Kleid und Haube der Renaissance-Zeit, ihr gegenüber den Kölner Bauern, beide mit den entsprechenden Sprüchen eindeutig zu identifizieren.
Hinter ihnen steht die Stadt-Allegorie mit Mauerkrone und Zepter, die einen Lorbeerkranz über die züchtig den Blick senkende Jungfrau hält: Colonia also krönt die Jungfrau – und dies vor dem Stadtpanorama mit unvollendetem Dom.

Agrippina im und am Museum

Eduard von Steinle: Fresken im Treppenhaus des 1861 eingeweihten Wallraf-Richartz-Museums, über dem Eingang Marsilius und Agrippina, Fotografie vor der Zerstörung im Zweiten Weltkrieg

Agrippina im Vestibül

Wohin bloß mit den Sammlungen des 1824 verstorbenen Wallraf? Nach jahrzehntelangen Debatten um den dringend notwendigen Museumsbau einigten sich 1854 die Stadt Köln und der Mäzen Johann Heinrich Richartz darauf, den bald Wallraf-Richartz-Museum genannten Bau auf dem Gelände des Minoritenklosters zu errichten.[1]

Eine enorme zusätzliche Summe von 24 000 Talern stellte Richartz für die Ausmalung des hinter dem Mittelrisalit liegenden Treppenhauses zur Verfügung, womit Eduard von Steinle beauftragt wurde. 1857 legte Steinle den ersten Karton vor, 1864 war die Ausmalung vollendet.[2]

Vier monumentale Fresken schmückten nun das Vestibül – mit dem hoch fliegenden Anspruch, eine umfassende Kunst- und Kulturgeschichte Kölns zu präsentieren: »Die römische und romanische Periode«, »Die mittelalterliche Periode« bis etwa 1550, »Die Periode der neuesten Renaissance in der Kunst« bis 1825 und schließlich, ganz aktuell, »Der Ausbau des Kölner Domes« mit dem Dombaufest von 1855.[3] Das Bildprogramm maßgeblich geprägt hat der Bonner Historiker, Vorstandsmitglied des »Vereins von Altertumsfreunden im Rheinlande« und Theologe Johann Wilhelm Joseph Braun, der dem in Bezug auf die Geschichte Kölns eher ahnungslosen Maler zur Seite stand.[4]

Doch der Weg zur Vollendung war steinig und gesäumt von jahrelangen Streitigkeiten vor allem um die Gestaltung der letzten beiden Fresken. Dagegen war der Entwurf des ersten Freskos mit der Darstellung der römischen und romanischen Zeit schon fertig, bevor die Auseinandersetzungen eskalierten, und davon nicht betroffen.[5]

Es zeigte zwei Figurengruppen, die sich links um den erhöht thronenden römischen Kaiser Konstantin den Großen und rechts um Karl den Großen scharten. In der Gruppe der »Römer« erkannte man einen Senator und einen Künstler mit Plänen von Trierer Bauten und der Kölner Rheinbrücke.[6] Hinter Kaiser Konstantin saß, nach Steinles eigener Beschreibung, »ein ubischer Barde mit seiner Harfe, welcher von römischen Soldaten belauscht wird.«[7] In der Mitte zwischen Römern und Franken erkannte man

Kaiserin Helena mit Gefolge, über ihr das Zeichen des Kreuzes in den Wolken.

Alles drehte sich um die spätrömische Zeit. Dagegen war die Gründungsgeschichte der Stadt, die im Untertitel explizit genannte Periode seit »16 vor Chr.«[8], völlig ausgespart. Demnach sucht man auf Steinles Fresko Kaiser Augustus und seinen Feldherrn Marcus Agrippa vergebens – ebenso wie Agrippina.

Diese taucht dafür an anderer Stelle im Treppenhaus auf: in einem Fresko im Bogenfeld

das einer Mauerkrone ähnliche Miniaturmodell der befestigten Stadt. Die Kombination von Marsilius und Agrippina war neu, sind doch als Kölner Wappenhalter zuvor das Paar Marsilius-Marcus Agrippa üblich gewesen. In den viel bestaunten Museums-Fresken hatte Agrippina ihren Großvater verdrängt. Als Wappenhalter waren ebenfalls üblich Bauer und Jungfrau. Der »Marsilius« über dem Museumsportal ähnelte in Haltung und Kleidung ohnehin dem Kölschen Bauern – und, um die Verwirrung mit

über dem Haupteingang zu den Museumssälen, das nur durch eine historische Schwarz-Weiß-Fotografie und Steinles eigene Erläuterungen dokumentiert ist. Im Mittelpunkt stand ein prächtiges Kölner Dreikronen-Wappen mit Helmzier, an dessen Seite nach Steinles eigenen Worten links das Bild von »Marsilius, dem cölnischen Helden«, rechts von »Agrippina, der römischen Kaiserin«.[9]

Im hellen Gewand schmiegt sich die schöne Stadtgründerin an das Wappen, auf dem Schoß

Steinles freiem Gebrauch der stadtkölnischen Ikonografie komplett zu machen: Unter dem Fresko und oberhalb der Eingangstüre las man in gotischen Lettern das bekannte, an den Bauern gerichtete Credo der Jungfrau, das weder mit Marsilius noch mit Agrippina zu tun hatte: »Halt fass du Kölscher Bor bliev beim Rich et fall söös ov sor.«[10]

Fazit: »Der Raum über der Hauptthür zeigt uns«, so ein in Wien erschienenes Lexikon, »wie Marsilius, der Held der kölnischen Sage, und

Agrippina im und am Museum

Agrippina, nach welcher die Colonia (Köln) die Agrippinische genannt wird, das Wappen Kölns halten.«[11]

So begrüßte Agrippina in Köln an prominenter Stelle die Besucher, die unter ihr hinweg fortan die Kunstsäle des neuen Museums betraten.

Ein ungleiches Paar: Agrippina und Helena

Außen sollte der neugotische Bau nach den Plänen von Josef Felten, Julius Carl Raschdorff und August Stüler mit überlebensgroßen Skulpturen geschmückt werden: Darstellungen von Künstlern und Repräsentanten der Stadtgeschichte seit römischer Zeit. Erneut war Braun der fachkundige Berater. So kam ein weiteres Mal auch Agrippina zum Zuge – und zwar an höchst prominenter Stelle.

Das Figurenprogramm, für das Richartz zusätzlich 5 000 Taler zur Verfügung stellte, wurde im Juni 1860 im Einvernehmen mit dem Mäzen und der Baukommission beschlossen,[12] sodass Stadtarchivar Leonard Ennen die definitive Auswahl der Figuren mitteilen konnte: »Herr Richartz ist mit der vorgeschlagenen Änderung einverstanden. Die Statuenfolge wird nun heißen müssen: 1) Bruno, 2) Agrippina, 3) Helena, 4) Engelbert …«[13]

Diese vier sollten, auf Strebepfeilern und unter gotischen Baldachinen platziert, die Felder zwischen den Fenstern des Mittelrisalits über dem Hauptportal schmücken, in der Mitte links Agrippina und ihr gegenüber rechts Helena. Weitere Skulpturen, unter anderem Overstolz und Rubens, fanden Aufstellung an der Ostfassade.[14]

Mit der Anfertigung der Statuen der Agrippina und Helena (sowie der Marmorbüsten der Stifter Wallraf und Richartz) begann die Kölner Tätigkeit des aus Düsseldorf stammenden, in Berlin ansässigen Bildhauers Gustav Blaeser.[15] Dieser war offenbar verunsichert angesichts des zu beachtenden Bildprogramms.

Blaeser wandte sich an Braun: »Sehr geehrter Herr Professor! Würden mich zu großem Dank verpflichten, mir die Quellen anzugeben, woraus ich die Auffassungen der beiden für das Cölner Museum mir übertragenen Statuen St. Helena und Agrippina schöpfen kann.«[16]

Fassade des Wallraf-Richartz-Museums mit Statuen der Agrippina und Helena, Fotografie vor der Kriegszerstörung 1935 (Ausschnitt), Stadtkonservator

Braun half. Wie genau, wissen wir nicht. Jedenfalls standen bei der feierlichen Einweihung des neuen Museums 1861 die Skulpturen
noch nicht auf ihren Sockeln, denn Blaeser und
die anderen Bildhauer waren noch mit deren
Anfertigung beschäftigt.[17]

Blaeser gestaltete die Helena mit dem Kreuz
Christi in der Hand, das sie der katholischen
Überlieferung zufolge aufgefunden haben soll.
Agrippina, im römischen Gewand, hielt einer
christlichen Stifterin ähnlich ein ummauertes
Stadtmodell – Sinnbild Kölns, durch sie zur Ko-
lonie erhoben.

Das Portal des neugotischen Kölner Musen-
tempels war nun endlich bekrönt von einem
sehr ungleichen Paar: der frommen Mutter des
römischen Kaisers Konstantin, die über den
Gräbern Gereons und seiner Gefährten die erste Kirche Kölns errichtet haben soll – und ihrem unfrommen Pendant, der durch und durch
heidnischen römischen Kaiserin Agrippina.

So war Agrippina als einzige gleich zweimal
im figürlichen Empfangskomitee vertreten, das
die Museumsbesucher begrüßte: außen über
dem Haupteingang mit Helena, innen über
dem Eingang in die Museumssäle mit Marsilius.

Braun, der geistige Vater dieses kölnischen
Bildprogramms, war nicht nur Historiker, sondern auch ein katholischer Theologe, befreun-
det mit dem Kölner Oberbürgermeister Her-
mann-Joseph Stupp sowie mit dem Wortführer
der Neugotik und des politischen Katholizismus August Reichensperger.[18] Es verwundert
somit kaum, dass Fresken und Skulpturen des
Museums den Bogen schlugen von der römischen Stadtgründerin Agrippina über das
antike Erbe zum christlichen Abendland – in
scheinbar widerspruchsfreier Konsequenz. Bis
die Bomben des Zweiten Weltkriegs diesen
schönen Traum von der »Kunst- und Kulturgeschichte (...) in ihrer selbstbewußten Beschrän-
kung auf das Kölnische« zerstörten.[19]

Raus und rein im Rathaus

(Neu-)Gotik statt Barock

Nicht nur das Museum, auch das Rathaus sollte prächtigen figürlichen Schmuck erhalten. Doch zunächst galt es, die Spuren des Barock zu beseitigen. Ab 1866 wurde im Zuge der neugotischen Umgestaltung durch Stadtbaumeister Julius Carl Raschdorff das Gebäude zwischen Hansasaal und Ratsturm mit der Prophetenkammer komplett niedergelegt, neu aufgebaut und ausgestattet.[1]

Vermutlich verschwanden erst mit dieser neuen »inneren Herstellung«[2] auch die auf Historiengemälden vertretenen Ubier mitsamt der Agrippina. Für Malereien des 18. Jahrhunderts hatte man nun nichts mehr übrig; dies sei, so hieß es, eine Epoche von Niedergang und »Verfall«.[3]

Wir wissen nur, dass Teile der barocken Treppe 1866 an anderer Stelle im Ostflügel des Rathauses verbaut wurden.[4] Doch wohin kamen Mesquidas barocke Historienbilder? Erwähnt werden sie in keiner der Debatten der Stadtverordneten, deren Sorgen den Finanzen und der Wiederherstellung im Sinne der Gotik galten. In das Kölnische Stadtmuseum jedenfalls gelangte nur ein einziges Gemälde von Mesquida aus gänzlich anderem Zusammenhang, das aus der Sammlung Wallraf stammt.[5] Auch in der Sammlung des mit Wallraf zusammenarbeitenden Franz Pick waren Werke von Mesquida verzeichnet[6] – doch von dessen Agrippina-Bild aus dem Kölner Rathaus fehlt bislang jede Spur.

Agrippina und die Propheten

Immerhin hielt die viel beschworene römische Kaiserin ein zweites Mal Einzug in die Prophetenkammer des Rathauses, als diese 1893 nochmals neu gestaltet wurde, um »wieder Repräsentationszwecken dienen zu können«.[7] Nun orientierte man sich an spätmittelalterlichen Befunden aus anderen Räumlichkeiten des Rathauses, die neue Ausstattung war »spätgothisch« mit Holzschnitzarbeiten und Wandmalereien.[8]

Jungfrau und Bauer hielten nun das Kölner Wappen über der »Eingangsthür« – und Agrippina Einzug in die Glasmalereien aus »Bleiverglasungen mit ornamentalen Borden«. Im Erdgeschoss der wieder über zwei Geschosse offen gestalteten Prophetenkammer gut sichtbar waren in diesen historistisch gestalteten Fenstern »die Bilder von Marsilius, Agrippa, Gryn und Agrippina«.[9]

Damit war das in Stil und Ikonografie ganz auf die spätmittelalterliche und frühneuzeitliche Blütezeit der einstigen Freien Reichsstadt Köln bezogene Programm erneut in die Antike hinein verlängert: der sagenumwobene Bürgermeister Gryn in frommer Eintracht mit dem antiken Feldherrn und die skandalumwitterte heidnische Kaiserin neben dem stolzen römischen Helden.[10]

Kurz vor dem Zweiten Weltkrieg fielen diese mythischen Kölner Gestalten – und mithin Agrippina – zum letzten Mal einer Umgestaltung zum Opfer: Sie passten nicht mehr in die von den NS-Behörden angeordnete »Purifizierung« des Rathauses.[11]

Ratsturm ohne Römer

Der Kölner Ratsturm, weithin sichtbares Monument städtischen und bürgerlichen Selbstbewusstseins, war im späten Mittelalter über und über mit Skulpturen geschmückt. Wen diese Figuren des 15. Jahrhunderts darstellten, ist nicht bekannt; schon 1694 waren einige herabgestürzt und der baufällige Turm musste saniert werden. Kurz vor 1800 wurde der gesamte schadhafte Bildschmuck entfernt.

Nachdem Rathaus und Ratsturm im Sinne der Gotik und Neugotik wiederhergestellt waren, kam der Zeitpunkt, für den Turm neue Skulpturen zu entwerfen. 1891 legte eine Kommission mit Stadtarchivar Joseph Hansen und dem Neugotiker und Zentrumspolitiker August Reichensperger das neue Figurenprogramm vor, das bis 1902 vollendet und in den 1920er-Jahren teilerneuert wurde. Man konzentrierte sich ganz auf Kölns glorreiche Zeit im Mittelalter: mit Fürsten, Bischöfen und Päpsten, Repräsentanten von Geschlechtern und Zünften, Künstlern und Wissenschaftlern und Kölner Schutzheiligen. Sowie gänzlich ohne Römer – und Römerinnen.[12]

Eine Versicherung startet durch

Mit Agrippina gegen Mainz

Seit 1818 wurde die älteste deutsche Fluss-Transportversicherung von Mainz aus geleitet. Die Nachfrage war groß, der Markt boomte durch die frühe Industrialisierung, durch Dampfschifffahrt und später auch Eisenbahn. Die Kölner Gruppe dieser »Rheinschiffahrts-Assecuranz« war zuständig für den Rhein und seine Nebenflüsse von Holland bis Bingen, die Mainzer für das Gebiet von dort an rheinaufwärts.

Doch Anfang 1844 beschlossen die Kölner Aktionäre – sie brachten die meisten Anteile ein – sich von Mainz zu trennen und ein eigenes Versicherungsunternehmen zu gründen. Ein neuer Name musste her. Man wählte »Agrippina«.

Die »Agrippina See-, Fluß- und Landtransport-Versicherungs-Gesellschaft« wurde am 22. Oktober in Köln notariell eingetragen. Am 24. Februar 1845 bestätigte der preußische König die Gründung und den Namen.[1] In einem »Prospectus« erklärte man, das Versicherungsunternehmen »unter dem Namen ›AGRIPPINA‹« werde sich »nicht mehr, wie das aufgelöste, ausschliesslich oder vornehmlich« um »die Lokalbedürfnisse des Gütertransports auf dem Rheine« kümmern, sondern um »den Transport in ganz Deutschland, selbst in einigen der Nachbarländer«, und dies »sowohl auf Flüssen, Kanälen und Seen« wie auch auf Fuhrwerken »oder mittels der Eisenbahnen« sowie, soweit möglich, auch »zur See«.[2] Agrippina expandierte – über alle Grenzen hinweg.

Das Verzeichnis der 253 Kölner Gründungsaktionäre, die gemeinsam ein Startkapital von immerhin einer Million Taler einbrachten, ist ein Who is Who des tonangebenden Kölner Besitzbürgertums: Andreae, Boisserée, Brügelmann, Camphausen, DuMont, Farina, Merkens, Oppenheim, Schaafhausen: Alle waren sie vertreten. »Spiritus rector« und Vorstandspräsident war der Kölner Weingroßhändler, Bankier und Stadtverordnete Damian Leiden.

Doch warum wählten diese honorigen Herren den Namen »Agrippina«? Die Statuten aus dem Jahr der Gründung geben darüber keinen Aufschluss.[3] »Ehrte man« damit 1844 wirklich »die jüngere Agrippina«, wie in der Festschrift zum 125-jährigen Bestehen des Unternehmens

Police der »Agrippina« (Ausschnitt), nach 1872, Kölnisches Stadtmuseum, Graphische Sammlung

1969 gemutmaßt wurde und wie es auch heute noch erklärt wird?[4]

Ein anderer Verdacht liegt näher: Nicht das bewegte – und durchaus moralisch umstrittene – Leben der römischen Kaiserin war das Leitbild, sondern »Agrippina« als alter Name der Stadt Köln. In der Festschrift zum 150-jährigen Geburtstag des Unternehmens 1994 wurde dies hiervorgehoben, unter Berufung auf die bekannte Stadtansicht Woensams aus dem Jahr 1531 mit ihrem Titel »Felix Agrippina«.[5]

den.[7] Die Loslösung von Mainz und die Bindung der neu gegründeten »Agrippina« an Köln standen im Vordergrund, sogar alle Vorstandsmitglieder mussten zwingend über »ein Domizil in Köln« verfügen.[8]

Da es um den Stadtnamen ging, hätte man die neue Versicherungsgesellschaft ebenso gut »Colonia« nennen können. Doch dies war ausgeschlossen. Denn »Colonia« hieß seit 1841 bereits ein anderes, unter Führung des – auch in der »Agrippina« vertretenen – Kölner Bankhau-

R. P. „AGRIPPINA"

See-, Fluss- und Landtransport-Versicherungs-Gesellschaft in Köln

in Verbindung mit dem

Rückversicherungs-Verein der „Agrippina" in Köln.

Grundkapital der „Agrippina" . M. 3,000,000	
Reservefonds „ „ . . „ 300,000	
Grundkapital des Rückversiche-	
rungs-Vereins . . . . . . „ 1,500,000	
Reservefonds des Rückversiche-	
rungs-Vereins . . . . . . „ 150,000	

„Agrippina" concessionirt durch Allerhöchste Cabinets-Ordre Sr. Majestät des Königs vom 24. Januar 1845. Rückversicherungs-Verein der „Agrippina" concessionirt durch Allerhöchste Cabinets-Ordre Sr. Majestät des Königs vom 27. Dezember 1872.

Polize für fluß-Transport-Versicherung.

Agentur   № ___   Versicherungssumme

Diese Interpretation scheint glaubwürdiger, auch weil Woensams prächtiger Kupferstich ja erst wenige Jahrzehnte vor der Namensgebung der Versicherung 1819 wiederentdeckt, gewürdigt worden und Kölner Bildungsbürgern ein Begriff war.[6]

Ein weiterer Grund wog noch schwerer: Die eigentliche Zielrichtung der Kölner Aktionäre war die Loslösung von der Mainzer Gruppe. Anders als in Mainz stellten sich die Kölner Handelshäuser bereits auf den internationalen Markt ein, inklusive des Häute-Handels mit Südamerika. Die Kölner Gruppe sei dabei, so der preußische Finanzminister, durch die Mainzer Direktion sogar des Öfteren behindert wor-

ses Sal. Oppenheim jr. & Cie 1839 gegründetes und ebenfalls in Köln ansässiges Versicherungsunternehmen, die »Kölnische Feuer- und Unfallversicherungs-AG«.[9] Mit »Colonia«, »Agrippina«, »Concordia« und weiteren Unternehmen wurde Köln zur Versicherungsmetropole.

Eine Versicherung startet durch

Statt Schiffbruch: Schiffsverkehr auf den Weltmeeren

Als Signets auf den Aktien dienten der »Agrippina« im ersten Geschäftsjahr 1845 Dampfschiff, Fuhrwerk, Eisenbahn und Segelschiff.[10] Schwerpunkt war die Versicherung des Güterverkehrs auf dem Wasser; die französische Fassung der Versicherung-Statuten »L'AGRIPPINA, COMPAGNIE D'ASSURANCES« erschien in Paris 1845 mit einem Dampfsegler auf dem Titelblatt.[11]

Police der »Agrippina« (Ausschnitt), nach 1872, Kölnisches Stadtmuseum, Graphische Sammlung

Agrippina überlebt den im Auftrag ihres Sohns Nero herbeigeführten Schiffsuntergang, Kupferstich (Ausschnitt) in: Wallraf, Agrippina, Stich n. S. 122

Stolze Kaiserin hoch zu See: Werbemarken des Kölner Agrippina-Versicherungskonzerns, um 1900

Niemand scheint sich dabei daran gestört zu haben, dass ausgerechnet ein spektakulär inszenierter Schiffsuntergang, den einzig die römische Kaiserin Agrippina überlebte, der letzte gescheiterte Mordversuch ihres Sohnes Nero an seiner Mutter war – und dass dieses dramatische Motiv nicht nur durch die Berichte des Tacitus und Sueton Eingang in das kollektive Gedächtnis, sondern auch in die Agrippina-Rezeption der Bildenden Kunst gefunden hatte. Noch im Jahr 1800 hatte Wallraf das Motiv der sich aus dem untergehenden Schiff ans Ufer rettenden Mutter Agrippina als Illustration in seine Kölner Agrippina-Biografie einfügen lassen.[12]

Auf einer wohl kurz nach 1872 gestalteten Aktie der inzwischen auch in Le Havre und New York tätigen Kölner Agrippina-Versicherung erscheint die Kaiserin: Barfüßig, im römischen Gewand, die Mauerkrone auf dem Haupt sitzt sie am Ufer und stützt sich auf das Stadtwappen und einen Anker, im Hintergrund erkennt man ein Segelschiff.[13] Die gleiche Figur zier-

te um 1900 mit dem vielsagenden Schriftzug »AGRIPPINA IN KÖLN« als geprägte weiße Silhouette auf farbigem Grund die Werbemarken des Versicherungskonzerns.

So fand Kaiserin Agrippina über den Stadtnamen Eingang in die Bildwelt der Versicherung und über diese dann den Weg rund um die Welt.

Agrippinas zweite Chance

Römische Kaiserfamilie im Stadtbild

Wallrafs Versuch, nach Agrippina einen Platz in Köln zu benennen, hatte 1814 ein jähes Ende gefunden. Lediglich eine nach ihrem Großvater Marcus Agrippa benannte Agrippastraße gab es in der Altstadt westlich der Hohen Pforte, seit 1875 hieß auch deren Verlängerung bis in das Griechenmarktviertel so.[1] Erst mit der Anlage der Neustadt kam Agrippinas zweite Chance.

Stadtbaumeister Hermann-Josef Stübben, in Köln seit 1881 verantwortlich für »die Arbeiten der Stadterweiterung«[2], stand vor einer großen Aufgabe. Mit der Niederlegung der mittelalterlichen Mauern galt es, Ringstraßen und Neustadt sowie das Rheinufer mit den Hafenanlagen neu zu gestalten.[3] Dabei ging es auch darum, wie die zahlreichen und repräsentativen neuen Straßen, die anstelle der alten Mauern die Stadt nun umgeben sollten, heißen sollten.

Die Kölner Ringe als Geschichtsbuch

Im Falle der Ringstraßen und ihrer Plätze entschied man sich 1883, mit diesen Namensgebungen »die deutschen Kaisergeschlechter zu verherrlichen«.[4] So entstanden »Karolinger=Ring«, »Sachsen=Ring«, »Salier=Ring«, dann Barbarossaplatz, Hohenstaufenring, Habsburgerring und wenig später als deren konsequente dynastische Fortführung der Hohenzollernring und Kaiser-Wilhelm-Ring bis hin zum Deutschen Ring (heute: Theodor-Heuss-Ring), der in das nördliche Rheinufer mündet.

Doch womit sollte man am südlichen Rheinufer diese illustre Herrscherreihe beginnen? »Ferner soll der Theil der Ringstraße«, beschloss der Stadtrat 1883, »der auf den Karolinger=Ring folge und die Ringstraße im Süden am Rhein abschließe, nach den alten Rhein-Bewohnern Ubier=Ring genannt werden.«[5] Wenig später entschieden die Stadtverordneten, den Platz vor der Severinstorburg »Chlodwig=Platz« zu nennen, denn Chlodwig sei »der bedeutendste Repräsentant der Merowinger« und bilde die Verbindung von der Römerzeit (Ubier) zu den Karolingern.[6]

1887 wurden die Kölner Ringe mit ihrem patriotisch inspirierten Namensprogramm Thema des Kölner Karnevalszuges, gezeichnet von Tony Avenarius.[7] Im Entwurf von Avenarius

Die Römer und die Gründung Kölns: Tony Avenarius: »Der Maskenzug von 1887«, Federzeichnung auf Papier, H 23,5 x B 64 cm, Kölnisches Stadtmuseum, Graphische Sammlung

– wenn auch nicht in der in der »Officiellen Darstellung«[8] gedruckten Textfassung – folgte der Zug den neuen Namen der Ringstraßen und somit den Epochen der Geschichte Kölns: Nach Römern und Franken kam Karl der Große, den patriotischen Abschluss bildete, angelehnt an die (gar nicht existierende) »Elsass-Lothringer-Strasse«, ein Prunkwagen zur Annexion Elsass-Lothringens nach dem Sieg von 1871.[9]

Ein »Römisches Musikcorps« führte in Avenarius' Entwürfen den Zug an, gefolgt von ei-

Das Agrippina-Ufer

Doch vergessen hatte man die Kaiserin keinesfalls. Dies zeigte sich bei den Ratssitzungen 1897, als es um die Namen der Rheinuferstraßen ging, die es ja nach dem Wegfall der Mauern inklusive der Häfen- und Werftanlagen ebenfalls neu anzulegen galt.

Teils existierten alte Straßen- und Wegebezeichnungen, teils nicht.[11] Die Aufgabe der einheitlichen Benennung wurde einer eigenen »Commission« anvertraut, deren Ergebnisse

nem Prunkwagen mit Bayenturm, Vater Rhein und Rheinnixen. Die zweite Abteilung bildete der »Ubier Ring« mit Agrippa und der Gründung der Ubierstadt.

Unter dem Titel »M. Vespasian (sic!) Agrippa weist d. Ubiern neue Wohnsitze auf d. linken Rheinufer an. 37 v. Chr.« tragen germanisch gekleidete Gestalten, flankiert von berittenen Römern, einen Altarstein in ihre neue Siedlung. Danach folgt mit den Franken Gruppe Nr. »3. Chlodwig Platz«.[10]

Agrippina jedoch, die sich im Karneval als Figur ja geradezu angeboten hätte, sucht man in Avenarius' Entwürfen ebenso vergebens wie in den Debatten der Stadtverordneten, wie denn die neuen Ringstraßen zu benennen seien.

Stübben am 21. Juli 1897 dem Rat vortrug. Hier tauchte der Name »Agrippina=Ufer« erstmals auf als vorgeschlagene Bezeichnung des südlichen Abschnitts zwischen »Oberländer=Thor« und Ubierring – denn dies »sei die Gegend der Römerstraßen und des Römerparks«. Man berief sich also gleichermaßen auf die vermeintliche antike Straße, die Köln vor zweitausend Jahren mit dem Flottenlager Alteburg verbunden habe, wie auf einen erst seit zwei Jahren geplanten und noch nicht eröffneten Park südlich des Ubierrings.[12]

Der Abschnitt südlich des Agrippina-Ufers sollte »Marienburger Ufer« heißen, die Abschnitte nördlich »Frankenwerft«, »Kaiser=Max=Ufer« (wegen des Besuchs Kaiser Maxi-

Agrippinas zweite Chance

milians I. in Köln als Verweis auf den Ausgang des Mittelalters), dann »Am Thürmchen« und schließlich »Riehlerufer«.

Die Stadtverordneten zeigten sich zum Teil brüskiert: »Warum sollten wir die Stadtgeschichte außer acht lassen?«[13] Sie lehnten den Antrag ab und verwiesen ihn zurück an die »Commission«. Die streitbaren Ratsherren debattierten: warum Kaiser Maximilian und nicht Bischof Kunibert? Warum Marienburger und nicht Alteburger Ufer? Über fast alle Namensvorschlä-

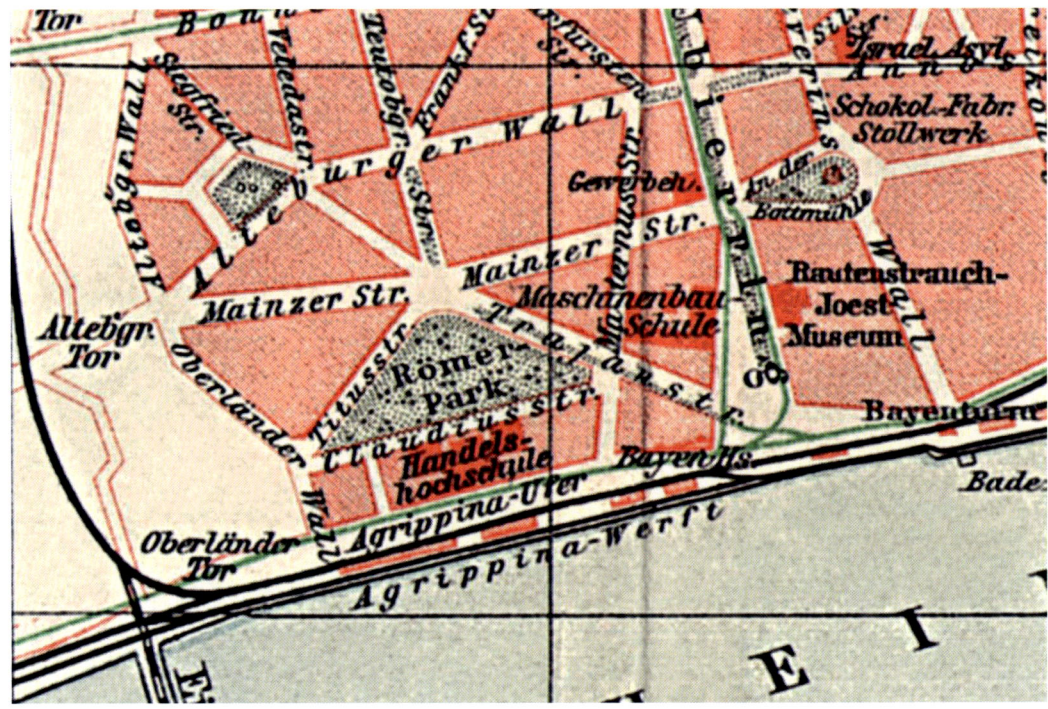

ge wurde heftig gestritten: Nur nicht über das »Agrippina=Ufer«.[14] Am 26. August 1897 startete Stübben einen zweiten Versuch mit den von der Kommission erarbeiteten Vorschlägen »Oberländer Ufer«, »Agrippina=Ufer«, »Am Bayenthurm«, »Frankenwerft«, »Kaiser-Friedrich=Ufer« (dem Max zum Opfer gefallen war) und »Niederländer Ufer«. Dies wurde akzeptiert.[15] 1898 schloss die Stadt den Vertrag über die Anlage der Straße des Agrippina=Ufers.[16]

So kam es zu der denkwürdigen Entscheidung, dass das Kölner »Agrippina=Ufer« an den Ubierring grenzte und dieser mit dem Chlodwigplatz fortgesetzt wurde – obwohl es nach

Agrippina-Ufer und Agrippina-Werft, Ausschnitt aus dem Kölner Stadtplan, Meyers Konservations-Lexikon 1905

Agrippinawerft: Bau des »Siebengebirges« um 1908–1909, Stadtkonservator

der historischen Reihenfolge, und weil es bei den Ringen ja explizit um Herrschergestalten und -geschlechter gehen sollte, gerade umgekehrt hätte lauten müssen: Ubierufer, Agrippinaring, Chlodwigplatz.

Die Agrippina-Werft

Die Kaiserin indes erhielt mit ihrer nun entstandenen vornehmen Adresse sozusagen noch einen Nachschlag. Seit 1894 entwickelte man Pläne zum weiteren Ausbau der

gar nicht mehr eigens diskutierte – sondern stattdessen lediglich über eine »Bedürfnisanstalt auf dem Agrippinawerft«, die ebenfalls genehmigt wurde.[19]

Verbeeks 170 Meter langer Baukomplex wurde anfangs auch »Danziger Lagerhaus« genannt, obwohl sich der Architekt dagegen verwahrte. Im Volksmund setzte sich für die Gebäude der Agrippinawerft wegen der markanten Giebel jedoch bis heute die populäre Bezeichnung »Siebengebirge« durch.[20]

Stadt in diesem südlichen Abschnitt. Dies betraf die 1903 beschlossene Errichtung der »Handels=Hochschule« am Agrippinaufer inmitten des Römerparks[17] und die Anlage der vor dem Ufer liegenden Werft- und Hafenanlagen, die den Blick auf diese Hochschule freilassen sollten.

Von 1909 bis 1911 entstanden hier Werftanlagen mit Speichergebäuden nach den Plänen von Hans Verbeek: eine moderne Eisenbetonkonstruktion in gotischer Anmutung mit weithin sichtbaren Giebeln. Nach der Adresse »Agrippina=Werft« war dies der offizielle Name auch auf den Stadtplänen[18], über den der Rat

Göttinnen-dämmerung

»Wagen der ›Colonia Agrippina‹« aus dem Leporello »Kölner Carneval 1885«, gedruckt von Friedrich Heyn, Köln, nach Zeichnungen von Tony Avenarius, Kölner Karnevals-Museum

D'r Zoch kütt

Gegen Ende des 19. Jahrhunderts löste sich allmählich das Verwirrspiel von Bildtradition und Brauchtum. Anfangs kaum voneinander zu trennen, wurden nun die Figuren der Jungfrau, der Colonia und der Agrippina ausdifferenziert und fanden ihre jeweiligen Rollen.

Nach 1872 erst kam im Karneval jene Ordnung auf, die bis heute Gültigkeit hat. Die zuvor mal »Held«, mal »Prinz« genannte Hauptfigur hieß nun verbindlich »Prinz Carneval«.[1] Es bildete sich die Sitte heraus, dass Bauer und Jungfrau am Ende des Rosenmontagszugs auf einem Wagen gemeinsam fahren, gefolgt vom Schlussakkord mit dem »Prunkwagen« des Prinzen.[2]

Schließlich verschwand die Venetia als Partnerin des Prinzen und seit 1883 traten Prinz, Jungfrau und Bauer gemeinsam auf: das Trifolium, das später so genannte Kölner Dreigestirn, war etabliert.[3]

Im Rosenmontagszug 1885 sah man einen »Wagen der ›COLONIA AGRIPPINA‹« – womit nicht die Stadt-Allegorie feierlich Einzug hielt, sondern, unter einem römischen Rundtempel sitzend, das Haupt mit einem Diadem bekrönt, die römische Kaiserin Agrippina – begleitet und angeführt von römischen Reitern mit Legions-Standarten.[4]

Im Jahr darauf stellte der »Kalker Karnevals= Verein« einen Triumphwagen der »Colonia«, womit diesmal wohl die Stadt-Allegorie gemeint war, zumal ihr Begleitpersonal, als Landsknechte kostümiert, nicht auf die Antike, sondern auf Spätmittelalter und Renaissance verwiesen.[5]

Im Jahr 1888 ging es im Rosenmontag unter dem Motto »Köln in alter und neuer Zeit« um die Stadterweiterung – und nicht nur eine »Damen Karnevals-Gesellschaft« erhob mit dem Schlachtruf »Hück sin mer dran«[6] ihre Ansprüche, sondern auch die beiden weiblichen Leitfiguren waren diesmal vertreten: Ein Wagen mit der »Colonia« als Stadt-Allegorie wurde angeführt von einem Reiter mit dem Schriftzug »ALAF COLONIA« auf der Standarte.

Zusätzlich hatte »Agrippina« ihren eigenen Prachtwagen: Die Kaiserin schaute vom Balkon auf ihre römisch verkleidete Begleitung herab, in freiester närrischer Kombination historischer

Göttinnen-
dämmerung

Motive war der Balkon nicht verbunden mit römischer, sondern mit romanischer Architektur als Sinnbild für Kölns romanische Kirchen, umweht von rot-weißen Flaggen: ein »Romanischer Wagen Agrippina«.[7] Der Zug sei, so hieß es kritisch, mehr von »Glanz und Pracht« und weniger von »Witz und Humor« geprägt gewesen.[8]

III. Romanischer Wagen Agrippina.

Rosenmontagszug 1888: »Romanischer Wagen der Agrippina« und Wagen der »Colonia« aus dem Leporello »Kölner Carneval 1888«, gedruckt von Th. Fuhrmann, Köln, nach Zeichnungen von Tony Avenarius, Kölnisches Stadtmuseum, Bibliothek

Colonia im Kölner Historismus

Mehr Humor bewiesen die Karnevalisten im Rosenmontagszug 1898 mit dem Wagen Nr. 24 unter dem Titel »Colonia, nachdem der Festungsgürtel gesprengt«. Mit ihrem erheblichen Leibesumfang füllte die gewaltige Stadt-Allegorie den Prunkwagen des »Fest-Comité« aus. In Anspielung auf die seit 1881 niedergelegten Stadtmauern, die als Einengung, und auf die Anlage der Ringe und der Neustadt, die als Befreiung empfunden wurden, platzte diesmal der antiken Heldin das Korsett – während sich im gleichen Zug die Kölner Jungfrau mit dem Bauern gemeinsam Wagen Nr. 46 teilen musste und Agrippina nicht mehr vertreten war.[9]

Nun hatten die drei weiblichen Figuren ihre Gestalt gefunden und sich voneinander abgegrenzt. Die Kölnische Jungfrau trat im Karneval, die Colonia im Karneval und in der Bildwelt des Historismus ihren Siegeszug an, mit Mau-

Colonia.

erkrone und Stadtwappen, thronend oder in aufrechter, schlanker Haltung wie auf dem Tafelaufsatz »Die Industrie«, geschaffen 1904 von Johann Baptist Schreiner für das Kölner Ratssilber.[10] Als solche erscheint sie noch in der Inflationszeit im September 1923, wenngleich in antikisierenden Buchstaben als »COLONIA AGRIPPINA« bezeichnet, auf einem Hundert-Millionen-Mark-Schein der Stadt Köln.

Göttinnen-dämmerung

Agrippina nach historischen Quellen und Bildern

Die Figur der Agrippina dagegen kam in der stadtkölnischen Bilderwelt um 1900 wieder in der Antike an. Bei ihrer Darstellung orientierte man sich nun an historischen Biografien und an Bildnissen in Form antiker Skulpturen, die die Kaiserin darstellten – oder die man für solche hielt.

Länger schon war im Zeitalter der Romantik auch außerhalb Kölns Agrippina zum Thema

geworden, etwa in den »deutschen Sagen« der Brüder Grimm 1818, die von den römischen Ursprüngen eines legendären »Königreich Agrippina am Rhein, ein weites Gebiet« erzählten, das Cäsar seinem Neffen Octavian gegeben habe.[11]

Historisch korrekter, dafür aber sentimentalisch-bürgerlich ging es in Gedichten »für die elegante Welt« zu, so in Eduard Kauffers »Agrippina« 1848. Es begann mit den Zeilen:»… Und als sie niedersank und als in langen, heißen / Strömen das rothe Blut herab am blüthenweißen, / Am sündenvollen Leibe rann …« – und endete mit Kaiser Neros brutalem Größenwahn: »Ich bin Orestes und ein Künstler – wenn ich winke, / Küßt die Sandale mir die Welt und

»Colonia« platzt im Rosenmontag 1898 aus allen Nähten, Prunkwagen des Fest-Comités, aus dem Leporello »Kölner Carneval 1898«, Kölnisches Stadtmuseum, Bibliothek

»Colonia« auf dem Tafelaufsatz »Die Industrie« von Johann B. Schreiner (Entwurf) und Joseph Kleefisch (Ausführung); Silber, teilweise vergoldet, Eisen, Email, Halbedelsteine, Köln 1904, Kölnisches Stadtmuseum

Göttinnen-
dämmerung

wenn ich trinke, / Senkt auf die Mutter sich die lange Todesnacht.«[12] Als »verkörperte Ruchlosigkeit« fand Agrippina sogar den Weg in die populäre »Gartenlaube«.[13]

Da war die erste Biografie eines Historikers über Agrippina ein wahrer Fortschritt. Von Adolf Stahr verfasst und 1867 in Berlin erschienen, wurde sie in ganz Europa – auch in Köln – gelesen und rezipiert.[14] Das »„Bild dieses dämonischen Weibes«[15], das Stahr darin zeichnete, folgte weitgehend den negativen Urteilen der

antiken Schriftsteller, was zwar in Fachkreisen bemängelt wurde, dem Erfolg seines Buches aber keinen Abbruch tat: 1880 folgte die zweite Auflage.[16] Angesichts des schlechten Charakters der Agrippina zog Stahr von Berlin aus ein erstauntes Fazit über deren Rolle für Köln: »Und so trägt« denn noch heute nach fast zwei Jahrtausenden, die alte ›heilige‹ Cöln, als Urenkelin der römischen Colonia, die auch wohl kurzweg Agrippina genannt wurde, das Gedächtniß ihrer sehr unheiligen Stifterin in einem sichtbaren Denkzeichen zu unseren Tagen herüber.«[17]

Auch antiken Bildnissen der Kaiserin war Stahr auf der Spur. Besonders hob er die Sitzstatue der Agrippina hervor, die aus der Sammlung Farnese stammte und sich im Museo Ar-

»COLONIA AGRIPPINA« auf einem Geldschein der Stadt Köln von 1923 (Ausschnitt), Kölnisches Stadtmuseum, Graphische Sammlung

Tony Avenarius: »Historischer Fries: Köln von 37 vor Christi Geburt bis 1299«, Zeichnung, aquarelliert, Kölnisches Stadtmuseum, Graphische Sammlung

Schlüsselzeichnung zum Fries von Tony Avenarius: »Köln von 37 vor Christi Geburt bis 1299«, Umrisslithografie, 1890, Kölnisches Stadtmuseum, Graphische Sammlung

chologico Nazionale in Neapel befindet. Sie war deutschen Bildungsbürgern bereits seit Winckelmann bekannt, wurde im 18. Jahrhundert als Kleinbronze angeboten und nun von Stahr ausführlich gewürdigt – wobei man in Köln eine Ähnlichkeit des antiken Marmorbildes mit der französischen Kaiserin Eugénie unterstellte.[18]

Nach dieser »Marmorbüste i. Mus. z. Neapel«[19] fertigte in Köln 1890 Tony Avenarius sein Bild der Agrippina. Avenarius war ein erfolgrei-

mentlich aufgelistet sind. Seine monumentalen Zeichnungen wurden von der Stadt Köln angekauft und im Rathaus präsentiert – auf dass die darauf versammelten Bildnisse »sehr bald Allgemeingut der Kölner werden«.[22]

So auch die Agrippina als »Nr. 2« auf dem ersten Fries, im langen Gewand friedlich dahingeschmiegt zwischen ihrem Großvater Marcus Agrippa und ihrem Gatten und Onkel Kaiser Claudius.

1. Glaudius Drus.Caes. geb. 10 v.Chr. Onkel u. Gatte d. Agrippina nach dessen Standbild im Mus. z. Neapel.

2. Agrippina, Enkelin Agrippa's geb. 16 v.Chr. zu Köln nach einer Mirmorbüste i. Mus. z. Neapel.

3. Trajan zum Kaiser ausgerufen 98 n.Chr. zu Köln nach einer Bronzemünze.

4. Vitellius z. Kaiser ausgerufen gegen Otho 69 n.Chr. zu Köln. nach e. Bilde i. Vatican.

5. Marc.Vispasian.Agrippa gründete Köln (Oppidum Ubiorum) 37 v.Chr. nach ein. Bilde im Fenster d. Köln. Domes.

cher Grafiker, der auch zahleiche Karnevalsmotive hinterlassen hat und bekannt wurde durch seine Darstellung des großen Festumzugs zur Domvollendung 1880.[20] Sein letztes Werk waren drei mit Akribie gezeichnete Friese, die unter Arkadenbögen bedeutende Kölner der Epoche bis 1299, der Zeit von 1300 bis 1799 und des 19. Jahrhunderts zeigten.[21] Und Kölnerinnen: jedenfalls auf dem Fries, der mit der Antike beginnt und die Kaiserin Agrippina zeigt.

Um keine Zweifel an der Identifikation der in diesem Kölner Olymp versammelten hohen Persönlichkeiten aufkommen zu lassen, ließ Avenarius seine beiden Friese als Umrisslithografien publizieren, auf denen die Dargestellten nummeriert und unterhalb des Bildes na-

Agrippina als Marke

Monumentale Kaiserin am Versicherungssitz

Es folgte der zweite, diesmal monumentale Auftritt der Kaiserin mit der Kölner Versicherung gleichen Namens, vor dem Ersten Weltkrieg, als der Konzern erneut expandierte. Nach wechselnden Adressen in der Kölner Altstadt erwarb das Unternehmen von der Familie Oppenheim ein weitläufiges Areal in der nördlichen Neustadt, ausgerechnet in der Grundstückform eines »A« zwischen Riehler Straße, Oppenheimstraße und Worringer Straße.[1]

Hier entstand 1913–1914 der repräsentative Gebäudekomplex als Versicherungssitz im Stil des modernen Neo-Klassizismus nach Plänen des Architekturbüros Schreiterer & Below.[2]

»Über dem mächtigen Portal«, so ein Pressebericht vom 19. April 1914, »thront Agrippina (…) hergestellt von dem Bildhauer Haller in Köln.«[3] Erwin Haller hatte kurz zuvor auch den Skulpturenschmuck für das neue Stadthaus geschaffen und war 1925 an der Neuschaffung der Skulpturen des Rathausturms beteiligt.[4]

Am Nebeneingang der Agrippina-Versicherung in der Oppenheimstraße 4 befindet sich eine verkleinerte, halbplastische Variante von Hallers vollplastischer und überlebensgroßer Kaiserin aus Dorlaer Muschelkalk über dem Hauptportal.

Hieß es noch 1914, Hallers sitzende Agrippina sei »nach einem Original, das sich heute in Rom befindet«[5] gestaltet, so würdigte man sie 1918 als »Nachbildung« der antiken »Statue im Nationalmuseum in Neapel«.[6] In beiden Sitzstatuen meinte man damals Agrippina d. J. zu erkennen – heute geht man davon aus, dass die Skulptur aus den Kapitolinischen Museen in Rom nicht Agrippina darstellt, sondern Helena, die Mutter Kaiser Konstantins des Großen.[7]

Beide Sitzstatuen – die aus den Kapitolinischen Museen in Rom wie die aus Neapel – wurden vor 1914 in Deutschland publiziert als Illustrationen populärer Werke über die Taten (resp. Untaten) der »Frauen der Cäsaren«, etwa 1912 in der deutschen Übersetzung von Guglielmo Ferreros gleichnamigem Buch.[8]

Offenbar kannte der Kölner Bildhauer Erwin Haller beide Vorbilder: Die Körperhaltung seiner Statue über dem Portal der Agrippina-Versicherung lehnt sich mit den Händen im Schoß

Sitz der Agrippina-Versicherungsgesellschaft in Köln, Riehler Straße 90, mit der Statue der Agrippina über dem Hauptportal, Foto 2015

Agrippina
als Marke

an das Vorbild aus Rom an – der stolz erhobene Kopf der Kaiserin jedoch wirkt wie eine Kopie der Agrippina aus Neapel.

In seinem Beitrag über Agrippina als »kölnische Stadtmutter« bildete Franz Bender diese Sitzstatue 1918 ab:[9] »Am berühmtesten ist die Statue im Nationalmuseum in Neapel, von der sich eine Nachbildung an dem Hause der Versicherungs-Gesellschaft gleichen Namens in der Riehlerstraße Nr. 90 befindet. In musterhafter Weise ist hier eine edle Frauengestalt halblie-

gend hingegossen dargestellt (…) die Hände nachdenklich im Schoße gefaltet (…) die Frisur in unzähligen Löckchen kunstvoll geordnet (…) so mochte wohl in reiferen Jahren jene Frau aussehen …«.[10]

1932 erschien die Sitzstatue sogar auf »Feuer-Versicherungsscheinen« des Kölner Agrippina-Konzerns. Die Silhouette des Doms erscheint dabei im Hintergrund – und ein Kölner Wappen ziert den Sitz der römischen Kaiserin.[11]

In den 1920er-Jahren bis 1937/38 trat der Konzern mit dem Signet der die Autofahrer warnenden Hand hervor, gefolgt von verschiedensten Schriftzügen und Logos. Bis 1967 die

Agrippina-Relief über dem Seiteneingang, Oppenheimstraße 4, heutiger Zustand

Agrippina d. J., Nationalmuseum Neapel, aus: Ferrero, Women, 1911

Sitzstatue der Agrippina aus dem Nationalmuseum Neapel, in Bender: Agrippina, 1918, Tafel S. 17

Briefbeschwerer des Agrippina-Versicherungskonzerns mit Signet »A«, Köln, nach 1967, Privatbesitz

Firmenleitung den öffentlichen Auftritt mit
dem berühmten stilisierten »A« vereinheitlich-
te, das fortan an Agrippina erinnerte.[12]

Eine wesentlich monumentalere Erinnerung
an die Kaiserin ist bis heute ihre Skulptur über
dem Eingang des Versicherungskonzerns, dessen Nachfolgeorganisation, die »Zurich Gruppe Deutschland«, immer noch in Köln an der
Riehler Straße 90 ihre Adresse hat. Nach dem
Zweiten Weltkrieg war der Gebäudekomplex in
vereinfachter Form wieder aufgebaut worden,

Sog. Agrippina die Jüngere.
(Vgl. Seite 18.)

mit einem modernisierten großen Schriftzug
»AGRIPPINA« über dem Portal und der sitzenden Kaiserin darüber, die lediglich im Zuge des
Wiederaufbaus die Blickrichtung gewechselt
hat: Seitdem schaut sie nach Süden, stadtein-
wärts.

Agrippina als Marke

Sog. Agrippina die Jüngere (in Wirklichkeit Kaiserin Helena), Kapitolinische Museen Rom, aus: Ferrero, Frauen, 1912

Mächtige Zigarren mit mächtiger Marke: »DAS AGRIPPINA SORTIMENT« des Joseph Feinhals, Werbebroschüre, Gestaltung Fritz Helmuth Ehmcke, Köln, um 1914, Kölnisches Stadtmuseum, Graphische Sammlung

Das Agrippina-Sortiment: Macht und Luxus für den Mann

Joseph Feinhals war nicht nur ein erfolgreicher Kölner Tabakhändler, sondern auch ein reger Förderer der rheinischen Künstlerszene. Die Schaufenster seines prachtvollen Geschäftshauses Ecke Hohe Straße/Schildergasse waren eine Attraktion. Hier bot Feinhals, der als einer der ersten auch Havanna-Zigarren auf den deutschen Markt brachte, die verschiedensten Sortimente an.[13]

Eines ließ er unter dem Namen »AGRIPPINA« als Warenzeichen für »Cigarren« eintragen, mit einem römischen Liktorenbündel als Signet. Mit einer kleinen Faltbroschüre wurde dafür geworben.[14] Auf dem Titel erkennt man die inmitten eines antiken Forums sitzende Agrippina; lässig hält sie ihren linken Arm über der Stuhllehne – nur eine Zigarre raucht sie nicht, dies gehörte Anfang des 20. Jahrhunderts ausschließlich für Männer zum guten Ton. Die grafisch stilisierte Sitzstatue folgt ziemlich genau dem Vorbild der Statue der Kaiserin Helena aus den Kapitolinischen Museen in Rom, die man damals noch für ein Bildnis der Agrippina hielt.[15] Anspruchsvoll in Bild und Schrift entworfen war die Broschüre von Fritz Helmuth Ehmcke, einem angesehenen Grafiker, der auch für den Kölner Schokoladenfabrikanten Stollwerck arbeitete und sich wie sein Auftraggeber Feinhals beim Deutschen Werkbund engagierte. Für die Kölner Werkbund-Ausstellung 1914 entwarf Ehmcke Plakat und Broschüren, für Feinhals schuf er eine fortschrittliche »Corporate Identity«.[16]

Fünf verschiedene Zigarren bot Feinhals mit dem Warenzeichen »AGRIPPINA« an – abgebildet als Schwarz-Weiß-Fotografien in aufsteigender Größe, Qualität und Preis. Und mit antikisierten Fantasie-Namen: »AGRIPPINA COLONIAS«, 10,75 Zentimeter lang für 20 Pfennige, »AGRIPPINA CLAUDIAS« für 25 Pfennige, größer dann schon die »AGRIPPINA AUGUSTAS« für 30 Pfennige, gefolgt von der »AGRIPPINA UBIOS« von 13 Zentimetern Länge für 40 Pfennige. Die Krönung war das für 50 Pfennige teuerste und mit 13,5 Zentimetern längste Exemplar. Papa ist der Größte: Teutonisch klingend und zugleich an Agrippinas Vater erinnernd war dies die mächtige »AGRIPPINA GERMANICOS«.[17]

AGRIPPINA

·JOS·FEINHALS·KÖLN·

JOS. FEINHALS · KÖLN

AGRIPPINA AUGUSTAS 12¹/₂ cm lang, in Kisten von 50 Stück **30 Pf.**

AGRIPPINA UBIOS 13 cm lang, in Kisten von 50 Stück **40 Pf.**

AGRIPPINA GERMANICOS 13¹/₂ cm lang, in Kisten von 50 Stück **50 Pf.**

Agrippina als Marke

Feinhals verstand es geschickt, sich aktuellen Strömungen anzuschließen. Anlässlich der Werkbund-Ausstellung gab er 1914 ein eigenes Sortiment mit »CIGARREN WERKBUND CIGARETTEN« heraus, in ganz ähnlicher Aufmachung wie die Serie »AGRIPPINA«, ebenfalls gestaltet von Ehmcke.[18] Die Fotografien der »Werkbund«-Zigarren ähneln denen des Agrippina-Sortiments, mit fast identischen Fotografien bewarb »JOS. FEINHALS HOFLIEFERANT CÖLN A. RH.« im Ersten Weltkrieg auch Zigarren mit Namen wie »REGINA« oder »FELDPOST«[19] sowie seine vermeintlich »Nikotinunschädlichen Cigarren« der Serie »POTPOURRI«.[20]

Offenbar war der Ruf der Agrippina in Köln in den Jahren vor dem Ersten Weltkrieg wohlklingend genug, um mit dem »AGRIPPINA SORTIMENT« Gefühle von Macht und Luxus erzeugen zu lassen – und die Zigarren rauchende Kölner Männerwelt für diese Marke zu begeistern. »Proben« jedenfalls, so hieß es in der Broschüre, »stehen unter Berechnung in beliebiger Anzahl zur Verfügung«.[21]

Agrippina-Lichtspiele im Agrippinahaus: Mondäner Tempel der Moderne

Eigentlich kam der Name von der Aktiengesellschaft, die sich 1911 eigens gründete, als in Kölns »bester Lage«[22] das große Areal Breite Straße 92-98/Ecke Berlich frei wurde. Das dortige barocke Geyrsche Palais, in dem einst Jérôme Bonaparte und zuletzt die Oberzolldirektion für die Rheinprovinz logiert hatten, wurde abgerissen. Ein Investor sorgte für die Neubebauung: die »Agrippinahaus-Aktiengesellschaft«. Denn »Agrippinahaus« sollte der »Hochmoderne(n) Geschäfts-Neubau« heißen.[23] Sogar der Architekt Georg Falck war, mit anderen Gesellschaftern, einer der Investoren.[24] Es lohnte sich: Kölns Baudezernent Carl Rehorst förderte ein Geschäftszentrum in dieser Innenstadt-Lage, gegenüber entstand das neue Kaufhaus Peters (heute: Karstadt), das Agrippinahaus sollte den noblen Abschluss bilden.[25]

So wurde der Name der antiken Kaiserin zum Garant für einen hochmodernen Bau »mit allen Errungenschaften der modernen Technik, Liftanlagen, Zentralheizung, Vakuum Cleaner, elektr. Licht usw.«[26], mit Läden im Erdgeschoss, darunter C&A, mit Kontoren und Büros in den

»Agrippina«-Kino im Agrippinahaus, Köln, Breite Straße, 1934 – mit Werbung für den Film »Ein Walzer für Dich«, mit Heinz Rühmann, Theo Lingen und Adele Sandrock u. a., Pressefoto aus: Rheinisch-Westfälische Filmzeitung Nr. 36 vom 1. 9. 1934

übrigen Geschossen. Im ersten Obergeschoss entstand auf 1500 Quadratmetern das legendäre »Agrippina-Café«, das mit diesem Schriftzug auf den Fenstern warb und ein beliebter Treffpunkt war, bis es nach der Inflation als Weinrestaurant umgenutzt werden musste.[27]

Die größte Attraktion aber waren die »Agrippina-Lichtspiele«, ein mondänes Kino, das im März 1913 eröffnete. Der Bezug zu Köln war offensichtlich, kein anderes Kino trug einen solchen Namen. Der luxuriöse Saal mit 900 Plät-

zen lag im hinteren Bereich. Dorthin führte über den Eingang in der Breite Straße eine 20 Meter lange Passage mit roten Teppichen und vergoldeten Schaukästen und eine Wandelhalle, verkleidet mit griechischem Marmor, von der aus Parkett oder Logen erreicht werden konnten. Der Prunk erinnerte nicht nur an die namengebende Kaiserin, sondern auch an große Opernhäuser, das Programm war anspruchsvoll.[28]

Im Ersten Weltkrieg nutzte die Propaganda das neue Medium, Soldaten strömten in die »Agrippina-Lichtspiele«.[29] Als während der Novemberrevolution 1918 die Sperrstun-

de in Köln auf 20 Uhr vorverlegt wurde, kam es zu Protesten, an denen sich Kino-Direktor Karl Gordon beteiligte. Mit Erfolg: Seit Dezember konnten wieder Abendvorstellungen gegeben werden.[30] Die Attraktivität der »Agrippina-Lichtspiele« wussten auch die britischen Besatzungsbehörden zu schätzen, die das Kino kurzerhand beschlagnahmten, um dort Filme in englischer Originalfassung für britische Soldaten zeigen zu lassen. Dagegen gingen mit Erfolg Betreiber und Film-Begeisterte vor, denen sich sogar Reichsminister Matthias Erzberger anschloss: »Agrippina« war zum Politikum geworden.[31]

Die Betreiber wechselten, das »Agrippina« bekam 1922 Konkurrenz mit der benachbarten, noch größeren »Schauburg«. In der Weltwirtschaftskrise hielt man das »Agrippina« mit Events mit Hypnotiseuren und anderen Veranstaltungen über Wasser und zeigte 1929 als eines der ersten Kölner Kinos Tonfilme. 1932 wurde das »Agrippina« baulich modernisiert, 1942 beim »1000-Bomber-Angriff« völlig zerstört.[32] Heute erinnert hier nichts mehr an Agrippina: Ein Gebäude des WDR prägt den Hanns-Hartmann-Platz davor.

Kölnisch-Antikes Manifest: Der Römerbrunnen

Stellprobe mit einer Attrappe für Brantzkys Römerbrunnen mit der thronenden Agrippina. Foto aus dem Nachlass Brantzky, Köln

Die fehlende Antike und der Verschönerungsverein

An Standbildern war Köln bis zur Mitte des 19. Jahrhunderts im Vergleich zu anderen Städten arm. Erst dann entstand auch hier eine wahre Flut von Denkmälern: In Stein oder Bronze bevölkerten seitdem verdiente Kölner, sagenhafte Gestalten der Stadtgeschichte und in wachsendem Maße preußische Militärs und Mitglieder des Königs- und Kaiserhauses Straßen, Parks, Brücken und Plätze.[1]

Doch der antiken Geschichte der Stadt war kein öffentliches Denkmal gewidmet. Was erstaunlicherweise fehlte, lobte der Verschönerungsverein im Juni 1910 aus: »Ein Römerbrunnen in Köln«[2] sollte entstehen, über den im Boden verborgenen Fundamenten eines Rundturms der römischen Stadtmauer auf dem Platz zwischen Komödienstraße und Oberlandesgericht. 62 Entwürfe wurden eingereicht, doch keiner war ein »Schlager«, weshalb es keinen ersten, sondern lediglich zwei zweite und einen dritten Preis gab und drei weitere Arbeiten angekauft wurden.[3]

Mit diesen Entwürfen betrat endlich auch Agrippina die Kölner Denkmalbühne. Wilhelm Meller, einer der beiden zweiten Preisträger, entwarf unter dem Titel »Agrippina-Brunnen« einen Hochsitz, auf dem die Kaiserin thronte, umgeben von Reliefs mit Darstellungen der Geschichte des römischen Köln.[4] Angekauft wurden die beiden Entwürfe von Clemens Klotz; einer hieß »Agrippina«, der andere »Legionator«.[5] Der Plan des anderen zweiten Preisträgers, Franz Brantzky – der damit erstmals einen Denkmalsentwurf vorlegte –, sah ebenfalls einen monumentalen Auftritt der römischen Kaiserin vor.

Ein römisches Wahrzeichen für Köln

Schließlich entschied man sich für Brantzkys Entwurf: »Dieser Brunnen«, erklärte die Presse, »würde, wenn er ausgeführt werden würde, tatsächlich ein römisches Wahrzeichen für Köln.«[6] Er sollte beherrscht werden von einem Zwei-Pfeiler-Monument mit der römischen Wölfin und, so sahen es die ersten Entwürfe vor, auf den Pfeilern übereinander angebrachten Reliefs mit Motiven der römischen Geschichte Kölns. Vor dem Pfeilermonument

Kölnisch-Antikes Manifest: Der Römerbrunnen

hatte Brantzky eine monumentale Statue des thronenden Kaisers Claudius vorgesehen. Dann fertigte man maßstabsgetreue riesige Attrappen und führte mit diesen am vorgesehen Ort Stellproben durch.

Dabei wurde unter der Inschrift »COLONIA AGRIPPINA« der überlebensgroße Claudius ersetzt: durch eine ebenso gewaltige, sitzende Figur der Agrippina.[7] Weitere Pläne und Änderungen folgten. Am Ende gab Brantzky die Idee der Sitzstatue auf und verzichtete damit auch auf die monumentale Agrippina. Doch blieb die Kaiserin an anderer Stelle vertreten. Zwischen die beiden Pfeiler gelangten nun Bildnisse als Reliefs – darunter eines der Agrippina. Die anderen, großen figürlichen Reliefs, ebenfalls aus Muschelkalk, den die Kölner Firma Walk & Raspe trotz kriegsbedingter Zwangsbewirtschaftung zu organisieren vermochte, fanden ihre Anbringung auf der halbrunden Wand vor dem Pfeilermonument, aus der sich das Wasser in den Brunnen ergoss.[8]

Im April 1914 begannen die Bildhauer- und Bauarbeiten, im Juni waren sie abgeschlossen. Doch dann entfiel die für den Spätsommer 1914 vorgesehene feierliche Eröffnung der neuen, von der Stadt als Geschenk des Verschönerungsvereins angenommenen Anlage wegen des Beginns des Ersten Weltkriegs. Den Brunnen enthüllte man erst 1915 ohne größere Festlichkeiten.[9]

Neun Reliefs und die zwei Sätze des Tacitus

Das Bildprogramm hatte Josef Poppelreuter, Archäologe, Leiter der Skulpturensammlung und zwischenzeitlich Direktor des Wallraf-Richartz-Museums, entworfen.[10] Die vorgesehenen figürlichen Darstellungen orientierten sich ebenso kenntnisreich wie streng an den eingangs zitierten beiden Sätzen des Tacitus über die Gründung Kölns.

Jeder Sentenz war je ein Bildrelief zugeordnet, sodass man die Worte des Tacitus auf dem Brunnen durchlaufend lesen konnte. Mit Agrippina begann die Bildfolge: »SED AGRIPPINA, QVO VIM SVAM« las man über der Darstellung ihrer Geburt. Dieses im Zweiten Weltkrieg zerstörte Relief ist glücklicherweise durch eine Fotografie des Tonmodells dokumentiert. Es

Franz Brantzky: Germanicus präsentiert seinen Legionären die neugeborene Agrippina, Entwurf für das erste, im Zweiten Weltkrieg zerstörte Relief des Kölner Römerbrunnens, Zwischenmodell, Verbleib unbekannt, Foto: Nachlass Brantzky, Stadtkonservator Köln

zeigte, wie Germanicus, hinter ihm seine Gattin Agrippina d. Ä., die kleine Tochter Agrippina präsentiert. Stolz hebt der Vater und Feldherr das Wickelkind seinen Legionären entgegen.[11]

Das nächste Relief mit der Zeile »SOCIIS QVOQVE NATIONIBVS OSTEN« ist erhalten; es präsentiert einen römischen Reiter im Kampf gegen einen Germanen. Die dritte Darstellung mit der Zeile »TARET, IN OPPIDVM VBIORUM, IN QVO« war dem Thema des Städtebaus gewidmet, mit einer Figurengruppe, deren

derschar«.[14] Es folgten Reliefs mit den Themen der Blüte von Kunst und Wissenschaft (»FORTE ACCIDERAT, VT EAM GEN«) sowie der Religion im römischen Köln (»TEM RHENVM TRANSGRESSAM A«), die eine heidnische Kulthandlung mit einer christlichen Taufe friedlich vereint.

Abgeschlossen wurde der Zyklus mit der Darstellung eines Schiffskarrens für das »Fest der Isis« unter dem Titel »VVS AGRIPPA IN FIDEM ACCIPERET«: Fremdländisch aussehende

Hauptperson einen Stadtplan hielt. Sie ging im Zweiten Weltkrieg verloren, wie auch das vierte Relief, das unter dem Titel »GENITA ERAT, VETERANOS COLONIAM« Gladiatorenkämpfe zeigte.[12]

Die übrigen Reliefs sind heute noch vorhanden. Das fünfte präsentiert die Justiz (»QVE DEDVCI IMPETRAT, CVI NOMEN«) und zeigt den römischen Statthalter der germanischen Provinz bei der Rechtsprechung.

Unter der Zeile »INDITVM E VOCABVLO IPSIVS AC« spielt das sechste Relief auf die Verbindung der Ubier mit den Römern an:[13] Ein römischer Reiter zieht in den Krieg und nimmt, wie der »Kölner Stadt-Anzeiger« 1915 schrieb, Abschied »von seiner deutschen Frau und Kin-

Ägypter feiern den dionysischen Kult, in dem man einen der Vorläufer des Kölner Karnevals erkannte.[15]

Agrippina, Augustus und die anderen

Die als kleinere Reliefs ausgeführten Herrscherbildnisse befanden sich zwischen den mächtigen Pfeilern des Monuments, auf dem die römische Wölfin thronte. Je drei Bildnisse waren übereinander angebracht. Im Norden, auf der Hauptseite, waren dies Augustus, Agrippina und Claudius, zur Südseite hin Trajan, Hadrian und Antoninus Pius.[16] Auf der Rückseite der Brunnenwand waren ebenfalls sechs Bildnisse zu sehen: am einen Ende Alexander Severus, Maximinus Thrax und Postumus, am anderen Ende

Kölnisch-Antikes Manifest: Der Römerbrunnen

Konstantin der Große, Helena und Theodosius.[17] Der Bezug zu Köln bei den an prominenter Stelle präsentierten Porträts von Augustus, Agrippina und Claudius liegt auf der Hand: Diese betrachtete man angesichts der von Tacitus überlieferten Anfänge Kölns als große Gründungsgestalten der Stadt. Brantzky hat sich zumeist an antiken Vorbildern, auch an in Köln vorhandenen Skulpturen und Darstellungen orientiert. Wenige Darstellungen entwarf er künstlerisch freier. Dies gilt besonders für sein Bildnis der Agrippina. Dabei besitzt die Sammlung des damaligen Wallraf-Richartz-Museums und heutigen Römisch-Germanischen Museums eine Büste, die damals zu Unrecht als Bildnis Agrippinas d. J. galt. Doch hat Brantzky diese nicht kopiert oder als Vorlage benutzt.[18] Seine Agrippina am Römerbrunnen hat eine völlig andere Kopfform; sie wirkt eher matronenhaft. Und die für Agrippina typische Haartracht mit den in mehreren Reihen übereinander angeordneten Lockenreihen ist allenfalls schematisch erkennbar.

Bei Trajan, Hadrian, Antoninus Pius, Alexander Severus, Maximinus Thrax und Theodosius können keine solchen direkten Bezüge zu Köln ausgemacht werden – es sei denn, man unterstellt, dass im Falle des Trajan Brantzky bzw. Poppelreuter auf die im Mittelalter kolportierte Legende anspielen wollten, dass dieser Kaiser für die Ansiedlung senatorischer Familien als Vorläufer führender Patrizier verantwortlich gewesen sei.[19]

Postumus dagegen spielte am Rhein eine bedeutende Rolle, war er doch als Usurpator in Köln zum Kaiser ausgerufen worden und hatte von hier aus 260 bis 269 n. Chr. versucht, ein gallisches Sonderreich aufzubauen.[20] Ebenfalls hatte man in Köln Grund an Konstantin und seine Mutter Helena zu erinnern, schließlich erfolgten unter ihm der Ausbau des Kastells Divitia (Deutz) und der Bau der Rheinbrücke.[21]

Auch hier ist Rom

Die römische Wölfin schließlich, das hoch auf dem Zwei-Pfeiler-Block weithin sichtbare Symbol der Stadt am Tiber und ihres Imperiums, war in der Kaiserzeit Sinnbild der »Roma aeterna«. Für den Römerbrunnen war es Blickfang, Quintessenz und Krönung zugleich. Brantzky

Der Römerbrunnen von Franz Brantzky, im Hintergrund das Gerichtsgebäude, kolorierte Bildpostkarte, um 1915, Kölnisches Stadtmuseum, Graphische Sammlung

war schon in den Jahren vor dem Wettbewerb von diesem Symbol fasziniert, es fügte sich ein in seinen Neoklassizismus und war wohl auch durch Franz von Stuck und der Lupa Romana an der Pergola von dessen Münchener Villa inspiriert worden. Brantzky besaß auch einen Abguss der kapitolinischen Bronzewölfin ohne die in der Renaissance hinzugefügten Zwillinge Romulus und Remus.[22]

Mit der Wölfin des Römerbrunnens war Köln übrigens die erste ehemals römische Stadt in

15. CÖLN: Römerbrunnen.

Europa, die dieses Symbol im 20. Jahrhundert wiederentdeckte und als Monument aufstellen ließ, bevor dies in Aquilea – sicher unbeeinflusst von Köln – 1919 erfolgte[23], dann in Städten in Rumänien und Moldawien und schließlich im Zuge der politischen Instrumentalisierung der römischen Vergangenheit durch den italienischen Faschismus.

»Die römische Wölfin als Bekrönung läßt selbst dem Laien«, so hieß es lobend in der Kölner Presse bereits 1911 bei der Vorstellung der ersten Entwürfe für den Römerbrunnen, »keinen Zweifel, um was es sich handelt.«[24] Die Botschaft war klar: Auch hier in Köln war (und ist) Rom.

Kölnisch-Antikes Manifest: Der Römerbrunnen

In dem Relief mit dem in den Krieg ausrückenden römischen Reiter, der sich von seiner »ubischen«, mithin germanisch-stämmigen Familie verabschiedet, sah man Parallelen zum Auszug der Soldaten bei Kriegsbeginn im August 1914.[25] Dennoch: Der römische Reiter verabschiedet sich auf Brantzkys Relief nicht, wie im August 1914, um in den Westen gegen Frankreich zu ziehen – sondern gerade umgekehrt, um im Osten an den Feldzügen gegen die Germanen teilzunehmen.

Römerbrunnen, Relief „Rassenmischung": Ein römischer Krieger verabschiedet sich von seiner ubischen Frau, um gegen Germanien zu Felde zu ziehen, 1914, heutiger Zustand, Foto 2015

Franz Brantzky: Bildnisse des Augustus, der Agrippina und des Claudius für den Kölner Römerbrunnen 1914, heutiger Zustand, Foto 2015

Mit dem Römerbrunnen wurden die zivilisatorischen Folgen der Integration Kölns und des Rheinlands in das römische Imperium als Erfolge gepriesen. Vor dem Hintergrund des gleichzeitigen Germanenkults sowie der imperialen und deutschnational geprägten Expansion des Hohenzollernreichs und des beginnenden Ersten Weltkriegs verlieh diese Deutung dem Thema eine ganz eigene, kölnische Würze. Die dargestellte »Rassenmischung« war in Köln positiv gemeint: als Lob der gelungenen und auf Dauer erfolgreichen Integration der Ubier in die römische Kultur und Lebensweise.

Agrippina statt Agrippa

Erstmals seit der Rathauslaube mit ihren In-schriften von 1573 erinnerte der Römerbrun-nen in monumentaler Form im öffentlichen Raum wieder an die römischen Ursprünge Kölns. Der Vergleich beider »Geschichtsmonu-mente« ist erhellend: In beiden Fällen schufen historische Quellentexte, vermittelt von Ge-lehrten, die Grundlage.

Bei der Rathauslaube stehen, was die Grün-dung der Stadt angeht, Cäsar, Augustus und te die von Agrippina betriebene Kolonie-Erhe-bung. Erklärtes Ziel der Initiative des Verschö-nerungs-Vereins war laut Stiftungsinschrift die »Erinnerung an die Gruendung der CCAA im Jahre 50 nach Christus«.[26]

Folglich sind nun die Erinnerungen an das zuvor so oft bemühte Heldenpaar der römi-schen Zeit, an Marcus Agrippa und Marsilius, getilgt. Zu Beginn des 20. Jahrhunderts ist da-gegen Agrippina die Heldin der Stadtgeschich-te: vom Wickelkind bis zum Bildnis der Kaiserin.

Marcus Agrippa im Vordergrund; Claudius hat in Form eines Bildnismedaillons allenfalls eine Nebenrolle, Agrippina fehlt völlig. 340 Jahre später ist es genau umgekehrt: Am Rö-merbrunnen sind die Kaiser Augustus, Clau-dius und weitere als Bildnisse vertreten, Mar-cus Agrippa aber fehlt völlig. Die Tacitus-Zei-le, in der er erwähnt wird, ziert als Überschrift eine völlig andere Darstellung, nämlich die des Schiffskarrens beim Isis-Kult.

1573 wollte man unter Auslassung der Ko-lonie-Erhebung des Jahres 50 den zuvor von Marcus Agrippa betriebenen Aufbau des römi-schen Köln in den Vordergrund stellen, 1910 dagegen unter Auslassung dieser Vorgeschich-

Tausendjähriges Zwischenspiel

Die Kölner Jungfrau ist wieder eine Frau – die Karnevalisten beugten sich der NS-Propaganda, Kölner Jungfrau und Bauer 1938, Kölnisches Stadtmuseum, Graphische Sammlung

Geschlechtsbereinigt gleichgeschaltete Jungfrau

Für die »Jahrtausend-Ausstellung« in der Kölner Messe 1925 war der Bezugspunkt die vermeintlich tausendjährige Zugehörigkeit der Rheinlande zu Deutschland – die Antike und mithin Agrippina blieben folglich ausgespart.

In der NS-Diktatur folgte für die Figur der mit der Agrippina verwandten Kölner Jungfrau ein entscheidender Einschnitt. Und dies im Karneval, der viel stärker von der Nazi-Ideologie durchdrungen war, als man in Köln lange wahrhaben wollte.[1] Bereits 1935 forderte die NSDAP, dass die traditionell zuvor von Männern gespielten Funkenmariechen Frauen sein sollten. Die Prinzenproklamation, eingeführt 1936, wurde von Radiosendern im Reich übertragen. Eines störte dabei noch: die Kölner Jungfrau. Seit 1823 ein Mann in Frauenkleidung als Verkörperung des »jungfräulichen« stolzen Köln und nun der Gauhauptstadt: Das war den homophoben Nazis ein Dorn im Auge. 1938 konnte der Kölner Oberbürgermeister endlich einer Frau als Kölner Jungfrau huldigen. Erst seitdem hieß das Dreier-Gespann aus Prinz, Bauer und Jungfrau »Dreigestirn«. Auch 1939 und ebenfalls im inoffiziellen Dreigestirn 1940 stellte eine Frau die Jungfrau dar.[2]

Germanenkult und geistiger Westwall

In der NS-Diktatur spielte in Köln die Berufung auf Agrippina kaum eine Rolle – vielleicht, weil eine solch mächtige und eigenständig in einer Männerdomäne agierende Kaiserin keinesfalls zum propagierten Frauenbild passte. Sicher aber auch, weil der Umgang mit der römischen Antike und mit romanischer Kultur für Partei-Ideologen eine zumindest zweischneidige Sache war. Hervorgehoben wurden dagegen andere Epochen der Stadtgeschichte, wie die des nordischen Städtebunds, weshalb für Köln der Name »Hansestadt« als Prädikat eingeführt wurde. Und natürlich die vermeintlich germanische Vorgeschichte.

Die Erforschung des Umgangs der NS-Propaganda in Köln mit dem römischen Erbe der Stadt ist ein Desiderat. Aufgearbeitet wird seit einigen Jahren die Geschichte der Kölner Institutionen und Museen in der Zeit der Diktatur. Demnach erwiesen sich vor allem Archäologen für Vor- und Frühgeschichte als anfällig gegenüber der NS-Ideologie – was nicht weiter verwundert: Der rassistische Germanenkult konnte von ihnen besonders gut bedient werden, dagegen musste die römische Geschichte eher in den Hintergrund treten. Fritz Fremersdorf, Direktor des Römisch-Germanischen-Museums, stand der herrschenden Ideologie eher distanziert gegenüber und lieferte sich Auseinandersetzungen um Zuständigkeiten mit Walter Stokar von Neuforn, dem Direktor des Köl-

ner Museums für Vor- und Frühgeschichte, der überzeugtes Parteimitglied war. Als 1941 beim Bau des Dombunkers das römische Dionysosmosaik entdeckt wurde, bestaunten über 30 000 Neugierige diesen Fund.[3] Zwei Jahre später wetterte Stokar von Neuforn, es sei ihm leider nicht gelungen, »Köln zu einem Hauptbunker des geistigen Westwalls gegen den Romanismus zu machen«.[4] Noch im gleichen Jahr mussten die römischen Kunstwerke, Exponate und Bodenfunde, die, so Fremersdorf, »Blütenauslese des römischen Köln«, vor den Bombenangriffen in Sicherheit gebracht werden.[5]

Mit Agrippina aus den Trümmern

Colonia deleta – Colonia Agrippinensis Attrapolis

Wie sollte die im Krieg zerstörte Stadt, die eben erst von einem Terror-Regime befreit wurde, das die meisten Bewohner ertragen oder bejubelt hatten, ihre Zukunft gestalten – und wie mit ihrer Geschichte umgehen?

Ein kurzer Blick in Bildbände und Führer zur Stadt wirft ein bezeichnendes Schlaglicht: Standard war bis Kriegsende der Band »Köln, Stadt am Strom« von Irma Brandes, Gattin des NS-Oberbürgermeisters. Die römische Zeit spielte darin eine untergeordnete Rolle. Im Jahr 1950 platzierte sie ihren Führer – mit geringen Veränderungen – pünktlich zum Stadtjubiläum erneut auf dem Markt. Im Mittelpunkt des ersten Kölner »Merian«-Hefts standen 1948 das Domjubiläum und der Blick auf die große Zeit des Mittelalters.[1]

Im Winter 1946/47 diskutierte man kontrovers und öffentlich, auch in der überregionalen Presse, den Wiederaufbau Kölns. Im Zentrum dieser Debatte stand die Frage nach dem Umgang mit Geschichte. Einerseits lauerte die Gefahr, durch ein modern und neu gestaltetes Köln historisch gewachsene Strukturen, Bauten und Denkmäler zu zerstören – andererseits drohte, so der Kulturphilosoph Carl Oskar Jatho, der in den 1920er-Jahren mit progressiven Kölner Künstlern verbunden war und mit seiner Stadt kritisch ins Gericht ging, »der größte Kummer« als »Kölns Wiederaufbau im altkölnischen Stil«. Das Ergebnis davon sei »Colonia Agrippinensis Attrapolis«[2] Dieser Diskurs war »der erste Impuls«[3] auf der Suche nach dem nun zu entscheidenden Umgang mit der in Trümmern liegenden Stadt.

Antike und Abendland

Ein Jahr nach Kriegsende brachte das US-Militär die zuvor evakuierten römischen Kunstschätze und Bodenfunde zurück in das Rheinland.[4] Hier wollte man von einem »geistigen Westwall gegen den Romanismus« nun nichts mehr wissen. Im Gegenteil: Im Oktober 1946 standen die Kölner Kulturtage unter dem Motto »Der Rhein und Europa«[5] und man präsentierte ein Lapidarium mit dem Dionysosmosaik als Teil des am 20. Oktober 1946 neuen Römisch-Germanischen Museums, das von nun an die Antikensammlung des Wallraf-Richartz-Museums und die vom Krieg verschonten Bestände des ehemaligen Museums für Vor- und Frühgeschichte übernahm.[6]

Nun galt es, mithilfe öffentlicher Inszenierungen symbolpolitisch Auswege aus dem geistigen und materiellen Trümmerfeld zu finden. Der nächste Meilenstein dafür war 1948 das erwähnte Domjubiläum, an die Grundsteinlegung des gotischen Doms 700 Jahre zuvor erinnernd – inklusive der im kollektiven Gedächtnis Kölns bis heute präsenten Prozession des Dreikönigenschreins durch die Trümmer der Stadt. Konrad Adenauer, 1945 erneut Oberbürgermeister und seit 1949 Bundeskanzler, bezeichnete dies als »Wunder von Köln«.[7]

Es war zugleich der Versuch, »sich eine neue Vergangenheit zu geben«[8] – man könnte auch sagen: sich die alte Vergangenheit zurückzugeben, vor allem aber auch: die gerade vergangene NS-Diktatur zu verdrängen. Was vorher stramm deutsch-nationalistisch und rassistisch war, sollte jetzt europäisch, jedenfalls westeuropäisch sein. Die Bezugsgrößen hießen nun »christliches Abendland« und »antikes Erbe«. In diesem Zusammenhang sollte Agrippina wieder eine bedeutende Rolle spielen.

Rom, unsere gemeinsame Vaterstadt

Am 2. Mai 1946 debattierten die Stadtverordneten über drängende Fragen der Versorgung und Verteilung. Im Hintergrund ging es um mehr: um Kölns Vergangenheit und Zukunft. Der überragende historische Rang Kölns als »Mutter des Rheinlandes« und »Kölns kulturelle Sendung« standen in eklatantem Widerspruch zu der in Trümmern liegenden Stadt. Man fand es unerträglich, dass andere Städte von historisch weit geringerer Bedeutung, weil sie vom Bombenkrieg weit weniger betroffen waren, nun eine wichtige Rolle spielen konnten – darunter auch die »Stadt Düsseldorf, um sie an dieser Stelle einmal zu nennen.«[9]

In diesem Zusammenhang machte der CDU-Ratsherr Peter Josef Schaeven einen bemerkenswerten Vorschlag: Um die Kölner in ihrer Leistungsfähigkeit für den Wiederaufbau der Stadt zu stärken, biete sich, so Schaeven, »der Tag, an dem Köln am Rhein 2000 Jahre alt sein wird, sehr wohl als ein Glanztag erster Ordnung«[10] an.

Da Schaeven wie die meisten damals noch davon ausging, Köln sei von Marcus Agrippa während dessen erster Amtszeit am Rhein 38 v. Chr. begründet worden, war ihm klar, dass eine große 2000-Jahr-Feier erst 1962 stattfinden könne. Wie gut, dass er noch nicht wusste, wovon die Mehrheit der Forscher inzwischen ausgeht: dass nämlich Marcus Agrippa diese Grundlagen wohl erst bei seinem zweiten Aufenthalt am Rhein 19 v. Chr. gelegt hatte – dann hätte man mit der großen Stadtjubiläums-Feier sogar bis 1981 warten müssen …[11]

Doch Schaeven fand eine viel pragmatischere Lösung: nämlich nicht Marcus Agrippa, sondern Agrippina und mithin die 1900. Wiederkehr der Erhebung Kölns zur Kolonie zum Dreh- und Angelpunkt der gewünschten städtischen Selbstvergewisserung auszuwählen. Denn »sehr viel früher, bereits in vier Jahren, also 1950, sind es 1900 Jahre her, seit Claudia Agrippina, die Tochter des Germanicus und spätere römische Kaiserin, in Erinnerung an ihre Geburtstadt der römischen Kolonie Stadtrecht verlieh.« Im Jahr 1950 bestehe, so Schaeven, bei diesem »grandiosen Jubiläum« die Chance, dass »aller Schutt weggeräumt sein wird« und »sich schon manches von der Planung abzeichnet, die jetzt von der Stadt und der Bürgerschaft in Angriff genommen wird.«[12]

So sollte es kommen. Im März 1949 wurde ein Sonderausschuss berufen, dann ein »Büro Stadtjubiläum« gegründet und im Januar 1950 ein »Ehrenausschuss«.[13] Dessen prominente Besetzung unter anderem mit Bundespräsident Theodor Heuss und Bundeskanzler Adenauer kennzeichnete die überragende Bedeutung der Kölner Feierlichkeiten für die noch junge Republik.[14] Die Presse überschlug sich: »Das Abendland beglückwünscht Köln!«[15] und »Colonias schönste Stunde«[16] lauteten die Überschriften. Oberbürgermeister Ernst Schwering konstatierte, »das richtige, einzigartige Köln«[17] melde sich zurück.

Im Verlauf des Festaktes am 25. Juni 1950 im notdürftig hergestellten Gürzenich erklärte der Bundespräsident die Stadt Köln zum »stellvertretende(n) Symbol unserer Zukunft«[18] und betonte die europäische Orientierung; Oberbürgermeister Schwering ergänzte selbstbewusst, das Abendland sei von Köln aus »be-

Mit Agrippina aus den Trümmern

gründet und geprägt« worden.[19] Der stellvertretende Oberbürgermeister der italienischen Hauptstadt, Giorgio Andreoli, hatte Schwering »Einen Gruß aus Rom« an Köln als »Spiegelbild lateinischer Kultur auf germanischem Boden«[20] überbracht und dem stolzen Kölner Oberbürgermeister eine Silberplakette überreicht mit der Inschrift »Roma communis patria«[21]: Rom, unsere gemeinsame Vaterstadt.

1950: Agrippina und das Stadtjubiläum

Und so zelebrierte das immer noch von Kriegszerstörung gezeichnete »deutsche Rom« seine Gründung durch Agrippina 1900 Jahre zuvor. Nicht nur mit einer feierlichen Tagung von Historikern in der Universität, nicht nur mit Festakten führender Politiker, sondern auch massenwirksam. Ein historisches Festspiel auf dem Alter Markt im Juli 1950 mit 500 Mitwirkenden, umgeben von Zuschauertribünen, zog insgesamt 75 000 Besucher an. In 18 Bildern ließ man die Geschichte Kölns Revue passieren – allerdings nach Umplanungen aufgrund einer Peinlichkeit von politischer Delikatesse: Die Inszenierung, in der nicht Agrippina, sondern der Kölner Bauer die Hauptrolle spielte, stammte von Franz Goebels, der bereits in der NS-Diktatur in Köln massenwirksame Propaganda-Spektakel präsentiert hatte.[22]

Agrippinas Auftritt erfolgte in der großen Ausstellung »Köln 1900 Jahre Stadt« von Mai bis August 1950 im Staatenhaus der Messe und zog über 250 000 Besucher in ihren Bann.[23] Die Präsentation knüpfte an die erfolgreiche »Jahrtausendausstellung« von 1925 an – und wurde in nahtloser Fortsetzung der Jahre der Weimarer Republik und des Dritten Reiches von den gleichen Kuratoren betreut, von Bruno Kuske und Wilhelm Ewald, dem späteren Direktor des »Hauses der Rheinischen Heimat«. Die beiden erklärten 1950, ein »anschauliches Bild« von »den Schicksalen und Wandlungen« Kölns geben zu wollen.[24]

Oberbürgermeister Schwering begrüßte im Ausstellungskatalog die Besucher dieser »übersichtlichen Schau«[25], in der die politische Entwicklung Kölns des 18. und 19. Jahrhunderts allerdings bestenfalls angedeutet, die des 20. Jahrhunderts – und mithin auch die NS-Diktatur – ausgeblendet waren.[26] Im zweiten Gruß-

Saal zur Gründung Kölns 50 n. Chr. in der Ausstellung »Köln 1900 Jahre Stadt« im Staatenhaus 1950: links Abguss der Agrippina-Büste, in der Mitte Germanicus, rechts Agrippina d. Ä., auf der Schrifttafel die Sätze des Tacitus zu den Anfängen Kölns, Album zur Jubiläumsausstellung 1950, Kölnisches Stadtmuseum, Graphische Sammlung

wort erklärte Oberstadtdirektor Willy Suth, in »diesem Jahre« seien »1900 Jahre verflossen«, seitdem Köln »durch den Kaiser Claudius das römische Stadtrecht verliehen wurde.«[27] Das war formal korrekt, ließ aber Agrippina und deren entscheidende Rolle zunächst unerwähnt.

Doch Agrippina war die große Anlassgeberin. Dabei vermied man es, auf die in den vergangenen Jahrhunderten geführten Diskurse und auf Agrippinas durchaus umstrittene Persönlichkeit näher einzugehen. In der Einfüh-

der heutigen Stadt.«[28] Agrippina also war hier geboren, dann fiel ihr dies wieder ein, als sie Kaiserin wurde, dann erhob sie Köln zur Kolonie. Dies war alles. Kein Wort über den Mord an Claudius, die Herrschaft der Agrippina und ihres Sohnes Nero, die Tilgung ihrer Erinnerung auch in Köln, geschweige denn über Agrippinas sonstige vermeintliche oder tatsächliche Eskapaden, deren bloße Erwähnung zudem nicht in die prüden Moralvorstellungen der Adenauer-Ära gepasst hätten.

rung hieß es lapidar, für die Entwicklung Kölns seien »vor allem drei Tatsachen von der größten Bedeutung geworden«: erstens die Verlegung von Legionen nach Neuss und Bonn, »2. Agrippina d. J., Tochter des Feldherrn Germanicus, hatte im Jahre 16 n. Chr. in der Ubierstadt das Licht der Welt erblickt.« – sowie »3. Dieser Tatsche erinnerte sie sich, nachdem sie im Jahre 49 Gemahlin des Kaisers Claudius geworden war. Denn sie setzte es durch, daß ihre Geburtsstadt zur Kolonie erhoben wurde. Das war mit anderen Worten der eigentliche Geburtstag

In der »römischen und fränkischen Abteilung« der Schau im Staatenhaus war die »Gruppe I« den Anfängen des römischen Köln bis zur Mitte des 1. Jahrhunderts gewidmet, die »Gruppe II« der »Gründung der Kolonie im Jahre 50«.[29] Präsentiert wurden Skulpturen, Bodenfunde, Gläser und Keramiken. Agrippina tauchte bereits in der ersten Gruppe auf – jedoch nur als »Schriftsatz«, der ihre Bedeutung unterstreichen sollte.[30]

Wie auch sonst. Denn wirklich Anschauliches, gar Monumentales hatte man zu ihr nicht

Mit Agrippina aus den Trümmern

zu bieten. Man fühlt sich an Wallrafs Nöte im Vorfeld des Jubiläums des Jahres 1800 erinnert, als er verzweifelt nach Zeugnissen und Bildnissen der legendären Stadtgründerin suchte. In Köln behalf man sich 1950 mit dem »Abguß der Marmorbüste der Jg. Agrippina im Thermenmuseum zu Rom« – ansonsten mussten in Ermangelung von Herrscherbildnissen »Vergrößerte Lichtbilder« herhalten – und, wie ein eingelegter Zettel im Katalog verrät, weitere Abgüsse von antiken Büsten aus Rom, die man

Karl-Hugo Schmölz: Schriftzug und Logo der Agrippina-Versicherung am Büro- und Geschäftshaus Spribillé, Apostelnstraße 4, 1950, Privatbesitz

wohl erst nach Drucklegung erhalten hatte.[31] Dies tat dem Erfolg der Mammutschau keinen Abbruch. Dass die Ausstellung finanziell mit einem Defizit abschloss, fiel gegenüber ihrer intendierten politischen Wirkung nicht ins Gewicht.[32] Die Hauptsache war die Botschaft, die mit dem Jubiläum von Agrippinas Stadterhebung verbunden war. Diese brachte der Leiter des Nachrichtenamtes Hans Schmitt-Rost in einer von der Stadt eigens herausgegebenen Jubiläums-Illustrierten mit einer Auflage von 150 000 Exemplaren glänzend auf den Punkt – mit nur vier Worten: »KÖLN IST WIEDER DA.«[33]

Agrippina: Initiatorin und heitere Wegweiserin

Das Rezept, mit Agrippina die Bedeutung Kölns und dessen Wiederankunft auf der europäischen Bühne zu feiern, war aufgegangen – zumindest als international vernehmbare Botschaft. Demgegenüber traten hitzige Debatten im Stadtrat um die Kosten des Jubiläums, vor allem mit der KPD, die gleichwohl auch im »Ehrenausschuss« vertreten war, in den Hintergrund.[34] Neue Vitrinen für ein Museum waren nun vorhanden – auch wenn das oder die Museen noch lange nicht gebaut waren, denn ein Museum in »mehr oder weniger gut renovierten Ruinen« sollte es nicht geben, auch »keinen verlogenen Historizismus«.[35] Das mit Agrippina verbundene Jubiläumsjahr jedenfalls wurde als großer Erfolg verbucht: »Es wird«, verkündete Oberbürgermeister Schwering, »der Tag kommen – ich wiederhole es –, an dem wir alle der Persönlichkeiten gedenken, die in so hervorragender Weise dazu mitgewirkt haben, der Welt die Wahrheit über Köln vorzuführen. (Bravo! Lebhafter Beifall.)«[36]

Was immer diese »Wahrheit über Köln« gewesen sein mag: Andere zogen eine nachdenklichere Bilanz. »Nun stellte sich Agrippina als Initiatorin des Neubaues« der Stadt ein. Dabei hätte die »Aufgabe des Jubiläumsjahres«, so Jatho, darin bestehen müssen, »die neue Form« der Stadt und ihren Umgang mit Geschichte »zu überdenken. Jeder Eingeweihte hoffte, daß das ausgebrochene ›Jubeljahr‹, das uns an das Jahr 50 nach Christi Geburt erinnerte, wo die allhier geborene Kaiserin – die vom Parteienhaß und -klatsch entstellte Reichsregentin – der jungen Stadt das jus italicum verlieh, daß dieses Jahr uns mehr als einen Wunsch erfüllen werde, dies Jahr zwar nicht des Jubels, aber doch der stillen Selbstbefragung, der ernsten Freude am Herkommen, das zugleich Forderung und Beflügelung ist. Es war ein Ruf aus der Tiefe der Zeiten an das Verantwortungsgefühl jubiläumsfeiernder Enkel, die angesichts der Aufgabe, aus Trümmern und Versteppung die neue Form zu finden, zu jubilieren vorderhand noch wenig Anlaß hatten.«[37] Doch waren die frühen 1950er-Jahre wohl kaum angetan für »stille Selbstbefragung«. Die Jubiläumsausstellung, die laut Jatho »Auftakt zu einer neuen energischen Kölner Kulturpolitik« hätten werden können, verschwand mit ihren Exponaten »fürs erste zu guten Teilen wieder« in den »alten Depots oder in anderen hygienischeren und besser erreichbaren Unterschlupfräumen.«[38]

Kurz nach dem Jubiläumsjahr veröffentlichte der Journalist Franz Berger 1951 seinen »heiteren Wegweiser durch eine alte Stadt«.[39] Es war die erste ausführliche, populäre und historische Betrachtung nach dem Krieg. Und erstmals wurde darin die römische Geschichte Kölns gebührend gewürdigt: Im Plauderton des Dialogs leitet der Cicerone seine Begleiterin durch die Anfänge der Stadt und das römische Köln. Mit der früheren Geschichtsschreibung, die die Ubier als Verräter »an der germanischen Sache«[40] beschrieben hatten, wird aufgeräumt. Und nichts wird ausgelassen in diesem munter ausgebreiteten Panorama antiker Kultur: Dionysosmosaik und Römerturm, Stadtmauer und Wasserleitung, Skulpturen und Gläsersammlung (»die schönste der Welt«)[41] und das dazu gehörende Personal über Cäsar, Augustus und Marcus Agrippa bis zu Agrippina, »die den entscheidenden Anstoß für die große Entwicklung der Stadt gab.« Merkwürdig sei es, so Berger rückblickend, dass man ihr »als größte aller Römerfrauen« ein Standbild an der Fassade des Wallraf-Richartz-Museums gesetzt habe »neben die erste christliche Kaiserin Helena, eine seltsame Gegenüberstellung« und wohl Zeichen »verzeihlichen Lokalpatriotismus.«[42] Ihr Bildnis auf Geldscheinen der Inflationszeit sei dagegen »zweifellos besser angebracht«, schließlich sei sie ja die »Mutter des Scheusals Nero« gewesen. Die altbekannten Episoden von Gattenmord und »Pilgericht«[43] taten, wenngleich im ironischen Tonfall beschrieben, der überragenden Bedeutung der zwielichtig-faszinierenden Gründungsfigur Kölns keinen Abbruch. Der zivilisatorische Kontrapunkt folgte erst im Kapitel über die »Fränkische Elegie« mit dem Niedergang der römisch-kölnischen Glanzzeit.[44]

Von nun an waren »die Römer« und ihnen voran Agrippina auf dem Vormarsch in der städtischen Selbstdarstellung. Irma Brandes präsentierte 1956 unter dem Titel »Köln. Antlitz aus Tag und Traum« ein weiteres Mal ihr

Mit Agrippina aus den Trümmern

Köln-Buch aus der NS-Zeit, diesmal allerdings mit neuen und ausführlichen Passagen zum Wiederaufbau und zur römischen Epoche mit Agrippa und Agrippina, der sie »den mittlerweile zeitgemäßen Respekt« zollte.[45]

Kölle, wie et ess un woor

Der Selbstaufrichtung und Selbstvergewisserung – unter weitgehender Verdrängung der NS-Diktatur – diente, wenngleich weniger staatstragend als das Stadtjubiläum, der Karneval.[46] Dem inoffiziellen Umzug durch die Trümmer 1948 folgte die Kappenfahrt 1949 unter dem Motto »Mer sin widder do un dun, wat mer künne« mit einer halben Million Besucher. Über doppelt so viele sollte der Rosenmontagszug 1950 mit zahlreichen Festwagen und Fußgruppen in seinen Bann ziehen.[47] Sein Motto »Kölle, wie et ess un wor, zick 1900 Johr« war ganz auf das Stadtjubiläum ausgerichtet.[48]

Festausschuss-Präsident Albrecht Bode skizzierte im Juli 1949 Intention und Programm in einem Brief an Oberbürgermeister Robert Görlinger: Das »Antlitz der Mutter Colonia« sei »gräßlich verstümmelt«, dabei sei Köln doch »Metropole des Rheinlandes« und »Ein- und Ausfalltor des westlichen Europa« gewesen. Nun könne auch mithilfe von Karneval und Brauchtum »der Name ›Köln‹ (…) seine alte Anziehungskraft wiedergewinnen«, wozu die 1900-Jahr-Feier einen willkommenen Anlass biete.[49]

Tatsächlich bot der Rosenmontagszug 1950 unzählige Gelegenheiten, Szenen aus der Geschichte der Stadt darzubieten. Die römische Epoche war Auftakt und Schwerpunkt. Für Organisation und Zugleitung glaubte man, nicht auf die Hilfe von Thomas Liessem verzichten zu können, der nach 1945 Rede- und Auftrittsverbot hatte, weil er sich als führender Karnevalist mit den NS-Machthabern arrangiert hatte. Nun führte er den Zug an – auf einem Gefährt, einem römischen Rennwagen nachgebildet und von Araberhengsten gezogen.[50]

Höhepunkt der ersten Abteilung »Die Gründer Kölns und ihre Nachkommen« war auf einem Wagen die Agrippina. Genauer: die populäre Kölner Sängerin Grete Fluss, als beliebtes Urgestein des Kölner Karnevals ein Star voller Witz, Charme und derber Vitalität. Sie verkörperte die »Mutter der Stadt Colonia Claudia Agrippina«.[51] Es folgten Bilder aus der Zeit der Franken und Hohenstaufen, der Hanse und der preußischen Zeit, vertreten war als monumentale Figur auch Konrad Adenauer als »Colonias größter Sohn«.[52]

Im Ausland zeigte man sich keineswegs erfreut angesichts dieses opulent dargebotenen Versuchs, die rheinische Metropole ungeachtet der Verbrechen der NS-Diktatur wieder in die europäische Völkergemeinsacht einzugliedern. Ausgerechnet der römische dpa-Korrespondent zitierte die kritischen Stimmen: Solch ein Spektakel »gehört sich nicht« und es sei kaum nachvollziehbar, dass Köln so laut und so bunt feiere, »als wenn in Europa in den letzten Jahren nichts geschehen sei.«[53]

Auf den Bühnen der Stadt trat derweil Grete Fluss zusammen mit Trude Herr auf, die später ihr komödiantisches Erbe antreten sollte. Fluss verkörperte dort die »Mutter Colonia« im Kostüm der Kölner Jungfrau, im »Kaiserhof« tanzte sie gemeinsam mit dem Dreigestirn.[54] Dabei war die Rollenverteilung in Sachen »Jungfrau« bzw. »Mutter Colonia« noch keinesfalls geklärt. Obwohl zu Karneval 1950 der Kölner Juwelier Wilhelm Nasse als Jungfrau Wilhelmine in Frauenkleidern im Dreigestirn vertreten war, wurde offiziell erst im Jahr darauf die von den Nazis eingeführte Änderung, die Rolle der Kölner Jungfrau von einer Frau verkörpern zu lassen, wieder rückgängig gemacht – allerdings nach heftigen, auch in der Presse ausgetragenen Debatten in der Session 1950/1951. Während dieser Kölner »Jungfrauenstreit« tobte und noch unentschieden war, führte Bauer Klaus zu offiziellen Anlässen seine Tochter als »Jungfrauenersatz« auf die Bühnen.[55] Zwar blieben die Tanzmariechen weiblich, ganz so, wie es die Nazis eingeführt hatten. Doch nicht die Jungfrau. Am 23. Januar 1951 verkündete die Presse die erlösende Botschaft: »Also doch: Der Jungfrau«.[56] Das Hauptargument war, dass »eine Frau« die anstehenden Herausforderungen als Kölnische Jungfrau weder körperlich noch finanziell bewältigen könne – von der NS-Geschichte war keine Rede: Sexismus statt Vergangenheitsbewältigung.[57]

Mit Agrippina aus den Trümmern

Wenn do ding Pänz sühs, bes´de vun de Söck

Das bevorstehende Stadtjubiläum inspirierte den Kölner Komponisten und Schlagersänger Fritz Weber 1949 zu seinem Hit »1900 Johr steiht uns Kölle am Rhing«. Keine Frage: So machte Geschichte – auf Kölnisch – sogar in der Schule wieder Freude: »Frög d'r Lehrer en d'r Klass: ‚Macht euch die Geschichte Spaß, hier von eurer Vaterstadt?' Jo, dann sin mer platt.«[58] In einem anderen Karnevalsschlager hieß es: »Vor nüngzehnhundert Johre / wor Kölle noch ne Dreck. / Do kom et Agrippina un säht: / ›Dä Dreck, dä muß he weg!‹ «[59]

Der populäre Sänger und Komponist Karl Berbuer, der mit »O Mosella« 1948 einen großen Hit schuf und mit dem berühmten »Trizonesien-Song« 1949 sogar eine heimliche Nationalhymne, verkörperte wie Willi Ostermann den Höhepunkt des Kölner Karnevalslieds.[60] 1952 erschien sein »Kölnisches Marschlied« für Klavier und Akkordeon, ganz der Kaiserin und Stadtgründerin gewidmet: »Agrippina«.[61]

Schwungvoll hob Berbuer an. Fromm – wie eine alte, katholische Jungfrau, die die Kerze hält (»Kääzemöhn«)[62] – sei diese Gründerin Kölns gewiss nicht gewesen, im Gegenteil: »ein Aas« und ein echter »Vämp«. Aber mit großen Fähigkeiten und ganz famos:

Agrippina heiß die Frau,
die, dat wesse mer genau,
Köln am Rhing gegründet hät.
Süch dat Minsch kunnt doch jet,
däm möht mer ens sage bloß,
Köln wor hellig, doch do Oos
Wors bestemmb kein Kääzemöhn,
ävver sons famos:

(Agrippina heißt die Frau,
die, das wissen wir genau,
Köln am Rhein gegründet hat.
Sieh, die Frau konnt' doch etwas,
der müsste man mal sagen bloß,
Köln war heilig, doch du Aas
warst bestimmt keine fromme Alte,
aber sonst famos:)

Grete Fluss als »Mutter Colonia«: »nu luhren se ens nur, wie ›die‹ in Paris ahngitt –! do föhlen ich mich doch als ›Mutter Colonia‹ wohler«

Der dann folgende freche Refrain spielt auf die Zeit des beginnenden Wirtschaftswunders an, als man sich in Köln aus Zerstörung und Trümmern allmählich befreite, in der die Jugend (»deine Kinder«) die altehrwürdige Kaiserin zum Staunen bringe mit Lebenswillen und modernen Tänzen wie dem »Bebop«, der in den nächsten Strophen besungen wird.

Das erinnert an Willi Ostermanns Lied »Och, wat wor dat fröher schön doch en Colonia« – jedoch 1952 mit »Agrippina« völlig ohne sentimentalisches Bedauern über die Tänze von heute (»Dänz vun hück«), denen Ostermann 1930 noch die alte »Heimat« als positives Gegenbild entgegengehalten hatte.[63] Amüsanter als von Berbuer ist der zivilisatorisch »lange Weg« über Rom nach Westen wohl nie besungen worden.

Agrippina, Agrippinensis,
wenn do ding Pänz sühs, bes´de vun de Söck.
Agrippina, Agrippinensis,
wenn do uns Dänz sühs, hälts do uns för jeck.
Doch dat ess no eimol Mode hück.
Un mer han jo och en jecke Zick.
Agrippina, Agrippinensis,
wenn do ding Pänz sühs, bes´de vun de Söck.

(Agrippina, Agrippinensis,
Wenn du deine Kinder siehst, bist du von den Socken.
Agrippina, Agrippinensis,
wenn du unsere Tänze siehst, hälst du uns für verrückt.
Doch das ist nun einmal Mode heut'.
Und wir haben ja auch eine verrückte Zeit.
Agrippina, Agrippinensis,
Wenn du deine Kinder siehst, bist du von den Socken.)

Berbuers »Agrippina« wurde ein Kassenschlager und ist bis heute karnevalistischer Dauerbrenner.[64] Zwei Jahre nach der großen Jubiläumsschau, 1952, war die Kaiserin in aller Munde und in allen Kneipen und Festsälen Kölns angekommen.

Die Rückkehr der Römer

Im Stil der 1950er-Jahre: Der Römerbrunnen

Während der Vorbereitungen zum großen Jubiläum mit der Ausstellung »Köln – 1900 Jahre Stadt« schien es nicht opportun, ausgerechnet jenes Denkmal seinem Schicksal zu überlassen, das an genau dieses Jubiläum erinnerte: den Römerbrunnen. Er war durch Fliegerbomben stark beschädigt. Ende 1949 begann die Diskussion, was mit dem Monument geschehen solle. Das Gartenamt holte einen Kostenvoranschlag für seine Wiederrichtung ein.[1]

Hierfür war Geld zur Verfügung gestellt, die Maßnahme aber zunächst nicht durchgeführt worden. Anfang der 1950er-Jahre lag der Brunnen immer noch in Trümmern und die Debatte darum entflammte erneut. Für einen völlig neuen Brunnen und gegen den Wiederaufbau plädierten Kulturdezernent Wilhelm Steinforth und Stadtkonservatorin Hanna Adenauer[2] – deren Vetter, Oberstadtdirektor Max Adenauer, ordnete dagegen wiederholt »die Wiederherstellung in der alten Form« durch den Bildhauer Prof. Wolfgang Wallner an.[3] Für einen dritten Weg plädierte der Ausschuss für Denkmalpflege und Naturschutz: für eine neue Gestaltung der Anlage, jedoch unter Verwendung der nicht oder kaum zerstörten Bauteile und Reliefs.

Dieser Weg wurde eingeschlagen. Nach Vorlage verschiedener Entwürfe setzten sich die Pläne des Architekten Karl Band, selbst Stadtverordneter und Mitglied des Denkmalausschusses, durch. So erlangte der Römerbrunnen 1954 bis 1955 seine heutige Gestalt unter Einfügung der erhaltenen Reliefs und Bildnisse an anderen als den ursprünglichen Stellen.[4] Seitdem bietet, vom Römerbrunnen nach Osten blickend, die römische Wölfin mit dem Kölner Dom wieder ein imposantes Bild: Antike und Abendland.

Mer blieve zesamme

1955 ließ die Kölner Karnevalsgesellschaft »Mer blieve zesamme e. V. von 1937« mit ihrem Logo »MBZ« einen bemerkenswerten Sessionsorden fertigen.[5] Offenbar orientierte sich der unbekannte Gestalter an römischen Vorbildern, an antiken Münzen oder der berühmten »Gemma Claudia«, die die gestaffelten Profile von Clau-

Sessionsorden von 1955 mit Prinz Karneval, Agrippina und Claudius, Kölner Karnevalsmuseum

Antikes Familienbild: links Kaiser Claudius und dahinter seine Gattin Agrippina, gegenüber rechts die Eltern der Braut Germanicus und Agrippina d. Ä., »Gemma Claudia«, Kameo, um 49 n. Chr., Wien, Kunsthistorisches Museum

dius und Agrippina und deren Eltern Germanicus und Agrippina d. Ä. einander gegenüber-
stellt.[6]

Im Kölner Karneval sah ein solches Familien-
treffen anders aus: rechts als Münzbildnisse
Claudius und Agrippina[7], links Prinz Karneval
des Jahres 1955, dazu noch der mittelalterliche
Lobspruch »Köllen eyn Kroin boven allen steden schoin«. Angesichts des Verhältnisses von
Agrippina zu ihrem Gatten Claudius war »Mer
blieve zesamme« eine gewagte Formel – doch

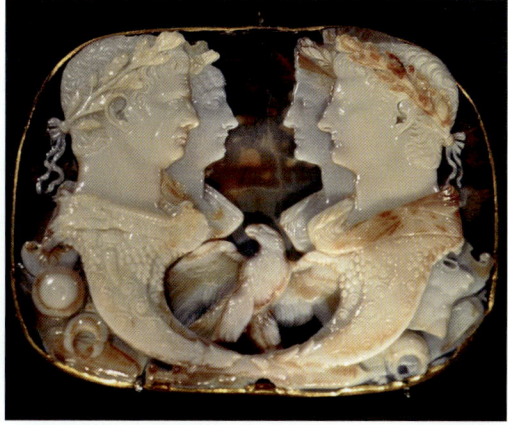

hier diente sie als Zeichen urkölnischer Verbundenheit mit Agrippina und den antiken Wurzeln der Stadt.

Unsere Stadtgründerin, staatstragend

Weniger humorvoll, dafür umso staatstragen-
der wurde die Neuanfertigung der Amtskette
für den Kölner Oberbürgermeister im gleichen
Jahr 1955. Vor 1794 war der Stab das Attribut
der Bürgermeister, in preußischer Zeit hatten
die Oberbürgermeister seit 1855 den König mit
einer prächtigen Amtskette empfangen – nicht
als Verpflichtung, sondern als stolz zur Schau
getragenes Privileg. Doch diese Amtskette war
im Feuersturm des Zweiten Weltkriegs im Rathaus geschmolzen.[8]

Ein weiteres Mal engagierte sich der Kölner CDU-Ratsherr Schaeven. Er drängte darauf,
eine neue Kette anfertigen zu lassen. Dies sei
– angesichts von Oberbürgermeistern anderer
Städte wie etwa Düsseldorf, die eine Amtskette
trugen – längst überfällig und der historischen
Bedeutung Kölns angemessen.[9] Sponsoren aus

Die Rückkehr der Römer

dem vermögenden Kölner Bürgertum waren schnell gefunden – immerhin beliefen sich die Kosten am Ende auf exakt 29.241,81 DM.[10]

Dafür bekam man ein hochrangiges Kunstwerk und gleichzeitig ein veritables Lehrbuch kölnischer Geschichte von den Anfängen bis zur Zerstörung der Stadt 1943. Beauftragt wurde die angesehene Kölner Goldschmiedin Elisabeth Treskow, beraten vom Direktor des Kölnischen Stadtmuseums Franz Brill und dessen Mitarbeiterin Edith Meyer-Wurmbach. Der Di-

Elisabeth Treskow: Amtskette des Kölner Oberbürgermeisters, 1955, mit Bildnis der Agrippina (2. Medaillon von links), Amt der Oberbürgermeisterin, Kölnisches Stadtmuseum

rektor des Römisch-Germanischen Museums Fritz Fremersdorf half beim Ankauf antiker Münzen mit Bildnissen von Herrschern, die in die Kettenglieder eingearbeitet wurden, Oberbürgermeister Schwering selbst formulierte die erklärenden Inschriften auf den Zwischengliedern.[11] Prunkstück und Mittelpunkt wurde, wo auf der alten Amtskette nur ein Bildnis des preußischen Königs zu sehen war, die von Treskow figürlich gestaltete Anbetung der Heiligen Drei Könige. Darunter hängen, an vornehmster Stelle, ein Ursulataler sowie antike Münzbildnisse des Augustus, der Agrippina d. Ä. und des Claudius.

Agrippina d. J. mit der Erläuterung »AGRIPPINA ERHEBT CÖLN ZUR RÖMISCHEN COLONIE« ist auf einen etwas weniger ehrenvollen Platz verwiesen – doch immerhin in Gestalt einer antiken Goldmünze.[12]

Von nun an baumelt sie bei feierlichen Anlässen unterhalb der rechten Schulter des jeweiligen Oberbürgermeisters: erstmals am 2. Oktober 1955, als Schwering zur feierlichen Wiedereröffnung des Gürzenich Bundeskanzler Adenauer, Kardinal Frings, Ministerpräsident

such des Papstes«.[14] Ob der Heilige Vater, den Oberbürgermeister Schramma nur wenige Wochen später in Köln tatsächlich begrüßte, die Amtskette oder gar das Agrippina-Bildnis gewürdigt hat, wissen wir nicht.

Eine fromme Mutter Colonia

Abendland und Antike waren auch die Leitmotive bei der Ausstattung des neuen Spanischen Baus, errichtet von Theodor Teichen im Stil der 1950er-Jahre. Agrippina sucht man hier verge-

Karl Arnold und andere Zelebritäten empfangen durfte.[13]

In einer Feierstunde 50 Jahre später erläuterte nicht ohne Humor Oberbürgermeister Fritz Schramma als später Nachkomme eines »immerhin nach Cäsars Angaben (…) kultivierteste(n) der Germanenstämme« die Symbolik der Amtskette, auf der auch »unsere Stadtgründerin Agrippina« zu sehen ist – und dass diese nur beim Fronleichnamsfest, der Verleihung des Ehrenbürgerrechts, dem Besuch eines ausländischen Staatsoberhauptes, dem Abschluss bzw. Jubiläen von Städtepartnerschaften getragen wird – sowie beim »Be-

bens; auf der kühnen und riesigen Glasmalerei von Georg Meistermann im Treppenhaus ist sie nicht genannt, im Wandmosaik von Jürgen Grümmer steht eine andere Dame im Mittelpunkt: die Europa auf dem Stier.[15] Doch für die Außenfassade am Theo-Burauen-Platz schuf der Bildhauer Seff Weidl eine merkwürdige Reminiszenz: eine gigantische »Mutter Colonia« aus Bronze, vier Meter hoch. Man bedauerte ihr »plattes« Aussehen und hätte sich lieber kölnische, sinnlichere Formen gewünscht.[16]

Hier verschmilzt die Stadt-Allegorie nicht mit der Figur der Agrippina, sondern mit dem genauen Gegenteil: einer Schutzmantel-

Die Rückkehr der Römer

Seff Weidl: Mutter Colonia, monumentale Skulptur am neuen Spanischen Bau, 1954-1956

Arnold Stelzmann und Robert Frohn: Illustrierte Geschichte der Stadt Köln, Köln, Umschlag von Werner Ahrens

Marmorbüste der Claudia Octavia oder der Agrippina, um 54–68 n. Chr., Rom, Museo Nazionale Romano, Palazzo Massimo alle Terme

madonna, die die Gläubigen unter ihren Mantel nimmt. So wurde in Köln auch die heilige Ursula mit ihren elftausend Jungfrauen dargestellt. Was soll's: »Die Stadtmutter Agrippina, die Allegorie Colonia, die 11.000 Jungfrauen, und nicht zu vergessen: die Jungfrau des Karnevals. Diese alle vermischen sich zuweilen.«[17] In diesem Falle zu einer wohl allzu fromm geratenen Gestalt.

Das Herz Europas

Im Jahr 1958 erschien im Kölner Verlag J. P. Bachem erstmals seit der Publikation von Franz Bender und Theodor Bützler 1911[18] wieder eine Geschichte der Stadt Köln in einem illustrierten Band, gedacht für ein breites Publikum, verfasst vom Kölner Historiker Arnold Stelzmann. Die Presse reagierte postiv: »Köln hat nun wieder die lange erwartete volkstümliche Darstellung seiner reichen und großen Geschichte.«[19] Offenbar war das Bedürfnis nach historischer Orientierung und »die Anteilnahme«[20] unter den Kölnern groß: 1962 vollendete Robert Frohn die zweite Auflage, bis zur 11. Auflage 1990 blieb diese »Illustrierte Geschichte der Stadt Köln« ein Standardwerk.[21]

Agrippina und ihre Bedeutung für Köln sind darin ausführlich behandelt. »Diese Frau, die die Stadtmutter Kölns werden sollte« wird dabei durchaus auch mitsamt ihrer »Liebeshändel« als »hemmungslos ehrgeizige« Person gekennzeichnet, die von ihr betriebene Kolonie-Erhebung des Jahres 50 und die »Agrippinenser«, die sich nach ihr benannten, ausführlich geschildert.[22]

Programmatisch war der Schutzumschlag, gestaltet 1958 von Werner Ahrens mit nur drei Bildmotiven vor tiefdunklem Hintergrund, denen damit der Charakter Kölner Ikonen zukam: die in roter Farbe wiedergegebene Ansicht Kölns mit dem unvollendeten Dom aus Woensams großem Stadtpanorama von 1531, auf der Rückseite mit dem Motiv des im Zweiten Weltkrieg »brennenden Köln« aus den Domtüren-Reliefs von Ewald Mataré sowie oben auf der Titelseite mit dem einmontierten Schwarz-Weiß-Foto einer Büste der Agrippina. Aufklärung, Industrialisierung und Moderne fehlten. Die Leitmotive verkörperten das, woran die im Krieg zerstörte Stadt sich in der jungen Bundesrepublik orientieren sollte: europäische Antike und christliches Abendland. Dass die Folgen von Diktatur und Krieg durch eine solche Rückbesinnung überwunden werden sollten, formulierte kein Geringerer als Bundeskanzler Adenauer, der ein handschriftlich signiertes Grußwort zur Verfügung stellte, das man dem Buch gerne voranstellte: »Das ›Heilige Köln‹, von den Römern gegründet, von den Kräften des Christentums geformt, im humanistischen Geiste erwachsen, war im Hohen Mittelalter

einmal das Herz Europas. Mein Wunsch an die Bewohner meiner Vaterstadt: Bleibt gute Kölner und Deutsche und werdet noch bessere Europäer. Konrad Adenauer«.[23]

Bei der auf dem Titel gezeigten, dramatisch ausgeleuchteten antiken Büste handelt es sich laut Bildnachweis um den »Kopf der Agrippina der Jüngeren« auf einem Foto des Rheinischen Bildarchivs.[24] Es war jene Marmorbüste aus dem Nationalmuseum in Rom, Palazzo delle Terme, datiert um 54–68 n. Chr., die vielleicht Agrippina d. J., eher aber Claudia Octavia oder vielleicht sogar Poppaea Sabina darstellt.[25] Ge-

nauer: jene Büste, die man in Ermangelung von in Köln vorhandenen Bildnissen der Agrippina bereits 1950 in der großen Ausstellung zum Stadtjubiläum im Staatenhaus präsentiert hatte.[26] Als Abguss.

Rom am Dom

Noch gab es für die Antikensammlungen der Stadt Köln kein Museum. Seit das Kölnische Stadtmuseum 1958 im Zeughaus seine Pforten öffnete, wurde in der benachbarten Alten

Wache eine Auswahl von Kostbarkeiten des Römisch-Germanischen Museums präsentiert. Die in der Zeit des Wiederaufbaus von Fremersdorfs Nachfolger Otto Doppelfeld gemachten Entdeckungen und Ausgrabungen lenkten den Blick der Kölner verstärkt auf das römische Erbe Kölns: 1953 das Praetorium – Regierungssitz, aber auch vermuteter Geburtsort der Agrippina, 1965 das Ubiermonument. Ausstellungen taten ein Übriges. 1967 lockten »Römer am Rhein« die staunenden Massen in die Kunsthalle am Neumarkt zu den besten Werken aus Kölns römischer Zeit, ergänzt von kostbaren

Die Rückkehr der Römer

Funden aus dem Rheinland. Im gleichen Jahr fiel der Startschuss zum Bau des Römisch-Germanischen Museums, einem seinerzeit spektakulären Bau an der Südseite des Doms, im Winter 1969/70 begleitet von der Ausstellung »Rom am Dom«.

Agrippina goes Pop

Die Römer waren »in« und kamen seit der Konzeption des 1974 eröffneten Museums durch Doppelfelds Nachfolger Hugo Borger zeitgemäß und »sexy« daher. Statt eines wissenschaftlichen Katalogs gab es zur Eröffnung die großformatige, modern gestaltete »Kölner Römer-Illustrierte«.

Aber: leider immer noch kein unzweifelhaft authentisches monumentales Bildnis der Agrippina. Eine lange als Bildnis der »Stadtgründerin« geltende Büste ließ Museumschef Borger unter der auf Agrippinas »Sinnlichkeit« anspielenden fett gedruckten Schlagzeile »Die Verführungskünste« in der »Römer-Illustrierten« abbilden.

Der Historiker und Archäologe Jörgen Bracker, der den Text dazu verfasste, gestand zu, dass die Büste wohl erst im 2. Jahrhundert entstand, deutete aber zugleich an, es könne sich ja dennoch um ein spätes Bildnis der Agrippina handeln, das man in Köln, wo man sie immer noch verehrte, erst um 140 n. Chr. geschaffen habe.[27]

Offenbar hielt man es für wichtig, für das große Publikum Agrippina in irgendeiner monumentalen Weise präsentieren zu können. Die gleiche Büste war das Leitmotiv auf der Rückseite und auf dem Titelbild der »Römer-Illustrierten«, liegend auf einem Rollfeld, mit einem Flugzeug im Hintergrund – im experimentell anmutenden Stil der frühen 1970er-Jahre Moderne und Antike miteinander verbindend.[28]

Erstmals 1979 stellten auch die »Merian«-Hefte, zuvor mit Schwerpunkt auf Mittelalter, Dom und Karneval, das neue Römisch-Germanische Museum, archäologische Ausgrabungen und die römische Geschichte Kölns in den Vordergrund.[29]

Ausgerechnet in der nach ihrem Großvater Agrippa benannten Straße in der Kölner Altstadt, in der Berbuer geboren wurde, der 1952 Agrippina zur Schlagerheldin machte, befin-

Werbung mit vermeintlicher Agrippina-Büste zur Eröffnung des Römisch-Germanischen Museums 1974: Titelbild der Kölner »Römer-Illustrierte«

kölner kölner **kölner** kölner kölner kölner kölner kölner kölner kölner kölner kölner

I·1974

RÖMER ILLUSTRIERTE

...misch-Germanisches Museum der Stadt Köln

öffnet täglich von   10.00 – 20.00 Uhr

Die Rückkehr der Römer

det sich ein monumentales Wandbild. Wo das Agrippabad nicht weit ist, lag die Erinnerung an Agrippina offenbar nahe. Das Wandbild soll von Studenten auf die eher unscheinbare Fassade des in den 1950er-Jahren erbauten Hauses Agrippastraße Nr. 16/Ecke Krummer Büchel gemalt worden sein. Es zeigt in plakativen Blautönen überlebensgroß und weithin sichtbar betitelt »AGRIPPINA«, in lässiger Haltung, den Arm auf der Stuhllehne.

Ganz so, wie sie seit der Produktwerbung zu Anfang des 20. Jahrhunderts populär geworden war und wie man sich in Köln die römische Kaiserin und Stadtmutter vorstellte – und wie man sich doch in Wirklichkeit eher Kaiserin Helena vorstellen muss, denn deren Sitzstatue in den Kapitolinischen Museen in Rom stand wieder einmal Patin.[30]

Agrippinas Schutzbefohlene grüßen die Herren der Welt

Das populäre und niederschwellige Konzept des Römisch-Germanischen Museums ging auf: Seit der Eröffnung bestaunten über 20 Millionen Menschen Kölns römische Schätze.[31] Als im Sommer 1999 die Welt nach Köln blickte, versammelten sich die Repräsentanten der führenden Nationen beim G-8-Gipfel auf dem Dionysosmosaik im Römisch-Germanischen Museum, umgeben von Zeugnissen des römischen Köln.

Bezug nehmend auf die von Agrippina betriebene Stadterhebung des Jahres 50 (»im Jahre 1949 nach der Gründung der Colonia«) begrüßte das selbstbewusste »Kollegium der Archäologen, die die Sache des Claudius schützen« mit einem lateinischen Spruch auf einem großen Transparent Bundeskanzler Gerhard Schröder, US-Präsident Bill Clinton, Frankeichs Präsident Jacques Chirac, Premierminister Tony Blair und andere Staatschefs – als diejenigen, die »heute im Herzen der Stadt von Agrippinas Schutzbefohlenen zusammenkommen«[32].

Vermeintliche Agrippina-Büste auf der Rückseite der Kölner „Römer-Illustrierten", 1974

AGRIPPINA: Wandmalerei auf dem Haus Agrippastraße 16, Foto 2015

Große Oper in Köln

Köln, Stadttheater, 16. Januar 1904, Festaufführung des Vaterländischen Frauen-Vereins, Fotodruck, Theaterwissenschaftliche Sammlung der Universität zu Köln

Händels Agrippina

Im Alter von 24 Jahren komponierte Georg Friedrich Händel, der bereits eine Kantate »Agrippina« geschrieben hatte, seine gleichnamige Oper. Das Libretto verfasste Vincenzo Grimani, Kardinal und Vizekönig von Neapel: ein munteres, erotisch aufgeladenes Ränkespiel innerhalb der aristokratischen Elite im Stil der neapolitanischen Opera seria – mit Anspielungen auf aktuelle politische Intrigen des Rom gegenüber kritischen Kardinals. Uraufgeführt 1709 in Venedig, schlägt Händels Musik die Brücke zwischen neapolitanischer und venezianischer Operntradition.[1]

In der Oper verfolgt Agrippina als einziges Ziel, ihren Sohn Nero zum Kaiser zu machen – doch anders als in der antiken Wirklichkeit ist hier von Mord und Totschlag keine Rede. Stattdessen umso mehr von Verderbnis, Verstellung und Lüge. Agrippina, von moralischen Skrupeln gänzlich frei, bringt ihre erotische Wirkung zu vollem Einsatz und singt: »Lode ha, chi per regnar inganno adopra« (»Ruhm erntet, der um des Herrschens willen Betrug übt«).[2] Am Ende verzichtet Ottone (Otho) auf den Thronanspruch zugunsten der Liaison mit der von ihm (wie auch von Claudio alias Kaiser Claudius) heiß begehrten Poppea (Poppaea Sabina).

Im großen Schlussbild des dritten Aktes kommt es vor versammeltem Hof zum Happy End: Claudius verzeiht allen und erklärt Poppea und Ottone zum Hochzeitspaar und Nero zu seinem kaiserlichen Nachfolger.[3] Händels Oper war ein überwältigender Erfolg. Umso erstaunlicher, dass moderne Aufführungen erst wieder ab 1943 einsetzten.[4]

Fulminantes Festspiel am Rudolfplatz

Außer in Köln, das zur Titelheldin bekanntlich ein besonderes Verhältnis pflegte. Agrippina, Verkleidung, Kulisse, große Oper: eine unschlagbar erfolgreiche Verbindung, zumal hier, wo »man die Oper recht eigentlich als die Kunstform unserer Stadt empfindet (...) An der Verpflichtung oder dem Ausscheiden einer guten Opernkraft nimmt jeder Kölner stärkeren Anteil als an den wichtigsten städtischen Geschäften.«[5] So war das Schlussbild mit der versammelten römischen Hofgesellschaft und unzähligen Kompars(inn)en entsprechend eindrucksvoll, als der »Vaterländische Frauen-Verein« als »Festaufführung« Händels Oper 1904 im damals noch Stadttheater genannten, 1902 eröffneten neuen Opernhaus am Ring präsentierte – inmitten einer gigantischen Kulisse des Forum Romanum.[6]

Eine Agrippina für Köln

Ähnliches – unter gänzlich anderen gesellschaftlichen und künstlerischen Vorzeichen – vollzog sich 1985. Zwei Jahre zuvor war Hän-

dels Oper am Ort ihrer Uraufführung in Venedig wieder präsentiert worden.[7] Nun inszenierte der Kölner Opernintendant Michael Hampe im Händel-Jahr, zum 300. Geburtstag des Komponisten, Händels »Agrippina« am Offenbachplatz.

Es war die Übernahme einer kurz zuvor für die Schwetzinger Festspiele von ihm geschaffenen Fassung, schwungvoll, mit Witz und ironischer Brechung. Bühnenbild und Kostüme entwarf Mauro Pagano, der das antike Famili-

Große Oper in Köln

endrama in den Stil des Empire und in die Zeit des napoleonischen Kaiserreichs versetzte, das sich ja ebenfalls auf römische Vorbilder berief. So hielt Agrippina auf der Kölner Opernbühne, inspiriert von Jacques-Louis Davids Gemälden, Einzug im Kostüm der Kaiserin Joséphine und Claudius im Cäsarengewand Napoleons. Der Diener Lesbo erschien in der einfachen Uniform Napoleons, lediglich Komparsen als gefangene Germanen boten einen pittoresken Kontrast.[8]

Titel des Librettos der Uraufführung im Teatro San Giovanni Grisostomo, Venedig 1709

Aufführung in Leipzig, Opernhaus und Städtische Theater, 1958 mit Elsie Hesse als Agrippina, Theaterwissenschaftliche Sammlung der Universität zu Köln

Mauro Pagano: Entwurf der Kostüme für Agrippina, Fotokopie mit handschriftlichen Kommentaren und Stoffproben, 1985, Theaterwissenschaftliche Sammlung der Universität zu Köln

Bühnenbild und Kostüme erlebten in der erneuten Kölner Aufführung 1994 ihre Wiedergeburt, zuletzt noch 2010 im Theater Erfurt, ebenfalls in der Inszenierung von Michael Hampe.[9] Eine DVD mit der Inszenierung von 1985 ist im Handel.[10] Trotz dieses »Festes für die Augen«[11] waren in Köln 1985 die Reaktionen geteilt. Kritisiert wurde eine nicht immer ausreichende musikalische Leistung,[12] während andere erklärten: »gesungen und gespielt wurde prachtvoll«.[13]

Große Oper in Köln

Barbara Daniels als Agrippina auf dem Kaiserthron, Szenenfoto Oper der Stadt Köln 1985, Foto: Paul Leclaire, Theaterwissenschaftliche Sammlung der Universität zu Köln

Janice Hall als Poppea und Barbara Daniels als Agrippina, Szenenfoto Oper der Stadt Köln 1985, Foto: Paul Leclaire, Theaterwissenschaftliche Sammlung der Universität zu Köln

Star der Aufführung war Barbara Daniels als Agrippina, auch wenn die Kritik im Kölner Stadt-Anzeiger ihr die »Lust am Bösen« nur bedingt abnahm und ihre »gluckengleich ins Matronenhafte spielende Ausstrahlung« bemängelte.[14] Tatsächlich hatten ja Händel und Grimani nicht in erster Linie Agrippina, sondern mehr noch die jüngere Poppea zu Verführerin allerhöchsten Ranges stilisiert.[15] Wie dem auch sei: Das in Köln präsentierte römische Ränkespiel schuf bewusst Assoziationen zur 1985 beliebten US-Fernsehserie »Denver Clan«. Und somit wurde die Kölner Agrippina parallelisiert mit dem berühmt gewordenen »Biest«, der »attraktiven und intriganten Konzernchefin Alexis Carrington-Colby, die mit allen Mitteln versucht, das Industrieimperium ihres geschiedenen Mannes in ihre Hände zu bringen.«[16]

Apotheose am Offenbachplatz

Der eigentliche Clou der Inszenierung jedoch bestand in einer sehr kölnischen Fassung von Händels Oper. Deren Schluss wurde nämlich verändert und an die antike Gründungsgeschichte der Domstadt angepasst. Kein Wunder, dass die Presse titelte: »Zum Ruhme Kölns«[17] und »Roms Kaiserin erobert Köln«.[18]

Dies erläuterte man klug und ausführlich im Programmheft, dessen Titelseite den Kameo mit der Darstellung der Krönung Neros durch Agrippina vom Kölner Dreikönigenschrein zeigte und das auch eine Fotografie der Sitzstatue der Agrippina aus dem Nationalmuseum Neapel enthielt sowie mit weiteren Abbildungen antiker Werke aus dem Römisch-Germanischen Museum illustriert war.[19]

Zweifellos sei, so wurde erklärt, Agrippina »die bekannteste Kölnerin«. Sie habe Köln – hier wurde die berühmte Tacitus-Passage angeführt – »gegründet« und dann »ihren Mann aus dem Namen der Stadt verdrängt, genauso, wie sie ihn vom Thron verdrängte« (und aus dem Leben, möchte man hinzufügen). Jedenfalls, so heißt es historisch nicht ganz korrekt weiter, sei aus »Colonia Claudia Ara Agrippinensium« später »Colonia Agrippina« geworden und im Mittelalter habe man nur noch von »Agrippina« gesprochen. Daher lasse »die gegenwärtige Aufführung« das »Werk mit der Gründung Kölns enden«.[20]

Die Kritik nahm Hampes »ausgefeilte, auf die Gründung von Köln alias Colonia zielende Inszenierung«[21] augenzwinkernd auf. Der »Express« betonte genüsslich das Lokalkolorit der Stadtgründung (»Heute heißt sie Köln«),[22] die »Kölnische Rundschau« verkündete, mit dieser Oper sei »Agrippina an jenen Ort zurückgekehrt«, wo sie vor mehr als 1900 Jahren geboren worden sei – dieser Ort heiße zwar längst »Colonia«, doch »Köln verehrt die intrigante Kaiserin als Stadtgründerin.«[23] Dagegen erklär-

te die Düsseldorfer Presse ironisch: »Nun wissen wir es endlich«: dass nämlich Händel seine Agrippina 1709 nur »zum Ruhm der Stadt Köln« geschrieben habe.[24]

Wie sah er aus, der spektakuläre, für Köln neu gestaltete Schluss der barocken Oper? In Abänderung von Grimanis Libretto verfällt Kaiser Claudius in der alle versammelnden Schlussszene der Kölner Inszenierung auf die glorreiche Idee, nicht nur – wie in Händels Urfassung – Ottone (Otho) mit Poppea zu verheiraten, sondern diesen Gegenspieler Neros auch gleich in einem zu entsorgen. Er sendet ihn nach Germanien – nicht zuletzt, um selbst un-

Große Oper in Köln

gestört erotische Abenteuer mit dessen in Rom verbleibender frischgebackener Gattin Poppea erleben zu können. Aber vor allem: um Köln zu gründen.

Die Schlussstrophen des Claudio – gesungen wurde italienisch, doch eine deutsche Fassung den Opernbesuchern als »Textbuch« vorgelegt – lauteten: »Du erhabene Agrippina, treueste Gattin, würdig bist du des Ruhmes. Zu deinem ewigen Gedächtnis sei eine neue Stadt in Germanien gegründet. Dies zu tun macht sich der treue Ottone noch heute auf. Ihr Name sei für immer: Colonia Agrippina!«[25]

Schon als Agrippina kurz zuvor ihre letzte Arie zum Besten gab (»Da Nerone jetzt herrscht, sterbe ich in Frieden«)[26], war im Bühnenbild der Schlussprospekt aufgezogen. Hinter dem Thron, den Nero besteigen wird, erschien in goldenem Licht die Kulisse Kölns, mit dem Dom in der Mitte, der Apostelnkirche links, der mittelalterlichen Severinstorburg und dem Grabmal des Poblicius rechts, bekrönt von einer Banderole mit den strahlenden Lettern »COLONIA AGRIPPINA«. Dazu schmetterte der Schlusschor: »Freudig soll der Rhein die Strahlen des neuen Glanzes umspielen und die Heirat soll der Kaiser festlich begehen lassen.«[27] Mit »Agrippinas Apotheose«[28], mit der »wie eine Vision«[29] im Glorienschein auftauchenden Stadtsilhouette endete somit das eindrucksvolle Spektakel.

Die Kölner Inszenierung steigerte die Vorgaben Händels und Grimanis in der Tradition der barocken Oper mit einem gloriosen Happy End ohne Blutvergießen. Ob es Intendant und Regisseur Michael Hampe bewusst war, dass er, wenngleich ironisch unterfüttert, so doch ganz ähnlich verfuhr wie Wallraf in Köln 185 Jahre zuvor? Agrippina nämlich darzustellen als zwar intrigante Figur, doch ebenso als verehrungswürdige Größe, als »zum Unglück geleitetes Weib – Agrippina, die Mitstifterin, die Mutter meiner Vaterstadt.«[30] Beide – Professor und Opernintendant – setzten eine glorreiche Stadtgründerin Agrippina in Szene. Und damit die Verklärung der Größe Kölns.

Agrippina in Bewegung
Ein Ausblick von Irene Franken

Der »Trauermarsch der Jungfrauen« vom Eigelstein zum Kölner Dom verwandelte sich 1988 in den Triumphzug der Agrippina alias Lorose Keller, Pressefoto: Frank Aheimer, Archiv Kölner Frauengeschichtsverein

Emanzipation der Agrippina

Bis in die 1960er-Jahre war die »literarische« Agrippina überwiegend die des Tacitus, Lohenstein, Händel oder Berbuer. Im Kontext der Neuen Frauenbewegung wurde der historiografische Blick auf Frauen der Geschichte, seien sie Opfer oder Täterinnen, fokussiert. Es galt einerseits, unbekannte Frauen und Frauengruppen in die Geschichte einzuschreiben (Hebammen, Dienstmädchen, Prostituierte etc.), andererseits aber auch, berühmte Frauen neu zu ›justieren‹. Agrippina konnte da nicht fehlen. Es erschienen zunächst verschiedene Abhandlungen, die ›ad fontes‹ gingen, zu den Quellen – das heißt Analysen der Darstellung von Agrippina bei antiken, als misogyn (frauenfeindlich) bewerteten Historikern.[1] Schürenberg stellte zum Beispiel heraus, dass die Erweiterung der Wirkungsmöglichkeiten von Frauen im römischen Kaiserreich im Gegensatz zur vorhergehenden republikanischen Tradition als neu und provozierend erschien. Intrigen und Mordaufträge der Kaisergattinnen verurteilte der Historiker Tacitus weit schärfer als gleich bösartige Taten von Männern wie Tiberius oder Caligula. Tacitus traute jeder Frau der aristokratischen Oberschicht, die fremdging, auch gleich einen Mord zu; er arbeitete sich an ihr vor der Folie seines normativen Frauenbildes ab.[2]

»Geschlecht« wurde in den letzten Jahrzehnten zunehmend als eine sozial, historisch und kulturell geformte Kategorie zur Analyse von Geschichtsquellen eingeführt, wobei auch das Agieren von Männern als Geschlechtswesen in den Blick geriet. Biografische Studien zeigten, dass es zum Teil sehr persönliche moralische Urteile eines Historikers waren, die das Geschichtsbild einer Herrscherin für Jahrhunderte prägten.[3]

Agrippina revisited

Im Jahr 1984 publizierte die Verfasserin einen programmatischen Artikel für die Kölner Frauenzeitung »Kobra« unter dem Titel »Kein Denkmal für Agrippina?«[4] Sie machte darauf aufmerksam, dass mächtige Frauen der Geschichte mit doppelter Moral gemessen würden. Der Stifterin von Stadtrecht, Steuererlass und Garantie städtischer Sicherheit sei bei anderer Geschlechtszugehörigkeit sicher in Köln längst ein Denkmal gesetzt worden. Zeitgemäß wurde auf die Gewaltverhältnisse in der Familie und im politischen Umfeld aufmerksam gemacht, um die Mordtaten der Agrippina zu relativieren. Im Jahr 1984 gründete die Verfasserin mit Edith Kiesewalter den Vorläufer des Kölner Frauengeschichtsvereins unter dem Namen: »Frau Dr. Faust meets Agrippina«. Der Name sollte das Einschreiben von Frauen in die Kölner Geschichte und eine neue Sicht auf bisherige Darstellungen signalisieren.

trug sie vor: »Ich, Tochter (sic), Schwester, Gemahlin und Mutter von Cäsaren … Begraben will ich Cäsar – nicht ihn preisen! … Kein Denkmal für Agrippina in Köln, keines in Rom. … Preisen will ich Agrippina – nicht sie begraben! Totgeschwiegen und diffamiert haben mich die Geschichtsschreiber als machtlüsternes Monster, das über Leichen ging. … Kein Denkmal für Agrippina in Rom, keines in Köln. Nicht einmal eine Originalbüste hat meine Geburtsstadt aufzuweisen.«[7]

Agrippina performed – Die Diva vom Eigelstein

Der Kobra-Artikel wurde Mitte der 1980er-Jahre der Kölner Schauspielerin, Malerin und DDR-Fluchthelferin Lorose Keller zugänglich gemacht, als diese eine Vorbildfigur für ein ausstellungsbegleitendes »Fest der 1000 Frauen« suchte, das 1986 in der Frankfurter Alten Oper, begleitet von großem Presseecho, stattfand.[5]

Lorose Keller, auch bekannt als die »Diva vom Eigelstein«, verwandelte sich identifikatorisch in Agrippina und vertrat bei vielen Gelegenheiten pathetisch die Forderung nach einem Denkmal für die römische Kaiserin.[6] So

Sie trug ihre Frankfurter Rede noch wiederholt vor – in eine Samt-Tunika gewandet und lorbeerbekränzt. Lorose Keller malte auch wenig später ein Porträt der Agrippina, das sie dem Kölnischen Stadtmuseum anbot und schließlich Hermann Götting schenkte.[8] Das Gemälde wurde bei einer Feier im Kölner Lokal »Frauencenter George Sand« – dessen Besitzerin Ma Braungart bereits seit einigen Jahren in ihrem Lokal alljährlich im November die Geburt der Agrippina feierte – diesem Sammler übergeben.

Agrippina in Bewegung

Agrippina als Titelgeschichte der Kölner Frauenzeit-
schrift »Kobra«, Januar 1984, Archiv Kölner Frauengeschichtsverein

Gerda Laufenberg: Agrippina ohne Denkmal in Köln, farbig aquarellierte Zeichnung (Ausschnitt), 1993, Privatbesitz Irene Franken

Die Schauspielerin Lorose Keller füllte die Rolle
1988 noch ein letztes Mal aus: »Lorose-Agrippi-
na entführt 11 Jungfrauen in den Orient« lautete der Arbeitstitel eines geplanten internationalen Kulturprojektes zwischen Köln und Istan-
bul, das einen Triumphzug Agrippinas beinhal-
tete.[9]

Kein Denkmal für Agrippina

Entgegen der Aufforderung der Historikerinnen zur kritischen Betrachtung näherte Lorose
Keller sich Agrippina als Verehrerin und erhob
die Forderung nach einer Denkmalsetzung für
die heutige Zeit. Ihr Credo lautete: »Frauen in
aller Welt! Steigt auf die Poste und Throne, in
die Gremien und Ämter! Lest meine Geschichte
neu und urteilt, ob ich ein würdiges Denkmal
verdient habe!«[10]

Viele weitere Kölner Frauen erhoben später
die Forderung nach einem Denkmal für Agrippina. So auch die Journalistin Anna Dünnebier
für den Frauenmediaturm – den durch Frauen-
hand erkämpften mittelalterlichen Stadtturm,
der ein Frauenarchiv beherbergt: »Heute dankt
Köln ihr das wenig (wenn man davon absieht,
daß die Straße, die vom Bayenturm stadtaus-
wärts führt, Agrippina-Ufer heißt). Wo ist ihr
Denkmal, das bitteschön mindestens so groß
sein möge wie die diversen Preußen zu Pferd,
die auf dem Heumarkt und an der Eisenbahn-
brücke reiten?«[11]

Oder die Malerin Gerda Laufenberg, die
1993 eine Grafik in Poster-Größe zu dem Thema anfertigte. Die darauf gezeichneten Kölner
(Männer) schämen sich deutlich für ihre Gründerin und verweigern ihr die öffentliche Anerkennung – die sie jedoch mütterlichen Jungfrauen der katholischen Tradition bereitwillig
zugestehen.

Auch die Kölner Karnevalsgesellschaft »Lös-
tige Ubier 1952« beklagt noch heute die feh-
lende Ehrung der Agrippina: »In der heutigen
Stadt Köln erinnert aber nicht mehr viel an ihre
Gründerin. Sie ist lediglich nur eine von 124 Figuren am Stadthaus (sic). Und eine Uferstraße
ist nach ihr benannt. Das versichern wir Euch.
All das ist wohl etwas wenig, wenn man be-
denkt, wieviel die Stadt ihr zu verdanken hat.«[12]

Ein Kölner Olymp

Seit Anfang der 1980er-Jahre warb die Stadtkonservatorin Hiltrud Kier unermüdlich für die
Neuanfertigung und anschließende Wieder-
anbringung von Figuren am Kölner ›Belfried‹
nach dem ursprünglichen spätmittelalterlichen
Konzept. Der Ratsturm war nach Kriegszerstörung und Wiederaufbau immer noch ohne seinen tradierten Figurenschmuck, der monumental an die Bedeutung der Stadt Köln erinnern sollte.

Wie üblich wurde erst einmal eine Kommission einberufen; neben Hiltrud Kier war als weitere Frau die katholisch-frauenbewegte Leiterin
des Rheinisch-Westfälischen Wirtschaftsarchivs,
Klara van Eyll, dabei. Ab 1982 fanden die fach-
kundigen Beratungen statt – es galt immerhin,
die Vielfalt der Kölner Geschichte in 124 Persönlichkeiten zu erfassen, die sich um Köln verdient gemacht hatten, und damit, anders als im
19. Jahrhundert, Macher und Einflussnehmen-
de aus allen Epochen zu repräsentieren, sei es
aus der römischen Antike oder dem 20. Jahrhundert.[13]

Die Anordnung sollte im Erdgeschoss chro-
nologisch beginnen mit Gestalten der Antike
und des Mittelalters, darauf aufbauend im ersten Stock mit der Frühen Neuzeit, das 19. und
20. Jahrhundert sollte im zweiten Stock platziert werden und im Obergeschoss die aus der
Chronologie ausscherenden Heiligen des »Kölner Himmels« thronen.

Darüber gab es durchaus Diskussionen:
Wie etwa sollte die Kommission mit »Negativ-
Figuren« umgehen, etwa aus der NS-Zeit?
Man wollte diese nicht ignorieren, entschied
sich aber dann doch gegen eine Darstellung –
schließlich sei der »Ratsturm kein Schand-
Turm«.[14] Der zweifelhafte Lebenswandel
manch einer Persönlichkeit wurde nicht infrage gestellt. Im Jahr 1986 lag die Liste der Kommission vor und hätte bald umgesetzt werden
können.

Frauenpower am Ratsturm

Dann aber brach ein publikumswirksamer
Streit los: der Geschlechterkampf um den Turm,
genauer: um die Unterrepräsentation der Persönlichkeiten weiblichen Geschlechts.

Agrippina in Bewegung

Agrippina am Kölner Ratsturm (links) mit Abstand zu Marcus Agrippa und Kaiser Augustus (rechts)

Heribert Calleen (geb. 1924): Agrippina mit ihrem Sohn Nero und seiner Fackel, 1989, Bronze, 49 cm hoch

Die ausgeführte Skulptur am Ratsturm, 2. Fassung, Foto 2015

Die Figur der Agrippina war selbstverständlich von Anfang an vertreten, ihre Rolle für die Gründung Kölns schien unbestreitbar. Ebenso die heilige Ursula oder Edith Stein. Dennoch war das Programm in Bezug auf den Anteil der in Köln tätigen Frauen alles andere als umfassend: Nur fünf historische Frauengestalten sollten 2000 Jahre Frauenleben und -wirken repräsentieren.

Die Initiative zur Aufstockung des Frauenanteils ging im März 1986 von der Grünen-Stadtverordneten Gundi Haep aus, die mit einer engagierten Rede im Stadtrat zwanzig von der Historikerin Irene Franken zusätzlich infrage kommende Frauennamen vortrug – was mit Gelächter quittiert wurde. Interessanterweise erhob die Stadtverordnete moralische Kategorien gegen einige der ausgewählten Herren: Es sei nicht einsehbar, dass sich unter den Figuren Männer befänden, deren Moral zu bezweifeln sei, wie etwa Kaiser Konstantin, der seine Frauen misshandelt habe, oder Jan von Werth als bekanntermaßen übler Schürzenjäger.[15] Männliche Hegemonie hin oder her – mit solchen Argumenten hätte man auch Agrippina, die bekanntlich ebenso wenig zimperlich war, umgehend vom Sockel stoßen können oder müssen.

Die anschließende Debatte im Rat und seitengroße Artikel in der Presse (»Wollen die etwa die Geschichte quotieren?«) führten dazu, den eklatanten »Männerüberschuss« infrage zu stellen. Es passierte etwas seit der Nachkriegszeit Einmaliges: Ein parteiübergreifender Arbeitskreis von Ratsfrauen unterstützte die beiden Historikerinnen Petra May und Irene Franken, die in die Kommission nachberufen worden waren. Besonders brisant war: Zusätzliche Frauen aufzunehmen implizierte, dass Männer weichen mussten. Es gab erregte Debatten, Stadtarchivdirektor Hugo Stehkämper erklärte seinen Rücktritt aus der Kommission. Doch das korrigierte Programm wurde umgesetzt, die Frauenriege ein wenig nach oben korrigiert. Immerhin sind jetzt 18 weibliche Gestalten am Ratsturm aufgestellt. Die SponsorInnen enthüllten 1995 die von ihnen, das heißt BürgerInnen wie Firmen, Parteien, Kirchen oder Verbänden gestifteten Figuren in einer großen Feier.[16] Die Angst, es würde niemand für die Frauenfiguren spenden wollen, hatte sich als unnötig erwiesen.

Zehn Jahre später mussten beinahe alle Skulpturen wieder abgenommen werden, da ein Versuch, diese durch Tränkung haltbar zu machen, gescheitert war – sie wurden durch neu geschaffene Kopien ersetzt. So ist heute manche Ratsturmfigur doppelt vorhanden: am Ratsturm sowie auf Versicherungsfluren, in Eingängen von Gewerkschaftsgebäuden, in der Universität oder in Gärten.

Agrippina ist an der Nordseite des Ratsturms als Erdgeschoss-Figur gut sichtbar. Ihre Skulp-

dazu bereit erklärte, die Anfertigung weiterer Frauengestalten finanziell zu sichern.[18]

Agrippina und die Vogelspinne

Die Gesichtszüge von Calleens Agrippina sollen vom antiken Agrippina-Kopf in Kopenhagen inspiriert sein – in allerdings recht freier Umsetzung der für sie typischen Haartracht.[19] Sie hält vor sich eine Säule, unten mit dem Kürzel »CCAA« für Köln, oben mit dem Adler als Sinnbild Jupiters, der auf der Inschrift »SPQR« (»Se-

tur schuf der Kölner Bildhauer Heribert Calleen, der in der Dombauhütte und den Kölner Werkschulen bei Wolfang Wallner und Ludwig Gies ausgebildet worden war. Calleen fertigte von dieser Skulptur auch eine kleinere Variante in Bronze.[17]

Gesponsert wurde die Figur der Agrippina – wie konnte es anders sein – von der Kölner Agrippina Versicherung AG, die sich in Zusammenarbeit mit dem Kölner Frauengeschichtsverein und anderen Frauenverbänden auch

natus Populusque Romanus«, »Senat und Volk von Rom«) ruht – ganz so wie bei den Feldzeichen der römischen Legionen.

Unter ihrem Gewand verbirgt sich ihr kleiner Sohn Nero, mit bösem Gesichtsausdruck und einer brennenden Fackel bereits den Brand Roms und weitere folgende Verbrechen ankündigend.[20] Ob historisch korrekt oder nicht: Alle Register des klassischen Nero- und Agrippina-Bilds sind hier gezogen.

Agrippina in Bewegung

Zwar ist Agrippina seitdem aufgenommen in den Kölner Olymp – jedoch nicht ohne gewisse Zwiespältigkeiten. Recht einsam und isoliert steht sie am Ratsturm als Bindeglied in einer Reihe zwischen Augustus und Marcus Agrippa einerseits und Postumus und Konstantin dem Großen andererseits. Dieser Eindruck verstärkt sich, wenn man unter ihre Konsole schaut, die der Bildhauer Matthias Moritz 1994 schuf. Die Gestaltung solcher Figurenkonsolen bot bereits im Mittelalter Gelegenheit, auf eine negativ wertende, verspottende oder dämonisierte Gegenwelt anzuspielen. Bei Augustus finden wir Lorbeer und eine Rose, bei Marcus Agrippa Eichenlaub und Schildkröte, selbst Postumus und Konstantin kommen mit Zaunwinde und Frosch bzw. Buschwindrose und Wurzelwerk noch glimpflich davon. Nicht so Agrippina.

Unter ihr werden wir erschreckt von einer riesigen Vogelspinne im Blattwerk einer »Yucca«-Palme – anspielend auf die seit 1990 kursierende urbane Horror-Legende, mit den damals als Zimmerschmuck beliebten Pflanzen würden auch höchst gefährliche afrikanische Vogelspinnen importiert.[21] Kein schönes Symbol für eine Kaiserin, deren Rezeptionsgeschichte ja ebenfalls Stoff für – wenngleich völlig andere – urbane Horror-Legenden bot.

En dubbelte Agrippina

Die Besonderheit der »Cäcilia Wolkenburg«, einer 1874 gegründeten Spielgemeinschaft des »Kölner Männer-Gesang-Vereins« (KMGV), ist, dass alle Rollen mit Männern besetzt werden – wie im Barock. Der fröhliche Männerbund sucht sich besonders gern starke und aufmüpfige Frauen aus, um die schönen Beine schwingen und die Ausschnitte wirken zu lassen. Da konnte die Stadtgründerin nicht fehlen. In der Session 1993/94 gab sie die Titelfigur ab als »En dubbelte Agrippina«. Agrippina war in dem Stück nicht charakterlich »doppelt«, ambivalent, indem sie zugleich böse Mutter und gute Frau gewesen wäre. Aber ein wenig war es doch so, weil sie in der Inszenierung eine brave Doppelgängerin hatte. Wenn die authentische Agrippina auf Auswärtsreisen weilte, übernahm die andere die Regierung und demonstrierte einen weniger anstößigen Lebenswandel. Das alljährliche »Divertissementchen« (mu-

Horrorvision einer Vogelspinne in der »Yucca«-Palme an der Konsole der Figur der Agrippina am Ratsturm vom Bildhauer Matthias Moritz, 1994, Foto 2015

CCAA

AGRIPPINA

Agrippina in Bewegung

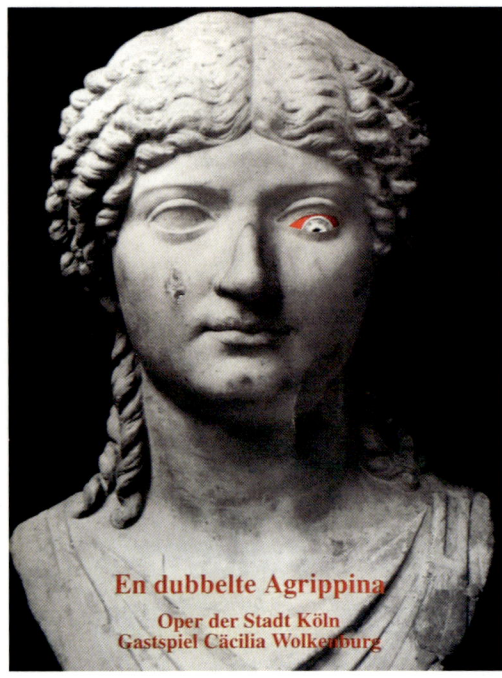

En dubbelte Agrippina
Oper der Stadt Köln
Gastspiel Cäcilia Wolkenburg

Programmheft: »En dubbelte Agrippina«, Gastspiel der Cäcilia Wolkenburg in der Oper der Stadt Köln, Köln 1994

Logo der Studentinnenvereinigung „Agrippina" an der Universität zu Köln

sikalische Belustigung wie parodistisches Theaterstück) beschäftigte sich in seinen 26 Aufführungen in der Oper ausgerechnet 1993/94 mit Agrippina. 1994 war für Agrippina kein Jubiläumsjahr – wohl aber für die Agrippina-Versicherung, die ihren 150. Geburtstag beging.

Auch bei der »doppelten Agrippina« fokussierte man sich auf das Sexleben der Powerfrau. Der »Kölner Stadtanzeiger« befand, da habe sich der KMGV aber »eine schlimme Titelheldin« ausgesucht.[22] Das Programmheft schloss sich der Lesart aus der Hauszeitung der Versicherung an und präsentierte Agrippina als Alexis.[23] Referenz war die TV-Serie »Denver-Clan« bzw. »Dynasty«, in der innerhalb einer mächtigen Familie um die Vorherrschaft um Ölfelder gekämpft wurde: Eine weibliche Hauptfigur durfte grausame Racheaktionen ausüben. TV-Serien-Autorin Esther Shapiro gab später an, sich bei der Figur der Alexis durchaus auf die julisch-claudische Dynastie bezogen zu haben, jedoch auf Livia, eine von Agrippinas Vorgängerinnen.[24]

Schauplätze der Handlung des »Divertissementchens« der Cäcilia Wolkenburg waren eine Kölner Taverne, das Forum, der Statthalterpalast oder der Bereich der Ara ubiorum, sozusagen der Kölner Tempelvorplatz. In Teamarbeit durch Josef Meinertzhagen (Text), Hans-Josef Roth (Chor) und Christoph Klöver (Auswahl von Liedgut, Arrangements) ließen die Sangesbrüder Werke von Grieg, Mozart, Verdi und Wagner erklingen. Es gab eine Extravorstellung für die Versicherung zum 150-jährigen Jubiläum – brauchte sie Anregungen aus der Antike?

Networking mit Agrippina

Agrippina war nun als »emanzipierte Frau« endgültig gesellschaftsfähig. Ihre offensive Machtpolitik passte in die Zeit der Frauenbeauftragten und Quotendiskussionen. Es purzelten Neugründungen von Vereinen herein, die sich nicht scheuten, den Namen der Giftmischerin im Titel zu führen. Gerade von Kölner Frauenvereinigungen wurde die Römerin ohne Scheu adaptiert. Damen der Rotarier, eines halb »klüngelnden«, halb karitativen Serviceclubs, benannten schon im September 1985 ihren neuen (zweiten) Kölner Club nach ihr.[25] Der »Inner Wheelerinnen Club (IWC) Köln-Agrippina« ist einer von drei Kölner Gründungen in sieben deutschen Distrikten mit ca. 8 500 weiblichen Mitgliedern. War zunächst – ab 1924 – nur Ehefrauen und Witwen von Rotariern der Zugang möglich, später auch von weiteren weiblichen Verwandten, so können die Clubfrauen heute bei mehrheitlicher Zustimmung auch eine »Dame ohne rotarischen Hintergrund« inkludieren. Inner Wheelerinnen haben sogar als NGO (Non Governmental Organisation) einen beobachtenden Status im Wirtschafts- und Sozialrat der UNO (ECOSOC).

Der international vernetzte »Frauenserviceclub IWC Köln-Agrippina« reklamiert die Tugenden Hilfsbereitschaft, internationale Verständigung und Freundschaft als Vereinsziel – nicht auf den ersten Blick das Handlungsziel der antiken Regentin! Kein Problem: Es gab zwar laut Gründungsmitglied Helga Hauptmann »süffisante Kommentare« von einigen rotarischen Herren, nachdem sich »ihre« Frauen eine Gattenmörderin als Namensgeberin ausgesucht hatten. Aber diese ließen sich nicht abhalten – sie fanden, dass der Name passt, und haben es nie bereut.[26]

Freundschaft!

2003 bildete sich die Studentinnenvereinigung »Agrippinia« an der Universität zu Köln, die sich fälschlicherweise „Kölns erste Damenverbindung" nannte – eine solche gab es jedoch bereits in der jungen Weimarer Republik.[27] Der Name »Agrippinia« soll sprachlich mit landsmannschaftlichen Gründungen wie »Borussia«, »Suevia« oder dergleichen korrespondieren und rekurriert damit letztlich wieder auf die AgrippinserInnen.

Auch diese Organisation erstrebt erfolgreiches Networken, hier zwischen Jung- und Altakademikerinnen. Ziel sei »die gegenseitige Unterstützung in Studium und Alltag, der Ausbau persönlicher Kompetenzen und Stärken und nicht zuletzt natürlich der Spaß in der Gemeinschaft!« Die jungen Frauen – als Mitglieder einer von ca. 25 Korporationen für Studentinnen in Deutschland – berufen sich auf den guten alten lateinischen Werte-Kanon »Amicitia, Scientia, Civitas, Tolerantia«: »Freundschaft bedeutet in diesem Fall nicht nur die gegenseitige Unterstützung und die Verbundenheit mit

der Agrippinia, sondern auch eine lebenslange Mitgliedschaft als Teil eines familienähnlichen Generationenvertrages.« Und weiter: »Toleranz der eigenen Bundesschwester, anderen Meinungen, fremden Kulturen, Religionen oder Hautfarben gegenüber ist für uns ein selbstverständlicher Bestandteil des akademischen Prinzips.« Damit heben sie sich deutlich von anderen, teilweise sogar offen antisemitischen Studentenvereinigungen ab.

Nicht genannt wird die Wohltätigkeit, die Caritas. Aber Charity bildet geradezu einen Meilenstein der Arbeit dieser Studentinnenvereinigung. Ihr Logo ist denn auch ein fliegendes Herz – die blutige Aura und Machtenergie der legendären Kölner Stadtgründerin werden somit verdrängt und sozusagen niedlich überformt.

Wie kommen junge, wissensdurstige Frauen auf den Namen Agrippina? »Die meisten Damenverbindungen benennen sich nach berühmten Frauengestalten der Geschichte oder Mythologie. Für eine Kölner Damenverbindung liegt nichts näher, als sich Iulia Agrippina als Namenspatronin zu wählen, die dem späteren

Agrippina in Bewegung

Köln seinen Namen gab und den Grundstein für eine Weltstadt legte.«[28] Farben tragen sie auch: Blau, Gold und Grün. Es fehlt sozusagen nur noch das Lila für Frauensolidarität. Da bereits Zweigvereine existieren, gibt es »Agrippinen« nicht nur in Köln, sondern auch in Kiel, Frankfurt oder Zürich".[29] Allerdings sind seit 2012 keine Aktivitäten mehr auf der Homepage erkennbar.

Flaneur trifft Agrippina

1990 wird Agrippina zum Thema eines neuzeitlichen Flaneurs, der, geleitet von einem stadtführenden Journalisten, auf Spurensuche geht.[30] Der Journalist scheint fast besessen von Agrippina; er misstraut den antiken Quellen und charakterisiert sie als Zeugnis »bewußt überzogener Kolportage«.[31] Er imaginiert einen »literarischen Prozeß gegen Agrippina und Nero«, um »Schuld und Unschuld« zu klären.[32] Er durchwandert die Kölner Altstadt, »schiebt sich wie die anderen, die hier in Richtung Vergnügen unterwegs sind, durch die schmalen Gässchen«[33] und landet vor einem Lokal namens »Orkus«, wo er auf Agrippina und Nero stößt. Erstere verführt ihn beim Tanz mit grünen Katzenaugen und macht die böse Historikertrias Tacitus, Suetonius und Cassius Dio für ihr schlechtes Image haftbar.[34]

Der Autor Rüdiger Müller vermittelt ein Bild von Bar-Atmosphäre der 1950er-Jahre: mit verruchter rauchender Frau und einem betörten hilflosen Mann. Agrippina darf sich dahingehend verteidigen, dass auch andere Politiker wenig zum Wohl des Volkes täten.[35] Ja, auch der räsonierende Journalist scheitert an den wenigen Quellen – wie am Alkoholnebel seines nächtlichen Ausflugs.

»Entmachtungen«

Sowohl 1994 als auch 2000 und 2004 knüpfte der Männlichkeitsforscher und Althistoriker Thomas Späth abermals an den wenigen literarischen Quellen an, nun aber mit neueren, textanalytischen Methoden und dem geschlechtergeschichtlichen (gender) Ansatz. Wie Müller äußerte er, sein Beitrag werde Agrippina nicht als Frau »vorführen können – sie ist definitiv unerreichbar in den Erzählungen und Textkonstruktionen, deren Gegenstand sie ist,

Suse Wächter: Agrippina – die Kaiserin aus Köln, aus dem Programmheft, Schauspiel Köln, 2010, Fotografie von David Baltzer

verschwunden.«[36] Späth jedoch dekonstruierte das Bild der autonom handlungsfähigen Kaisergattin.[37] Er wollte durch systematische Lektüre der Quellentexte Aspekte des Geschlechterdiskurses zeigen, ebenso wie soziale und politische Praktiken von Männern und Frauen zur Kaiserzeit.

Späth stellte Agrippina als letztlich machtlose Figur heraus, laut seinen Forschungen verfolgte sie letztlich nur Ziele, die sich im Rahmen der traditionellen Rolle von Frauen innerhalb des Hauses (domus) bewegt hätten.[38] Institutionelle Macht habe ihr nicht zur Verfügung gestanden. Viele von Agrippinas Handlungen hätten keine Folgen gehabt, die Verhaltensspielräume der »Kaiserfrauen« (»Kaiserin« wäre ein Begriff, der keiner damaligen Wahrnehmung entspreche) seien durchaus nicht so umfassend, die Akteurinnen nicht so autonom gewesen, wie oft dargestellt.

Agrippina etwa habe für die meisten ihrer (schädigenden) Aktivitäten männlichen Beistandes bedurft. Der Personengruppe der Helfer war laut Späth in der Darstellung der Historiker gemeinsam, dass sie sich von einer weiblichen Person instrumentalisieren ließen.[39]

Aus seiner Re-Lektüre der Annalen schloss er, dass Tacitus als Mann und Senator Argumentationsstrategien eingesetzt habe, die eigentlich auf die männlichen Leser abzielte, die er aufzurütteln dachte. Entgegen heutigen Lesegewohnheiten sei es nie um die biografische Beschreibung einer historischen Person gegangen, sondern vielmehr habe Agrippina die argumentative und narrative Funktion, einen Negativtypus von Weiblichkeit zu illustrieren.[40] Mit der Figur der Agrippina sollte deutlich gemacht werden, dass Claudius und Nero ihre »männliche« Aufgabe nicht erfüllten, dass sie »weibliche Maßlosigkeit« nicht in »ordnungsentsprechenden Grenzen« hielten.[41]

Ade, Agrippina. Es heißt wohl, Abschied zu nehmen vom liebgewordenen Bild ihrer Machtfülle. Agrippina war nur eine Spielfigur, um einer republikanisch gesinnten LeserInschaft zu spiegeln, dass die aristokratische Familie der »domus Augusta« ihren Job nicht gut machte, sie diente allein der Prinzipatskritik.[42] Agrippinas literarisches Denkmal liegt sozusagen in Trümmern.

Agrippina anarchisch

Schauspiel-Intendantin Karin Beier wandte sich nach dem Einsturz des Stadtarchivs vermehrt Kölner Themen zu. So ließ sie 2010 ihre Dramaturgin Lucie Ortmann und den Autor Stefan Schwarz mit der lokal etablierten Puppenspielerin und Puppenbauerin Suse Wächter ein Theaterprojekt entwickeln: »Agrippina – Kaiserin aus Köln«. Der Untertitel des streckenweise anarchistischen Stückes lautete »Römisches Hysterienspiel mit Puppen und Sandalen«.

Das Theaterstück begann provozierend mit dem Statement, dass die Stadt Köln, dass Köln an sich »nicht nötig« war, Köln »war vielleicht mal gerade so eben möglich.« Köln verdanke seine Gründung mehreren Unmöglichkeiten: dass eine Frau Kaiserin – naja, Kaisergattin – wurde, dass diese Frau ihren Geburtsort zur Stadt erhob – und dass sie diese Stadt nach sich benannte.[43]

Auch am Anfang Roms stehe – ein Mörder. Romulus, einer der beiden Urväter des urbanen Vorbildes von Köln, durfte auf der Bühne äußern, dass Köln gleichsam ein Loch ohne Bo-

Agrippina in Bewegung

Urbaner Chic mit Agrippina: exklusive Eigentumswohnungen im »Agrippina-Palais« im umgebauten Gerling-Quartier – der Investor verweist damit »auf die Gründerin von Köln«.

den sei, das auf so etwas wie einem Nichts stehe … »und deshalb ab und zu einstürze.«[44]

Es bevölkerten überwiegend männliche Geschöpfe der Puppenbauerin Suse Wächter die schmale Bühne: Seneca, Nero-Elvis, der Offizier oder Claudius – und Elfriede Jelinek. »Ironie der Fortsetzung der Geschichte, dass all die starken und weisen Männer ohne die Schauspielerinnen, die sie tragen, nicht auf die Beine kämen.«[45] Die naturalistischen Gesichter waren »fernab aller Niedlichkeit«.[46] Jeweils zwei Puppenspielerinnen bewegten Kopf und Arme, in Dialogszenen schafften es drei mit Mühe, die etwa meterhohen Puppen zu bewegen. Und man verfiel diesen Gestalten sofort.

Sodann agierten die drei Schau- und Puppenspielerinnen als Garde der »most evil women of history«[47]: Salome, Cleopatra, Poppaea, Messalina – und eben Agrippina.[48] Provozierend, fast beleidigend wirkte zunächst, dass ausgerechnet die titelgebende Figur über keine der grandiosen Puppen verfügte. Erklärung: Agrippina ist nicht näher zu kommen, weil es nur so wenige Quellen gibt? Weil sie immer nur »Frau, Tochter, Mutter von« ist?

Immerhin performten gleich drei Schauspielerinnen – jeweils mit dem Symbol der Mauerkrone behütet – die Person der Agrippina mit ihrem Körper, und der Körper ist bei Agrippina nicht unwichtig. Die »maliziöse« Puppe Jelinek[49] klärte auf, »dass Frauen täglich durch die ›männliche Beurteilungsschleuse‹ müssten und gezwungen würden, sich ›auf den Markt der Körper zu werfen‹«. Elfriede Jelineks Stück über den Einsturz des Stadtarchivs lief in der gleichen Spielzeit im Schauspielhaus; viele hatten noch im Ohr, wie bitter-poetisch die Anklage der Wiener Schriftstellerin gegen die Stadtverwaltung klang.

Was erfahren wir im Medium des Puppenspiels noch über Agrippina? Es wurde der Topos der Frau als kompetenter Giftmischerin ad absurdum geführt: Eine männliche Figur, Miraculix, musste – ganz der Linie von Thomas Späth folgend – helfen.

Agrippina thematisierte ihr Konzept, sich auf willige Männer zu stützen. »Unterschätze nicht die Macht durch und über Männer!« verkündete sie. Jelinek, »die Hausheilige des Theaters«[50], dagegen verstand sich großartig mit Seneca;

auf einer Ebene fachsimpelten sie miteinander. Viele Zitate stammen aus den Originalquellen (»Soll er [Nero] mich doch töten, wenn er nur Herrscher wird.«) Agrippinas Macht über Nero wurde symbolisiert, indem sie ihm auf die Füße trat, eine (mittelalterliche) Herrschaftsgeste. Er sang: »Don't step on my blue suede shoes«, einen Rock 'n' Roll-Song, den Carl Perkins im Jahre 1955 schrieb. Nero erschien auf der Bühne durchaus treffend als popkulturelle Figur, sein Antlitz bildete Elvis nach.[51] Nero, das Muttersöhnchen, das nicht mit ihr und nicht ohne sie kann. Bei einem biederen Mitarbeiter der Agrippina-Versicherung ließ er filmisch (Stilmix!) anfragen, bei welcher Art des Muttermords er noch erben könne – und erhielt Aufklärung über die Möglichkeiten der Unfall-, Risiko- und Lebensversicherung.[52] Symbolisiert wurde auch die bekannte Episode, in der Nero seine Mutter aufschneiden ließ, um zu schauen, wo er als Kaiserschnittkind herkam.

Eine Feuilletonistin nannte den Abend »einen vergnüglichen Ritt durch eine frühkölsche Familiensoap in Form eines fabelhaften Puppenspiels«.[53] Historisch-politische oder gar biografische Aufklärung oder auch eine »stringente Handlung«[54] waren nicht zu erwarten, die hat Thomas Späth ja bereits ausgeschlossen. Das Theaterprojekt war hybrid, multimedial, eklektizistisch angelegt, laut Lucie Ortmann »auch Richtung Show«[55] mit Zitaten aus Literatur, Film und Historie, mit verschiedenen Positionen zu Agrippina, mit Assoziationen vom Bild der bösen Frau, der Giftmischerin, der Mörderin oder der Mutter.

Agrippina unter Frauen – neue Straßen im Rheinauhafen

Klaus Schmidt schrieb 2006 im Vorwort zur Neuauflage »des« Kölner Straßennamenbuches von Helmut Signon: »Warum bekam Agrippina, die kaiserliche Stadtgründerin, einen Namen nur außerhalb der alten Stadt hinter der alten Universität, ein Stück Rheinuferstraße, wo kaum einer wohnt?«. Er erklärte diese Marginalisierung mit ihren Taten. »Jüngst kam im neu gestalteten Rheinauhafen eine ›Agrippinawerft‹ hinzu – ebenfalls »außerhalb der Ringe.«[56]

Dort jedoch haben sich die Gewichte inzwischen verschoben. Im jüngsten, gewollt hippen Viertel Kölns, dem Rheinauhafen, Konzentrationsort der New Economy, konnte ein Areal mit sechs Straßennamen von Frauen politisch durchgesetzt werden.[57] Der Leiter der Hafendirektion soll anfangs von diesen geballten Frauenkoordinaten nicht angetan gewesen sein, hat sich dann aber mit Verve auf die Biografien der Frauen gestürzt und konnte ihnen bei der Hafeneröffnung die Anerkennung nicht versagen. Nun steht Agrippina nicht mehr allein, sondern ist begleitet von einem weiblichen Universalgenie, einer Künstlerin, einer Druckerin, einer Stifterin, einer Unternehmerin und einer frühen sozialistischen Emanzipierten. Besondere Bezüge gibt es zu der Künstlerin: Die Goldschmiedehandwerkerin Elisabeth Treskow hat schließlich Agrippina in der Oberbürgermeister- – und nun Oberbürgermeisterinnen-Kette – verewigt.[58]

Soll Agrippina, da sie nun laut Althistoriker Eck nicht mehr für die Stadtgründung verantwortlich gemacht werden kann, in der Mottenkiste verschwinden? Es spiegelte sich schon so an der Rathauslaube: Agrippina gehört eben nicht in den illustren Zirkel der Mächtigen. Sie hat dann auch zu Recht ihren Straßennamen weit außerhalb des römischen Kölns.

Ach, warten wir einfach, bis eine neue Deutung sie reaktiviert, ein neues Medium sie ins Licht rückt. Denn sollen die Kölner und Kölnerinnen wirklich Abschied vom Kölschen Liedgut nehmen? »Agrippina Agrippinensis«: Das bleibt.

Anmerkungen

Zur Einstimmung **1** Artikel »Agrippina für New York«, in: Narrenspiegel, Ausgabe 2, Nr. 11, 2007. **2** So Jörg Liebetrau, der zusammen mit Ariane Paffenholz diese Skulptur geschaffen hat, zit. n. Artikel »Eine Agrippina für New York«, in: Kölnische Rundschau, 7. 9. 2007; vgl. auch Artikel »Millionen jubelten ihr schon zu«, in: Kölner Stadt-Anzeiger, 6. 9. 2006. **3** Die französische Historikerin Muriel Lafond spricht in diesem Zusammenhang von einem System kommunizierender Röhren zwischen dem Urteil über Agrippina einerseits und dem über ihren Sohn Nero andererseits; vgl. Lafond, Monstre. **4** Wallraf, Agrippina, Vorrede (nicht paginiert). **5** Baus, Rehabilitation. **6** http://www.2000jahrfeiern.de und http://www.stadtmutter-agrippina.de (22. 9. 2015). **7** Römisch-Germanisches Museum, bis zum 28. März 2016; vgl. Trier und Naumann-Steckner, Agrippina. **8** Zusammengeschlossen im »SV Agrippina-Germania Köln 1916«, http://s-v-a.jimdo.com (25. 9. 2015). **9** Artikel »Eine Agrippina für New York«, in: Kölnische Rundschau, 7. 9. 2007. **10** Interview mit Thomas Deloy, Marketingchef der Privatbrauerei Gaffel Becker & Co, in: Kölnische Rundschau, 31.12.2013.

Die zwei Sätze des Tacitus | Zur Person: Agrippina

1 Tacitus, Annalen, XII, 27,1. **2** Übersetzung zit. n. Eck, Köln, S. 133, lateinische Fassung ebenda, S. 754, Anm. 8; leicht abweichende Übersetzungen bei Baldus und Lamberti, Ius Italicum, S. 5, wo es heißt, es sei »eine Veteranenkolonie gegründet« worden; sowie Tacitus, Annalen XI-XVI, Übersetzung und Anmerkungen von Walther Sontheimer, Stuttgart 1980, S. 44, wo in der Übersetzung von der Entsendung »einer Kolonie von Veteranen« in die Stadt der Ubier die Rede ist. **3** Zur Deutung vgl. Eck, Köln, S. 130-137; Baldus und Lamberti, Ius Italicum. **4** Zum Geburtsjahr, nach älterer Auffassung 16 n.Chr., vgl. Lackeit, Artikel Iulia Agrippina, Sp. 909; Vogt-Lüerssen: Agrippina, S. 34-35, plädiert für 16 n. Chr., die meisten anderen Historiker für 15 n. Chr., u.a. damit begründet, dass sich im November 16 n. Chr. Germanicus mit seiner Familie schon nicht mehr in Köln befand. Zum vermuteten Geburtsort, dem Haus des Germanicus, vgl. Trier, Oppidum, S. 54; Eck, Politik und Administration, S. 10-13. **5** Die wichtigste Literatur zu Agrippina sei hier ohne Anspruch auf Vollständigkeit genannt, auf ihr beruht die folgende knappe Schilderung ihrer Biografie. Neuere Überblicke: Girod, Agrippine; Minaud, Vies, S. 65-96; Eck, Köln, S. 129-137 und 178-182 (mit weiteren Literaturangaben); Vogt-Lüerssen: Agrippina; Vogt-Lüerssen: Neros Mutter; Eck, Agrippina; Meyer, Optima mater; Dreher, Agrippina; zuletzt Eck, Agrippina die Jüngere. Überblick über den älteren Stand der Forschung: Stahr, Agrippina; Lackeit, Artikel Iulia Agrippina; Callies, Artikel Agrippina. Verbunden mit einer kritischen Reflexion von sozialen Strukturen und Geschlechterrollen: Ginsburg, Agrippina; Späth, Herrscherin; Späth, Agrippina; Barrett, Agrippina; Tabarelli, Adoption; Devreker, Waarheid; Hutmacher, Ehefrau; Eck, Frauen. Mit dem Fokus auf Köln: Schmitz, Kaiserin; Eck, Stadtgründerin; Bender, Agrippina. Sehr knappe Beiträge zur Rezeptionsgeschichte: Kugelmeier, Artikel Agrippina; Pucci, Agrippina. Eine Rehabilitierung versucht schließlich Baus, Rehabilitation. **6** Zu Agrippa vgl. Powell, Agrippa, und zusammenfassend Eck, Agrippa. **7** Vgl. Burmeister und Rottmann, Germanicus; Burmeister und Kehne, Germanicus; zur Familie des Germanicus und der Agrippina d. Ä. vgl. Kunst, Patchworkfamilie; zu Caligula vgl. Winterling, Caligula; vgl. auch Eck, Allein. **8** Vgl. zusammenfassend Fischer und Trier, Köln, S. 95, was zu weitreichenden Spekulationen und archäologischen Forschungen zu den entsprechenden Kölner Truppenlagern führte, vgl. ebenda, S. 95-97; vgl. auch Dierichs, Schwangerschaft. **9** Zu Germanicus vgl. zusammenfassend Burmeister und Rottmann, Germanicus und Eck, Germanicus; zum Verbleib der Familie in Köln vgl. Eck, Leben, S. 7; zum Tod des Germanicus und den Folgen vgl. Eck, Tod. **10** Vgl. Callies, Artikel Agrippina, S. 111. **11** Zur Bewertung der Regierungszeit des Claudius vgl. Eck, Bedeutung; zur Forschungsgeschichte vgl. den Überblick von Strobl, Artikel Claudius. **12** Vgl. Eck, Köln, S. 130. **13** Späth, Herrscherin, S. 263. **14** Ihr Name lautete seitdem: Iulia Augusta Germanici Caesaris filia

Agrippina Ti. Claudii Caesaris Augusti (uxor); vgl. Callies, Artikel Agrippina, S. 111. **15** Eck, Köln, S. 132; vgl. auch Callies, Artikel Agrippina, S. 111. **16** Vgl. Tacitus, Annalen, XII,67. **17** Vgl. Aveline, Death; Eck, Leben, S. 12, geht wie die meisten Historiker vom Mordkomplott aus. **18** Vgl. Hutmacher, Ehefrau, S. 65; Meyer, Optima mater; Eck, Leben, S. 12. **19** Obwohl der Senat ja zuvor selbst dem Beinamen »Augusta« für Agrippina zugestimmt hatte. Die Münzinschrift lautete: »AGRIPP(ina) AVG(usta) DIVI CLAVD(ii) NERONIS CAES(aris) MATER / NERONI CLAVD(ii) DIVI F(ilio) CAES(ari) AVG(usto) GERM(anico) IMP(eratori) TR(ibunitia) P(otestate) / EX S(enatus) C(onsulto)« (»Agrippina, die Mutter des göttlichen Augustus Claudius Nero Caesar / dem Nero, des göttlichen Claudius' Sohn, dem Caesar Augustus Germanicus, Kaiser, mit tribunizischer Vollmacht / auf Beschluss des Senats«), vgl. Trier und Naumann-Steckner, Kat. 14 AD, S. 29; Waldherr, Nero, S. 71; Eck, Leben, S. 12; Pangerl, Reichsprägungen, S. 29 (mit Abb.); Pangerl, Reichsprägung. **20** Kugelmeier, Artikel Agrippina, Sp. 10., erklärt, dies betrachte die Forschung inzwischen als »wenig plausibel«. **21** Diesen strukturellen Konflikt erläutert überzeugend Hutmacher, Ehefrau, S. 67-68. **22** Zu diesem Entschluss und zur Rolle Senecas dabei vgl. Brinkmann, Seneca, S. 18. **23** Zur Quellengrundlage des Berichtes über den Schiffsuntergang vgl. Brinkmann, Seneca, S. 158-159. **24** Cassius Dio, Römische Geschichte, LXI. Buch, 13,4. **25** Vgl. Eck, Köln, S. 178-181. **26** Zu Nero vgl. Waldherr, Nero; vgl. hierzu auch kritisch Heil, Rezension Waldherr; zum Nachleben vgl. Kat. Trier 2016. **27** Tacitus, Annalen, IV, 53,2. **28** Zur kritischen Neubewertung der Rolle Agrippinas vgl. Ginsburg, Agrippina, S. 36-40 und 53-54; Flach, Seneca und Agrippina, S. 266; Barrett, Agrippina; Späth, Agrippina; Späth, Herrscherin; zur Kritik am vorherrschenden Bild von Caligula und Nero vgl. Winterling, Caligula; Fini, Nero. **29** Vgl. Callies, Artikel Agrippina, S. 111. **30** Tabarelli, Adoption, S. 8. **31** Späth, Herrscherin, S. 275. **32** Vgl. hierzu kritisch ebenda, S. 275. **33** Eck, Agrippina, S. 40. **34** Lackeit, Artikel Iulia Agrippina, Sp. 911. **35** Bauman, Women, S. 179. **36** Barrett, Agrippina, Werbung auf dem Schutzumschlag: »An irresistible combination of treachery, incest and murder«. **37** So lautet der Untertitel von Girod, Agrippine 2015 »Sexe, crimes et pouvoir dans la Rome impériale«. **38** Baus, Rehabilitation, S. 7.

Agrippa, Augustus, Agrippina: Phasen der Stadtgründung

1 Eck, Gestaltung, S. 46, kritisch – auch in Bezug auf den Untertitel der eigenen Biografie der Agrippina ebenda, S. 46-47. **2** Die Quellenlage ist mager, lediglich drei Stellen bei Tacitus und eine Angabe Strabos beziehen sich auf die Vorgeschichte Kölns, vgl. Baldus und Lamberti, Ius Italicum, S. 3 mit den entsprechenden Nachweisen. Die ältere Forschung sieht darin auch, dies sei in Agrippas erster Amtszeit am Rhein um 38 v. Chr. erfolgt; vgl. Eck, Gestaltung, S. 27-30; Lamberti, Beispiel, S. 18. **3** Vgl. Eck, Gestaltung, S. 41-49. **4** Vgl. ebenda., S. 41. **5** Ebenda., S. 34. **6** Galsterer, Romanisation, S. 21. **7** »...Cologne, which at this time more likely looked like a town of the American Wild West. «, Powell, Agrippa, S. XV. **8** Vgl. zusammenfassend Fischer und Trier, Köln, S. 61-64 und S. 69-99; Trier, Oppidum; Schäfer, Geburtsstadt; Schmitz, Menschen. **9** Galsterer, Romanisation, S. 19. **10** Vgl. Kassner, Anfang; Galsterer, Romanisation, S. 12. **11** Vgl. Eck, Gestaltung, S. 41. **12** Vgl. Bechert, Ara; Fischer und Trier, Köln, S. 63. **13** Vgl. Volkmann, Artikel Municipium; Galsterer: Artikel Coloniae; Fischer und Trier, Köln, S. 62-63; Schmitz, Menschen; zu den Veränderungen nach der Erhebung zur Kölns zur Kolonie vgl. Eck, Köln, S. 148-161. **14** Vgl. Haensch, Hauptstadt, S. 9ff; Kassner, Anfang, S. 1; Burmeister, Politikwechsel. **15** Germania inferior mit der Hauptstadt Köln und Obergermanien, Germania superior, mit dem Hauptort Mainz, seit etwa 85–90 n. Chr., die Grenze war der Vinxtbach bei Bad Breisig; vgl. Bechert, Germania; Fischer und Trier, Köln, S. 101; Haensch, Hauptstadt. **16** »in Germania inferiore Agrippinenses iuris Italici sunt«, Paulus, Digesta Iustiniani 50,15,8,2, zit. n. Baldus und Lamberti, Ius Italicum, S. 5, die wie Eck, Gestaltung, S. 46-47 und Eck, Leben, S. 10, davon ausgehen, dass dieses höchste Bürgerrecht bereits im Jahr 50 mit der von Agrippina betriebenen Kolonieerhebung verliehen wurde. **17** Eck, Gestaltung, S. 46-47; vgl. auch Eck, Agrippina, S. 77-80. **18** So etwa während des Bataveraufstands 69 n. Chr; vgl. Fischer und Trier, Köln, S. 106. **19** Vgl. Noelke und Lieb, Römerbrunnen, S. 241. **20** Vgl. Eine Ode an den urkölschen Adel, in: Kölner

Stadt-Anzeiger, 20. 4. 2007. **21** Beikircher, Rheinländer, S. 29.
22 Becker, Jacobs und Stankowski, Bildungsweg. **23** Zum Germa-
nenbild des Tacitus und dessen Rezeption in Deutschland vgl. Krebs,
Germania. **24** Ennen, Köln, S. 23. **25** Ebenda, S. 24. **26** Galsterer, Romanisation, S. 24. **27** Wigg, Artikel Lugdunum, S. 26; vgl.
auch Galsterer, Romanisation, S. 22. **28** Pelletier u. a., Lyon, S. 18;
Rothenhöfer, Köln, S. 119. **29** Vgl. Eck, Köln, S. 134. Die Bronzetafel
mit dieser Rede des Claudius, niedergelegt in der zentralen Kultstätte
der Gallier in Lyon, wurde 1528 entdeckt und befindet sich im dortigen Musée gallo-romain de Fourvière. **30** Beide wurden, so Eck,
Leben, S. 12, »im gallisch-germanischen Land« geboren. **31** Vgl.
Hutmacher, Ehefrau, S. 57 und 64; Baldus und Lamberti, Ius Italicum,
S. 4. **32** Vgl. Baldus und Lamberti, Ius Italicum, S. 4. Eck, Köln, S. 136
zieht sogar in Erwägung, dass von Köln aus ein Anstoß zur Kolonieerhebung gekommen sein könnte. **33** Rothenhöfer, Köln, S. 119; vgl.
auch Eck, Namensgeberin.

Der Name der Stadt **1** Vgl. Eck, Köln, S. 178-181. **2** Vgl. eben-
da. S. 178. **3** Kugelmeier, Artikel Agrippina, Sp. 10. **4** Eck, Köln,
S. 180. **5** Vgl. ebenda., S. 135; Eck, Leben, S. 11. **6** Vgl. Eck, Köln,
S. 178. **7** Vgl. ebenda., S. 136. **8** Vgl. Meier, Beeck, S. 5; Eck, Köln,
S. 136, konstatiert, der mit der Kaiserin Agrippina verknüpfte Name
sei noch mehrere hundert Jahre nach ihrem Tod in Gebrauch gewesen. **9** Vgl. Eck, Köln, S. 159. **10** Vgl. Dietmar und Trier, Colonia,
S. 35-36 und S. 49. **11** Vgl. ebenda, S. 49. **12** »Agrippina« wurde
die Stadt Köln genannt bei Ammianus Marcellinus, in einem Brief Kaiser Julians an die Athener und im Codex Theodosianus, der Geset-
zessammlung des Kaisers Theodosius (408–455), in den Schriften des
Klerikers Salvian von Marseille um 450 und des gallorömischen Dichters Sidonius Apollinaris um 455/56, vgl. Dietmar und Trier, Colonia,
S. 49. **13** »in Agrippinensium civitatem nunc Colonia dicitur«, zit. n.
Dietmar und Trier, Colonia, S. 49. **14** »Colonia civitatis«, zit. n. ebenda, S. 49. **15** So bezeichnet im »liber historiae Francorum«, zit. n.
ebenda, S. 49. **16** »ex civitate Colonia«, zit. n. ebenda, S. 73.
17 Mit der ebenfalls römischen Vorbildern entlehnten Umschrift
»Augustus et dominus noster« für Theudebert, ebenda, S. 223-224.
18 Gefolgt von Münzen König Ludwigs IV. kurz nach dem Jahr 900;
ebenda, S. 224. **19** Hagen, Reimchronik, Vers 44-80, S. 6-7.
20 »Agrippin, die Coelne nu is genant«, ebenda, Vers 51, S. 6.
21 »de Agrippina civitate«, Dietmar und Trier, Colonia, S. 39, vgl. auch
ebenda S. 49. **22** Vgl. Militzer, Collen, S. 17-22. **23** Verfasst 1468,
gedruckt 1475, vgl. Alexander, Bauer, S. 16. **24** Zit. n. Meier, Geschichtsschreibung, S. 37; vgl. Alexander, Bauer, S. 16; Militzer, Collen,
S. 24ff.; Herborn, Selbstverständnis, S. 503ff. **25** »Agrippina ys dys
boich genant«, zit. n. Meier, Beeck, S. 5. **26** »konynck Agrippa van
deme Collen werff 926 jair vur der geburt Christi synen namen
Agrippa intfangen hait«, HAStK, Chroniken und Darstellungen 20f.
IVf, zit. n. Meier, Bauer, S. 93. **27** »Die Cronica van der hilliger stat
van Coellen«, Koelhoff, Chronik, Titelblatt. **28** »aber die wahrhaf-
tigern und glawbwirdigern geschicht beschreiber alle sagen. das M.
Agrippa ein stiffter dieser statt gewesen sey«, Schedel, Weltchronik,
Bl. XCv. **29** »zo der zit ind lange dairnae me dan 300 jair Agrippi-
na nae eme genant«, Koelhoff, Chronik, Bl. 37r; Cardauns, Chroniken
Cöln 2, S. 282. **30** »Quid oa Colonia, quae de coniuge Claudii, matre
Neronis, Agrippina dicta est«…, Enea Silvio Piccolomini, Germania,
Lib. II, cap. 7, S. 50. **31** »eynstymmicheit off gelijchformicheit«, Ko-
elhoff, Chronik, Bl. 36r. **32** »Als were dye Stat yr dochter van yr ge-
macht. «, Ebenda, Bl. 36r.

Spätmittelalterliche Gründungsmythen der Stadt
1 Vgl. Meier, Geschichtsschreibung, S. 25; Meier, Bauer, S. 93-94.
2 Vgl. Schedel, Weltchronik, Bl. XCv-XCIr. **3** »Anfanck der Stat Agrippinen nu Coellen«, Koelhoff, Chronik, Bl. 35v.; Koelhoff, in: Cardauns,
Chroniken Cöln 2, S. 279. **4** Koelhoff, Chronik, Bl. 35v. **5** Vgl. Meier, Bauer, S. 94. **6** Die Legende der unter Trajan zur Herrschaft über
Köln ausgesandten 15 senatorischen Familien erschien noch ausge-
prägt im Familienbuch des Werner Overstolz 1446, blieb aber bis in
das 16. Jahrhundert hinein präsent; vgl. Meier, Geschichtsschreibung,
S. 27; Militzer, Collen, S. 23-27. **7** Vgl. Meier, Geschichtsschreibung,
S. 25-27 und 35. **8** »Agrippina die starcke stat«, Hagen, Reimchronik,
Vers 46, S. 6 und »in sente Peters gezijden«, Hagen, Reimchronik,
Vers 44, S. 6. **9** Vgl. Meier, Geschichtsschreibung, S. 37; Alexander,

Bauer, S. 15; Militzer, Collen, S. 24ff. Herborn, Selbstverständnis,
S. 503ff. **10** Koelhoff, Chronik, Bl. XLIr. **11** »Coloniam ab ipso
Agrippa conditam, quem generum Augusti Octaviani ferunt …«,
Helmrath, Rangstreit, S. 86. **12** »…Italici iuris ante fuisse, quam civitas Aquensis in rerum natura reperiretur«, Helmrath, Rangstreit, S.
86. Im späteren Verlauf dieser sich über hundert Jahre hinziehenden
Zwistigkeiten wurde klar, dass die Existenz des »Ius italicum« in Köln
schriftlich erst unter Iustinian nachgewiesen werden konnte.
13 Meier, Geschichtsschreibung, S. 38. Zu den gleichen Quellen, aus
denen Beeck mit seiner Agrippina, der »Doernenkrantz«, der »Fasci-
culus temporum« des Kölner Kartäusers Werner Rolevinck und die
1499 erschienene Koelhoffsche Chronik schöpften vgl. ebenda.
14 Erschienen in lateinischer Sprache im Juli und auf Deutsch im
Dezember 1483, vgl. Borger und Zehnder, Köln, S. 92. **15** Vgl. Borger und Zehnder, Köln, S. 92-93. **16** Vgl. Schedel, Weltchronik, Bl.
XCv-XCIr. **17** »der dan ein gemahel der frawen Agrippine was (…)
und von derselben frawen (…) Agrippa genant worde«, ebenda, Bl.
XCv. **18** »aber die wahrhaftigern und glawbwirdigern geschicht beschreiber alle sagen. das M. Agrippa ein stiffter dieser statt gewesen
sey«, ebenda, Bl. XCv. **19** Ebenda, Bl. XCv. Gemeint war die auf den
römischen Tempel zurückgehende Kirche St. Maria im Kapitol.
20 »pawmann«, „seiner pawmeisterschaft, ebenda, Bl. XCIr. **21** Vgl.
ebenda, Bl. XCVIIr. **22** »Die Cronica van der hilliger stat van Coellen«, Koelhoff, Chronik, Titelblatt. **23** Koelhoff, Chronik; Koelhoff, in:
Cardauns, Chroniken Cöln 2; Koelhoff, in: Cardauns, Chroniken Cöln
3. Zur Entstehung, Bedeutung und Wirkungsgeschichte vgl. Mölich,
»Koelhoffsche" Chronik; Schmitz, Überlieferung; zu Koelhoff vgl. Lülfing, Artikel Koelhoff; zu Schedel vgl. Fuchs, Artikel Schedel.
24 »Agrippina of Coellen.«, Koelhoff, Chronik, Bl. 30r.; vgl. Borger und
Zehnder, Köln, S. 100-102. In Koelhoffs Chronik befinden sich insgesamt sechs Stadtansichten Kölns, vgl. ebenda, S. 100, fünf davon abgebildet und beschrieben in ebenda, S. 96-104. **25** Koelhoff, Chronik, Bl. 30v. **26** Ebenda, Bl. 31r – Bl. 35v.; Koelhoff, in: Cardauns,
Chroniken Cöln 2, S. 275-279. **27** Koelhoff, Chronik, Bl. 35v-36r.
28 »ind als die stat gebuwet was, so warst si genoempt Agrippina
nae dem naemen des ghenen der si begonnen und volmacht hadde.
Ind die inwoner die vurmuls Ubii genoempt waren, hieschen dairnae Agrippinenses.«, Koelhoff, Chronik, Bl. 37r.; Cardauns, Chroniken
Cöln 2, S. 282. **29** »…Marcus Agrippa Coellen begonnen ind gemacht have«, Koelhoff, Chronik, Bl. 37r.; Cardauns, Chroniken Cöln 2,
S. 283. **30** Tacitus, Annalen, XII.27 (Sontheimer, Tacitus, S. 44).
31 »an der stat dantzhuis Gortzenich«, Koelhoff, Chronik, Bl. 37v.;
Cardauns, Chroniken Cöln 2, S. 284. **32** »Der herliche Marcus Agrippa ein heidensch man / vur gotz geburt Agrippinam nu Colne began«, Koelhoff, Chronik, Bl. 37v.; Cardauns, Chroniken Cöln 2, S. 284.
33 Vgl. Pfotenhauer, Gürzenich, S. 15; Gechter und Schütte,
Ursprung, S. 166; Schäfer, Broelmann, S. 105; Noelke und Lieb, Römerbrunnen, S. 255f. Zur Marsilus-Legende vgl. Cramer: Marsilius.
34 Raschdorff, Gürzenich, S. 12. **35** »Der herliche Marcus Agrippa
eyn Heydensch Man / Vur gotz geburt Agrippinam nu Coelne began«, Merlo, Gürzenich, S. 15. **36** Ebenda, S. 66. **37** Ebenda,
S. 15-16, hier S. 16, Anm. 17. **38** Leiverkus, Bilder, S. 152, hier allerdings mit dem falschen Zitat: »DER HERLICHE AGRIPPA EYN HEY-
DENSCH MANN / VUR GOTZ GEBURT NU COELLE BEGANN«. Diese
Inschrift hätte ihren ursprünglichen Sinn verloren, weil daraus der
alte Stadtname »Agrippina« entfallen wäre, schließlich begann mit
Agrippa ja vor Christi Geburt nicht »nun Köln«, sondern der Aufbau
der Stadt Agrippina, die 1440 – zur Zeit der Entstehung der Skulptu-
ren – »nun Köln genannt« wurde. **39** Vgl. Kat. Köln 1988, Nr. 5.31
und 5.32, S. 428-429 (Eintrag von Reiner Dieckhoff); Steuer, Wappen,
S. 80ff.; Noelke und Lieb, Römerbrunnen, S. 255. **40** Vgl. Noelke und
Lieb, Römerbrunnen, S. 255.

Monströse Laster: Das Agrippina-Bild im Mittelalter
1 »mit fuerwitzige schmaichlungen, »wardt zu letst von Agrippina mit
gift getoedt«, Schedel, Weltchronik, Bl. CIIIr. **2** »seine wütende grausamkeit gegen Senecam Lucanum. auch seine muter. seinem weib
(…) geprauocht«, ebenda, Bl. CIIIr. **3** »Dese Marcus agrippa buwede
Agrippinen beij dem Rijne«, Koelhoff, Chronik, Bl. XLIVr. **4** »Der keyser Claudius ass gern pfifferling ind dat wuste wail Agrippina seyn
wijff.«, Ebenda, Bl. 46v. **5** Vgl. ebenda, Bl. 46v ff. **6** Vgl. Militzer, Collen, S. 23. **7** Vgl. ebenda, S. 25; vgl. ausführlich Helmrath, Sitz.

8 So ein Kölner Gelehrter über die Wirkung der Koelhoffschen Chronik, zit. n. ebenda, S. 31, Anm. 151. **9** Vgl. Castagna und Vogt-Spira, Pervertere. **10** Tacitus, Annalen, 14,2,1f; zur mittelalterlichen Rezeption dieses Motivs vgl. Stein-Hölkeskamp, Tafeln, S. 23. **11** Vgl. Bergdolt, Nero, S. 274. **12** Sueton, Nero 24,4; zur mittelalterlichen Rezeption vgl. Bergdolt, Nero, S. 270. **13** Roman de la Rose; vgl. auch Freeman, Sex; Camille, Art. **14** Tacitus, Annalen, XIV, 9,1; Sueton, Kaiserviten, Nero, 34,3-4; Cassius Dio, Römische Geschichte, LXI, 14,2. Zur mittelalterlichen Rezeption dieser antiken Quellen vgl. Bergdolt, Nero, S. 270-272. **15** Im Miroir historial, der 1463 entstandenen französischen Ausgabe des Speculum historiale des Vincent de Beauvais aus dem 13. Jahrhundert, Paris, Bibliothèque nationale, ms. fr. 50, fol. 349. **16** Boccacio: De casibus virorum illustrum, 4, 40; vgl. Bergdolt, Nero, S. 271. **17** Um 1470 im »Miroir de Mort« von Georges Chastellain, Carpentras, Bibliothèque municipale, ms. 410, fol. 8v; der Verf. dankt Elisabeth Dühr, Direktorin des Stadtmuseums Simeonstift Trier, für diesen Hinweis. **18** Bei Sueton, Kaiserviten, Nero, 34,3-4, heißt es: »ad visendum interfectae cadaver accurrisse, contractasse membra, alia vituperasse, alia laudasse« Das »ad visendum« bzw. »visere« kann übersetzt werden mit genau ansehen, anschauen, aber auch untersuchen, »contrectare« als abtasten, befühlen, berühren wird jedoch im Mittelalter auch gedeutet als streicheln, entehren, verletzen und sogar schänden. Der Verf. dankt Elisabeth Dühr, Direktorin des Stadtmuseums Simeonstift Trier, für diese Hinweise. **19** Vgl. Freeman, Sex; Camille, Art. S. 80-81, 91-92 und Abb. 68 und 78; Kuhn, Illustrationen. Zur mittelalterlichen Rezeption der Biografien Neros und Agrippinas vgl. auch Cropp, Nero. **20** Boccaccio, De mulieribus claris; englische Ausgabe: Boccaccio, Famous Women; deutsche Ausgabe: Boccaccio, Die großen Frauen; vgl. Franklin, Boccaccio's Heroines; Dubois-Reymond und Augustyn, Artikel Frauen. **21** British Library, Royal Collection, 16 G V, folio 107,http://www.europeana.eu/portal/record/9200397/BibliographicResource_3000126266695.html (21. 7. 2015). **22** Boccacio: Le livre des cleres et nobles femmes, Paris, Bibliothèque Nationale ms. fr. 599, fol. 77v und fol. 78v., um 1488-96. **23** Steinhöwel, Heinrich: Von den synnrychen erluchten wyben, Ulm 1473, fol. CXVII und fol. CXX. **24** »All of the monstrous vices encountered in women who violate the limits of their legitimate role meet in the person of Agrippina, who began early in life to trade sexual favors for political gain.« Franklin, Boccaccio's Heroines, S. 39. **25** Vgl. Kugelmeier, Artikel Agrippina, S. 13. **26** Cardano, Gerolamo: Encomium Neronis, Basel 1562, Kap. 43,3–10 und Kap. 48; vgl. Kugelmeier, Artikel Agrippina, S. 13.

Der Urknall: Agrippinas Aufnahme in den Kölner Himmel

1 Vgl. Schnorrenberg, Woensam; Merlo, Woensam; Schulz, Woensam. **2** Vgl. Borger und Zehnder, Köln, S. 115; Doosry, Venedig-Ansicht. Die Ansicht von Amsterdam entstand 1538 als Gemälde und wurde 1544 als Holzschnitt publiziert; vgl. Van Hasselt und Bleyerveld, Amsterdam; Knevel, Amsterdam. **3** Vgl. Günther, Repräsentation, S. 42-44. Zu Woensams Stadtansicht von 1531 vgl. Sievers: Köln, Nr. 7, vgl. Sotzmann, Antonius von Worms; Rezension Sotzmann; Merlo, Woensam, S. 134; Stohlmann, Lobe, S. 1-9; Braunfels, Kölnprospekt; Borger und Zehnder, Köln, S. 115-125; Alexander, Bauer, S. 81-84; Steuer, Wappen, S. 83; Heimann, Stadtideal; Sievers, Leiverkus, Köln, S. 23; Funke, Buchkunde, S. 275; Classen, Antike Rhetorik, S. 347; Kat. Renaissance am Rhein, Nr. 46, S. 186-187 (Eintrag von Alexander Markschies); Kat. Glanz und Größe, Nr. 82, S. 331-332 (Eintrag von Thomas Hensolt); Westfehling, Köln, S. 78-91; Auswahlkatalog, S. 201-203 (Eintrag von Uwe Westfehling). **4** Vgl. Stohlmann, Lobe; Classen, Antike Rhetorik, S. 347. **5** Vgl. Doosry, Venedig-Ansicht; Van Hasselt und Bleyerveld, Amsterdam; Knevel, Amsterdam. **6** »PER MEDIOS QUONDAM MARSILIUS IRRUIT HOSTES / UT LIGNA E SYLVIS NOSTRAM TRANSFERRET IN URBEM«, in Anspielung auf die sog. Holzfahrt in der Kölner Marsilius-Legende, womit auch in der Figur das Marsilius am Gürzenich bezeichnet war, vgl. ausführlich dazu Stohlmann, Lobe, S. 8-9. **7** »NONDUM CHRISTUS ERAT NATUS, QUUM CONDERE COEPIT / NOBIS HANC URBEM SPECIOSAM MARCUS AGRIPPA«, Übersetzung nach Stohlmann, Lobe, S. 8. **8** Vgl. Alexander, Bauer, S. 81, Anm. 183; Bandmann, Zirkel; Habicht und Stauch,

Architektur; Gerstenberg, Baumeisterbildnis; vgl. auch Kramp, Urknall. **9** Stohlmann, Lobe, S. 8. **10** Vgl. Sotzmann, Antonius von Worms; Rezension Sotzmann; Merlo, Woensam, S. 134; Stohlmann, Lobe, S. 1-9; Braunfels, Kölnprospekt; Borger und Zehnder, Köln, S. 115-125; Alexander, Bauer, S. 81-84; Steuer, Wappen, S. 83; Sievers, Leiverkus, Köln, S. 23; Funke, Buchkunde, S. 275; Heimann, Stadtideal; zuletzt Kat. Renaissance am Rhein, Nr. 46, S. 186-187 (Eintrag von Alexander Markschies). **11** Merlo, Woensam, S. 134, nennt Agrippina im Zusammenhang mit der Inschrift »die Wiederherstellerin der Stadt«. **12** Vgl. Alexander, Bauer, S. 20-32 und S. 43-50; Meier, Bauer. **13** Koelhoff, Chronik, Blatt 135v-136r und 141r-v; vgl. Militzer, Collen, S. 23; Alexander, Bauer, S. 20-27. **14** »Coellen is eyn boumann zo latijn Colonus genant« , Koelhoff, Chronik, Bl. 141r., Alexander, Bauer, S. 24. **15** Vgl. Militzer, Collen, S. 23. **16** Vgl. Schedel, Weltchronik, Bl. XCIr. **17** … wanne ind van wem Coellen si angehaven“, Koelhoff, Chronik, Bl. 36r. **18** „Disse opinie is wail up tzo nehmen als it meyne.“, Koelhoff, Chronik, Bl. 36r.; Cardauns, Chroniken Cöln 2, S. 280. **19** „…ind gemacht van dem keiser Claudius, ind nae sinre huisfrauwen, die Agrippina hiesch, is die stat vurß agrippina genoempt worden“, Koelhoff, Chronik, Bl. 36r.; Cardauns, Chroniken Cöln 2, S. 279. **20** »… ind nae sinre huisfrauwen, die Agrippina genoempt was ind geboren van dem volk Ubii, si die stat Agrippina genoempt«, Koelhoff, Chronik, Bl. 35v.; Cardauns, Chroniken Cöln 2, S. 279. **21** »vernuwert«, Koelhoff, Chronik, Bl. 35v. **22** »… vermeirt ind gebessert ind gesterckt mit volck ind anderen dingten«, ebenda, Bl. 36r. **23** »… dat men sagen mocht. he have Sy gemacht«, ebenda, Bl. 36r. **24** »Seneca, der eyn zuchtmeyster was Neronis«, ebenda, Bl. 36r **25** »… sin van dem blix of van dem ungewidder of van dem hemelischen vuir verzeirt gewest«, ebenda, Bl. 36r., Cardauns, Chroniken Cöln 2, S. 280. **26** »Ind dat Claudius der veirde keyser nae Octavianus have die selve widder up gebouwet nae dem brande.«, Koelhoff, Chronik, Bl. 36r. **27** »incendium terra erumpens Coloniam«, Gelenius: Admiranda, S. 103. Gelenius berichtigt dabei allerdings gleichzeitig die Interpretation des Seneca-Briefs durch Koelhoff; vgl. auch Cardauns, Chroniken Cöln 2, S. 280. **28** »Sed civitas Ubiorum socia nobis malo improviso adflicta est. Nam ignes terra editi villas arva vicos passim corripiebant ferebanturque in ipsa conditae nuper coloniae moenia« (»Aber das Gemeinwesen der Ubier, das mit uns verbündet ist, wurde von einem unvermuteten Unglück betroffen. Denn Feuer, das aus der Erde brach und überall Bauernhöfe, Felder und Dörfer vernichtete, drang bis in die Stadtmauern der eben erst gegründeten Kolonie vor.«), Tacitus, Annalen, XIII.57,3, zit. n. Eck, Köln, S. 756, Anm. 45. Mit Lyon hatte dies allerdings nichts zu tun; zur Brandkatastrophe vgl. auch Eck, Köln, S. 154. **29** Vgl. Dahn, Urgeschichte, S. 120, Anm. 1. **30** Sontheimer, Tacitus, S. 270, Anm. 162. **31** Vgl. Fischer und Trier, Köln, S. 120. **32** Ebenda, S. 120. **33** »ignes terra«, Tacitus, Annalen, XIII.57,3. **34** »Nam ignes terra editi villas arva vicos passim corripiebant ferebanturque in ipsa conditae nuper coloniae moenia«, Tacitus, Annalen, XIII.57,3, zit. n. Eck, Köln, S. 756, Anm. 45. **35** Vgl. Fischer und Trier, Köln, S. 120. Von einem »Flözbrand durch Freilegung der Kohle beim Wasserleitungsbau im Umkreis von Köln« geht auch die Braunkohleforschung aus, dieser habe sich wohl aus dem Braunkohlegebiet »flächenhaft bis vor die Mauern von Köln« ausgebreitet; Schumacher u. a.: Braunkohlerevier, S. 20. **36** Zit. n. Borger und Zehnder, Köln, S. 117. **37** Vgl. Kelchner, Cervicornus; Funke, Buchkunde, S. 275. **38** Biblia ivxta divi Hieronymi (…), Köln 1530, vgl. Merlo, Woensam, S. 97, Nr. 452; Johannes Fabri: Opera. Confutatio grauissimi... pars tertia, Köln 1539, verlegt von Peter Quentell, angeboten bei Venator und Hanstein in Köln, Auktion 116, 1. Okt 2010, Lot 597, S. 188. **39** Staatliche Kunstsammlungen Dresden, Inv.-Nr. 1921-176, A 169 s 1, online: http://www.deutschefotothek.de/documents/obj/30112576/df_hauptkatalog_0098079 (5. 6. 2015). **40** Merlo, Woensam, Nr. 368, S. 60, erwahnt, er besitze diesen Holzschnitt.

Kölner Humanisten

1 Vgl. Kirgus, Rathauslaube, S. 280-290. **2** Zu Heinrich Sudermann (auch Suderman) vgl. Kirgus, Rathauslaube, S. 73-77; Keussen, Sudermann. Zu Frans Hogenberg vgl. Keller, Hogenberg. **3** Kupferstich, H 42,1 x B 34,7 cm, Kölnisches Stadtmuseum, Graphische Sammlung, Inv.-Nr. 10016b. vgl. auch Kat. Renaissance am Rhein, Nr. 340, S. 446 (Eintrag von Petra-Sofia Zimmermann). **5** Die Identifizierung der Münze und der Inschrift verdankt der Verf. den freundlichen Hinweisen von Friederike Naumann-Steckner, Mai 2015.   **6** Stradas Werk »Epitome du Thrésor des Antiquitez (…)« erschien 1553 in Lyon, ihm folgte 1557 in Zürich die Ausgabe in deutscher Sprache. Für die Rathauslaube waren vor allem die gedruckten Münzbücher des Hubertus Goltzius einflussreich, vgl. Kirgus, Rathauslaube, S. 227-240; zu Jacopo da Strada vgl. ebenda, S. 224-225.   **7** Tizian: Bildnis des Jacopo Strada, 1567/68, Öl auf Leinwand, Kunsthistorisches Museum Wien, Inv.-Nr. GG 81; vgl. Haskell, Geschichte, S. 25-26.   **8** Südniederländischer Meister: Bildnis der Elisabeth von Lyskirchen geb. Court, 1572, Öl auf Holz, Wallraf-Richartz-Museum, Inv.-Nr. WRM 1549; vgl. Heße und Schlagenhaufer, Verzeichnis, S. 82.   **9** Vgl. Kirgus, Rathauslaube, S. 221-222.   **10** Vgl. Sueton, Vitellius, 10,3.   **11** Vgl. Kirgus, Rathauslaube, S. 221-222.   **12** Vgl. ebenda, S. 74-76; zu den dann maßgeblichen Entwürfen von Wilhelm Vernucken und Conrad II van Nurenberg vgl. ebenda, S. 126-139.   **13** Dieses Milieu wird ausführlich beschrieben von ebenda, zu Helman vgl. Kirgus, S. 247-264.   **14** »SENATVS POLPVLVSQ UBIOR«, zit. n. Surmann, Umgang, S. 194.   **15** Hinzu kam 1881/82 eine Huldigungsinschrift für den Hohenzollernkaiser Wilhelm I. Der Text der Inschriften an der Kölner Rathauslaube ist ediert, übersetzt und kommentiert in Kirgus, Rathauslaube, S. 250-254 und in Surmann, Umgang, S. 193-197.   **16** »in Germania inferiore Agrippinenses iuris Italici sunt«, Paulus, Digesta Iustiniani 50,15,8,2, zit. n. Baldus und Lamberti, Ius Italicum, S. 5.   **17** Vgl. Baldus und Lamberti, Ius Italicum; Eck, Gestaltung, S. 46-47 und Eck, Leben, S. 10.   **18** Vgl. Kirgus, Rathauslaube, S. 280-285.   **19** Reihenfolge und Umfang wurden im Zuge von Restaurierungen und Zerstörungen mehrfach verändert; vgl. Surmann, Umgang, S. 196-197 und ausführlich Kirgus, Rathauslaube, S. 211-240. Heute befinden sich Nachbildungen in situ, die originalen Medaillons des 16. Jahrhunderts könnten mit den erhaltenen Kaisermedaillons der Renaissance im Mittelrhein-Museum Koblenz identisch sein.   **20** Das kurz gefasste Fazit der entsprechenden Kölner Denkschrift erwähnte Cäsar, Augustus, Marcus Agrippa, aber auch Claudius und Agrippina: »Praeterea quod Julius Caesar Ubiorum fortitudinem fidemque exploratam habens eos in amicitiam S. P. Q. R. receperit et quod Augusti tempore Ubiorum gens in ulteriorum Rheni ripam transgressa novum ibidem oppidum condere atque in eo circumque illud habitare reperit illam in fidem suam recipiente M. Agrippa Augusti genero ac avo Agrippinae Germanici filiae quam Claudius Caesar in coniugem assumpsit. Deinde Agrippinam ipsam non deduxisse coloniam in oppidum Ubiorum sed, quia isthic nata erat, coloniam eo deduci a Claudio caesare impetrasse.«, HAStK Köln und das Reich 231, fol. 61 v., zit. n. Kirgus, Rathauslaube, S. 282-283.   **21** Vgl. Borger und Zehnder, Köln, S. 129-133; zum aktuellen Forschungsstand der Antikenrezeption auf dem Mercatorplan vgl. Noelke, Entdeckung.   **22** Zu Broelmann: Schütte und Gechter, Broelmann; Schäfer, Broelmann.   **23** Die Manuskripte: Broelmann, Commentarii, HAStK, Chroniken und Darstellungen, Best. 7030, hier S. 74-76. Der Prospekt: Broelmann, Epideigma. Zeichnungen befinden sich in der Graphischen Sammlung des Kölnischen Stadtmuseums, einige erschienen als Kupferstiche in: Bossart, Bericht.   **24** Vgl. Schäfer, Broelmann, S. 103-104.   **25** Köln zur Zeit des Marcus Agrippa, veröffentlicht als Kupferstich in Bossart, Bericht, nach der Vorlage von Broelmann um 1600; vgl. Schäfer, Broelmann, S. 116, Abb. 8.   **26** Broelmann, Stephan: Köln im Jahre »LII«, kurz nach der Gründung der römischen Kolonie durch Kaiser Claudius und seine Gemahlin Agrippina 52 n. Chr., Illustration zu Broelmann, Commentarii, lavierte Federzeichnung, Kölnisches Stadtmuseum, Graphische Sammlung, Inv.-Nr. 1887-A1 1a/1; vgl. Schäfer, Broelmann, S. 115, Abb. 6; Schütte und Gechter, Broelmann, S. 24-26 und Abb. 14, S. 22.   **27** Vgl. Schäfer, Broelmann, S. 111.

Agrippina abgekupfert: Die Kaiserin behauptet ihren Platz

1 Vgl. Heimann, Stadtideal, S. 25; Borger und Zehnder, Köln, S. 117.   **2** Vgl. Sievers, Köln, Nr. 7ff.   **3** »La ville de Cologne fut commenche par Agrippe, & amplier (unleserlich) par la fille Agrippin, les instumens (unleserlich) ar pointures mises an sa main, comme voyes icy dessus ladicte ville«, Pieter van den Keere: »Colonia Agrippina«, Amsterdam 1613/1615, Kupferstich, H 56 x B 213 cm, Kölnisches Stadtmuseum, Inv.-Nr. AI1/31; vgl. Sievers, Köln, Nr. 18, S. 44-46. Das Blatt ist an dieser Stelle beschädigt und der Text eingeleitet mit dem Titel »Aux Nobles Tres Honorable prudens« nur in Teilen lesbar,

leider wird er auch von Sievers, Köln, nicht transkribiert.   **4** Michel L. Birboum: »Colonia Agrippina«, Kupferstich (aus drei Blättern), H 35 x L 112 cm, Köln 1625, Kölnisches Stadtmuseum, Inv.-Nr. AI2/28, AI2/29 und auch G15391. Die Druckplatten sind ebenfalls erhalten, Kölnisches Stadtmuseum, Inv.-Nr. G 14344 b/1-3; ein kolorierter Neudruck befindet sich in der Sammlung der Kreissparkasse Köln, Inv.-Nr. 49204-1253; vgl. Sievers, Köln, Nr. 29, S. 58-61.; Borger und Zehnder, Köln, S. 146-147.   **5** Vgl. Sievers, Köln, Nr. 29, S. 58-61. Zur Datierung vgl. auch Borger und Zehnder, Köln, S. 147 und Anm. 21. Die frühere Datierung »um 1610«, an der bereits seit längerer Zeit Zweifel gehegt wurden, konnte revidiert werden.   **6** Die Stadtansicht Hollars wird zumeist auf 1635 datiert. Sicher ist, dass sie spätestens 1636 – kurz vor Hollars Weggang aus Köln – fertiggestellt gewesen sein muss; vgl. Dieckhoff, Hollar, S. 39; zu Hollars Stadtansicht vgl. auch Wagner, Obrigkeit; Wagner, Hollar; Borger und Zehnder, Köln, S. 171-178; Sievers, Köln, Nr. 38, S. 70-73; Wagner, Colonia Agrippina.   **7** Nach Cesare Ripas in Europa maßgeblichem Werk »Iconologia« von 1593, Sp. 359, vgl. Habicht und Stauch, Architektur, Sp. 904-905; vgl. auch Bandmann, Zirkel; Gerstenberg, Baumeisterbildnis.   **8** Vgl. Firmenich-Richartz, Kölnische Künstler, Sp. 774ff. und Sp. 879ff.   **9** Vgl. Dieckhoff, Hollar, S. 45 und S. 50, Anm. 42.   **10** Wenzel Hollar: Ansicht der Stadt Köln, Kupferstich, 63 x 156 cm, Kölnisches Stadtmuseum, Graphische Sammlung, Inv.-Nr. G 14 388; vgl. Dieckhoff, Hollar, Appendix C 2.4., S. 49.   **11** Ebenda, S. 49.

Agrippina und die Kölner Jungfrau

1 Vgl. Alexander, Bauer, S. 75, Anm. 169 und Abb. S. 77.   **2** Weigel, Hans (Hg.): Große Kölner Stadtansicht, teilkolorierter Holzschnitt, H 38,8 x B 110, 8 cm, Kölnisches Stadtmuseum, Inv.-Nr. AI2/6; vgl. Sievers, Köln, Nr. 14, S. 39-40, Abb. S. 41; Borger und Zehnder, Köln, S. 136-139 gehen noch von einer Entstehung um 1580-1585 aus.   **3** Weigel (Hg.): Große Kölner Stadtansicht, Borger und Zehnder, Köln, S. 138.   **4** »Warhafftige Contrafetung der hochgelobter Statt Coelln am Reyn«, um 1570/80, Holzschnitt, H 23,5 x B 30,7, Kölnisches Stadtmuseum, Inv.-Nr. AI2/23b; vgl. Sievers, Köln, Nr. 15, S. 41-43, Abb. S. 40.   **5** »Warhafftige Contrafetung…«, Sievers, Köln, Nr. 15, S. 41.   **6** Unbekannter Stecher: »Eigentliche Abbildung des H. Romischen Reichs freijer Statt Cöln«, Kupferstich, H 29,3 x B 36 cm, Kölnisches Stadtmuseum, Inv.-Nr. AI2/40; vgl. Sievers, Köln, Nr. 33, S. 65-66, Abb. S. 64; Borger und Zehnder, Köln, S. 154-155. Bauer und Jungfrau schweben, verbunden mit den Namen der Gaffeln, über der Stadtansicht, die Johann Toussyn gezeichnet und Caspar Teymann um 2670 gestochen hat; Kölnisches Stadtmuseum, Inv.-Nr. HM 19011/315; vgl. Schäfke, Vogelschausichten, Kat. Nr. 11, S. 23-25.   **7** So etwa auf einem Kupferstich um 1645; vgl. Sievers, Köln, Nr. 51, S. 84.   **8** S. oben, S. 35-41   **9** Inschrift in der Mittelkartusche, Hollar, Wenzel: Ansicht der Stadt Köln, Kupferstich, 63 x 156 cm, Kölnisches Stadtmuseum, Graphische Sammlung, Inv.-Nr. G 14 388; vgl. Dieckhoff, Hollar, Appendix C 2.4., S. 49. Deutsche Übersetzung nach Stohlmann, Lobe und Alexander, Bauer, S. 83.   **10** Inschrift in der Mittelkartusche, Hollar, Wenzel: Ansicht der Stadt Köln, Kupferstich, 63 x 156 cm, Kölnisches Stadtmuseum, Graphische Sammlung, Inv.-Nr. G 14 388; vgl. Dieckhoff, Hollar, Appendix C 2.4., S. 49. Deutsche Übersetzung nach Stohlmann, Lobe, S. 56 und Alexander, Bauer, S. 83.   **11** Vgl. Wagner, Obrigkeit.   **12** Zu den erhaltenen Versionen und deren Datierungen vgl. Dieckhoff, Hollar.   **13** Vgl. Wagner, Obrigkeit; Wagner, Hollar; Zu Köln im Dreißigjährigen Krieg vgl. Kat. Köln Unheilige Zeiten.   **14** Vgl. Oepen, Köln katholisch.   **15** Hollar, Wenzel: »Eigentliche Abbildung des H. Römischen Reichs freijer Statt Cöllen«, 1633, gedruckt 1635, Radierung, H 23,5 x B 32,7 cm, Kölnisches Stadtmuseum, Inv.-Nr. AI2/42 und AI2/43; vgl. Sievers, Köln, Nr. 34, S. 65-67, Abb. S. 67 sowie Milheuser, Johann Julius: »Eigentliche Abbildung des H. Römischen Reichs freijer Statt Cöllen«, 1634, Kupferstich, H 24,2 x B 33,3 cm, Kölnisches Stadtmuseum, Inv.-Nr. AI2/41; vgl. Sievers, Köln, Nr. 35, S. 67-69, Abb. S. 66.   **16** »Colonia Agrippina / De Statt Cöllen«, gedruckt in Amsterdam bei van den Hoye 1645, Kupferstich und Radierung, H 45 x B 55,3 cm, Kölnisches Stadtmuseum, Inv.-Nr. HM 1903/137; vgl. Sievers, Köln, Nr. 36, S. 69, Abb. S. 68.   **17** »Ick ben een Koningin, gekoestert van den Rhyn / Myn Vader is geweest de Ouden Agrippyn« ,»Colonia Agrippina / De Statt Cöllen«, Sievers, Köln, Nr. 36, S. 69.   **18** »Iugerz si sa puissance, et son anticquité (…) Contre sa grace, et sa beauté«, »Colonia Agrippina / De Statt Cöllen«, Sievers,

Köln, Nr. 36, S. 69. **19** »Die Statt Koelen«, erschienen um 1660/70 bei Hendrick Focken bzw. Clement de Jonghe in Amsterdam, Radierung, H 43 x B 55 cm, Kölnisches Stadtmuseum, Inv.-Nr. HM 1915/205 und G 13550c; vgl. Sievers, Köln, Nr. 39, S. 73-74, Abb. S. 73. Anders als Sievers nahelegt, sind die Texte nicht identisch, sondern unterschiedliche Versionen. **20** Schott, Johann und Aubry, Abraham: Köln aus der Vogelschau, 1654, Kupferstich, H 25,5 x B 38 cm, Kölnisches Stadtmuseum, Inv.-Nr. AI2/57; vgl. Borger und Zehnder, Köln, S. 169-170; Meynen und Schäfke, Flug, S. 66-67. Dieses wichtige Blatt fehlt bei Sievers, Köln. **21** Alexander, Bauer, S. 86. **22** Toussyn, Johann (Zeichnung) und Löffler, J. (Stich): »Arcus triumphalis«, 1660, Kupferstich, H 57,4 x B 38 cm, Kölnisches Stadtmuseum, Inv.-Nr. AI2/65; vgl. Kat. Köln 1988, Nr. 5.36, S. 433 und Abb. S. 434 (Eintrag von Werner Schäfke). **23** »iconographie ͵impériale« - Chaix, Hôtel de Ville, S. 122. **24** »CL. AGRIPPINAM AUG. «, Toussyn und Löffler: Arcus triumphalis; Kat. Köln 1988, Abb. S. 434.

Die Stadt als Frau **1** Vgl. Wissowa, Religion, S. 338-340. **2** Vgl. Hartmann, Kunstlexikon, Artikel Personifikation, http://www.beyars.com/kunstlexikon/lexikon_6890.html (9. 8. 2015); Götzinger, Reallexicon, Artikel Länder und Städte in personifiziert-bildlicher Darstellung, S. 564. **3** »O FELIX AGRIPPINA NOBILIS ROMANORUM COLONIA«; vgl. Sievers, Köln, Nr. 7, S. 23-31; Alexander, Bauer, S. 81; s. oben, S. 49 **4** Vgl. Sievers, Köln, Nr. Nr. 8a, S. 32, Nr. 8b und 8c, S. 32-33, Nr. 8d, S. 33, Nr. 8e, S. 33-34. **5** Vgl. Sievers, Köln, Nr. 18, S. 44-46 und Nr. 29, S. 58-61; Borger und Zehnder, Köln, S. 146-147, s. oben, S. 62-63 **6** Bei Hans Weigel in Nürnberg um 1570 erschienen mit dem Titel: »Wahrhafftige Contrafactur der Hochgelobten Statt Cölln am Rhein«, vgl. Sievers, Köln, Nr. 14, S. 39. Der gleichlautende Titel ziert die um 1570/80 bei Peter Jordan in Köln erscheinende Ansicht »der hochgelobter Statt Coellln am Rhein«, vgl. Sievers, Köln, Nr. 15, S. 41; in Abraham Sauers Stätte-Buch, Frankfurt 1581, und der illustrierten Ausgabe von 1593 hat die Stadtansicht Kölns den Titel: »Die Statt Coelln«, vgl. Sievers, Köln, Nr. 10, S. 45. **7** Der Kupferstich von 1632 mit der Beschießung von Deutz trägt im Titel die Bezeichnung »des H. Römischen Reichs freier Statt Cöln«, vgl. Sievers, Köln, Nr. 33, S. 65-65; Wenzel Hollars Stadtansicht von 1633, verlegt in Köln bei Altzenbach 1635, ist bezeichnet mit: »Eigentliche Abbildung des H. Romischen Reichs freier Statt Cöllen«, vgl. Sievers, Köln, Nr. 34, S. 64-67, den gleichen Titel trägt der Stich von Johann Julius Milheuser, ebenfalls bei Altzenbach in Amsterdam erscheinen 1634, vgl. Sievers, Köln, Nr. 35, S. 67-68. **8** Der Stich von Pieter van der Keere, erschienen 1610 in Amsterdam, hat den Titel »Coln«, vgl. Sievers, Köln, Nr. 24, S. 53; ein wohl von Sebastian Furck gefertigter, in Frankfurt 1623/24 erschienener Kupferstich ist betitelt mit »Cöllen.«, vgl. Sievers, Köln, Nr. 30, S. 61. »Cölln.« lautet auch der Titel des Stichs von Friedrich van Hulius, publiziert in Frankfurt 1632, vgl. Sievers, Köln, Nr. 21, S. 49. **9** Stadtansicht von Matthäus Merian d. Ä., erschienen bei Gerhard Altzenbach in Köln 1620 mit dem Titel »Colonia.Agrippina / die Stadt Collen«, vgl. Sievers, Köln, Nr. 20, S. 47-49; der Titel einer 1645 in Amsterdam publizierten Stadtansicht lautet »Colonia Agrippina / De Statt Cöllen«, vgl. Sievers, Köln, Nr. 36, S. 68-69. **10** Kupferstich, um 1650, vgl. Sievers, Köln, Nr. 25, S. 55. **11** »COLONIA AGRIPPINA NOBILIS VBIORUM VRBS«; vgl. Sievers, Köln, Nr. 38, S. 70-73; Dieckhoff, Hollar; Wagner, Obrigkeit; Wagner, Hollar; Borger und Zehnder, Köln, S. 171-178; Wagner, Colonia Agrippina. **12** Leypolt, Johannes: Titelblatt zu Winheim, Erhard: Sacrarium Coloniae, Köln 1607, als Einzelblatt: Kupferstich, H 14,1 x B 8,8 cm, Kölnisches Stadtmuseum, Inv.-Nr. AI2/27, als Buch: Kölnisches Stadtmuseum, Bibliothek, D 165; vgl. Sievers, Köln, Nr. 17, S. 45. **13** Vgl. Weigel, Weiblichkeit. **14** Hogenberg, Abraham (zugeschrieben): Allegorische Darstellung eines Kölner Bürgermeisters der der Colonia, um 1600–1650, Kölnisches Stadtmuseum, Graphische Sammlung, Foto: rba_mf220925. **15** Toussyn, Johann (Zeichnung) und Löffler, Johann Heinrich (Stich): Allegorie zum Regierungsantritt des Bürgermeisters Johann Andreas von Mülheim, um 1662, Kupferstich, H 32,2 x B 43,8 cm, Kölnisches Stadtmuseum, Inv.-Nr. HM 1907/52; vgl. Kat. Köln 1988, Nr. 5.38, S. 439 und Abb. S. 438 (Eintrag von Werner Schäfke). **16** »Mille tibi laudes, tibi mille Colonia versus / Occino, millenos accipe, Diva, modos. « ͵Toussyn und

Löffler: Allegorie; Kat. Köln 1988, Nr. 5.38, Abb. S. 438. **17** Vgl. Krasa, Allegorie, S. 20.

Agrippinas Einzug ins Rathaus **1** Zu Guillermo Mesquida i Munar (1675–1747) und seinen in Deutschland ausgeführten Werken vgl. Wagner, Bildersaal, S. 185; Strich, Mesquida; Thieme-Becker Band 24, S. 430; Mehring und Reischert, Geschichte, S. , S. 277; Merlo, Nachrichten, S. 288-289; Firmenich-Richartz, Kölnische Künstler, Sp. 589-590; Nagler, Künstlerlexicon, S. 161. **2** Köln Kunstdenkmäler, S. 194. **3** Ebenda, S. 251. **4** Hirsching, Nachrichten, S. 351. **5** Dies zeigte sich, als man sich bei der Gestaltung der Festarchitektur am Kölner Rathaus 1764 auf eine »Denkmünze des Julius Cäsar« bezog, »welche man alhier nachzuahmen gesucht« habe, Kaiserliche Reichs-Ober-Post-Amts-Zeitung 1764, Nr. 73, Sa. 12. Mai, S. 4, Anm. c. **6** Hirsching, Nachrichten, S. 351. **7** Merlo, Nachrichten, S. 289. **8** Hirsching, Nachrichten, S. 351. **9** Vgl. Lang: Reise, hier zit. n. Damm, Darstellung, S. 77, Anm. 141; zu Lang vgl. Büllesheim und Kramp, Lang. **10** Vogts, 1913, S. 33. **11** Vgl. Savoy, Kunstraub, wo kein Werk von Mesquida verzeichnet ist. **12** Schreiber, Anleitung, S. 168-169, erwähnt 1812 die »Gemählde von Mesquida«, inklusive der »Vermählung der Agrippina«; Demian, Ansichten, S. 256-257 spricht 1815 von »verschiedene(n) Gemälden von Mesquida, welche Scenen der Geschichte von Köln darstellen«, darunter »die Vermählung der Agrippina, welche in Köln geboren wurde«. **13** Die handschriftlichen Ausführungen von »Fuchs: Beitrag zur Topographischen Beschreibung der Stadt Cöln. 1820«, S. 61-62 und 111, in: HAStK, Chroniken und Darstellungen Nr. 203 können leider zurzeit nicht nochmals überprüft werden. **14** Mit der »Ratsstube« war der Senatssaal, daher mit dem »Vorzimmer« die Prophetenkammer gemeint, Firmenich-Richartz, Kölnische Künstler, Sp. 590; Vogts erwähnt in Köln Kunstdenkmäler, S. 251, dass 1863 »noch drei Bilder vorhanden« gewesen seien. **15** Vgl. Wolf, Stadtbild, S. 63. **16** Kaiserliche Reichs-Ober-Post-Amts-Zeitung 1764, Nr. 73, Mo. 7. Mai, S. 1. **17** Ebenda, S. 1. Eine detaillierte Beschreibung der Feierlichkeiten lieferte die von der Witwe Schauberg in Köln seit 1763 herausgebende »Kaiserliche Reichs-Ober-Post-Amts-Zeitung zu Köln«; vgl. Kaiserliche Reichs-Ober-Post-Amts-Zeitung 1764, Nr. 73, Mo. 7. Mai, S. 1-4; Nr. 75, Fr. 11. Mai, S. 4; Nr. 76, Sa. 12. Mai, S. 4; Nr. 77, Mo. 14. Mai, S. 4; Nr. 78, Di. 15. Mai, S. 4; Nr. 79, Sa. 19. Mai, S. 4 und Nr. 79, Mo. 21. Mai, S. 4. **18** Kaiserliche Reichs-Ober-Post-Amts-Zeitung 1764, Nr. 73, Mo. 7. Mai, S. 2. **19** Zur Liste der dargestellten Kaiser vgl. Kaiserliche Reichs-Ober-Post-Amts-Zeitung 1764, Nr. 79, Mo. 21. Mai, S. 4. **20** Kaiserliche Reichs-Ober-Post-Amts-Zeitung 1764, Nr. 76, Sa. 12. Mai, S. 4. **21** »CIVIS. BELLO. SOCIALI. SERVATOR. COLONIA. UBIORUM«, wobei in einer Fußnote eigens darauf hingewiesen wurde, dass es eigentlich »Cives« heißen müsse, man sich aber auf Sallust beziehe und auf die »bekannte Denkmünze des Julius Cäsar, welche man alhier nachzuahmen gesucht« habe; ebenda, S. 4, Anm. c. **22** Kaiserliche Reichs-Ober-Post-Amts-Zeitung 1764, Nr. 79, Mo. 21. Mai, S. 4.

Sex and Crime: Agrippinas Auftritt im europäischen Barock **1** Die Grundlage bildeten die Schriften des Tacitus, Annalen, Buch XIV, 9,1; Sueton, Kaiserviten, Nero, 34,3-4; Cassius Dio, Römische Geschichte, LXI. Buch, 14,2. **2** Wohl in der Nachfolge des französischen Zeichners und Kupferstechers Lafage, Raymond: Nero vor der Leiche seiner Mutter Agrippina, um 1680–1700, Zeichnung, Graphische Sammlung Albertina, Wien, Inv.-Nr. 11891, vgl. http://www.kulturpool.at/plugins/kulturpool/showitem.action?itemId=4295545219&kupoContext=default (4. 8. 2015), zu Raymond Lafage (1656–1684) vgl. Arvengas, Lafage. **3** Negri, Pietro: Nero an der Leiche Agrippinas, zweite Hälfte des 17. Jahrhunderts, Öl auf Leinwand, H 137 x B 165 cm, Staatliche Kunstsammlungen Dresden, Inv.-Nr. 580. **4** Negri, Pietro: Néron et Agrippine, 1675-1679, Öl auf Leinwand, H 199 x B 267 cm, Musée Calvet, Avignon, Inv.-Nr. 2000.6.1 **5** Zanchi, Antonio (zugeschr.): Nero an der Leiche Agrippinas, letztes Drittel des 17. Jahrhunderts, Öl auf Leinwand, H 117 x B 139 cm, Museum Schloss Wilhelmshöhe, Kassel, Inv.-Nr. GK 581. Als Maler wurden früher auch Antonio Molinari (1655–1704) oder Carlo Cignani (1628–1719) genannt, zur Zuschreibung an Antonio Zanchi (1631–1722) vgl. Schweers, Gemälde; zur Zuschreibung an Molinari vgl. De Martino: Artikel Molinari. **6** Pittoni, Giovanni Battista: Der Tod der Agrippina, vor 1722, Öl auf Leinwand, H 237 x B 306 cm, ehemals Staatliche Gemäldesammlungen Dresden, Inv.-Nr. 578, http://www.lostart. de/DE/Verlust/132347 (4.8.2015). **7** Woermann, Katalog, S. 199. Zu Giovanni Battista Pittoni (1687–1767) vgl. das Werkverzeichnis von Boccazzi, Pittoni. **8** http://catalogo.fondazionezeri.unibo.it/scheda. jsp?decorator=layout_S2&apply=true&tipo_scheda=OA&id=69378&t itolo=Pittoni+Giovanni+Battista (4.8.2015) **9** Negri, Pietro: Nerone e Agrippina, Öl auf Leinwand, H 141 x B 172 cm, diese Fassung befindet sich im italienischen Kunsthandel, vgl. http://antico.tornabuoniarte. it/schedaA_sc.php?record_ID=330&categoria=dipinti&sc=Barocco (4. 8. 2015) und Pallucchini, Pittura, Bd. 1, S. 285; eine andere gelangte nach Dresden, vgl. Pallucchini, Pittura, Bd. 2, S. 809. **10** Zanchi, Antonio: Agrippina vom Schiffbruch gerettet, Öl auf Leinwand, 165 x 269 cm, vgl. Riccoboni, Zanchi, S. 177. Das Gemälde wurde 2013 im Wiener Kunsthandel angeboten, vgl. http://www.dorotheum.com/ auktion-detail/auktion-10313-alte-meister/lot-1585043-antonio-zanchi.html?offset=2 und http://www.artvalue.com/auctionresult--zanchi-antonio-1631-1722-italy-agrippina-vom-schiffbruch-gere-3844480.htm (4. 8. 2015). **11** Zu Johann Carl Loth (1632–1798) vgl. Ewald, Artikel Loth. **12** Loth, Johann Carl: Agrippina, dem Schiffbruch entgangen, Öl auf Leinwand, H 182 x B 335 cm, Alte Pinakothek München, Inv.-Nr. 1746; zit. n. Burckhardt, Kunst, S. 283. **13** Loth, Johann Carl: Giulia Agrippina Augusta, http://catalogo. fondazionezeri.unibo.it/scheda.jsp?decorator=layout_S2&apply=true &tipo_scheda=OA&id=59341&titolo=Loth+Johann+Carl (4. 8. 2015). **14** Loth, Johann Carl: Agrippine sauvée du naufrage, Zeichnung, H 23,1 x B 32,5 cm, um 1650, Louvre, Dépt. des Arts Graphiques, Inv.-Nr. INV 18729, Recto, http://arts-graphiques.louvre.fr/detail/oeuv-res/1/108711-Agrippine-sauvee-du-naufrage-max (4.8.2015) **15** Coypel, Noël: Néron au milieu d'un festin ordonnant la mort d'Agrippine, um 1700–1707, Öl auf Leinwand, H 138 x B 282 cm, Musée de Grenoble, Inv.-Nr. MG 572, vgl. Chomer und Thuillier, Peintures, Nr. 28, S. 96. **16** Kauffmann, Angelika: Agrippina trauert um die Asche des Germanicus, 1793, Öl auf Leinwand, H 93,7 x B 73,7 cm, Stiftung museum kunstpalast Düsseldorf, Inv.-Nr. mkp M 2011-2; vgl. Stiftung museum kunstpalast Jahresbericht 2011, S. 27; Artikel Kauffmann, S. 51; zu Kauffmann vgl. Baumgärtel, Kauffmann. **17** Vgl. hierzu auch Kugelmeier, Artikel Agrippina, Sp. 11-12. **18** Guérin, Pierre-Narcisse: Agrippine maudit Néron après la mort de Britannicus, Kreidezeichnung, um 1800, Auktionshaus Drouot, Paris, Auktion 27. 3. 2003, Lot 184, http://www.artvalue.fr/auctionresult--attribue-a-guerin-pierre-narci-agrippine-maudit-neron-apres-l-1117528.htm (5. 8. 2015), zu Pierre-Narcisse Guérin (1774–1833) vgl. Bottineau und Foucart-Walter, Guérin. **19** Racine, Jean: Britannicus (Uraufführung Paris1669), vgl. Kugelmeier, Artikel Agrippina, Sp. 13. Über den Mord an Britannicus und Agrippinas »Fassungslosigkeit« berichtet Tacitus, Annalen, Buch XIII, 16,4; vgl. auch Sueton, Kaiserviten, Nero, 34,1; Cassius Dio, Römische Geschichte, Buch LXI, 7,4. **20** Lohenstein, Agrippina, uraufgeführt 1665, vgl. Kugelmeier, Artikel Agrippina, Sp. 13; Meyer-Kalkus: Wollust; Brinkmann, Seneca, S. 93. **21** Lohenstein, Arminius. **22** Gwinne, Matthew: Nero. A New Tragedy, Uraufführung London 1603; vgl. Kugelmeier, Artikel Agrippina, Sp. 13. **23** (Anonym): Tragedy of Nero, 1624 sowie May, Thomas: The Tragedy of Julia Agrippina, Empresse of Rome, 1628; vgl. Kugelmeier, Artikel Agrippina, Sp. 13. **24** Lee, Nathaniel: The Tragedy of Nero, Emperor of Rome, Uraufführung London 1675; vgl. Kugelmeier, Artikel Agrippina, Sp. 13. **25** Vgl. Ketterer, Opera, S. 23-28; Rosand, Opera, S. 60-62; Boyle, Octavia, S. LXXXVI. **26** Busenello, Giovanni Francesco und Monteverdi, Claudio: L'incoronazione di Poppea, uraufgeführt in Venedig1642; vgl. Manuwald, Nero; Rosand, Opera, .S. 156; Ketterer, Opera, S. 22-40. **27** Feustking, Friedrich Christian und Händel, Georg Friedrich: Die durch Blut und Mord erlangete Liebe. Oder: Nero; Bartholt Feind und Reinhard Keiser: Die römische Unruhe, oder Die edelmütige Octavia, beide uraufgeführt in Hamburg 1705; vgl. Manuwald, Nero; Kugelmeier, Artikel Agrippina, Sp. 14. **28** Grimani, Vincenzo und Händel, Georg Friedrich: Agrippina, uraufgeführt in Venedig 1709; vgl. Rosand, Opera, S. 397f.; Ketterer, Opera, S. 61-76; Seipt, Triumph. **29** »Agrippina minore, e mutatione dell'imperio de' primieri Cesari«, Capocio Cuccino, Agrippina. **30** Capocio Cuccino, Agrippina, S. 35, S. 150. **31** Capocio Cuccino, Agrippina, S. 369-370. **32** Capocio Cuccino, Agrippina, Frontispizz. **33** Maffei, Raccolta, Tafel XCIII (aus der Sammlung Barberini). **34** Voltaire: »De Néron et d'Agrippine«, in: Voltaire, Pyrrhonisme, S. 45-49. **35** »Comment

d'ailleurs ce Cluvius peut-il dire qu'Agrippine voulait se prostituer à son fils en présence de Sénèque et des autres convives?«, Voltaire, Pyrrhonisme, S. 46. **36** Diderot, Essai, vgl. auch Lefebvre, Genèse, S. 4-5; Lafond, Monstre, S. 331. **37** Vgl. Grassinger, Cavaceppi. **38** Cavaceppi, Raccolta, Bd. 1, Tafel 12; vgl. Eck, Agrippina, S. 28, Abb. 2.

Antikensehnsucht in Köln 1 Kupferstich, Kölnisches Stadtmuseum, Graphische Sammlung, Inv.-Nr. RM 1900/67. **2** Bez. u. l.: »Buste antique de marbre, d'un (sic!) Imperatrice. / Au Palais des Thuilleries«; bez. u. r.: »Augusta Romanae Thorax marmoreus antiquus. / In Aedibus regiis vulgo dietis les Thuillleries. « **3** Zu Claude Mellan (1598-1688) vgl. Kat. BN 1988. **4** Félibien, Tableaux; vgl. Kat. Louvre 2000. Zu Félibiens Rolle im Umfeld des Hofes vgl. Germer, Kunst. **5** Félibien, Tableaux, Tafel XVIII; Einzelblatt in Versailles, châteaux de Versailles et de Trianon, Inv.-Nr. A15-540 Fonds Estampes; zum Kupferstich im Louvre vgl. Montaiglon, Catalogue, S. 428. **6** »les vestemens qui la couvrent, & qui forment le Buste, font d'un marbre jaspé, & la Teste de marbre antique«, Félibien, Tableaux, S. 18. **7** »Elle vient du Cardinal Mazarin«, Félibien, Tableaux, S. 18. **8** Vgl. den Überblick von Wagner, Sammler. **9** Vgl. Romelli, Sammeln, S. 56. **10** »Buste d'une Dame Romaine de marbre antique / Au Palais des Thuilleries«, Félibien, Tableaux, Tafel XVIII. **11** »La coiffure particulière de cette Figure fait juger que c'est une personne de grande considération que l'on a représentée, parce que toutes les Dames Romaines ne portoient pas indifféremment un & ornement aussi riche, & semblable à celuy dont cette Teste est parée.«, Félibien, Tableaux, S. 18. **12** Vgl. Montaiglon, Catalogue, S. 428. **13** »Buste antique de marbre, d'une Imperatrice (sic! / Au palais des Thuilleries«, Versailles, châteaux de Versailles et de Trianon, Inv.-Nr. A15-540 Fonds Estampes. **14** »Buste antique e marbre, d'une Imperatrice, - Au Palais des Thuilleries. – Augustae Romanae Thorax marmoreus antiquus – in aedibus regiis vulgo dictis les Thuilleries. «, Montaiglon, Catalogue, Nr. 164 (XVIII), S. 427-428, signiert mit Monogramm, Inv.-Nr. 969. **15** Kölnisches Stadtmuseum, Graphische Sammlung, Inv.-Nr. RM 1900/67. **16** Félibien, Tableaux, Tafel o. P., im Text S. 15, Nr. VIII als »STATUË D'AGRIPPINE«. Diese sog. »Mnemosyne« gelangte ebenfalls über die Kunstsammlung des Kardinals Mazarin den Louvre, heute im Musée national du palais de Compiègne. Zum ca. 1675 datierten Stich von Mellan vgl. Catalogue 1801, S. 19; Fuhring, Kingdom, Nr. 53, Text S. 168, Abb. S. 169. **17** Bez. in der Platte unter dem Motiv mittig: »Agrippina.«, handschriftlich mit »No 27« sowie in der Platte u. r.: »49«, Kölnisches Stadtmuseum, Inv.-Nr. G 2885a - RM 1927/1544: Österreichische Nationalbibliothek Inv.-Nr. PORT_00032420_01, http://www.bildarchivaustria.at/Pages/ImageDetail. aspx?p_iBildID=4138192 (25. 5. 2015), hier ohne Nummerierungen. **18** »Images des héros et des grands hommes de l'antiquité«, Canini, Images, darin: »Marco Agrippa«, S. 302-303 und Tafel LXXIV, nach S. 302 sowie »Agrippina«, S. 304-305 und Tafel LXXV nach S. 304. Der Vorläufer dieses Werks waren die vom italienischen Maler Canini gesammelten und 1669 in Rom erstmals publizierten »Bildnisse berühmter Männer« nach antiken Steinen, Gemmen und Medaillen: Giovanni Angelo Canini: Iconografia: cioè disegni d'imagini de famosissimi monarchi, regi, filosofi, poeti ed oratori dell'antichità; cavati da frammenti de marmi antichi (…) Rom 1669. **19** Zu Guillaume Vallet (1632-1704) vgl. Thieme-Becker, Band 34, S. 81. **20** Zu Étienne Picard (1673–1733) vgl. Thieme-Becker, Bd. 26, S. 574; Herders Conversations-Lexikon, Freiburg im Breisgau 1856, Bd. 4, S. 541. **21** Vgl. Canini, Images, S. 304-305. **22** Kölnisches Stadtmuseum, Inv.-Nr. G 6818a. **23** Kölnisches Stadtmuseum, Inv.-Nr. G 6820. **24** Zu Alonso Sánchez Coello (1531/32–1588) vgl. Thieme-Becker, Bd. 29, S. 379-380. **25** »Ex nummis«, Kölnisches Stadtmuseum, Inv. Nr. G 3209, der gleiche Stich nur mit dem Ausschnitt der Agrippina Inv. Nr. G 6819a. **26** Hartzheim, Bibliotheca und Hartzheim, Historia (Kupferstichtafeln mit nachantiken Kölner Münzen nach S. 300); zu Hermann Joseph Hartzheim (1694–1763) und seinen auch im Ausland geschätzten Schriften vgl. Ennen: Hartzheim; Schneider, Hartzheim; Chalmers, Dictionary, S. 206; Watkins, Dictionary, S. 609. **27** Vgl. Kat. Kölner Dom 2014, Kat. Kölner Dom 2014, Nr. III,3, S. 190-197 (Eintrag von Erika Zwierlein-Diehl), hier S. 191-192 **28** Vgl. Lauer, Schrein, S. 20-21. **29** Vgl. ebenda, S. 56-57 und S. 80, Abb. 97; Zwierlein-Diehl, Nachleben, S. 260; Kat. Kölner Dom 2014, Nr. III,3, S. 190-197

(Eintrag von Erika Zwierlein-Diehl). **30** Gelegentlich wurde eine Datierung um 56 n. Chr. aufgrund vergleichbarer Münzbilder vorgeschlagen; vgl. Zwierlein-Diehl, Gemmen, S. 112. **31** Vgl. ebenda, S. 115-116. **32** Vgl. ebenda, S. 116-117. Zur Motivgeschichte der Krönung vgl. Kat. Krönungen. **33** Vgl. ebenda, S. 109. Der Kopfschmuck der Agrippina wird – nicht ganz überzeugend – als Lorbeer- und nicht als Ährenkranz gedeutet; vgl. ebenda, S. 115; zur Deutung der Frisur der Agrippina vgl. ebenda, S. 112 mit weiteren Nachweisen. Zur Frisur der Agrippina – ihrem Erkennungsmerkmal – vgl. auch Boschung, Bildnisse; Boschung, Bilder, S. 96-97; Naumann-Steckner, Frisur. **34** Siehe oben, Abb. S. 19; vgl. Boschung, Deifikation, S. 33 und 35; zur Darstellung als Fortuna vgl. Kat. Agrippina 2011; Naumann-Steckner, Fortuna. **35** Vgl. Zwierlein-Diehl, Nachleben, S. 260, und Kat. Kölner Dom 2014, Nr. III,3, S. 190-197 (Eintrag von Erika Zwierlein-Diehl), hier S. 197. **36** Vgl. Kat. Kölner Dom 2014, Nr. III,3, S. 190-197 (Eintrag von Erika Zwierlein-Diehl), hier S. 192-193. **37** Vgl. ebenda, S. 193-196. **38** Daktyliothek Goethes, Nr. 147, vgl. Zwierlein-Diehl, Gemmen, S. 111. **39** Vogel, Dreikönigenschrein, S. 25. **40** Ebenda, S. 33 und Tafel 10, Nr. 121; vgl. Zwierlein-Diehl, Gemmen, S. 110. Vogel dokumentierte insg. 222 antike Gemmen am Dreikönigenschrein, von denen heute nur noch 142 erhalten sind; vgl. Zwierlein-Diehl, Nachleben, S. 260. **41** Schulten, Schrein, S. 113 mit Umzeichnung der Gemme von Arnold Wolff; gleichlautend Schulten, Domschatz, Nr. 64, S. 113. **42** Vgl. Zwierlein-Diehl, Gemmen, S. 111 mit weiteren Nachweisen zur Rezeptions- und Forschungsgeschichte. **43** Ebenda, S. 36. **44** Kölnisches Stadtmuseum, Graphische Sammlung, Inv.-Nr. G 6821a. **45** Kölnisches Stadtmuseum, Graphische Sammlung, Inv.-Nr. A I 2/ 339, HM 1914/430; vgl. Mosler, Köln, Nr. 3, Abb. Seite 71; zu Ernst Karl Gottlieb Thelott (1760–1834) vgl. Thieme-Becker, Bd. 32, Leipzig 1938, S. 591. **46** Wallraf-Richartz-Museum & Fondation Corboud, Graphische Sammlung, Inv.-Nr. 8074; vgl. Kat. Köln 1995, Nr. 309, S. 639-640; Krischel, Rückkehr. **47** Zu Johann Christian Kuntze (1761–1832) vgl. Merlo, Nachrichten, S. 246; Firmenich-Richartz, Kölnische Künstler, Sp. 513-514; Boehm, Miniaturen, S. 172. **48** Bianco, Versuch, S. 208-209. **49** Merlo, Nachrichten, S. 246.

Die Ehre der Mutter zu retten: Wallraf und Agrippina

1 »Diem, qua genio virtutique eius fasces Agrippina detulit, sinite, lares amici, vestras ut inter aras sociali perennet amor monimento, XI. Kal. Jan. MDCCLXXXXIIII«, Wallraf, Ferdinand Franz: Beschreibung eines allegorischen Gemäldes, dem edlen Bürger N. Dumont zum Andenken an das unter allgemeinem Frohlocken der Bürgerschaft von ihm angetretenen Konsulats in der freien Stadt Köln 1794 gewidmet, HAStK, Best. 1105, Nachlass Wallraf; in: Hansen, Quellen, Bd. 3, S. 244, Anm. 2. **2** »Der Senat der Ubier an den Nationalkonvent zu Paris«, Köln 1795, HAStK, Best. 1105, XV 2, ed. in: Richartz, Wallraf, S. 171-177 und teils ed. in Ennen, Zeitbilder, S. 183-188; französische Fassung: »le sénat des Ubiens ou de la ville libre de Cologne à la Convention nationale«, HAStK; Französische Verwaltung 4298, Bl. 296 ff., ed. in: Hansen, Quellen, Band 3, Nr. 118, S. 366-377. Der Text stammt wohl größtenteils von Wallraf und wurde von Dumont leicht modifiziert in Paris vorgetragen; vgl. Hansen, Quellen, Bd. 3, S. 378; Kat. Köln 1988, Nr. 6.9, S. 495-496 (Eintrag von Bernd Dreher). **3** Hansen, Quellen, Bd. 3, S. 378. **4** Vgl. ebenda, S. 377-379; Dreher, Freiheit, S. 487; Kat. Köln 1988, Nr. 6.10, S. 496-497 (Eintrag von Bernd Dreher); die Rede Dumonts vor dem Nationalkonvent ist ed. in: vgl. Hansen, Quellen, Bd. 3, Nr. 137, S. 445-447; vgl. Müller, Köln, S. 29-31; Mettele, Bürgertum, S. 65-68. **5** »C'est le peuple Ubien, c'est la ville libre de Cologne, qui selon le témoignage de Jules César et de Tacite avait, il y a près de deux milles ans, son sénat sa constitution démocratique. «, Rede Dumonts vor dem Pariser Nationalkonvent, 19. März 1795, Hansen, Quellen, Bd. 3, Nr. 137, S. 445. **6** »… une grande nation libre et victorieuse, qui veut briser les chaînes des peuples eslaves, ne peut vouloir enchaîner un peuple libre depuis vingt siècles …«, Rede Dumonts vor dem Pariser Nationalkonvent, 19. März 1795, Ebenda, S. 447. **7** Vgl. Hansen, Quellen, Bd. 3, Nr. 130, S. 423-425. **8** Bemerkungen eines freien Bürgers über die unter dem Titel: der Senat der Ubier an den

Nationalkonvent jüngst erschienene Druckschrift, Köln 1795, Hansen, Quellen, Band 3, Nr. 129, S. 405-421, hier S. 410. **9** Bemerkungen eines freien Bürgers über die unter dem Titel: der Senat der Ubier an den Nationalkonvent jüngst erschienene Druckschrift, Köln 1795, Ebenda, S. 405-421, hier S. 405. **10** Vgl. zusammenfassend Müller, Köln, S. 42-60. **11** »Le Citoyen Rudler, Commissaire du Gouvernement dans les 4 nouveaux Départemens«, in: Organisation des Unterrichts in den 4 neuen franz. Departemens am Rhein, Intelligenzblatt der Allgemeinen Literatur-Zeitung vom Jahre 1798, Nr. 91, 23. Juni 1798, Sp. 764. Zu Franz Valentin Mulot (1749–1804) vgl.: Artikel Mulot ou Mullot, in: Michaud, Louis Gabrielle (Hg.): Biographie universelle (Michaud), Bd. 29, Paris und Leipzig 1843, S. 561-563; zu François Joseph Rudler (1757–1837) und zur Verwaltung der rheinischen Départements vgl. Kraus, Moderne, S. 455-456; Hansen, Quellen, Bd. 4, S. 922f.; Müller, Köln, S. 42-49. **12** »nos girouets folâtres«, Wallraf an Mulot, 5. 9. 1798, Hansen, Quellen, Bd. 4, S. 885-886, Anm. 3; vgl. Deeters, Nachlaß Wallraf, Nr. 13, Bl. 103-112. **13** Vgl. Hansen, Quellen, Bd. 4, S. 945-950. Als Kölner Professor für Geschichte empfahl Wallraf Maximilian Blumhofer: Wallraf an Mulot, 12. 12. 1798, HAStK Best. 1105, Nachlass Wallraf, Nr. 13, Bl. 112ff.; vgl. Deeters, Nachlaß Wallraf, S. 153; Broicher, Blumhofer, S. 133. **14** »… ce que vous avez recueilli d'antiquités …«, Mulot an Wallraf, 19. 8. 1798, HAStK Best. 1105, Nachlass Wallraf, Nr. 13, Bl. 103-112, Hansen, Quellen, Bd. 4, S. 885, Anm. 2; vgl. Deeters, Nachlaß Wallraf, S. 153. **15** »Existe-t-il à Cologne des antiquités que on puisse regarder comme les médailles de la fondation de cette Ville ancienne? De quelle nature sont ces monnaies?«, Mulot an Wallraf, 19. 8. 1798, HAStK Best. 1105, Nachlass Wallraf, Nr. 13, Bl. 103-112.; vgl. Deeters, Nachlaß Wallraf, S. 153; Hansen, Quellen, Bd. 4, S. 885, Anmerkung; hier zit. n. Quarg, Stifterin, S. 295. **16** Wallraf an Mulot, 12. 12. 1798, HAStK Best. 1105, Nachlass Wallraf, Nr. 13, Bl. 112-118, inklusive der Vorentwürfe der Antwort, vgl. Deeters, Nachlaß Wallraf, S. 153; Hansen, Quellen, Bd. 4, S. 947. **17** »… on n'en a plus, si j'exempte les replis des anciens murs et un ou deux tours; il existe encore l'exterieure de la porte paphie ou flaminea noté de lettres CCAA (colonia claudia augusta agrippinensis) «, Wallraf an Mulot, 12. 12. 1798, HAStK Best. 1105, Nachlass Wallraf, Nr. 13, Bl. 112-118, hier Bl. 114v.; vgl. Deeters, Nachlaß Wallraf, S. 153; Hansen, Quellen, Bd. 4, S. 957; hier zit. n. Quarg, Stifterin, S. 296. **18** Mulot an Wallraf, 19. 8. 1798, HAStK Best. 1105, Nachlass Wallraf, Nr. 13, Bl. 103-112.; vgl. Deeters, Nachlaß Wallraf, S. 153; vgl. Quarg, Stifterin, S. 295, zit. n. ebda, S. 296. **19** Wallraf bezieht sich auf zwei dieser Antonianen aus Kölner Sammlungen in einem Brief an Creuzer, HastK, Best. 1105, Nr. 3, Bl. 52; vgl. Deeters, Nachlaß Wallraf, S. 31; Quarg, Stifterin, S. 295, Anm. 8. Ein Exemplar aus der Sammlung Merkens befindet sich heute im Römisch-Germanischen Museum, Inv.-Nr. Mü 1310; vgl. Quarg, Stifterin, S. 295, Anm. 7. **20** Wallraf, Agrippina. Wallrafs Entwürfe für die Biografie der Agrippina sind ebenso wie ein gedrucktes Exemplar erhalten im Historischen Archiv der Stadt Köln, vgl. Deeters, Nachlaß Wallraf, S. 365, Nr. 32; vgl. auch Kramp, Ehre. **21** Darunter fünfmal Wallraf: unter seinem Namen wie bei der Agrippina-Biografie, aber auch unter den Pseudonymen »Casparssohn«, »C«, »C. Ap.« und »C.A. «; Deeters, Nachlaß Wallraf, S. 365, Nr. 32. **22** Intelligenzblatt der Literatur-Zeitung, Nr. 25, Erlangen, 31. 8. 1799, S. 198-199, hier Sp. 198, diese Zeitschrift ist auch im Nachlass Wallraf im HAStK enthalten, vgl. Deeters, Nachlaß Wallraf, S. 364, Nr. 31. **23** Wallraf, Agrippina (separat); vgl. Deeters, Nachlaß Wallraf, S. 365, Nr. 33; Exemplar aus dem Nachlass von Johann Jakob Merlo, Universitäts- und Stadtbibliothek Köln, Signatur I N 187; vgl. Kat. USB Köln 2002, Nr. 6, S. 26-27. **24** Vgl. Kat. USB Köln 2002, Nr. 6, S. 26-27. **25** Intelligenzblatt der Literatur-Zeitung, Nr. 25, Erlangen, 31. 8. 1799, Sp. 198-199, hier Sp. 198. **26** Wallraf, Agrippina, S. 128, Fußnote. **27** Séguin, Selecta, S. 52. **28** Universitäts- und Stadtbibliothek Köln, G 28/1060, aus der Bibliothek Wallraf A VIII c 152; vgl. Quarg, Stifterin, S. 297, Anm. 16. **29** Es handelt sich um eine mit Namen und Bild der Agrippina umgeänderte, aus der Zeit des Augustus stammende bronzene Didrachme von Rhodos; vgl. Kat. USB Köln 2002, Nr. 6, S. 26; Quarg, Stifterin. **30** Wallraf, Agrippina, Frontispiz; Kölnisches Stadtmuseum, Inv.-Nr. G 6821. **31** Wallraf, Agrippina, S. 128, Fußnote. **32** Vgl. Faber und Lanwerd, Kybele.. **33** Vgl. Quarg, Stifterin, S. 297. **34** Vgl. ebenda, S. 297-298. **35** »Die Data der Schilderung sind aus dem Tacitus, Sueton und Dio Cassius mit

Vergleichung ihrer Commentatoren.«, Wallraf, Agrippina, S. 128, Fußnote. **36** Zu der auf diesen Quellen basierenden wertenden Rezeptionsgeschichte vgl. Kugelmeier, Artikel Agrippina; Pucci, Agrippina; Späth, Agrippina; Späth, Herrscherin.; Kat. Trier 2016. **37** Pabst, Wallraf; über Wallrafs kritische Haltung zu Napoleon vgl. dagegen neuerdings Krüssel, Abrechnung. **38** Wallraf, Agrippina, Vorrede (nicht paginiert). **39** Ebenda. **40** Ebenda. **41** Ebenda. **42** Ebenda. **43** Wallraf, Agrippina, S. 85, Kupferstich n. S. 84. **44** Ebenda, S. 93, Kupferstich n. S. 94. **45** Vgl. Strauss-Ernst, Hoffmann, S. 79; Thierhoff, Wallraf, S. 80f; Müller, Köln, S. 402-403. Zu Josef Hoffmann (1764–1812) vgl. auch Merlo, Nachrichten, S. 182-184; Merlo, Artikel Hoffmann; Deeters, Wallraf, S. 62-64; Ennen, Zeitbilder, S. 321-323; Thieme-Becker, Bd. 17, S. 265f. **46** Schmidt, Nekrolog, S. 596. **47** Vgl. Deeters, Wallraf, S. 63. **48** Ankündigung in: Intelligenzblatt der Literatur-Zeitung, Nr. 25, Erlangen, 31. 8. 1799, Sp. 198. **49** Zu Abraham Wolfgang Küfner (1760–1817) vgl. Kolbmann, Küfner. **50** Merlo, Nachrichten, S. 184. **51** Wallraf, Agrippina, Kupferstiche nach S. 80, 84, 94, 122, 124 und 126. **52** Wallraf, Agrippina, S. 3. **53** Ebenda, S. 11. **54** Ebenda, S. 13. **55** Vgl. Haskell, Geschichte, S. 207-208. Über Publikationen solcher Münzbildnisse seit der Renaissance vgl. auch Haskell, Geschichte, S. 23-48; Schnapp, Entdeckung, S. 141-146, 201-208. **56** Wallraf, Agrippina, S. 75. **57** Statt korrekt als »Colonia Claudia Ara Agrippinensium«, Ebenda, S. 78, Anm. 20. **58** Ebenda, S. 81-82. **59** Vgl. Brief Gau an Wallraf, 10. und 19. 10. 1815, HAStK Best. 1105, Nr. 7, Bl. 17-19, hier Nachsatz vom 19. 10. 1815, Bl. 19v. (Hervorhebung im Original) Gau datierte diesen Brief auf den 10. 10. 1815 (ebda, Bl. 17v.), den Nachsatz mit dem Bericht des Festes aber auf »Rom, am 19t. October 1815« (ebenda, Bl. 19v.). Der Brief wird daher von Deeters, Wallraf, S. 104, Nr. 158, insgesamt auf das Jahr 1818 datiert. Die Datierung des Briefes auf das Jahr 1818 ist nicht möglich, da Gau bereits im April 1818 auf seine Reise in den Orient aufgebrochen war und Rom verlassen hatte; vgl. Kramp, Köln-Nil, S. 10-11 und S. 19. **60** Wallraf, Agrippina, S. 80-81, Kupferstich nach S. 80. **61** Zur Sitzstatue in Neapel vgl. Winckelmann, Gedanken, S. 40. **62** Wallraf, Agrippina, S. 82. **63** Ebenda, S. 82-128. **64** Ebenda, S. 121, Kupferstich n. S. 122. **65** Ebenda, S. 124-125, Kupferstich n. S. 124. Bei Cassius Dio hieß es: »Bei ihrem Anblick ersah sie gleich den Zweck ihrer Absendung, sprang vom Bett auf, zerriss ihr Kleid und entblößte ihren Unterleib, indem sie rief: 'Durchbohre ihn, Anicetus, durchbohre ihn, dass er einen Nero gebären konnte!'«, Römische Geschichte, LXI. Buch, 13,4; Tacitus schrieb: »Als dann der Zenturio das Schwert schon zum tödlichen Stich zog, streckte sie ihm ihren Unterleib entgegen, schrie: ,Stoß in den Bauch!' und erlag ihren vielen Wunden.«, Tacitus, Annalen, Buch XIV, 8,5. **66** Wallraf, Agrippina, S. 126, Kupferstich n. S. 126. **67** Wallraf, Agrippina, Vorrede (nicht paginiert). **68** Zur kritischen Bewertung des bislang vorherrschenden Bilds der Agrippina vgl. den Überblick von Kugelmeier, Artikel Agrippina; vgl. auch Späth, Agrippina; Späth, Herrscherin; Tabarelli, Adoption; Waldherr, Nero; Barrett, Agrippina. **69** Wallraf, Agrippina, Vorrede (nicht paginiert). **70** Vgl. Kramer, Straßennamen, S. 30. **71** Vgl. Ebenda, S. 33. **72** Vgl. Ennen, Zeitbilder, S. 275. **73** Zit. n. Kramer, Straßennamen, S. 36. **74** »Bemerkungen, Motive und Gründe für den von Professor Wallraf (…) eingelieferten Vorschlag (…) der Straßenbenennungen«, in: Kramer, Straßennamen, S. 126. Diese Schrift stammt wohl, anders als ihr Titel nahelegt, von Wallraf selbst; vgl. ebenda, S. 42-43. **75** »Bemerkungen, Motive und Gründe für den von Professor Wallraf (…) eingelieferten Vorschlag (…) der Straßenbenennungen«, in: Ebenda, S. 128. **76** Wallraf, kommentiertes Register zu den Kölner Straßennamen, HAStK, Best. 1105, Nachlass Wallraf, Nr. X, Fasz. 4, S. 3; vgl. Kramer, Straßennamen, S. 69. **77** »Agrippinas Bild wünschte ich auf der neuen Pompe daselbst mit einer bedeutenden Zuschrift.«, Wallraf, zweite kommentierte Straßennamenliste, zit. n. Kramer, Straßennamen, S. 107-108. **78** Vgl. Kramp, Wiedervereinigung. **79** Schmidt, Nekrolog, S. 596-597. **80** Mathieux, Köln 1818, S. 4; dem Dom sind die Seiten 26-81 gewidmet. **81** Vgl. Schäfke, Ganz Köln, S. 454 und 460. **82** Mathieux, Köln 1818, S. 4. **83** Mathieux, Köln 1818, Vorrede (unpaginiert). **84** Mathieux, Köln 1818, S. 20. **85** Mathieux, Köln 1818, Vorrede (unpaginiert); vgl. auch Dreher, Agrippina, S. 385. **86** Meyer an Wallraf, 20. 8. 1921, HAStK Best. 1105, Nachlass Wallraf, Nr. 13, Bl. 71; hier zit. n. Quarg, Stifterin, S. 298; vgl. Deeters, Nachlaß

Wallraf, S. 150. **87** Matthias. Joseph de Noël: Vaterländische Alterthümer in Wallrafs Städtischen Museum, HAStK, Chroniken und Darstellungen Nr. 246, Nr. 2, hier zit. n. Noelke, Antikensammlungen, Kat. 6.24. **88** Vgl. Salzmann, Porträts, S. 178–180 Nr. 10, Abb. 76–80 (als flavisches Privatporträt); vgl. Noelke, Sammlungen, S. 299; Noelke, Antikensammlungen, Kat. 6.24. Die Büste wurde dennoch 1974 auf Titel- und Rückseite der „Römer-Illustrierten" abgebildet, s. u., S. 191f. **89** Goethe und Boisserée reisten im August 1815 gemeinsam nach Wiesbaden, Frankfurt, Heidelberg und Mainz, Boisserées Tagebucheintrag über den Abend im Mainzer Gasthof »Zu den drei Reichskronen« stammt vom 5. August 1815, Boisserée, Briefwechsel / Tagebücher, Bd. 1, S. 267; gleichlautend auch in Biedermann, Goethes Gespräche, Bd. 3, S. 210. **90** Boisserée, Briefwechsel / Tagebücher, Bd. 1, S. 267; gleichlautend auch in Biedermann, Goethes Gespräche, Bd. 3, S. 210.

Sie ist wieder da

1 Zur Olympischen Gesellschaft vgl. Ennen, Gesellschaft; Müller, Köln, S. 264 und 352 **2** Der treffende Begriff von der »élite nostalgique« stammt von Ayçoberry, Cologne, S. 46-83; vgl. auch Ayçoberry: Köln, S. 53-92 (»eine wehmütige Elite«). **3** Vgl. Franken, Söhne. **4** Zit. n. Spiertz, Groote, S. 78; zu Groote und seinen Aktivitäten vgl. auch die neue, umfangreiche Edition von Becker-Jákli, Groote. **5** Parent, Hohenzollern, S. 38-39; zu den Forderungen Kölns vgl. auch Herres, Denkschrift. **6** Brief Friedrich Wilhelms (IV.) an seine Schwester Charlotte, 18.8.1817, GStA PK BPH Rep 50J, Nr. 1210, Bd. 1, Bl. 107; vgl. Parent, Hohenzollern, S. 38. **7** Vgl. Parent, Hohenzollern, S. 33-44; Schäfke, Wünsche. **8** Vgl. Heinemann, Heine, S. 22. Zu Schier vgl. Boxberger, Schier. **9** Colonia, Ein Unterhaltungsblatt für gebildete Leser, Köln 1818–1822; vgl. Heinemann, Heine, S. 23-26. Auf dem Titel der ersten Ausgabe hieß es: »Doch nehmet von des Namens ernstem Klange / Zu dem, was mir die Pflicht gedeut, das Maaß, / Im muntern Scherz, im heiligen Gesange, / Erkennt des Geisterhauch Colonia's.«, Colonia, Nr. 1, Köln, 1. Januar 1818. **10** Zu Heine und der »Agrippina« vgl. Heinemann, Heine, zur Geschichte der Zeitschrift ebenda, S. 22-28. **11** »Auch eine Kritik (…) An die Redaktion der Zeitschrift 'Agrippina' zu Kölln einzuschicken«, in: Didaskalia oder Blätter für Geist, Gemüth und Publizistät, hg. von Heller, J. L., Frankfurt am Main, 2. Jg. 1824, Nr. 36, S. 2. 1824 (unpaginiert). **12** »Berlin, Berlin, du großes Jammertal / bei dir ist nichts zu finden als lauter Angst und Qual«, in: Agrippina, Nr. 97, 11. 8. 1924; vgl. Heinemann, Heine, S. 24-27. **13** Heinemann, Heine, S. 48, das Zitat von Heine auf S. 53. **14** Schier, Almanach, S. 4. **15** Vgl. Frohn, Karneval, S. 118 und 217. **16** Vgl. ebenda, S. 48-50; zur Rolle Schiers vgl. auch Brophy, Culture, S. 213. **17** Fuchs, Schwering und Zöller, Karneval, S. 33. Zur Wiederbelebung des Karnevals und der entscheidenden Protagonisten vgl. Alexander, Bauer, S. 89-93; Frohn, Karneval, S. 46-57; Euler-Schmidt und Leifeld, Rosenmontagszug 1823-1948, S. 42-75; Brophy, Culture, S. 176-180 und zuletzt DeWall, Reinvention (jeweils mit Nachweisen der älteren Literatur). **18** Ayçoberry, Köln, S. 84. **19** »Karnevals-Anfrage« von »Julius.«, in: Agrippina, 1824, S. 175 (=Heft 44, 9. 4. 1824). **20** Obwohl sie noch bis vor wenigen Jahrzehnten verbreitet wurde, halten sie einer quellenkritischen Überprüfung nicht stand; vgl. hierzu ausführlich Herborn, Geschichte, S. 124-144. **21** Wallraf, Agrippina, S. 128, Fußnote. **22** Sammlung Karnevals-Lieder, S. IV. **23** Ebenda, S. IV. **24** Schier, Carneval, Strophe 4, S. 2. **25** »Dieß Lied ward nach dem Erscheinen der kölnischen Jungfrau angestimmt, als die Griesgrämler schon nachzugeben begonnen«, Sammlung Karnevals-Lieder, S. IX, zum Text der 'Triumph=Melodie' ebenda, S. 21-22. **26** Festprogramm Köln 1823, ed. bei Euler-Schmidt, Maskenzüge, S. 90; vgl. auch Frohn, Karneval, S. 52. **27** Euler-Schmidt, Maskenzüge, S. 27. **28** Zur Figur der »Colonia« s. o., S. 78-81 **29** Alexander, Bauer, S. 93, diesem Zitat folgend auch Euler-Schmidt, Maskenzüge, S. 27. **30** Fuchs, Schwering, Zöller und Oelsner, Karneval, S. 202; gleichlautend bereits 1972 in Fuchs und Schwering, Karneval, S. 104-106. **31** Schier, Carneval; vgl. Euler-Schmidt und Leifeld, Rosenmontagszug 1823-1948, S. 60-62. **32** Schier, Carneval, Strophe 16, S. 8 (Hervorhebungen im Original). **33** Ebenda, Strophe 17, S. 9. **34** Ebenda, Strophe 17, S. 9. **35** Ebenda, Strophe 18, S. 9. **36** Die ersten Ausgaben erschienen ohne Titelillustration, ab Nr. 33 (3. 4. 1818) zierte ein doppelköpfiger Reichsadler mit Stadtwappen den Titel, später dann die »Colonia« (Belegt ab 1. 4. 1821, die Ausgaben von Juli 1818 bis April 1821 sind nicht erhalten); Universitäts- und Stadtbibliothek Köln, https://www.ub.uni-koeln.de/cdm/pageflip/collection/_ZTG1/id/5821/type/compoundobject/show/5519/cpdtype/monograph/pftype/image#page/152/mode/2up (13. 8. 2015). **37** Vgl. Deeters, Köln. **38** Schlappal, Verzeichniß, Kölnisches Stadtmuseum, Graphische Sammlung, Inv.-Nr. G 8821 und B-Kar 4, Text ed. in Euler-Schmidt, Maskenzüge, S. 90-92. **39** Schier, Carneval, Strophe 19, S. 10. **40** Ebenda, Strophe 20, S. 10. **41** Ebenda, Strophe 20, S. 10. **42** Ebenda, Strophe 22, S. 11. **43** Ebenda, Strophe 24, S. 12. **44** Ebenda, Strophe 27, S. 14. **45** Ebenda, Strophe 28, S. 14. **46** »I. Blatt. Der personifizierte Cölnische Carneval besteigt im Jahr 1823 als neu erstandener Held in aller Cölner Herzen ihm stets bereiteten Thron – Die kölnische Nationalgarde und alle charakteristischen Autoritäten der Vorzeit bringen ihm Huldigung, auch vermißt man nicht die Stifter der Vorzeit.«, Weber, Sieben Jahre, Erläuterung zu Blatt I. **47** Weber, Sieben Jahre, Blatt I., Einzelblatt, Kölnisches Stadtmuseum, Graphische Sammlung, Inv. Nr. 1926/217 (=G 29234,1). Die Angaben bei Euler-Schmidt, Maskenzüge, S. 34 und S. 84, Anm. 184, sind in Bezug auf Technik und Inv.-Nr. nicht korrekt. Bei Nückel handelt es sich wohl um den Anwalt Joseph Adolph Nückel, der ebenfalls zu den Gründungsvätern des Karnevals gehörte, für den sich auch weitere Angehörige der Familie Nückel engagierten; vgl. Frohn, Karneval, S. 49 und 94-95. **48** Am 4. 12. 1824 nach langer Krankheit; vgl. Sammlung Karnevals-Lieder, S. VII; Boxberger, Schier. **49** Vgl. De Noël, Sieg; Programm Köln 1825. **50** Programm Köln 1825, S. 7, (Hervorhebungen im Original). **51** Programm Köln 1825, S. 7-8; De Noël, Sieg; vgl. Alexander, Bauer, S. 93; Euler-Schmidt, Maskenzüge, S. 37-38. **52** Vgl. Wagner, Rita: Der Kölner Maskenzug 1825, http://www.museenkoeln.de/home/bild-der-woche. aspx?bdw=1998_09 (18.8.2015). **53** Schlappal, Jodocus: Verzeichniß, ed. in Euler-Schmidt, Maskenzüge, S. 90-92, hier S. 91 **54** Vgl. Lüsebrinck, Bastille. **55** Unbekannter Künstler: Colonia Agrippina auf ihren Triumphwagen im Maskenzug 1825, undatiert, Lithografie, Kölnisches Stadtmuseum, Graphische Sammlung, Inv.-Nr. G 8210b. **56** Unbekannter Künstler: Colonia Agrippina auf ihren Triumphwagen im Maskenzug 1825, undatiert, Lithografie, Kölnisches Stadtmuseum, Graphische Sammlung, Inv.-Nr. G 8210b. **57** »Die siegreiche kölnische Jungfrau besteigt den Triumphwagen«, Fahne, Carneval, S. 219, zit. n. Euler-Schmidt, Maskenzüge, S. 38. **58** Schlappal, Verzeichniß, zit. n. Leifeld, Rechnungswesen, S. 100. **59** Schlappal, Verzeichniß, Text ed. in Euler-Schmidt, Maskenzüge, S. 90-92, hier S. 91. **60** Festprogramm Köln 1823, ed. bei Euler-Schmidt, Maskenzüge, S. 90; vgl. auch Frohn, Karneval, S. 52 **61** HAStK, Best. 1123, Archiv der Familie von Wittgenstein, Kasten 15; zum Teil ediert in Leifeld, Rechnungswesen, S. 101-103. Demnach fertigte Johann Adorno Mestrum eine Figur der Jungfrau mit Stiefeln für die Tribüne, die Rechnung des Sattlers Johann HeinrichSchlecht für die »Decoration der Pferdegeschirrs« war dem Fest-Comité »etwas zu gesalzen«. Zu Christian Stephan (1795–1855) vgl. Merlo, Nachrichten, S. 469; Firmenich-Richartz, Kölnische Künstler, Sp. 854; zu Johann Jacob Meinertzhagen, geb. in Köln 1788, »besonders im Decorationsfache wirksam«, vgl. Merlo, Nachrichten, S. 279; einen Paul Mestrum erwähnt Merlo, Nachrichten, S. 290. **62** Programm Köln 1825, S. 7. **63** Schlappal, Verzeichniß, ed. in Euler-Schmidt, Maskenzüge, S. 90-92, hier S. 91 und Leifeld, Rechnungswesen, S. 100.

Die drei Damen: Agrippina, Colonia, Jungfrau

1 Vgl. Euler-Schmidt und Leifeld, Rosenmontagszug 1823-1948, S. 53, zit. n. ebenda. **2** Vgl. ebenda, S. 59, zit. n. ebenda. **3** Zu David Levy Elkan (1808–1865) vgl. Pracht-Jörns, Levy Elkan; Merlo, Nachrichten, S. 106-109; Firmenich-Richartz, Kölnische Künstler, Sp. 217-220; Rita Wagner: Ein großer Meister in kleinen Malereien, http://www.museenkoeln.de/home/bild-der-woche.aspx?bdw=2015_26 (17.8.2015); Kramp, Pries und Wagner, Revolution, S.70. **4** Levy Elkan, David: Diplom, Köln, 11. 2. 1843, gezeichnet von N.(ikolas) Salm in Aachen, Lithografie, H 64 x B 47,7 cm, Kölnisches Stadtmuseum, Inv.-Nr. HM 1906/88; vgl. Alexander, Bauer, S. 178-179. **5** Levy Elkan, David: Diplom für Herrn Georg Osterwald als wirkliches Mitglied des Männer Gesang Vereins in Köln, Köln 1847, Chromolithographie, Kölnisches

Stadtmuseum, Inv.-Nr. HM 1907/197. **6** Levy Elkan, David: Widmungsblatt für den Kölner Männer-Gesang-Verein, 1854, Chromolithographie H 33 x b 21 cm, Kölnisches Stadtmuseum, Inv.-Nr. HM 1914/447; vgl. Wagner, Rita: Widmungsblatt für den »ruhmgekrönten Kölner Männer Gesang Verein«, http://www.museenkoeln.de/home/bild-der-woche.aspx?bdw=2012_17 (16.8.2015). **7** Levy Elkan, David: Bürgerbrief über die Verleihung des Ehrenbürgerrechts der Stadt Köln an Graf Egon von Fürstenberg, 1856, Farbendruck, Kölnisches Stadtmuseum, Inv.-Nr. HM 1901/495. **8** Levy Elkan, David: Festgesang bei der Grundsteinlegung des Wallraf-Richartz-Museums, 1861, Kupferstich, Wallraf-Richartz-Museum & Fondation Corboud, Inv.-Nr. 1956/14. **9** Hocker, Chronik Cöln, Frontispiz, Kupferstich. **10** Zu Johann Caspar Nepomuk Scheuren (1810–1887) vgl. Zimmermann, Scheuren; Vomm, Scheuren, Kat. Rolandseck 2015, S. 94-95. **11** Scheuren, Caspar: »Cöln«, 1862, farbig aquarellierte Zeichnung aus einer Serie von 26 Blättern, Wallraf-Richartz-Museum & Fondation Corboud, Inv.-Nr. Z 2424; vgl. Niessen, Köln, S. 1003–1028. **12** Scheuren, Rhein 1880, Blatt 54 und Blatt 56. **13** Scheuren, Rhein 1877, Blatt 45; erneut erschienen in: Scheuren, Rhein 1879, Blatt 48. Zum Bild der Agrippina bei Wallraf und Schier s. o. **14** Vgl. Euler-Schmidt und Leifeld, Rosenmontagszug 1823-1948, S. 53. **15** Der Carneval in Köln, 1862, Illustrierte Zeitung Nr. 979, 5. 5. 1862, Kölnisches Stadtmuseum, Graphische Sammlung, zit. n. Euler-Schmidt, Maskenzüge, S. 111. **16** Extra-Beilage Kölnische Zeitung Nr. 11, 25.2.1865, Graphische Sammlung, B-Kar-Ztg.I, zit. n. Euler-Schmidt, Maskenzüge, S. 111-112, hier S. 112. **17** Fotografie im Kölnischen Stadtmuseum, Graphische Sammlung, vgl. Fuchs, Schwering und Zöller, Karneval, S. 205; einen historischer Reigen früher Fotografien des Dreigestirns bildet Alexander, Bauer, S. 198f. ab. **18** Den Spiegel bekam die Jungfrau erstmals bei der Prinzenproklamation am 9.1.1993 als Geschenk des Oberbürgermeisters. Er ist aus Silber und trägt als Umschrift vorne »Halt dich fein Jungfrauw seuberlich geistlich vnd weltlich bulen vm dich.«, die Rückseite zeigt das Stadtwappen und den Schriftzug »Köln«, freundliche Mitteilung von Ingeborg Arians, Amt der Oberbürgermeisterin, Protokoll, vom 27.8.2015. **19** Levy Elkan, David: Kölns Grußadresse an die Deutsche Kunstgenossenschaft bei Eröffnung des Museums Wallraf-Richartz und der zweiten allgemeinen deutschen Kunstausstellung am ersten Juli 1861, Chromolithografie, Wallraf-Richartz-Museum & Fondation Corboud, Graphische Sammlung sowie Kölnisches Stadtmuseum, Inv.-Nr. HM 1895/215; vgl. Pracht-Jörns, Levy Elkan, S. 219-220; Alexander, Bauer, S. 174-175.

Agrippina in und am Museum

1 Vgl. Fraquelli, Schatten, S. 193-205; Kramp, Museen. **2** Vgl. Fraquelli, Schatten, S. 205 **3** Führer WRM 1905, S. 101, 103, 105 und 106 mit »Beschreibungen nach Mitteilungen des Künstlers« (ebenda, S. 101). **4** Vgl. Naredi-Rainer, Fresken, S. 50; Meyer-Wurmbach, Fresken, S. 147; zu Braun vgl. Schrörs, Braun. **5** Zu diesen Konflikten vgl. Meyer-Wurmbach, Fresken, hier S. 148. **6** Vgl. Führer WRM 1905, S. 101. **7** Ebenda, S. 102. **8** Ebenda, S. 101. **9** Ebenda, S. 101; vgl. Naredi-Rainer, Fresken, S. 52. **10** Foto: Rheinisches Bildarchiv Köln, rba_055751, http://www.kulturelles-erbe-koeln.de/documents/obj/05210452; vgl. Naredi-Rainer, Fresken, S. 52 und S. 53, Abb. 3. **11** Wurzbach, Lexikon, S. 118. **12** Vgl. VSVV, 27. 10. 1859, S. 229-230. **13** Zit. n. Puls, Blaeser, S. 365. **14** Vgl. Zacher, Skulpturen, S. 362-364. **15** Zu Gustav Blaeser (1813-1874) vgl. Puls, Blaeser; Heimann, Blaeser. **16** Zit. n. Puls, Blaeser, S. 439. **17** Vgl. Verwaltungsbericht 1862, in: VSVV 1862, S. 21-22. **18** Vgl. Meyer-Wurmbach, Fresken, S. 147; Schrörs, Braun. Zu Reichensperger vgl. Kat. Reichensperger. **19** Andree, Fresken, zit. n. Ulrich Bock: Eine schwierige Geburt, http://www.museenkoeln.de/koelnisches-stadtmuseum/default.aspx?s=202.

Raus und rein im Rathaus

1 Vgl. Kramp, Rathausbauten, S. 568-571. **2** Verwaltungsbericht der Stadt Köln für das Jahr 1865, S. 11. **3** Ennen, Hansesaal; vgl. Kramp, Rathausbauten. **4** Vgl. Köln Kunstdenkmäler, S. 229. **5** Nabor und Felix erhalten die Märtyrerkrone, um 1735, Kölnisches Stadtmuseum, Inv.-Nr. KSM 1983/642, aus der Sammlung Wallraf, ursprünglich Inv.-Nr. WRM 2045, 1943 zunächst als Kriegsverlust geführt; vgl. Wagner, Bildersaal, Nr. 0498, S. 186; zu Mesquida S. 185. **6** Vgl. Thierhoff, Wallraf, S. 114. **7** VSVV, 11. 12. 1890. **8** Vgl. Kramp, Rathausbauten, S. , S. 568-571. **9** Algermissen, Kölner Führer, S. 46f.; vgl. Kier, Rathaus 1982, S. 384-385; Kier, Rathaus 1996, S. 59. **10** Die Skulpturen des Marsilius und des Agrippa befinden sich auch an der Ostwand des von Raschdorff umgestalteten Gürzenich; vgl. Raschdorff, Gürzenich, S. 4-5; Pfotenhauer, Gürzenich, S. 14ff. **11** Vgl. Kier, Rathaus 1982, S. 385; Kier, Rathaus 1996, S. 59. **12** Vgl. Geis, Gedanken; Geis, Bildprogramme, S. 230-231.

Eine Versicherung startet durch **1** Amtsblatt der Königlichen Regierung zu Köln, Stück 8, 25. Februar 1845, Nr. 124, S. 65-70 und S. XLVII. **2** Prospectus Agrippina, 1845, in: 125 Jahre Agrippina, S. 10. **3** Statuten der »Agrippina«, Stiftung Rheinisch-Westfälisches Wirtschaftsarchiv zu Köln, freundliche Mitteilung von Christian Hillen vom 16. 6. 2015. **4** 125 Jahre Agrippina, S. 11; vgl. auch gleichlautend Koch, Versicherungswirtschaft, S. 79. **5** Vgl. 150 Jahre Agrippina, S. 18. **6** Vgl. Sotzmann, Antonius von Worms; Rezension Sotzmann. **7** Vgl. 125 Jahre Agrippina, S. 7. **8** 150 Jahre Agrippina, S. 26. **9** Vgl. Eyll, Colonia; Pries, Agrippina. **10** Vgl. 150 Jahre Agrippina, S. 46; 125 Jahre Agrippina, S. 15. **11** 125 Jahre Agrippina, S. 15. **12** Wallraf, Agrippina, Kupferstich nach S. 122. **13** Vgl. 150 Jahre Agrippina, S. 46-47 (hier wird die Mauerkrone fälschlich als »Diadem mit jenen drei Kronen« gedeutet, »die an die Heiligen Drei Könige im Kölner Dom erinnern«.

Agrippinas zweite Chance **1** Vgl. Signon, Straßen, S. 29-32, hier S. 31. **2** VSVV, 28. 4. 1881, S. 114. Man hatte ihn von Aachen nach Köln abgeworben, vgl. auch VSVV, 24.3.1881, S. 85. **3** Vgl. Kier und Schäfke, Ringe; Schäfke, Häfen. **4** VSVV 20. 5. 1883, S. 136-137, hier S. 136; vgl. Kramp, Weltgeschichte, S. 61-63. **5** VSVV 20. 5. 1883, S. 136-137, hier S. 136. **6** VSVV, 20. 12. 1883, S. 288; vgl. Kramp, Weltgeschichte, S. 61-62. **7** Avenarius, Tony (1836–1901): Der Maskenzug von 1887, hier: Bild 1 und 2, Federzeichnung auf Papier, je H 23,5 x B 64 cm, Kölnisches Stadtmuseum, Graph. Slg. Inv. G 215 u. 216. **8** Der Text der Officiellen Darstellung ist ediert in: Euler-Schmidt, Maskenzüge, S. 126-127. **9** Vgl. Kramp, Weltgeschichte, S. 62-63; Kat. Zülpich 1996, Nr. IV,44, S. 298-299 (Eintrag v. Mario Kramp). **10** Avenarius, Tony: Der Maskenzug von 1887, hier: Bild 1, Federzeichnung auf Papier, H 23,5 x B 64 cm, Kölnisches Stadtmuseum, Graph. Slg. Inv. G 215 u. 216. **11** VSVV 21. Juli 1897, S. 228-229. **12** Erst 1898 wurde der Römerpark der Öffentlichkeit übergeben, vgl. Meynen, Grünanlagen, S. 162. **13** VSVV 21. Juli 1897, S. 229 **14** Ebenda, S. 228-229. **15** VSVV, 26. 8. 1897, S. 259. **16** VSVV, 21. 4. 1898, S. 157. **17** VSVV, 26. und 27. 2. 1903, S. 91. **18** Entwurf (Grundriss) der Neugestaltung der Uferstraßen und Werftanlagen von 1898, in: Schäfke, Häfen, S. 124-125. **19** VSVV, 23. 10. 1902, S. 302. **20** Vgl. Schäfke, Häfen, S. 130-133; Krings,Gesicht, S. 95.

Göttinnendämmerung **1** Ab 1875, wenngleich noch mit der »Venetia«; »Prinz« hatte man ihn zwischenzeitlich auch 1826, 1856 und 1857 genannt; vgl. Euler-Schmidt und Leifeld, Rosenmontagszug 1823-1948, S. 59. **2** Vgl. ebenda, S. 53. **3** Vgl. Frohn, Karneval, S. 161-162; Prass und Zöller, Dreigestirn, S. 32; Alexander, Bauer, S. 57, Anm. 115. **4** »Wagen der 'Colonia Agrippina'«, in: Leporello »Kölner Carneval 1885«, gedruckt von Friedrich Heyn, Köln, nach Zeichnungen von Tony Avenarius, Kölnisches Stadtmuseum, Bibliothek und Kölner Karnevalsmuseum; zum Rosenmontagszug vom 16. 2. 1885 vgl. Euler-Schmidt, Maskenzüge, S. 123. **5** Nr. 52: Wagen der »Colonia«, in: Leporello des Zugs von 1886, Lithographie, Kölner Karnevalsmuseum; zum Rosenmontagszug von 1885 vgl. Euler-Schmidt, Maskenzüge, S. 124-126. **6** Zit. n. Euler-Schmidt, Maskenzüge, S. 127. **7** »Romanischer Wagen der Agrippina«, in: Leporello »Kölner Carneval 1888«, gedruckt von Th. Fuhrmann, Köln, nach Zeichnungen von Tony Avenarius, Kölnisches Stadtmuseum, Bibliothek, und Kölner Karnevalsmuseum. **8** Zit. n. Euler-Schmidt, Maskenzüge, S. 127. **9** »24. Wagen: Colonia« und »46. Wagen: Kölner Bauer u. Jungfrau (Fest-Comité)«, in: Leporello »Kölner Carneval 1898«, gedruckt von Th. Fuhrmann, Köln, Kölnisches Stadtmuseum, Bibliothek und Kölner Karnevalsmuseum; vgl. Euler-Schmidt, Maskenzüge, S. 135-136. **10** Vgl. Pries, Tafelaufsatz. **11** Grimm, Ynach, S. 290. **12** Kauffer, Agrippina, S. 49 und 50. **13** Eckstein, Agrippina, S. 14. **14** Stahr, Agrippina; vgl. Barrett, Agrippina, S. XII-XIII. **15** Stahr, Agrippina, S. 122. **16** Fränkel, Stahr, S. 405, charakterisierte vom Standpunkt

der Geschichtswissenschaft Stahrs Beschreibung der Agrippina sogar als »im ganzen als verfehlt«. Dennoch blieb Stahrs Buch tonangebend und wurde sogar im »Brockhaus« als grundlegend genannt, Artikel Agrippina, Brockhaus. **17** Stahr, Agrippina, S. 129. **18** Vgl. ebenda, S. 241-244, zur Ähnlichkeit mit Eugénie S. 243; Bender, Agrippina, S. 18, Anm. 1; zur Rezeptionsgeschichte dieser Statue vgl. Haskell und Penny, Taste, Nr. 1, S. 133. **19** Schlüsselzeichnung zu: Köln von 37 vor Christi Geburt bis 1299. Erster Historischer Fries von Tony Avenarius, Umrisslithografie, 1890, Kölnisches Stadtmuseum. **20** Zu Tony Avenarius (1836–1901) vgl. Kleinertz, Kölner Autoren-Lexikon, S. 36-37; Firmenich-Richartz, Kölnische Künstler, Sp. 54-55; zum Kölner Festzug von 1880 vgl. Hartmann, Festzug; Kat. Berlin 1995, Nr. 7/17, S. 289-290 (Eintrag von Mario Kramp). **21** Avenarius, Tony: Erster Historischer Fries: Köln von 37 vor Christi Geburt bis 1299; Zweiter Historischer Fries: Köln von 1300 bis 1799, Dritter Historischer Fries: Köln im 19. Jahrhundert; alle aus dem Jahr 1890, Zeichnungen, aquarelliert, Kölnisches Stadtmuseum, Inv.-Nr. HM 1900/561-563. **22** Verkaufsangebot und Ankauf »von drei Tuschzeichnungen von Tony Avenarius betreffend Kölner Persönlichkeiten«, HAStK, Best. 608 (Kulturdezernat), A 271, Geschenke und Ankäufe 1888-1903; Zitat von Friedrich Pecht (Hg.): Die Kunst für Alle, Heft 6, München 1891, S. 46.

Agrippina als Marke **1** Vgl. 150 Jahre Agrippina, S. 75. **2** Vgl. Simon, Schreiterer & Below, S. 101-109; 150 Jahre Agrippina, S. 73-74; Soénius, Wirtschaft, S. 75. **3** Zit. n. 150 Jahre Agrippina, S. 74. **4** Vgl. Köln Kunstdenkmäler, S. 183 ff. **5** Zit. n. 150 Jahre Agrippina, S. 74. **6** Bender, Agrippina, S. 18, Anm. 1. **7** Vgl. Hannestad, Porträtskulptur, S. 104-106 und Kat. Nr. 1.9.45. **8** Ferrero, Frauen, Kapitel über Agrippina, S. 276ff, 2. Auflage 1914 online : http://www.gutenberg.org/files/16324/16324-h/16324-h.htm#img-307 (17. 6. 2015) **9** Bender, Agrippina, Tafel S. 17 und Literaturangaben S. 23. **10** Bender, Agrippina, S. 18, Anm. 1. **11** 150 Jahre Agrippina, S. 34. **12** Vgl. ebenda, S. 48-49. **13** Zu Joseph Feinhals (1867–1947) vgl. zusammenfassend Literatur-Lexikon, Feinhals; zu seinem künstlerischen Engagement vgl. Hilscher, Feinhals. **14** Kölnisches Stadtmuseum, Graphische Sammlung, Inv.-Nr. G 15028/8. **15** Vgl. Hannestad, Porträtskulptur, S. 104-106 und Kat. Nr. 1.9.45; siehe oben, S. 156. **16** Vgl. Leitherer und Wichmann, Warenverpackungen, S. 250-252; Hilscher, Feinhals. **17** Kölnisches Stadtmuseum, Broschüre Feinhals, »DAS AGRIPPINA SORTIMENT« Graphische Sammlung, Inv.-Nr. G 15028/8. **18** Feinhals, Broschüre »DAS WERKBUND SORTIMENT«, Kölnisches Stadtmuseum, Graphische Sammlung, Inv.-Nr. G 15028/12. **19** Feinhals, Broschüre, Kölnisches Stadtmuseum, Graphische Sammlung. **20** Feinhals, Broschüre »POTPOURRI«, Kölnisches Stadtmuseum, Graphische Sammlung, Inv.-Nr. G 15028/15. **21** Kölnisches Stadtmuseum, Broschüre Feinhals, »DAS AGRIPPINA SORTIMENT« Graphische Sammlung, Inv.-Nr. G 15028/8 **22** Annonce im Kölner Stadt-Anzeiger, 19.9.1912, in: Hagspiel, Jüdische Architekten, S. 131. **23** Annonce im Kölner Stadt-Anzeiger, 19.9.1912; in: Hagspiel, Jüdische Architekten, S. 131. **23** Annonce im Kölner Stadt-Anzeiger, 19.9.1912; Werbeanzeige in der Kölnischen Theater-Rundschau, 3. Jg., 1913; beide in: Hagspiel, Jüdische Architekten, S. 131 u. S. 129. **24** Vgl. Hagspiel, Jüdische Architekten, S. 128-133; zu Georg Falck (1878–1947) vgl. ebenda, S. 100-223. **25** Vgl. ebenda, S. 129; Krings, Gesicht, S. 94. **26** Annonce im Kölner Stadt-Anzeiger, 19.9.1912, in: Hagspiel, Jüdische Architekten, S. 131. **27** Vgl. ebenda, S. 131, Fotografie auf S. 130. **28** Vgl. ebenda, S. 131; http://www.koeln-im-film.de/filmdb/hole_kinos.php?was=1~ (21. 8.2015). **29** Schoor und Kranen, Film, S. 108-109. **30** Vgl. Aretz und Schoor, Film, S. 67-68. **31** Vgl. ebenda, S. 70-71. **32** Vgl. http://www.koeln-im-film.de/filmdb/hole_kinos.php?was=1~ (21. 8.2015); Aretz und Schoor, Film, S. 59 u. 82; eine Luftaufnahme vom 1. 6. 1942 zeigt den völlig zerstörten Kinosaal, in: Hagspiel, Jüdische Architekten, S. 133.

Kölnisch-Antikes Manifest: Der Römerbrunnen **1** Vgl. Benner, Denkmäler. **2** Kölner Stadt-Anzeiger, Abend-Ausgabe, 17. 6. 1910. **3** Wettbewerb und Römerbrunnen werden ausführlich beschrieben von Noelke und Lieb, Römerbrunnen, hier insb. n. S. 224; vgl. auch Beines, Agrippina. **4** Vgl. ebenda, S. 224 und 226. **5** Abgedruckt in der Bau-Rundschau 44 (1912), S. 415-417; vgl. Leser, Klotz, S. 403; Noelke und Lieb, Römerbrunnen, S. 225. **6** Kölner Stadt-Anzeiger, 5. 2. 1011, zit. n. Noelke und Lieb, Römerbrunnen, S. 226. **7** Ebenda, S. 226. **8** Vgl. ebenda, S. 227-243. Für den Hinweis auf die ausführende Firma dankt der Verf. Herrn Johannes Ralf Beines. **9** Kölner Stadt-Anzeiger, 20. 4. 1915; vgl. Menne-Thomé, Brantzky, S. 250. **10** Vgl. Noelke und Lieb, Römerbrunnen, S. 240-243. **11** Vgl. ebenda, S. 232 und 233 und übereinstimmend Wolff, Köln, S. 153, zit. n. ebenda. **12** Vgl. Noelke und Lieb, Römerbrunnen, S. 232-233 und übereinstimmend Wolff, Köln, S. 153, zit. n. ebenda. **13** Vgl. Noelke und Lieb, Römerbrunnen, S. 232 und 236-238, zit. n. ebenda; und übereinstimmend Wolff, Köln, S. 153. **14** Kölner Stadt-Anzeiger, 28. 4. 1915, zit. n. Noelke und Lieb, Römerbrunnen, S. 235. **15** Vgl. Noelke und Lieb, Römerbrunnen, S. 232 und 234-236, zit. n. ebenda; und übereinstimmend Wolff, Köln, S. 153. **16** Mit den Inschriften »AVGVSTVS«, »AGRIPPI(na)«, »CLAVDIVS« sowie »TRAIAN«, »HADRIAN« und »ANTONI(nus)« bezeichnet, zit. n. Noelke und Lieb, Römerbrunnen, S. 240. **17** Mit den Inschriften »ALEX(ander)«, »SEVERVS«, »MAXIMVS« sowie »CONSTANTIN D(er) G(große)«, »H(ELENA)« und »THEODOSIV(s)« bezeichnet, zit. n. ebenda, S. 238. **18** Vgl. ebenda, S. 245 mit weiteren Nachweisen ebenda. **19** Zu dieser Legende s. o., S. 34-35 **20** Vgl. Fischer und Trier, Köln, S. 224-225; Eck, Köln, S. 565-585. **21** Vgl. Eck, Köln, S. 601-620. **22** Vgl. Noelke und Lieb, Römerbrunnen, S. 243-244. Der Abguss ist erhalten im Depot des Stadtkonservators. **23** Zu Aquilea vgl. ebenda, S. 263, Anm. 109. **24** Kölner Stadt-Anzeiger, 5. 2. 1911, zit. n. Noelke und Lieb, Römerbrunnen, S. 263, Anm. 108. **25** Vgl. ebenda, S. 241. **26** Zit. n. ebenda, S. 240.

Tausendjähriges Zwischenspiel **1** Einen Überblick über die Geschichte dieser Aufarbeitung geben Dietmar und Leifeld, Alaaf, S. 203-208 und Leifeld, Karneval, S. 15-20. **2** Vgl. Dietmar und Leifeld, Alaaf, S. 135-137 u.144-148; Simon, Nacht, S. 27-29; Wagner, Mädchen; Leifeld, Karneval, S. 204. **3** Vgl. Trier, Museum, S. 212. **4** Stokar von Neuforn in einem Brief 1943, zit. n. Otten, Einführung, S. 22; vgl. Trier, Museum, S. 208-213. **5** Zit. n. Trier, Museum, S. 211.

Mit Agrippina aus den Trümmern **1** Brandes, Köln und Merian, Köln 1948; vgl. Schäfke, Ganz Köln, S. 455-456, 464, 468-469. **2** Jatho, Urbanität, S. 23. Der Verf. dankt Werner Schäfke für seinen Hinweis auf diese heute nahezu vergessenen melancholisch-kritischen Betrachtungen von Carl Oskar Jatho aus dem Jahr 1946. **3** Jatho, Stadt, S. 107. **4** Vgl. Trier, Museum, S. 213. **5** Ebenda, S. 213. **6** Vgl. ebenda, S. 213; Wolff, Köln, S. 12-14. **7** Ein Brügger, Domjubiläum, S. 219. **8** So der treffende Untertitel von Brügger, Domjubiläum. **9** So der stellvertretende Oberstadtdirektor Wirtz, VSVV, 2. Mai 1946, S. 83 und 86. **10** VSVV 1946, 2. Mai 1946, S. 92. **11** Zur Datierungs- und Jubiläumsfrage vgl. Eck, Gestaltung, S. 27-30. **12** VSVV 1946, 2. Mai 1946, S. 92. **13** Vgl. Diefendorf, Stadtjubiläum, S. 242f.; Mölich, Köln, S. 210. **14** Kat. Köln 1900 Jahre, erste Seite (unpaginiert). **15** Kölnische Rundschau, 25.5.1950, zit. n. Mölich, Köln, S. 21. **16** Kölnische Rundschau, 9.7.1950, zit. n. Mölich, Köln, S. 214. **17** Kölnische Rundschau, 25. 5. 1950, zit. n. Mölich, Köln, S. 213. **18** Abdruck der gesamten Rede von Heuss in: Kölnische Rundschau, 4. 7. 1950, zit. n. Mölich, Köln, S. 213. **19** Kölnische Rundschau, 26. 6. 1950, zit. n. Mölich, Köln, S. 213. **20** Ernst Schwering: Neue Anregungen, neue Schaffenskraft!, in: Kölnische Rundschau, 25. 5. 1950, zit. n. Mölich, Köln, S. 213. **21** Kölnische Rundschau, 25. 6. 1950, zit. n. Mölich, Köln, S. 214. **22** Vgl. Kirschner, Thingspiel; Mölich, Köln, S. 218-221. **23** Vom 26. Mai bis 22. August 1950, Kat. Köln 1900 Jahre. **24** Kat. Köln 1900 Jahre, Vorwort, unpaginiert; zur Rolle Ewalds vgl. Alexander, Gemäldeverkäufe; Euler-Schmidt, Museum; Alexander, Niedergang. **25** Kat. Köln 1900 Jahre, Grußwort Schwering, unpaginiert. **26** Kat. Köln 1900 Jahre; Mölich, Köln, S. 218; Diefendorf, Stadtjubiläum; Schillings, Gemeinschaft, S. 78. Die Ausstellung ist fotografisch umfassend dokumentiert in der Graphischen Sammlung des Kölnischen Stadtmuseums. **27** Kat. Köln 1900 Jahre, Grußwort Suth, unpaginiert **28** Kat. Köln 1900 Jahre, S. 2. **29** Ebenda, S. 3-16. **30** Ebenda, Nr. 15, S. 5. **31** Ebenda, Nr. 26, S. 7. Der Einlegezettel vermerkt als Exponate Abgüsse von weiteren Büsten aus Rom: Nr. 289 des Germani-

cus aus der Mostra Augustea, Nr. 290 der Agrippina d. Ä. aus den Kapitolinischen Museen, Nr. 291 des Trajan aus dem Vatikan und Nr. 292 von Konstantin dem Großen aus dem Lateran. **32** Das Defizit von 671 000 DM, entstanden v. a. durch die Notwendigkeit der Anfertigung neuer hochwertiger Vitrinen, hat in der öffentlichen Debatte offenbar keinen Niederschlag gefunden; vgl. Mölich, Köln, S. 216-217. **33** Schmitt-Rost, in: Stadt Köln, Köln, S. 2; vgl. Schäfke und Heuberger, Fotobücher, Nr. 1,67, S. 61. **34** VSVV, 13. Juli 1950, S. 218-231. **35** So der Stadtverordnete Braubach (SPD), VSVV, 2. Mai 1946, S. 100. **36** Oberbürgermeister Schwering, VSVV, 13. Juli 1950, S. 220. **37** Jatho, Stadt, S. 107. **38** Ebenda, S. 111. **39** Berger, Köln; vgl. auch Schäfke, Ganz Köln, S. 455-456, 464. **40** Berger, Köln, S. 9. **41** Ebenda, S. 23. **42** Ebenda, S. 11. **43** Ebenda, S. 11. Berger erwähnt eine 250-Milliarden- und einen 5-Billionenschein, erhalten ist im Kölnischen Stadtmuseum lediglich ein Hundert-Millionen-Mark Geldschein der Stadt Köln von 1923, s. o., S. 154. **44** Berger, Köln, S. 25ff. **45** Brandes, Köln (1956); vgl. Schäfke, Ganz Köln, S. 455-456, 464. **46** Zur ideologischen Funktion der Verdrängung vgl Schillings, Gemeinschaft, S. 71-94, zum Rosenmontagszug 1950 ebenda, S. 90-91. **47** Vgl. Euler-Schmidt und Leifeld, Rosenmontagszug 1949–2009, S. 18 und S. 32. **48** Ebenda, S. 29. **49** Brief Bodde an Oberbürgermeister Görlinger, 25. Juli 1949, Archiv des Kölner Karnevalsmuseums, Korrespondenzen, hier zit. n. ebenda, S. 29-30. **50** Zit. n. ebenda, S. 30. Zur Rolle Liessems vgl. ebenda, S. 17; Dietmar und Leifeld, Alaaf, S. 76-86, 203-208. **51** Zit. n. Euler-Schmidt und Leifeld, Rosenmontagszug 1949-2009, S. 30. **52** Zit. n. ebenda, S. 31. **53** Zit. n. ebenda, S. 32. **54** Vgl. Schmidt, Stars, Fotografie auf S. 68-69; zu Grete Fluss vgl. ebenda, S. 63-71; (Anonym), Fluss, S. 70, Foto auf S. 71. **55** Vgl. Prass und Zöller, Dreigestirn, S. 102. **56** Neue Rhein-Zeitung, »Blick auf Köln«, 23. 1. 1951. **57** Vgl. Schröder, Eintracht, S. 105-106. **58** Weber, Nüngzehnhundert. **59** Zit. n. Franken, Agrippina, S. 13 (ohne Nachweis). **60** Zu Karl Berbuer (1900–1977) vgl. Schmidt, Stars, S. 72-77 und 219. **61** Karl Berbuer: Agrippina. Kölnisches Marschlied für Klavier Akkordeon, Klavier-Bearbeitung: Rolf Granderath, Köln (Karl Berbuer Verlag), 1952 (ein Exemplar befindet sich im Kölner Karnevals-Museum, Inv.-Nr. 2007/0724); vgl. Kugelmeier, Artikel Agrippina, S. 16; Eck, Agrippina, 1993, S. 7; Hoerner, Liederbuch, Nr. 18; Franken, Frauen, S. 78-79; Figuren des Kölner Karnevals: Agrippina, in: Die Welt, 15. 2. 2010; Text in kölscher Originalfassung und auf Hochdeutsch in: http://www.koelsch-akademie.de/liederserver/index.php?inc=0&id=880&lied=&interpret=&tex ter=&album=En&verlag=&kategorie=&seite=50&erw=&erscheinung sjahr=&suchen=suchen (22. 8. 2015). **62** Zum Begriff »Kääzemöhn« vgl. Franken, Frauen, S. 79 und S. 290, Anm. 116. **63** Vgl. Schmidt, Stars, S. 60. **64** 1968 wurde Berbuers »Agrippina«" interpretiert von August Schnorrenberg und Oberbürgermeister Theo Burauen gewidmet, 1978 von Willy Millowitsch gesungen, erneut aufgelegt 1991 und 1996, Kölner Karnevals-Museum, Inv.-Nr. 2001/1481 und 2007/0724; 2001/1814; 2004/1379; 2004/1397.

Die Rückkehr der Römer **1** Vgl. Noelke und Lieb, Römerbrunnen, S. 246-248. **2** Brief Hanna Adenauer an den Bildhauer Ludwig Gies vom 29. 4. 1954; Sitzung des Kulturausschusses vom 23. 2. 1954, vgl. ebenda, S. 265, Anm. 147. **3** Zit. n. ebenda, S. 248. **4** Vgl. ebenda, S. 246-254; Wolff, Köln, S. 152-153. **5** Sessionsorden der Kölner Karnevalsgesellschaft »Mer blieve zesamme e.V. von 1937«, Köln 1955, Messinglegierung, emailliert, H 6 x B 7,7 cm, Kölner Karnevalsmuseum, Inv.-Nr. HMK/2002/0327. **6** »Gemma Claudia«, Kameo, H. 12 cm, B. 15,2 cm, Kunsthistorisches Museum Wien, Antikensammlung, Inv.-Nr. ANSA_IXa_63. **7** Bez. mit »Ti Claud Caesar Aug« und »Agrippina Augusta«. **8** Schmitt-Rost, Amtskette, unpaginiert (S. 11). **9** Ebenda, unpaginiert (S. 11-12). **10** Schramma, Amtskette, S. 2. **11** Schmitt-Rost, Amtskette, unpaginiert (S. 12-13). **12** Ebenda, unpaginiert (S. 25), Umschrift: »AGRIPPINAE AUGUSTAE«. **13** Schramma, Amtskette, S. 3. **14** Ebenda, S. 2 u. S. 1. **15** Vgl. Teichen, Bau, S. 151-152; Feldenkirchen, Kunst, S. 195-196. **16** So die Kritik von Feldenkirchen, Kunst, S. 196. **17** Franken, Frauen, S. 79. **18** Bender und Bützler, Geschichte; vgl. Stelzmann und Frohn, Köln, S. 15. **19** Kölnische Rundschau 1958, zit. n. Stelzmann und Frohn, Köln, Klappentext. **20** Stelzmann und Frohn, Köln, Vorwort von 1962, S. 16. **21** Ebenda, Vorwort von 1984, S. 17. Die Nachfolge traten 1996 Werner Jung und Carl Dietmar an, Jung und Dietmar, Ge-

schichte, S. 9.   **22** Stelzmann und Frohn, Köln, S. 34-37.   **23** Ebenda, Grußwort, unpaginiert.   **24** Ebenda, S. 406.   **25** Vgl. Varner, Monumenta, S. 83 und S. 101, zu Bildnissen der Agrippina S. 97-99.   **26** Kat. Köln 1900 Jahre, Nr. 26, S. 7.   **27** Kölner Römer-Illustrierte 1, 1974, S. 42-43 (Zitate n. ebenda), Marmorbüste, Fundort Köln, Inv.-Nr. 564.   **28** Gestaltung von Rosemarie Roden nach einem Foto von Hildegard Weber, Nachweis in Kölner Römer-Illustrierte 1, 1974, Innentitel.   **29** Merian, Köln 1948 und 1979, vgl. Schäfke, Ganz Köln, S. 455-456, 468-469.   **30** Vgl. Hannestad, Porträtskulptur, S. 104-106 und Kat. Nr. 1.9.45.   **31** Vgl. Fischer und Trier, Köln, S. 20.   **32** Zit. n. Wolff, Köln, S. 15.

Große Oper in Köln

1 Vgl. Seipt, Triumph.   **2** Libretto Agrippina, Arie der Agrippina, Szene VI; Seipt, Triumph.   **3** Vgl. Seipt, Triumph, Ketterer, Opera, S. 61-76; Rosand, Opera, S. 397f.; Kugelmeier, Artikel Agrippina.   **4** Unterlagen zu Aufführungen im deutschsprachigen Raum befinden sich in der Theaterwissenschaftlichen Sammlung der Universität zu Köln (künftig: TWS): Halle 1943, Göttingen 1944, Leipzig 1958, München 1966, Zürich 1970.   **5** Zeitgenössische Pressestimme, hier zit. n. Wüstenbecker, Kunstform, S. 99.   **6** Köln, Stadttheater, 16. 1. 1904, Festaufführung des Vaterländischen Frauen-Vereins, Fotodruck, TWS.   **7** Im Teatro la Fenice, Venedig, 1983, vgl. Programmheft Agrippina.   **8** Bühnenbild- und Kostümentwürfe von Mauro Pagano, Köln 1985.   **9** Premierenzettel Agrippina 1985 und Premierenzettel Agrippina 1994, TWS; zu Erfurt vgl. http://www.theater-erfurt.de/frontend/index.php?page_id=60&v=repertoire_detail&pi=110&i=0&mid=22&step=3#SubNav (23. 6. 2015)   **10** Aufnahme der Schwetzinger Aufführung als »A Stage Production of the Oper der Stadt Köln«, vertrieben von EuroArts Music International GmbH, erhalten in der TWS.   **11** Curt J. Diederichs: Ein Fest für die Augen, in: Kölnische Rundschau, 3. 6. 1985, Zeitungsausschnittsammlung TWS.   **12** Bauer, Gerhard: Die Balance ist erheblich gestört, in: Kölner Stadt-Anzeiger, 3. Juni 1985, Zeitungsausschnittsammlung TWS.   **13** Johannes K. Glauber: Viel Spaß mit Händel, Neue Rhein-Zeitung 4. 6. 1985, Zeitungsausschnittsammlung TWS.   **14** Bauer, Gerhard: Die Balance ist erheblich gestört, in: Kölner Stadt-Anzeiger, 3. Juni 1985, Zeitungsausschnittsammlung TWS.   **15** Vgl. Seipt, Triumph, Ketterer, Opera, S. 61-76; Rosand, Opera, S. 397f.   **16** Seipt, Triumph. Diese Parallelen waren 1985 so augenfällig, dass der Kritiker der Rheinischen Post bemerkte, es sei »gar nicht nötig« gewesen, dies im Programmheft zu erwähnen, Schläder, Jürgen: Lust am Schauen, in: Rheinische Post, 4. Juni 1985, Zeitungsausschnittsammlung TWS.   **17** Fischer, Emil: Zum Ruhme Kölns, in: Westdeutsche Zeitung Düsseldorf, 4. Juni 1994, Zeitungsausschnittsammlung TWS.   **18** Bendig, Günter: Roms Kaiserin erobert Köln, in: Express, 3. Juni 1985, Zeitungsausschnittsammlung TWS.   **19** »Titelbild: Die Krönung Neros. Kameo auf dem Dreikönigenschrein im Dom zu Köln«, »Die Abbildung der sitzenden Agrippina stellte freundlicherweise das Forschungsarchiv für römische Plastik an der Universität zu Köln zur Verfügung«, Programmheft Agrippina. Abgebildet wurde u. a. das Bogenfragment des römischen Nordtors mit der Inschrift C.C.A.A. Zum Nero-Kameo vgl. Zwierlein-Diehl, Gemmen, S. 92-95 und S. 199, Nr. 65; Lauer, Schrein, S. 56-57 und S. 80, Abb. 97; Kat. Kölner Dom 2014, Nr. III, 3, S. 190-197 (Eintrag von Erika Zwierlein-Diehl), zur Sitzstatue aus Neapel s. o., S. 156.   **20** Seipt, Triumph.   **21** Bauer, Gerhard: Die Balance ist erheblich gestört, in: Kölner Stadt-Anzeiger, 3. Juni 1985, Zeitungsausschnittsammlung TWS.   **22** Bendig, Günter: Roms Kaiserin erobert Köln, in: Express, 3. Juni 1985, Zeitungsausschnittsammlung TWS.   **23** Diederichs, Curt J.: Ein Fest für die Augen, in: Kölnische Rundschau, 3. 6. 1985, Zeitungsausschnittsammlung TWS.   **24** Fischer, Emil: Zum Ruhme Kölns, in: Westdeutsche Zeitung Düsseldorf, 4. Juni 1994, Zeitungsausschnittsammlung TWS.   **25** Textbuch Agrippina, S. 28; Premierenzettel Agrippina 195.   **26** Textbuch Agrippina, S. 28.   **27** Ebenda, S. 28.   **28** Programmheft Agrippina, Bildunterschrift zu diesem Foto der Schlussszene.   **29** Fischer, Emil: Zum Ruhme Kölns, in: Westdeutsche Zeitung Düsseldorf, 4. Juni 1994, Zeitungsausschnittsammlung TWS.   **30** Wallraf, Agrippina, Vorrede (nicht paginiert).

Agrippina in Bewegung I Ein Ausblick von Irene Franken

1 Vgl. Schürenberg, Spiegelung; Hammer, Rolle.   **2** Schürenberg, Spiegelung, S. 84.   **3** Vgl. Beck, Kaiserin.   **4** Franken, Denk-

mal.   **5** In der Mainstream-Presse überwogen kritische Artikel zu der Feier »großer« Frauen in Frankfurt, vgl. Fetscher, Caroline: Frauenkunst soll aus Blut und Milch sein, in: Der Spiegel 25/1986, S. 166-173 http://www.spiegel.de/spiegel/print/d-13518733.html http://magazin.spiegel.de/EpubDelivery/spiegel/pdf/13518733 mit Bildern. (28.9.2015).   **6** Kölner Illustrierte, Rubrik Aquarium, H. 12, 1986, S. 7.   **7** Keller, Agrippina II.   **8** Vgl. »Ohne Denkmal und Feier«, in: Kölner Stadt-Anzeiger, 8./9. November 1986, S. 17.   **9** Vgl. Kölner Illustrierte, Rubrik Aquarium, September 1988, S. 6.   **10** Lorose Keller konnte ihren Monolog »Rede der Agrippina anlässlich ihrer Denkmalsenthüllung zu Köln« im WDR platzieren, ihr Auftritt ist auf YouTube anzuschauen: Lorose Keller - Agrippina 1985 - https://www.youtube.com/watch?v=mffPAPuOD5g (29.9.2015).   **11** Dünnebier, Stadt, zit. online http://www.frauenmediaturm.de/frauenmediaturm/bayernturm/geschichte/ (29.9.2015).   **12** http://www.loestige-ubier.de/die-ubier/agrippina (30.9.2015).   **13** Kier, Figurenprogramm, Listen der Vorschläge und Veränderungen, S. 269-275; Liste der Mitglieder der Historiker-Kommission ebenda, S. 266; Dokumentation im Archiv Kölner Frauengeschichtsverein.   **14** Kier, Figurenprogramm, S. 266.   **15** Vgl. Kier, Figurenprogramm, S. 267; Franken, Frauen, S. 104-105.   **16** Vgl. Kier, Figurenprogramm; Fuchs, Figuren.   **17** Vgl. Bachmann, Künstlerbiographien, S. 657; den Hinweis auf die Bronzeskulptur gaben Elisabeth Dühr und Bärbel Schulte vom Stadtmuseum Simeonstift Trier.   **18** Vgl. Bachmann, Verzeichnis, S. 672; Franken, Skulpturen.   **19** Vgl. Boschung, Statue, Bildnis der Agrippina d. J., Ny Carlsberg Glyptothek, Copenhagen, siehe oben, Abbildung S. 4, 23 und Buchumschlag.   **20** Vgl. Dreher, Agrippina, S. 385, zur Skulptur ebenda (Eintrag von Bernd Ernsting).   **21** Vgl. Geis, Konsolen, S. 305; Brednich, Spinne.   **22** »Heiteres Durcheinander im römischen Köln«, in: Kölner Stadt-Anzeiger, 13./14. November 1993, S. 18.   **23** Vgl. Franken, Alexis; Programmheft »En dubbelte Agrippina«.   **24** »Improbable as it sounds, Esther Shapiro has said that the series was partly inspired by Robert Graves's I, Claudius, with Alexis's character based on the scheming Livia.«, Sturges, Fiona: The good, the bad and the wildly bitchy, in: The Independent, 24. Januar 2011, https://de.wikipedia.org/wiki/Der_Denver-Clan (29.9.2015).   **25** http://www.innerwheel.de/koeln-agrippina/ (29.9.2015). Der Begriff des Klüngelns wurde bisweilen auf Agrippina zurückgeführt und positiv umgewertet.   **26** Gespräch der Verf. mit Helga Hauptmann am 20. 9.2015.   **27** Franken, Studium, S. 78 ff.   **28** Zit. n. http://www.microsofttranslator.com/bv.aspx?from=&to=de&a=http%3A%2F%2Fwww.424874007184.terra-hosting.de%2Fname.html. (29.9.2015).   **29** http://www.424874007184.terra-hosting.de/wir.html.   **30** Müller, Agrippina.   **31** Müller, Agrippina, S 16.   **32** Müller, Agrippina, S. 17.   **33** Müller, Agrippina, S. 18.   **34** Müller, Agrippina, S. 23, S. 18.   **35** Müller, Agrippina, S. 28.   **36** Späth, Agrippina S. 118.   **37** Vgl. Späth, Frauenmacht; Späth, Agrippina.   **38** Vgl. Späth, Agrippina, S. 130 und 128.   **39** Vgl. Späth, Agrippina, S. 127.   **40** Vgl. Späth, Agrippina, S 129.   **41** Späth, Agrippina, S. 131.   **42** Vgl. Späth, Agrippina, S. 131-132.   **43** Netz, Puppet-Show.   **44** Düster, Jessica: »Mit Jelinek durch die Antike«, in: Kölner Stadt-Anzeiger, 27.11. 2010.   **45** Netz, Puppet-Show.   **46** Düster, Jelinek.   **47** Düster, Jelinek.   **48** Schäfers, Soll.   **49** Schäfers, Soll.   **50** Rossmann, Jelinek.   **51** Vgl. zu Nero als Musiker und Popfigur z. B. http://www.spiegel.de/spiegel/spiegelgeschichte/d-6382 3577.html   **52** Netz, Agrippina.   **53** Düster, Jelinek.   **54** Düster, Jelinek.   **55** Email an die Verf. vom 21.9.2015.   **56** Signon, Straßen, S. 5.   **57** Es handelte sich erneut um eine Kooperation von Die Grünen und Kölner Frauengeschichtsverein.   **58** Zur Amtskette des Oberbürgermeisters siehe oben, S. 185ff.

Literatur

(Anonym), Fluss (Anonym): 50 Jahre Grete Fluss. Uns Griet, (Sekretariat Grete Fluss: Künstleragentur Ludwig H. Westkamp Köln), Köln 1956.

125 Jahre Agrippina 125 Jahre Agrippina Versicherung Aktiengesellschaft 1844–1969, Festschrift, Köln 1969.

150 Jahre Agrippina Blickrichtung Zukunft. 150 Jahre Agrippina Versicherungen 1844–1994, Festschrift, hg. von den Aktiengesellschaften der Agrippina Versicherungsgruppe, Köln 1994.

Alexander, Bauer Alexander, Beatrix: Der Kölner Bauer, Köln 1987.

Alexander, Gemäldeverkäufe Alexander, Beatrix: „Verkaufslustige Neigung" – Gemäldeverkäufe aus dem Besitz der Stadt Köln, in: Jahrbuch des Kölnischen Geschichtsvereins, Nr. 80, Köln 2009, S. 101-122.

Alexander, Niedergang Alexander, Beatrix: Von Niedergang und Neuanfang. 1933 bis 1951, in: Kat. 125 Jahre, S. 110-113.

Algermissen, Kölner Führer Algermissen, Johann Ludwig: Neuester Kölner Führer, Köln 1896.

Andree, Fresken Andree, Rolf: „Die Fresken Steinles im ersten Wallraf-Richartz-Museum", in: Museen in Köln 2, Köln 1963, S. 155-160.

Aretz und Schoor, Film Aretz, Christa und Schoor, Irene: Köln im Film. Filmgeschichte(n) einer Stadt, Köln 2004.

Artikel Agrippina, Brockhaus Artikel „Agrippina", in: Brockhaus' Konversationslexikon, 1894-1896, Bd. 1, [14] Berlin und Wien 1894, S. 224-255.

Artikel Kauffmann Artikel „Kauffmann, Angelica", in: Biographisches Lexikon des Kaiserthums Österreich, Bd. 11, Wien 1864, S. 44-58.

Arvengas, Lafage Arvengas, Jeanne: Raymond Lafage Dessinateur, Toulouse 1965.

Auswahlkatalog Kölnisches Stadtmuseum, Auswahlkatalog, Köln 1984.

Aveline, Death Aveline, John: „The Death of Claudius", in: Historia, Nr. 53, Stuttgart 2004, S. 453-475.

Ayçoberry, Köln Ayçoberry, Pierre: Köln zwischen Napoleon und Bismarck. Das Wachstum einer rheinischen Stadt, Köln 1996.

Bachmann, Künstlerbiographien Bachmann, Verena: „Künstlerbiographien", in: Kier, Ernsting und Krings, Ratsturm, S. 654-671.

Bachmann, Verzeichnis Bachmann, Verena: „Verzeichnis der Stifterinnen und Stifter", in: Kier, Ernsting und Krings, Ratsturm, S. 672-676.

Baldus and Lamberti, Ius Italicum Baldus, Christian und Lamberti, Francesca: „Köln wird Kolonie: Die Verleihung des ius italicum, 50 n. Chr.", in: Quellen zur Geschichte der Stadt Köln, Bd. 1: Antike und Mittelalter. Von den Anfängen bis 1396/97, hg. im Auftrag des Fördervereins Geschichte in Köln e. V. von Rosen, Wolfgang und Wirt-

ler. Lars, in Zusammenarbeit mit Rheker-Wunsch, Dorothee und Wunsch, Stefan, Köln 1999, S. 3-6.

Bandmann, Zirkel Bandmann, Günter: Artikel „Zirkel", in: Lexikon der christlichen Ikonographie, Bd. 4, Rom, Freiburg u. a. 1972, Sp. 572-574.

Barrett, Agrippina Barrett, Anthony A.: Agrippina. Sex, Power, and Politics in the Early Empire, London 1996.

Bauman, Women Bauman, Richard: Women and Politics in Ancient Rome, London 1992.

Baumgärtel, Kauffmann Baumgärtel, Bettina: „Zwischen Rokoko und Revolution – zum 200. Todestag der Angelika Kauffmann", in: Weltkunst, 77. Jg., Heft 6, Hamburg; Berlin Juni 2007, S. 54-57.

Baus, Rehabilitation Baus, Lothar: Kaiserin Agrippina und Seneca. Eine Rehabilitation, Homburg 2015.

Bechert, Ara Bechert, Tilmann: „Ara Vbiorum. Zum Namen des frühkaiserzeitlichen Köln und zum Standort des Kaiseraltars", in: Carnuntum-Jahrbuch, Wien 2012, S. 9-16.

Bechert, Germania Bechert, Tilmann: Germania inferior. Eine Provinz an der Nordgrenze des Römischen Reiches, Mainz 2007.

Beck, Kaiserin Beck, Hans-Georg: Kaiserin Theodora und Prokop: Der Historiker und sein Opfer, München u. a. 1986.

Becker, Jacobs und Stankowski, Bildungsweg Becker, Jürgen, Jacobs, Dietmar und Stankowski, Martin: Der dritte Bildungsweg: Halbwissen leicht gemacht, Köln 2011.

Becker-Jákli, Groote Groote, Eberhard von: Tagebuch 1815-1824, 1. Bd., bearbeitet von Barbara Becker-Jákli (Publikationen der Gesellschaft für Rheinische Geschichtskunde, LXXXII), Düsseldorf 2015.

Beikircher, Rheinländer Beikircher, Konrad: Wer weiß, wofür et jot es. Der Rheinländer an sich, Köln 2009.

Beines, Agrippina Beines, Johannes Ralf: „Agrippina im Kölner Stadtbild", in: Trier und Naumann-Steckner, Agrippina (erscheint im Nov. 2015)

Bell, Film Bell, Berthold: „Agrippina im Film", in: Trier und Naumann-Steckner, Agrippina (erscheint im Nov. 2015).

Bender und Bützler, Geschichte Bender, Franz und Bützler, Theodor: Illustrierte Geschichte der Stadt Köln, Köln 1912.

Bender, Agrippina Bender, Franz: „Agrippina die Jüngere, die kölnische Stadtmutter (Zu ihrem 1900. Geburtstage am 6. November 1916)", in: Beiträge zur Rheinische Geschichte, Sprache, Eigenart, Bd. 3, Heft 13 und 14, Köln Mai 1918, S. 11-22.

Benner, Denkmäler Benner, Iris: Kölner Denkmäler 1871-1918. Aspekte bürgerlicher Kultur zwischen Kunst und Politik (Publikationen des Kölnischen Stadtmuseums, Bd. 5), Diss., Köln 2003.

Berbuer, Agrippina Berbuer, Karl: Agrippina. Kölnisches Marschlied Für Klavier Akkordeon, Klavier-Bearbeitung: Rolf Granderath, Köln 1952.

Bergdolt, Nero Bergdolt, Klaus: „Nero, Seneca und die medizinische Ethik", in: Castagna, Luigi und Vogt-Spira, Gregor (Hg.): Perver-

tere: Ästhetik der Verkehrung: Literatur und Kultur neronischer Zeit und ihre Rezeption (Beiträge zur Altertumskunde 151), Berlin und New York 2002, S. 270-286.

Berger, Köln Berger, Franz: Geliebtes Köln. Ein heiterer Wegweiser durch eine alte Stadt. Illustriert von Berke, Hubert, Köln o. J. (1951).

Bianco, Versuch Bianco, Franz-Joseph von: Versuch einer Geschichte der ehemaligen Universität und der Gymnasien der Stadt Köln, Bd. 1, Köln 1833.

Biedermann, Goethes Gespräche Biedermann, Woldemar Freiherr von (Hg.): Goethes Gespräche. Bd. 1–10, Leipzig 1889–1896, Bd. 3, Leipzig 1889.

Boccaccio, De mulieribus claris Boccaccio, Giovanni: De mulieribus claris, hg. v. Zaccaria, Vittorio, [2] Mailand 1970.

Boccaccio, Die großen Frauen Boccaccio, Giovanni: De claris mulieribus / Die großen Frauen, Lateinisch-Deutsch, Übersetzung von Erfen, Irene, Stuttgart 1995.

Boccaccio, Famous Women Boccaccio, Giovanni: Famous Women, edited and translated by Brown, Virginia. The I Tatti Renaissance Library, Cambridge MA und London 2001.

Boccazzi, Pittoni Boccazzi, Franca Zava: Pittoni: L'opera completa, Venedig 1979.

Boehm, Miniaturen Boehm, Max von: Miniaturen und Silhouetten. Ein Kapitel aus Kulturgeschichte und Kunst, München 1919.

Boisserée, Briefwechsel / Tagebücher Boisserée, Sulpiz: Briefwechsel / Tagebücher, Bd. 1, Stuttgart 1862, Nachdruck Göttingen 1970.

Borger und Zehnder, Köln Borger, Hugo und Zehnder, Frank Günter: Köln. Die Stadt als Kunstwerk. Stadtansichten vom 15. bis 20. Jahrhundert, Köln 1982.

Boschung, Bilder Boschung, Dietrich: „Bilder des Germanicus. Die römische Staatskunst als Instrument kaiserlicher Selbstdarstellung", in: Burmeister und Rottmann, Germanicus, S. 88-97.

Boschung, Bildnisse Boschung, Dietrich: „Bildnisse der Agrippina", in: Kat. Agrippina 2011, S. 16-19.

Boschung, Deifikation Boschung, Dietrich: „Deifikation –‚Vergöttlichung' herausragender Personen in der römischen Kunst", in: Kat. Agrippina 2011, S. 32-35.

Boschung, Statue Boschung, Dietrich: „Statue der Agrippina aus Basalt", in: Trier und Naumann-Steckner, Agrippina (erscheint im Nov. 2015).

Bossart, Bericht Alexander, Peter und Bossart, Maximilian Heinrich: Securis Ad Radicem Posita, Oder Gründtlicher Bericht Loco Libelli, Warin der Statt Cöllen am Rhein Ursprung und Erbawung klar- und umbständtlich vorgestellt / auch ferner angewiesen ist / wasmassen dieselbe biß ins fünffte Saeculum an der Römischen Kayseren Beherrschung gestanden, Bonn 1687.

Bottineau und Foucart-Walter Bottineau, Guérin Josette und Foucart-Walter, Élisabeth (Hg.): L'Inventaire après décès de Pierre-Narcisse Guérin (Société de l'histoire de l'art français, Archives de l'art français, nouvelle période, Bd. XXXVII), Troyes 2005.

Boxberger, Schier Boxberger, Robert: Artikel „Schier, Christian Samuel", in: Allgemeine Deutsche Biographie Bd. 31, München und Leipzig 1890, S. 184.

Boyle, Octavia Boyle, Anthony J.: Octavia. Attributed to Seneca (With introduction, translation, and commentary), Oxford 2008.

Brandes, Köln Brandes, Irma: Köln, Stadt am Strom, Köln 1940 (weitere Auflagen 1941, 1943 sowie 1950 und 1956 mit verändertem Text).

Braunfels, Kölnprospekt Braunfels, Wolfgang: „Anton Woensams Kölnprospekt von 1531 in der Geschichte des Seehenms", in: Wallraf-Richartz-Jahrbuch, Nr. 22, Köln 1960, S. 114-136.

Brednich, Spinne Brednich, Rolf Wilhelm: Die Spinne in der Yucca-Palme. Sagenhafte Geschichten von heute, München 1990.

Brinkmann, Seneca Brinkmann, Michael: Seneca in den Annalen des Tacitus, Diss. Bonn 2002.

Broelmann, Commentarii Broelmann, Stephan: Civilium rerum memoria Dignarum civitatis Ubiorum et Coloniae Claudiae Augustae Agrippinensis Commentarii, Köln 1607, Manuskripte, Historisches Archiv der Stadt Köln (HAStK), Abteilung Chroniken und Darstellungen, Best. 7030.

Broelmann, Epideigma Broelmann, Stephan: Epideigma, Köln 1608.

Broicher, Blumhofer Broicher, Ursula: Vom bayerischen Theaterautor zum rheinischen Republikaner. Der Lebensweg Maximilian Blumhofers, in: Krefelder Jahrbuch Die Heimat, Nr. 77, Krefeld 2006, S. 129-141.

Brophy, Culture Brophy, James M.: Popular Culture and the Public Sphere in the Rhineland, 1800-1850, Cambridge 2007.

Brügger, Domjubiläum Brügger, Jürgen: „Das Kölner Domjubiläum von 1948: Vom Versuch, sich eine neue Vergangenheit zu geben", in: Dülffer, Jost (Hg.): Köln in den 50er Jahren. Zwischen Tradition und Modernisierung, Köln 2001, S. 219-239.

Büllesheim und Kramp, Lang Büllesheim, Verena Spies von und Kramp, Mario: „Eine Gemäldegalerie für Koblenz. Zum 250. Geburtstag des Stifters Joseph Gregor Lang. Ein Beitrag zur Frühgeschichte bürgerlicher Museen in Deutschland", in: Eine Gemäldegalerie für Koblenz. 170 Jahre Mittelrhein-Museum – 250. Geburtstag des Stifters Joseph Gregor Lang, hg. v. Kramp, Mario (Mittelrhein-Museum Koblenz, Bestandskatalog 7, Begleitband zur Ausstellung im Mittelrhein-Museum 2005-2006, Koblenz 2005, S. 10-27.

Burckhardt, Kunst Burckhardt, Jacob: Neuere Kunst seit 1550 (Kritische Gesamtausgabe, Bd. 18), München und Basel 2006.

Burmeister und Kehne, Germanicus Burmeister, Stefan und Kehne, Peter: Germanicus. Lehrling – Feldherr – Diplomat, in: Burmeister und Rottmann, Germanicus, S. 60-73.

Burmeister und Rottmann, Germanicus Burmeister, Stefan und Rottmann, Joseph (Hg.): Ich Germanicus Feldherr Priester Superstar. Begleitband zur Ausstellung in Kalkriese (Archäologie in Deutschland, Sonderheft 08/2015), Darmstadt 2015.

Burmeister, Politikwechsel Burmeister, Stefan: „Politikwechsel. Eine neue Doktrin der römischen Germanienpolitik", in: Burmeister und Rottmann, Germanicus, S. 105-108.

Callies, Artikel Agrippina Callies, Horst: Artikel „Agrippina", in: Reallexikon der Germanischen Altertumskunde, Bd. 1, ² Berlin und New York 1973, S. 111-112.

Camille, Art Camille, Michael: The Medieval Art of Love: Objects and Subjects of Desire, London1998.

Canini, Images Canini, Giovanni Angelo: Images des héros et des grands hommes de l'antiquité. Dessinées, sur des médailles, des pierres antiques & autres anciens monumens, par Jean-Ange Canini. Gravées par Picart le Romain & (…) Amsterdam 1631.

Capocio Cuccino, Agrippina Agrippina minore, e mutatione dell'imperio de' primieri Cesari, di Francesco de' conti Berardi Capocio Cuccino (…), Venedig 1647.

Castagna und Vogt-Spira, Pervertere Castagna, Luigi und Vogt-Spira, Gregor (Hg.): Pervertere: Ästhetik der Verkehrung: Literatur und Kultur neronischer Zeit und ihre Rezeption (Beiträge zur Altertumskunde 151), Berlin und New York 2002.

Catalogue 1801 Catalogue des estampes qui se trouvent à Paris, au Musée central des arts, Paris 1801.

Cavaceppi, Raccolta Cavaceppi, Bartolomeo: Raccolta d'Antiche statue busti bassirilievi ed altre sculture restaurate da Bartolomeo Cavaceppi Scultore Romano, Bd. 1, Rom 1768.

Chaix, Hôtel de Ville Chaix, Gérald: „Histoire – Libertés – Justice. L'hôtel de Ville de Cologne (XIIᵉ - XVIIᵉ siècle) ", in: Petitfrère, Claude (Hg.): Images et Imaginaires de la ville à l'époque moderne, Tours 1998, S. 113-123.

Chomer und Thuillier, Peintures Chomer, Gilles und Thuillier, Jacques: Peintures françaises avant 1815 : la collection du Musée de Grenoble, Paris 2000.

Classen, Antike Rhetorik Classen, Carl Joachim: Antike Rhetorik im Zeitalter des Humanismus (Beiträge zur Altertumskunde 182), Berlin 2003.

Cramer, Marsilius Cramer, Karl: „Marsilius und die Holzfahrt zu Köln", in: Beiträge zur Kölnischen Geschichte, Sprache, Eigenart, Bd. 1, Heft 3, Köln 1915, S. 168-174.

Croisille, Martin und Perrin, Néron Croisille, Jean-Michel, Martin, René und Perrin, Yves (Hg.): Neronia V. Néron: Histoire et légende, Actes du Vᵉ colloque international de la Société internationale d`Etudes Néroniennes 1994, Brüssel 1998.

Cropp, Nero Cropp, Glynnis M.: „Nero, Emperor and Tyrant", in the Medieval French Tradition, in: Florilegum, journal of the Canadian Society of Medievalists/Société canadienne des médiévistes, Nr. 24, New Brunswick 2007, S. 21-36

Dahn, Urgeschichte Dahn, Felix: Urgeschichte der germanischen und romanischen Völker, Bd. 2, 1881, Nachdruck Paderborn 2013, S. 19-120.

Damm, Darstellung Damm, Melanie: Iuste iudicare filii hominum: Die Darstellung von Gerechtigkeit in der Kunst am Beispiel ei-

ner Bildergruppe im Kölner Rathaus : eine Untersuchung zur Ikonographie, zum Bildtypus und Stil der Gemälde, Münster 2000.

De Martino: Artikel Molinari De Martino, Federico: Artikel „Molinari, Antonio", in: Dizionario Biografico degli Italiani, Bd. 75, Rom 2011, online: http://www.treccani.it/enciclopedia/antonio-molinari_(Dizionario_Biografico (4. 8. 2015).

De Noël, Sieg De Noël, Matthias Joseph: Der Sieg der Freude, oder Carnevals-Almanach von 1825, 2. Jg., Köln 1825.

Deeters, Köln Deeters, Joachim: „Köln – une bonne ville de la France? Die französischen Jahre", in: Geschichte in Köln, Nr. 45, Köln 1999, S. 58-70.

Deeters, Nachlaß Wallraf Deeters, Joachim: Der Nachlaß Ferdinand Franz Wallraf (Best. 1105) (Mitteilungen aus dem Stadtarchiv von Köln 71), Köln und Wien 1987.

Deeters, Wallraf Deeters, Joachim: Ferdinand Franz Wallraf. Begleitbuch zur Ausstellung des Historischen Archivs der Stadt Köln, 5. 12. 1974 – 31. 1. 1975, Köln 1974.

Demian, Ansichten Demian, Johann-Andreas: Statistisch-politische Ansichten und Bemerkungen auf einer Reise durch einen Teil der neuen preussischen Provinzen am Nieder- und Mittelrheine, Köln 1815.

Devreker, Waarheid Devreker, John: „Waarheid en fictie over Messalina, Agrippina en Britannicus", in: Vrouwenstudies en de klassieke oudheid, Didactica Classica Gandensia, Nr. 29/30, Gent 1989/90, S. 103-119.

DeWall, Reinvention DeWall, Jeremy: „The Reinvention of Tradition: Form, Meaning, and Local Identity in Modern Cologne Carnival", in: Central European History, Nr. 46, Cambridge 2013, S. 495-532.

Diderot, Essai Diderot, Denis: Essai sur les règnes de Claude et Néron, Den Haag 1778.

Dieckhoff, Dreikronenbanner Dieckhoff, Reiner: „Vexillum civitatis. Vom städtischen Dreikronenbanner", in: Schäfke, Werner (Hg.): Der Name der Freiheit 1288-1988, Köln 1988, S. 403-409.

Dieckhoff, Hollar Dieckhoff, Reiner: „Wenzel Hollars große Ansicht von Köln aus dem Jahre 1635", in: Schäfke, Werner (Hg.): Wenzel Hollar – Die Kölner Jahre. Zeichnungen und Radierungen 1632-1636. Die Bestände des Kölnischen Stadtmuseums ergänzt durch Leihgaben aus Bonn, Chartsworth, Düsseldorf, Köln, Odenthal, Prag und Windsor, Begleitband zur Ausstellung, Köln 1992, S. 39-51.

Diefendorf, Stadtjubiläum Diefendorf, Jeffrey M.: „Das Stadtjubiläum 1950 und die Selbstdarstellung Kölns", in: Dülffer, Jost (Hg.): Köln in den 50er Jahren. Zwischen Tradition und Modernisierung, Köln 2001, S. 239-250.

Dierichs, Geburt Dierichs, Angelika: „Geburt in römischer Zeit", in: Trier und Naumann-Steckner, Agrippina (erscheint im Nov. 2015).

Dietmar und Leifeld, Alaaf Dietmar, Carl und Leifeld, Marcus: Alaaf und Heil Hitler. Karneval im Dritten Reich, München 2010.

Dietmar und Trier, Colonia Dietmar, Carl und Trier, Marcus: Colonia. Stadt der Franken. Köln vom 5. bis 10. Jahrhundert, Köln 2011.

Domanski, Steinhöwel Domanski, Kristina: „Heinrich Steinhöwel 'Von den berühmten Frauen'", in: Katalog der deutschsprachigen illustrierten Handschriften des Mittelalters, Bd. 4,2, München 2010, S. 525–539.

Doosry, Venedig-Ansicht Doosry, Yasmin: „Zu Ruhm und Ehre der Serenissima: Eine Venedig-Ansicht aus dem Jahr 1500", in: Damm, Roland, Doosry, Yasmin und Scheld, Alexandra: Der Venedig-Plan von 1500. Restaurierung eines Riesenholzschnitts im Germanischen Nationalmuseum, Nürnberg 2012, S. 6-17.

Dreher, Agrippina Dreher, Bernd: „(Julia) Agrippina die Jüngere", in: Kier, Ernsting und Krings, Ratsturm, S. 383-385.

Dreher, Freiheit Dreher, Bernd: „Freiheit, Gleichheit, Brüderlichkeit. Köln und die Franzosen (1794–1814)", in: Kat. Köln 1988, S. 485-492.

Dubois-Reymond und Augustyn, Artikel Frauen Dubois-Reymond, Irena und Augustyn, Wolfgang: „Frauen, berühmte (Giovanni Boccaccio)", in: Reallexikon zur Deutschen Kunstgeschichte, Bd. 10, München 2010, Sp. 641–656.

Dünnebier, Stadt Dünnebier, Anna: „Die Stadt, der Turm, die Frauen", in: Alice Schwarzer (Hg.): Turm der Frauen. Der Kölner Bayenturm. Vom alten Wehrturm zum FrauenMediaTurm, Köln 1994, S. 9-33, online http://www.frauenmediaturm.de/frauenmediaturm/bayenturm/geschichte (29.9.2015).

Düster, Jelinek Düster, Jessica: „Mit Jelinek durch die Antike", in: Kölner Stadt-Anzeiger, Köln 27.11. 2010.

Eck, Agrippa Eck, Werner: „Marcus Agrippa", in: Trier und Naumann-Steckner, Kat. 14 AD, S. 30-31.

Eck, Agrippina Eck, Werner: Agrippina, die Stadtgründerin Kölns. Eine Frau in der frühkaiserzeitlichen Politik (Schriftenreihe der Archäologischen Gesellschaft Köln, Bd. 22), Köln 1993.

Eck, Agrippina die Ältere Eck, Werner: „Agrippina die Ältere", in: Trier und Naumann-Steckner, Kat. 14 AD, S. 112-113.

Eck, Agrippina die Jüngere Eck, Werner: „Agrippina die Jüngere", in: Trier und Naumann-Steckner, Kat. 14 AD, S. 126-127.

Eck, Allein Eck, Werner: „Allein oder in Begleitung? Statthalter und ihre Familien in den Provinzen des Imperium Romanum", in: Trier und Naumann-Steckner, Agrippina (erscheint im Nov. 2015).

Eck, Bedeutung Eck, Werner: „Die Bedeutung der claudischen Regierungszeit für die administrative Entwicklung des römischen Reiches", in: Strocka, Volker Michael (Hg.): Die Regierungszeit des Kaisers Claudius (41–54 n. Chr.): Umbruch oder Episode? Internationales interdisziplinäres Symposion aus Anlass des hundertjährigen Jubiläums des Archäologischen Instituts der Universität Freiburg i. Br. 1991, Mainz 1994, S. 23–34.

Eck, Claudius Eck, Werner: „Claudius (41 v. Chr. –54 n. Chr.)", in: Trier und Naumann-Steckner, Kat. 14 AD, S. 118-119.

Eck, Drusus Eck, Werner: „Nero Claudius Drusus (der Ältere)", in: Trier und Naumann-Steckner, Kat. 14 AD, S. 44-45.

Eck, Frauen Eck, Werner: „Die iulisch-claudische Familie. Frauen neben Caligula, Claudius und Nero", in: Temporini-Gräfin Vitzthum, Hildegard (Hg.): Die Kaiserinnen Roms. Von Livia bis Theodora, München 2002, S. 103-163.

Eck, Germanicus Eck, Werner: „Germanicus", in: Trier und Naumann-Steckner, Kat. 14 AD, S. 104-105.

Eck, Gestaltung Eck, Werner: Die Gestaltung der Welt. Augustus und die Anfänge des römischen Köln, Köln 2014.

Eck, Glück Eck, Werner: „Agrippina: Glück für Köln?", in: Kat. Agrippina 2011, S. 44-49.

Eck, Köln Eck, Werner: Köln in römischer Zeit. Geschichte einer Stadt im Rahmen des Imperium Romanum (Geschichte der Stadt Köln, im Auftrage der Historischen Gesellschaft Bd. 1), Köln 2004.

Eck, Leben Eck, Werner: „Das Leben der Iulia Agrippina Augusta", in: Kat. Agrippina 2011, S. 5-15.

Eck, Namensgeberin Eck, Werner: „Agrippina die Jüngere, die Namensgeberin Kölns", in: Trier und Naumann-Steckner, Agrippina (erscheint im Nov. 2015).

Eck, Nero Eck, Werner: „Nero (54 v. Chr. -68 n. Chr.)", in: Trier und Naumann-Steckner, Kat. 14 AD, S. 134-135.

Eck, Politik Eck, Werner: „Römische Politik vom Tod des Augustus bis zum Ende seines Herrscherhauses", in: Trier und Naumann-Steckner, Kat. 14 AD, S. 20-29.

Eck, Politik und Administration Eck, Werner: „Politik und Administration am Rhein", in: Trier und Naumann-Steckner, Kat. 14 AD, S. 10-15.

Eck, Stadtgründerin Eck, Werner: „Agrippina – die 'Stadtgründerin' Kölns. Eine Frau in der frühkaiserzeitlichen Politik", in: Geschichte in Köln, Nr. 28, Köln 1990, S. 5-29.

Eck, Tiberius Eck, Werner: „Tiberius (14–37 n. Chr.)", in: Trier und Naumann-Steckner, Kat. 14 AD, S. 82-83.

Eck, Tod Eck, Werner: „Tod des Germanicus. Trauerhysterie und der Prozess gegen Piso", in: Burmeister und Rottmann, Germanicus, S. 74-78.

Eckstein, Agrippina Eckstein, Ernst: „Der Tod der Kaiserin Agrippina", in: Die Gartenlaube, Heft 1, Leipzig 1892, S. 14-25.

Enea Silvio Piccolomini, Germania Silvius, Enea: Germania, hg. v. Schmidt, Adolf, Köln und Graz 1962.

Ennen, Brölmann Ennen, Leonhard: Artikel „Brölmann, Stephan", in: Allgemeine Deutsche Biographie, hg. von der Historischen Kommission bei der Bayerischen Akademie der Wissenschaften, Bd. 3, München und Leipzig 1876, S. 350-351.

Ennen, Gesellschaft Ennen, Hubert: Die Olympische Gesellschaft zu Köln. Ein Beitrag zur Kölner Literaturgeschichte der Neuzeit, Würzburg 1880.

Ennen, Hansesaal Ennen, Leonhard: Der Hansesaal auf dem Rathhause zu Köln, Belletristische Beilage zu den Kölnischen Blättern Nr. 168, 6. 9. 1863, Köln 1863.

Ennen, Köln Ennen, Leonhard: Geschichte der Stadt Köln, meist aus den Quellen des Stadt=Archivs, Bd. 1, Köln und Neuss 1863.

Ennen, Zeitbilder Ennen, Leonard: Zeitbilder aus der neueren Geschichte der Stadt Köln mit besonderer Rücksicht auf Ferdinand Franz Wallraf, Köln 1857.

Euler-Schmidt und Leifeld, Rosenmontagszug 1823–1948 Euler-Schmidt, Michael und Leifeld, Marcus: Der Kölner Rosenmontagszug 1823–1948, Köln 2007.

Euler-Schmidt und Leifeld, Rosenmontagszug 1949–2009 Euler-Schmidt, Michael und Leifeld, Marcus: Der Kölner Rosenmontagszug 1949–2009, Köln 2009.

Euler-Schmidt, Maskenzüge Euler-Schmidt, Michael: Kölner Maskenzüge 1823–1914, Köln 1991.

Euler-Schmidt, Museum Euler-Schmidt, Michael: „Ein Museum ohne Bleibe? 1925 bis 1932", in: Kramp, Mario (Hg.): 125 Jahre Kölnisches Stadtmuseum. 125 mal gekauft – geschenkt – gestiftet, Begleitband zur Jubiläumsausstellung, Köln 2013, S. 90-93.

Ewald, Artikel Loth Ewald, Gerhard: Artikel „Loth, Johann Carl" in: Neue Deutsche Biographie Bd. 15, Berlin 1987, S. 206-208.

Eyll, Colonia Eyll, Klara van: … genannt Colonia. 150 Jahre Kölnische Feuer- Versicherungs-Gesellschaft AG, 1839–1989, hg. v. Colonia Versicherung AG, Köln 1989.

Faber und Lanwerd, Kybele Faber, Richard und Lanwerd, Susanne (Hg.): Kybele-Prophetin-Hexe: religiöse Frauenbilder und Weiblichkeitskonzeptionen, Würzburg 1997.

Fahne, Carneval Fahne, Anton: Der Carneval mit Rücksicht auf verwandte Erscheinungen. Ein Beitrag für Kirchen- und Sitten-Geschichte, Köln und Bonn 1854. Nachdruck Wiesbaden 1972.

Feldenkirchen, Kunst Feldenkirchen, Toni: „Kunst der Gegenwart im und am Kölner Rathaus", in: Fuchs, Rathaus, S. 195-204.

Félibien, Tableaux Félibien, André: Tableaux du Cabinet du roy. Statues et bustes antiques des maisons royales, Bd. 1, Paris 1677, erhalten in der Bibliothèque nationale in Paris http://gallica.bnf.fr/ark:/12148/bpt6k6234978t (14. 5. 2015).

Ferrero, Frauen Ferrero, Guglielmo: Die Frauen der Cäsaren, Stuttgart 1912.

Festprogramm Köln 1823 Festprogramm des Maskenzuges von 1823, Köln 1823, Kölnisches Stadtmuseum, Graphische Sammlung, Inv.-Nr. G 9320a.

Fini, Nero Fini, Massimo: Nero. Zweitausend Jahre Verleumdung. Die andere Biographie, 1994.

Firmenich-Richartz, Kölnische Künstler Kölnische Künstler in alter und neuer Zeit. Neu bearbeitete und erweiterte „Nachrichten von dem Leben und den Werken kölnischer Künstler". Hrsg. v. Firmenich-Richartz, Eduard unter Mitwirkung von Keussen, Hermann (Publikationen der Gesellschaft für rheinische Geschichtskunde 9), Düsseldorf 1895.

Fischer und Trier, Köln Fischer, Thomas und Trier, Marcus: Das römische Köln, Köln 2014.

Flach, Seneca und Agrippina Flach, Dieter: „Seneca und Agrippina im antiken Urteil", in: Chiron, Nr. 3, München 1973,S. 265-276.

Frank, Eliten Frank, Monika:"Kölner Eliten auf dem Weg in die Moderne. Überlegungen zu Kontinuitäten und Veränderungen in den gesellschaftlichen Führungsschichten Kölns an der Wende vom 18. zum 19. Jahrhundert"; in: Geschichte in Köln, Nr. 26, Köln 1989, S. 43-89.

Fränkel, Stahr Fränkel, Ludwig Julius: Artikel „Stahr, Adolf Wilhelm Theodor", in: Allgemeine Deutsche Biographie, hg. von der Historischen Kommission bei der Bayerischen Akademie der Wissenschaften, Bd. 35, München und Leipzig 1893, S. 403-406.

Franken und Kling-Mathey, Köln Franken, Irene und Kling-Mathey, Christiane: Köln der Frauen. Ein Stadtwanderungs-und Lesebuch, hg. vom Kölner Frauengeschichtsverein, Köln 1992.

Franken, Agrippina Franken, Irene: „‚Sie besaß größere Macht als Claudius selbst.'. Julia Agrippina die Jüngere", in: Franken und Kling-Mathey, Köln, S. 13-24.

Franken, Alexis Franken, Irene: „Die Alexis der Antike Teil 1", in: Agrippina-Journal, H. 1, Köln 1990, S. 20, und folgende drei Hefte, jeweils S. 24.

Franken, Denkmal Calvina, Julia (= Franken, Irene):„Kein Denkmal für Agrippina?", in: Kobra, H. 12, Köln Januar 1984, S. 8-11.

Franken, Frauen Franken, Irene: Frauen in Köln. Der historische Stadtführer, Köln 2008.

Franken, Skulpturen Franken, Irene:„Sappho, Schnüsse Tring, Colonia und Die Sinnende: Weibliche Skulpturen und Denkmäler im öffentlichen Raum", in: Franken und Kling-Mathey, Köln, S. 207-222.

Franken, Söhne Franken, Irene:„ ‚Die nie besiegten Söhne des Mars'. Die Kölsche Funke rut-wiß vun 1823 e. V. – ein literarisch konstruierter Männerbund", in: Hunold, Heinz-Günther, Drewes, Winfried und Euler-Schmidt, Michael (Hg.): Vom Stadtsoldaten zum Roten Funken. Militär und Karneval in Köln, Köln 2005, S. 199-225.

Franken, Studium Franken, Irene:„Ja, das Studium der Weiber ist schwer!" Studentinnen und Dozentinnen an der Universität Köln, Köln 1995.

Franklin, Boccaccio's Heroines Franklin, Margaret: Boccaccio's Heroines: Power and Virtue in Renaissance Society, Aldershot und Burlington 2006, S. 39.

Fraquelli, Schatten Fraquelli, Sybille: Im Schatten des Domes: Architektur der Neugotik in Köln 1815–1914, Köln und Weimar 2008.

Freeman, Sex Freeman, James: Sex and Death in the Roman de la Rose, online: http://britishlibrary.typepad.co.uk/digitisedmanuscripts/2014/01/sex-and-death-in-the-roman-de-la-rose.htm.

Frohn, Karneval Frohn, Christina:„Löblich wird ein tolles Streben, Wenn es kurz ist und mit Sinn" – Karneval in Köln, Düsseldorf und Aachen 1823–1914, Diss. Bonn 1999.

Fuchs und Schwering, Karneval Fuchs, Peter und Schwering, Max-Leo: Kölner Karneval. Zur Kulturgeschichte der Fastnacht, hg. zum 150- Jahr-Jubiläum der Reformierung des Kölner Karnevals 1823. Mit Unterstüt-zung der Stadt Köln und des Festkomitees des Kölner Karnevals von 1823 e. V., Bd. 1, Köln 1972.

Fuchs, Artikel Schedel Fuchs, Franz: Artikel „Schedel, Hartmann", in: Neue Deutsche Biographie Bd. 22, Berlin 2005, S. 600-602.

Fuchs, Figuren Fuchs, Peter:„Die Figuren am Ratsturm. Zur Geschichte des Programms – Kontroversen und Kompromisse", in: Fuchs, Rathaus, S. 249-268.

Fuchs, Rathaus Fuchs, Peter (Hg.): Das Rathaus zu Köln. Geschichte, Gebäude, Gestalten, Köln, erweiterte Neuauflage 1994.

Fuchs, Schwering und Zöller, Karneval Fuchs, Peter, Schwering, Max-Leo und Zöller, Klaus: Kölner Karneval. Seine Geschichte, seine Eigenart, seine Akteure (Festschrift für Ferdinand Leisten), [2] Köln 1984.

Fuchs, Schwering, Zöller und Oelsner, Karneval Fuchs, Peter, Schwering, Max-Leo, Zöller, Klaus und Oelsner, Wolfgang: Kölner Karneval. Seine Bräuche, seine Akteure, seine Geschichte. 175 Jahre Festkomitee des Kölner Karnevals von 1823 e. V., Köln 1997.

Führer WRM 1905 Führer durch das Städtische Museum Wallraf-Richartz zu Cöln, Köln 1905.

Fuhring, Kingdom Fuhring, Peter, Marchesano, Louis, Mathis, Remi und Selbach, Vanessa: A Kingdom of Images: French Prints in the Age of Louis XIV, 1660–1715, Getty Publications, Los Angeles 2015.

Funke, Buchkunde Funke, Fritz: Buchkunde, München 1999.

Galsterer, Artikel Coloniae Galsterer, Hartmut: Artikel „Coloniae", in: der Neue Pauly, Bd. 3, Stuttgart 1997, Sp. 76-85.

Galsterer, Romanisation Galsterer, Hartmut: „Romanisation am Niederrhein in der frühen Kaiserzeit", in: Geschichte in Köln, Nr. 46, Köln 1999, S. 16-34.

Geis und Krings, Rathaus Geis, Walter und Krings, Ulrich (Hg.): Köln: Das gotische Rathaus und seine historische Umgebung (Stadtspuren 26), Köln 2000.

Geis, Bildprogramme Geis, Walter:„Die Bildprogramme des 19. Jahrhunderts am Rathaus", in: Kier, Ernsting und Krings, Ratsturm, S. 219-252.

Geis, Gedanken Geis, Walter:„Gedanken zum mittelalterlichen Skulpturenprogramm des Ratsturmes", in: Kier, Ernsting und Krings, Ratsturm, S. 126-158.

Geis, Konsolen Geis, Walter:„Die Konsolen und Wasserspeier des 19. und 20. Jahrhunderts", in: Kier, Ernsting und Krings, Ratsturm, S. 302-345.

Gelenius: Admiranda Gelenius, Aegidius: De Admiranda, Sacra, et civili magnitude Coloniae Claudiae Agrippinensis Augustae Ubiorum Urbis, Buch 4, Köln 1645.

Germer, Kunst Germer, Stefan: Kunst, Macht, Diskurs. Die intellektuelle Karriere des André Félibien im Frankreich von Louis XIV., München 1997.

Gerstenberg, Baumeisterbildnis Gerstenberg, Kurt: Artikel Baumeisterbildnis, in: Reallexikon zur Deutschen Kunstgeschichte, Bd. II, München 1938, Sp. 96-100.

Ginsburg, Agrippina Ginsburg, Judith: Representing Agrippina. Constructions of Female Power in the Early Roman Empire, Oxford und New York 2006.

Girod, Agrippine Girod, Virginie: Agrippine la Jeune. Sexe, crimes et pouvoir dans la Rome impériale, Paris 2015.

Götzinger, Reallexicon Götzinger, Ernst (Hg.): Reallexicon der Deutschen Altertümer, Leipzig 1885.

Grassinger: Cavaceppi Grassinger, Dagmar: „Cavaceppi, Bartolomeo", in: Kuhlmann, Peter und Schneider, Helmuth (Hg.): Geschichte der Altertumswissenschaften. Biographisches Lexikon (= Der Neue Pauly, Supplemente. Bd. 6), Stuttgart und Weimar 2012, Sp. 204-206.

Grimm, Ynach Grimm, Jacob und Wilhelm: „Carl Ynach, Salvius Brabon und Frau Schwan", in: Gebrüder Grimm: Deutsche Sagen, Bd. 2, Berlin 1818, Nr. 533, S. 286-291.

Günther, Repräsentation Günther, Lutz Philipp: Die bildhafte Repräsentation deutscher Städte: von den Chroniken der Frühen Neuzeit zu den Websites der Gegenwart, Köln, Weimar, 2009.

Habicht und Stauch, Architektur Habicht, Victor Curt und Stauch, Lieselotte: Artikel „Architektur", in: Reallexikon zur Deutschen Kunstgeschichte, Bd. I, München 1936, Sp. 902-905.

Haensch, Hauptstadt Haensch, Rudolf:„Das römische Köln als 'Hauptstadt' der Provinz Germania inferior", in: Geschichte in Köln, Nr. 33, Köln 1993, S. 5-40.

Hagen, Reimchronik Hagen, Gottfried: Reimchronik der Stadt Köln, hrsg. v. Gärtner, Kurt, Rapp, Andrea, Welter, Désirée, Groten, Manfred (Publikationen der Gesellschaft für Rheinische Geschichtskunde 74), Düsseldorf, 2008.

Hagspiel, Jüdische Architekten Hagspiel, Wolfram: Köln und seine jüdischen Architekten, Köln 2010.

Hammer, Rolle Hammer, Angela: Die Rolle der Agrippina Minor bei Tacitus und Sueton. Hausarbeit zum Staatsexamen für das Lehramt an Gymnasien, Universität Erlangen-Nürnberg 1983.

Hannestad, Porträtskulptur Hannestad, Nils: „Die Porträtskulptur zur Zeit Konstantins des Großen", in: Demandt, Alexander und Engelmann, Josef (Hg): Konstantin der Große, Katalog Ausstellung Trier, Mainz 2007, S. 96-116.

Hansen, Quellen Hansen, Joseph: Quellen zur Geschichte des Rheinlandes im Zeitalter der französischen Revolution 1780–1801, Bd. 3, Bonn 1935, und Bd. 4; Bonn 1938.

Hartmann, Festzug Hartmann, Wolfgang: „Historische Wahrheit – künstlerische Weihe. Der historische Festzug zur Einweihung des Kölner Domes und die Wandbilder im Gürzenich", in: Wallraf-Richartz-Jahrbuch, Nr. 41, Köln 1980, S. 223-244.

Hartmann, Kunstlexikon Hartmann, Peter W.: Das große Kunstlexikon, Leobersdorf 1996, online: http://www.beyars.com/ kunstlexikon.

Haselberg, Eyn Lobspruch Haselberg, Johann: Eyn Lobspruch der keyserlichen freygstath Coellen, Köln (Melchior von Neuß) 1531, Edition: Johann Jakob Merlo: Köln im Jahre 1531. Das Lobgedicht Johannes Haselbergs auf die Stadt Köln (Sonderabdruck aus den Annalen des Hist. Vereins f. d. Niederrhein XLIV.), Köln 1886.

Haskell und Penny, Taste Haskell, Francis and Penny, Nicholas: Taste and the Antique: The Lure of Classical Sculpture 1500-1900, New Haven and London 1981.

Haskell, Geschichte Haskell, Francis: Die Geschichte und ihre Bilder. Die Kunst und die Deutung der Vergangenheit, München 1995.

Heenes, Maffei Heenes, Volker: „Paolo Alessandro Maffei", in: Kuhlmann, Peter und Schneider, Helmuth (Hg.): Geschichte der Altertumswissenschaften. Biographisches Lexikon (= Der Neue Pauly, Supplemente. Bd. 6), Stuttgart und Weimar 2012, Sp.771-773.

Hegel, Braun Hegel, Eduard: „Braun, Johann Wilhelm Josef", in: Neue Deutsche Biographie, Bd. 2, Berlin 1955, S. 552f.

Heil, Rezension Waldherr Heil, Matthäus: „Rezension von Gerhard Waldherr, Nero. Eine Biografie", in: Klio, Nr. 89, Berlin 2007, S. 528f.

Heimann, Blaeser Heimann, Friedrich Carl: „Gustav Blaeser", in: Jahrbuch des Kölnischen Geschichtsvereins, Bd. 1., Köln 1913, S. 144-145.

Heimann, Stadtideal Heimann, Heinz-Dieter: „Stadtideal und Stadtpatriotismus in der ‚Alten Stadt' am Beispiel der ‚laudationes Coloniae' des Mittelalters und der Frühen Neuzeit", in: Historisches Jahrbuch der Görres-Gesellschaft, Nr. 111, Freiburg 1991, *S*. 3-27.

Heine, Reise Heine, Heinrich: „Reise von München nach Genua, Kap. XXIV (Reisebilder, Dritter Teil, 1829)", in: Heine, Heinrich: Sämtliche Schriften, hg. von Briegleb, Klaus, Bd. 2, München 1997.

Helmrath, Rangstreit Helmrath, Johannes: „Kölner Geschichtsbewußtsein: Der Rangstreit mit Aachen nach einem Bericht des Humanisten Enea Silvio Piccolomini, 1454", in: Quellen zur Geschichte der Stadt Köln Bd. 2, hg. im Auftrag des Fördervereins Geschichte in Köln e. V. von Deeters, Joachim und Helmrath, Johannes in Zusammenarbeit mit Reker-Wunsch, Dorothee und Wunsch, Stefan, Köln 1996, S. 84-90.

Helmrath, Sitz Helmrath, Johannes: „Sitz und Geschichte. Köln im Rangstreit mit Aachen auf den Reichstagen des 15. Jahrhunderts", in: Stadt und Bistum in Kirche und Reich des Mittelalters, Festschrift für Odilo Engels zum 65. Geburtstag, hg. von Vollrath, Hannah und Weinfurter, Stefan, Köln, Weimar, Wien 1993, S. 719-760.

Herborn, Geschichte Herborn, Wolfgang: Die Geschichte der Kölner Fastnacht von den Anfängen bis 1600, hg. v. Schäfke, Werner (Publikationen des Kölnischen Stadtmuseums, Nr. 10), Hildesheim, Zürich und New York 2009.

Herborn, Selbstverständnis Herborn, Wolfgang: „Bürgerliches Selbstverständnis im spätmittelalterlichen Köln. Bemerkungen zu zwei Hausbüchern aus der ersten Hälfte des 15. Jahrhunderts", in: Besch, Werner (Hg.): Die Stadt in der europäischen Geschichte, Bonn 1972, S. 490-520.

Herres: Denkschrift Herres, Jürgen: „Denkschrift des Kölner Stadtrats an den preußischen König vom 11. September 1817", in: Quellen zur Geschichte der Stadt Köln Bd. 3, Das 19. Jahrhundert (1794-1914), hg. von Herres, Jürgen, Mölich, Georg und Wunsch, Stefan im Auftrag des Fördervereins Geschichte in Köln e. V., Köln 2010, S. 84-98.

Heße und Schlagenhaufer, Verzeichnis Heße, Christian und Schlagenhaufer, Martina: Wallraf-Richartz-Museum Köln. Vollständiges Verzeichnis der Gemäldesammlung, hg. v. Wallraf-Richartz-Museum & Fondation Corboud, Köln und Mailand 1986.

Hilscher, Feinhals Hilscher, Renate: „Joseph Feinhals", in: Der westdeutsche Impuls 1900-1914. Die Deutsche Werkbundausstellung Cöln 1914. Begleitband zur Ausstellung, Köln 1984, S. 283-287.

Hirsching, Nachrichten Hirsching, Friedrich Carl Gottlob: Nachrichten von sehenswürdigen Gemälde- und Kupferstichsammlungen, Münz-, Gemmen-, Kunst- und Naturalienkabineten, Sammlungen von Modellen (...) und Gärten in Teutschland, Bd. 5: Zusätze und Verbesserungen zu den ersten vier Bänden der Kunst=Nachrichten, Erlangen 1792.

Hocker, Chronik Cöln Hocker, Nikolaus: Die Chronik der Stadt Cöln. Mit Illustrationen, Düsseldorf 1857.

Hoerner, Liederbuch Hoerner, Ludwig (Hg.): Kölner Liederbuch Nr. 1: Kölsche Hits. Beliebte kölsche Lieder, hg. von der Regenbogenfraktion im Rat der Stadt Köln, 1988.

Hutmacher, Ehefrau Hutmacher, Frauke: „Von der Ehefrau zur Mutter. Die Bedeutung des Herrscherwechsels für die Person der Kaiserin im frühen Prinzipat", in: Potestas. Revista del Grupo Europeo de Investigación Histórica 3, 2010, S. 53-68, dialnet. unirioja.es/descarga/articulo/3304015.pdf (30. 6. 2015).

Jatho, Stadt Jatho, Carl Oskar: Eine Stadt von Welt. Köln vordem und hernach, Köln 1958.

Jatho, Urbanität Jatho, Carl Oskar: Urbanität. Über die Wiederkehr einer Stadt, Düsseldorf 1946.

Jessen, Kölngeschichte Jessen, Ralph: „Kölngeschichte – Stadtgeschichte – Zeitgeschichte", in: Schmidt-Czaia, Bettina und Soénius, Ulrich S. (Hg.): Gedächtnisort. Das Historische Archiv der Stadt Köln, Köln 2010, S. 181-197.

Jung und Dietmar, Geschichte Jung, Werner und Dietmar, Carl: Kleine illustrierte Geschichte der Stadt Köln. Begründet von Bender, Franz und Bützler, Theodor, Köln 1996.

Kaiserliche Reichs-Ober-Post-Amts-Zeitung 1764 Kaiserliche Reichs-Ober-Post-Amts-Zeitung zu Köln, Köln 1764.

Kassner, Anfang Kassner, Cordula: „Anfang der Römerstadt: Die erste Erwähnung der ara Ubiorum, 9 n. Chr.", in: Quellen zur Geschichte der Stadt Köln, Bd. 1: Antike und Mittelalter. Von den Anfängen bis 1396/97, hg. im Auftrag des Fördervereins Geschichte in Köln e. V. von Rosen, Wolfgang und Wirtler, Lars in Zusammenarbeit mit Reker-Wunsch, Dorothee und Wunsch, Stefan, Köln 1999, S. 1-2.

Kat. 125 Jahre Kramp, Mario (Hg.): 125 Jahre Kölnisches Stadtmuseum. 125 mal gekauft – geschenkt – gestiftet, Begleitband zur Jubiläumsausstellung, Köln 2013.

Kat. 14 AD Trier, Marcus und Naumann-Steckner, Friederike (Hg.): 14 AD. Römische Herrschaft am Rhein. Begleitband zur Ausstellung im Römisch-Germanischen Museum, Köln 2014.

Kat. Achtung Preußen, Lewejohann, Stefan und Pries, Sascha (Hg.): „Achtung Preußen!, Beziehungsstatus: Kompliziert, Köln 1815- 2015", Köln 2015

Kat. Agrippina 2011 Boschung, Dietrich, Eck, Werner, Naumann-Steckner, Friederike, Pangerl, Andreas und Weiser, Wolfram: Agrippina. Göttin des Glücks, Begleitband zur Ausstellung im Römisch-Germanischen Museum, Köln 2011.

Kat. Berlin 1995 Marianne und Germania. Frankreich und Deutschland 1789–1889. Zwei Welten – Eine Revue, Katalog zur Ausstellung im Gropiusbau Berlin, hg. von Plessen, Marie-Louise von, Berlin 1995.

Kat. BN 1988 Préaud, Maxime und Brejon de Lavergnée, Barbara (Hg.): L'œil d'or de Claude Mellan, Katalog Ausstellung in Paris, Bibliothèque Nationale, Galerie Mazarine, Paris 1988.

Kat. Glanz und Größe Täube, Dagmar und Fleck, Miriam Verena (Hg.): Glanz und Größe des Mittelalters. Kölner Meisterwerke aus den großen Sammlungen der Welt, Katalog Ausstellung Museum Schnütgen Köln, München 2011.

Kat. Köln 1900 Jahre Köln 1900 Jahre Stadt. Stadtgeschichtliche Ausstellung, Katalog zur Ausstellung, 26. Mai – 22. August 1950 im Staatenhaus der Messe Köln-Deutz, hg. von der Stadt Köln, Köln 1950.

Kat. Köln 1988 Schäfke, Werner (Hg): Der Name der Freiheit 1288–1988. Aspekte Kölner Geschichte von Worringen bis heute, Kat. Ausstellung des Kölnischen Stadtmuseums in der Josef-Haubrich-Kunsthalle Köln, Köln 1988.

Kat. Köln 1995 Kier, Hiltrud und Zehnder, Frank Günter (Hg): Lust und Verlust. Kölner Sammler zwischen Trikolore und Preußenadler, Katalog Ausstellung Museen der Stadt Köln, Köln 1995.

Kat. Köln 2014 Hesse, Petra, Kramp, Mario und Soénius, Ulrich S. (Hg.): Köln 1914. Metropole im Westen, Begleitband zur Ausstellung des Kölnischen Stadtmuseums, des Museums für Angewandte Kunst Köln und der Stiftung Rheinisch-Westfälisches Wirtschaftsarchiv zu Köln, Köln 2014.

Kat. Köln Unheilige Zeiten Lewejohann, Stefan (Hg.): Köln in Unheiligen Zeiten. Die Stadt im Dreißigjährigen Krieg, Begleitband zur Ausstellung des Kölnischen Stadtmuseums, Köln, Weimar und Wien 2014.

Kat. Kölner Dom 2014 Becks, Leonie, Deml, Matthias und Hardering, Klaus (Hg.): Caspar, Melchior, Balthasar. 850 Jahre Verehrung der Heiligen Drei Könige im Kölner Dom, Begleitband zur Ausstellung in der Hubertuskapelle und der Schatzkammer des Kölner Doms, Köln 2014.

Kat. Krönungen Kramp, Mario (Hg.): Krönungen. Könige in Aachen. Geschichte und Mythos, Begleitband zur Ausstellung in Aachen 2000, 2 Bd., Mainz 2000.

Kat. Louvre 2000 Préaud, Maxime (Hg.) Estampes d'après l'antique: statues et bustes antiques des maisons royales, gravés par Claude Mellan et Etienne Baudet : Katalog Ausstellung Louvre, Paris 2000.

Kat. Reichensperger Kramp, Mario, Lauer, Rolf und Schäfke, Werner: „Koblenz-Köln-Europa - August Reichensperger", Begleitband Ausstellung Mittelrhein-Museum Koblenz und Kölnisches Stadtmuseum, Koblenz 2005.

Kat. Renaissance am Rhein LVR-LandesMuseum Bonn (Hg.): Renaissance am Rhein, Katalog Ausstellung LVR-LandesMuseum Bonn, Ostfildern 2010.

Kat. Rolandseck 2015 Haberland, Irene, Kornhoff, Oliver und Winzen, Matthias (Hg.): Das ganze Deutschland soll es sein. Die Preußen im Westen, Begleitband zur Ausstellung im Arp-Museum Bahnhof Rolandseck und Museum LA8 Baden-Baden, Oberhausen 2015.

Kat. Trier 2016 Lust und Verbrechen, Der Mythos Nero, Kat. Ausstellung Stadtmuseum Simeonstift Trier, hg. v. Dühr, Elisabeth, Trier (erscheint 2016).

Kat. USB Köln 2002 Quarg, Gunter: „Ganz Köln steckt voller Bücherschätze". Von der Ratsbibliothek zur Universitäts- und Stadtbibliothek 1602-2002, Katalog Ausstellung zur Universitäts- und Stadtbibliothek Köln, Weilerswist 2002.

Kat. Zülpich 1996 Chlodwig und die „Schlacht bei Zülpich" – Geschichte und Mythos 496–1996, Begleitbuch zur Ausstellung in Zülpich, hg. vom Verein der Geschichts- und Heimatfreunde des Kreises Euskirchen e.V. in Verbindung mit dem Zülpicher Geschichtsverein, Euskirchen 1996.

Kauffer, Agrippina Kauffer, Eduard: „Agrippina", in: Die Mode. Beilage zu: Zeitung für die elegante Welt, Heft 4, Leipzig1848, S. 49-50.

Kelchner, Cervicornus Kelchner, Ernst: Artikel „Cervicornus, Eucharius", in: Allgemeine Deutsche Biographie, hg. von der Historischen Kommission bei der Bayerischen Akademie der Wissenschaften, Bd. 4, München und Leipzig 1876, S. 92.

Keller, Agrippina II Keller, Lorose: „Agrippina II. Mein Leben für Rom! Fiktive Rede", in: Mirus, Helma und Wisselinck, Erika (Hg.): Mit Mut und Phantasie – Frauen suchen ihre verlorene Geschichte, Straßlach 1987, S. 192-193.

Keller, Hogenberg Keller, Horst: Artikel „Hogenberg, Franz", in: Neue Deutsche Biographie, Bd. 9, Berlin 1972, S. 472-473.

Ketterer, Opera Ketterer, Robert C.: Ancient Rome in Early Opera, Urbana 2008.

Keussen, Sudermann Keussen, Hermann: Artikel „Sudermann, Heinrich", in: Allgemeine Deutsche Biographie, hg. von der Histo

rischen Kommission bei der Bayerischen Akademie der Wissenschaften, Bd. 37, München und Leipzig 1894, S. 121-127.

Kier und Schäfke, Ringe Kier, Hiltrud und Schäfke, Werner: Die Kölner Ringe. Geschichte und Glanz einer Straße, Köln 1987.

Kier, Ernsting und Krings, Ratsturm Kier, Hiltrud, Ernsting, Bernd und Krings, Ulrich (Hg.): Köln: Der Ratsturm. Seine Geschichte und sein Figurenprogramm (Stadtspuren – Denkmäler in Köln Bd. 21), Köln 1996.

Kier, Figurenprogramm Kier, Hiltrud: „Das neue Figurenprogramm des Kölner Ratsturmes. Inhalt und Entstehung", in: Kier, Ernsting und Krings, Ratsturm, S. 264-275.

Kier, Rathaus 1982 Kier, Hiltrud: „Das Kölner Rathaus im 19. Jahrhundert", in: Das Rathaus im Kaiserreich. Kunstpolitische Aspekte einer Bauaufgabe des 19. Jahrhunderts, hg. v. Mai, Ekkehard, Paul, Jürgen und Waetzoldt, Stephan, Berlin 1982, S. 359-394.

Kier, Rathaus 1996 Kier, Hiltrud: „Das Rathaus zu Köln", in: Köln: Der Ratsturm – Seine Geschichte und sein Figurenprogramm, hg. v. Kier, Hiltrud, Ernsting, Bernd und Krings, Ulrich (Stadtspuren 21), Köln 1996, S. 40-68.

Kirgus, Rathauslaube Kirgus, Isabelle: Die Rathauslaube in Köln (1569-1573). Architektur und Antikerezeption, Bonn 2003.

Kirschner, Thingspiel Kirschner, Thomas:" Ein Thingspiel zum Stadtjubiläum? Die Wurzeln des Kölner Jubiläumsfestspiels 1950", in: Dülffer, Jost (Hg.): Köln in den 50er Jahren. Zwischen Tradition und Modernisierung, Köln 2001, S. 251-260.

Kleinertz, Kölner Autoren-Lexikon Kleinertz, Everhard (Hg): Das Kölner Autoren-Lexikon 1750–2000. Erster Bd.: 1750-1900. (Mitteilungen aus dem Stadtarchiv von Köln 88), Köln 2000.

Knevel, Amsterdam Knevel, Tom: „Bird's Eye View of Amsterdam. The City of Cornelis Anthonisz", in: Van Hasselt und Bleyerveld, Amsterdam, S. 8-15.

Koch, Versicherungswirtschaft Koch, Peter: Geschichte der Versicherungswirtschaft in Deutschland. Karlsruhe 2012.

Koelhoff, Chronik Koelhoff d. J., Johann: Die Cronica van der hilliger stat van Coellen (Koelhoffsche Chronik), Köln 1499, Faksimile-Nachdruck Köln 1972.

Koelhoff, in: Cardauns, Chroniken Cöln 2 „Die Cronica van der hilliger stat van Coellen 1499 erste Hälfte", in: Die Chroniken der niederrheinischen Städte. Cöln, Bd. 2 (Die Chroniken der deutschen Städte vom 14. bis im 16. Jahrhundert, bearb. von Cardauns, Hermann, hg. v. d. Historischen Commission bei der Bayerischen Akademie der Wissenschaften, Bd. 13) Leipzig 1876, S. 211-638.

Koelhoff, in: Cardauns, Chroniken Cöln 3 „Die Cronica van der hilliger stat van Coellen 1499 zweite Hälfte", in: Die Chroniken der niederrheinischen Städte. Cöln, Bd. 3 (Die Chroniken der deutschen Städte vom 14. bis im 16. Jahrhundert, bearb. von Cardauns, Hermann, hg. v. d. Historischen Commission bei der Bayerischen Akademie der Wissenschaften, Bd. 14) Leipzig 1877.

Kolbmann, Küfner Kolbmann, Georg: „Abraham Wolfgang Küfner aus Betzenstein. Maler, Kupferstecher und Verleger in Nürnberg", in: Mitteilungen der Altnürnberger Landschaft 2, Nürnberg 1953„ S. 15-21.

Köln Kunstdenkmäler Die profanen Kunstdenkmäler, bearb. v. Vogts, Hans mit Quellenangaben von Krudewig, Johannes (Die Kunstdenkmäler der Rheinprovinz, hg. v. Clemen, Paul, Bd. 7, IV. Abteilung: Die Kunstdenkmäler der Stadt Köln, 2. Bd., IV. Abteilung), Düsseldorf 1930.

Kölner Römer-Illustrierte Kölner Römer-Illustrierte 1, 1974, hg. v. Römisch-Germanischen Museum der Stadt Köln, Köln 1974.

Kramer, Straßennamen Kramer, Johannes: Straßennamen in Köln zur Franzosenzeit (1794–1814), Gerbrunn 1960.

Kramp, Ehre Kramp, Mario: „Die Ehre der Mutter zu retten. Wallrafs Umdeutung der Agrippina", in: Trier und Naumann-Steckner, Agrippina (erscheint im Nov. 2015).

Kramp, Köln/Nil Kramp, Mario: Köln/Nil – Die abenteuerliche Orient-Expedition des Kölners Franz Christian Gau 1818-1820, Köln 2013.

Kramp, Museen Kramp, Mario: Marzellenstraße und Trankgasse. Ursprung der Kölner Museen, in: Kramp, Mario und Trier, Marcus (Hg.): Drunter und Drüber. Der Eigelstein (Schauplatz Kölner Geschichte 2), Köln 2013, S. 114-121.

Kramp, Pries und Wagner, Revolution Kramp, Mario, Pries, Sascha und Wagner, Rita: Revolution! Dem Maler Wilhelm Kleinenbroich zum 200. Geburtstag. Begleitband zur Ausstellung im Kölnischen Stadtmuseum, Köln 2013.

Kramp, Rathausbauten Kramp, Mario: „'...dass der gothische Stil bei den jetzt projectirten Bauten beibehalten werde ...' Gotik und Neugotik bei den Umbaumaßnahmen der Kölner Rathausbauten des 19. Jahrhunderts", in: Geis und Krings, Rathaus, S. 529-580.

Kramp, Urknall Kramp, Mario: Der Urknall. Agrippinas Aufnahme in den Kölner Himmel, in: Trier und Naumann-Steckner, Agrippina (erscheint im Nov. 2015).

Kramp, Weltgeschichte Kramp, Mario: „Weltgeschichte vor den Toren Kölns: Chlodwig und der Mythos von der ‚Schlacht bei Zülpich' 496-1996", in: Geschichte in Köln, Nr. 43, Köln 1998, S. 41-66.

Kramp, Wiedervereinigung Kramp, Mario: „Wiedervereinigung anno 1813: Die Stadt als Geschichtsbuch. Französisches Straßenverzeichnis für Köln", in: Kat. 125 Jahre, S. 44-45.

Krasa, Allegorie Krasa, Selma: Die Allegorie der Austria: die Entstehung des Gesamtstaatsgedankens in der österreichisch-ungarischen Monarchie und die bildende Kunst, Wien 2007.

Kraus, Moderne Kraus, Thomas R.: Auf dem Weg in die Moderne – Aachen in französischer Zeit, 1792/93, 1794–1814, Aachen 1994.

Krebs, Germania Krebs, Christopher B.: Ein gefährliches Buch – Die „Germania" des Tacitus und die Erfindung der Deutschen, München 2012.

Krings, Gesicht Krings, Ulrich: „Das Gesicht einer modernen Stadt. Stadtentwicklung und Architektur", in: Kat. Köln 2014, S. 90-97.

Krischel, Rückkehr Krischel, Roland: „Die Rückkehr des Rubens. Kölns Kunstszene zu Beginn der preußischen Epoche", in: Kat. Köln 1995, S. 91-112.

Kugelmeier, Artikel Agrippina Kugelmeier, Christoph: Artikel „Agrippina Minor"; in: Der Neue Pauly, Supplementband 8: Historische Gestalten der Antike. Rezeption in Literatur, Kunst und Musik; hg. von Möllendorff, Peter von, Simonis, Annette und Simonis, Linda, Stuttgart und Weimar 2013, Sp. 9-16.

Kuhn, Illustrationen Kuhn, Alfred: „Die Illustrationen des Rosenromans", in: Jahrbuch der Kunsthistorischen Sammlungen des allerhöchsten Kaiserhauses, Nr. 31, Wien 1913-14, S. 1-66.

Kunst, Patchworkfamilie Kunst, Christiane: „Patchworkfamilie und aristokratische Familienpolitik. Immer das Ganze im Blick", in: Burmeister und Rottmann, Germanicus, S. 79-87.

Lackeit, Artikel Iulia Agrippina Lackeit, Conrad: Artikel „Iulia Agrippina", in: RE (Paulys Realencyclopädie der classischen Altertumswissenschaft), Bd. X,I, Stuttgart 1918, Sp. 909-915.

Lafond, Monstre Lafond, Muriel: „D'un monstre à l'autre : figures d'Agrippine et de Néron à l'écrit et à l'écran", in: Degiorgio, Jean-Pierre und Galtier, Fabrice (Hg.): Le Monstre et sa lignée. Filiations et générations monstrueuses dans la littérature latine et sa postérité, Paris 2012, S. 321-338.

Lamberti, Beispiel Lamberti, Francesca: „Ein Beispiel für die Flexibilität römischer 'Außenpolitik': 'Se dedere' und 'in fidem accipi' am Beispiel der Ubier", in: Geschichte in Köln, Nr. 49, Köln 2002, S. 7-26.

Lang, Reise Lang, Joseph Gregor: Reise auf dem Rhein. Bd. 2: Von Andernach bis Düsseldorf, Koblenz 1790.

Lauer, Schrein Lauer, Rolf: Der Schrein der Heiligen Drei Könige (Meisterwerke des Kölner Domes, Bd. 9), Köln 2006.

Lefebvre, Genèse Lefebvre, L.: La Genèse de la légende de Néron ou la naissance d'un monstre dans la littérature latine et grecque des premiers siècles, Diss. Universität Lille 2009.

Leifeld, Rechnungswesen Leifeld, Marcus: „Das Rechnungswesen und das Fördernden Comité: Ausgaben für die Dekoration der Karnevalszüge 1825", in: Quellen zur Geschichte der Stadt Köln, Bd. 3, Das 19. Jahrhundert (1794–1914), hg. von Herres, Jürgen, Mölich, Georg und Wunsch, Stefan im Auftrag des Fördervereins Geschichte in Köln e. V., Köln 2010, S. 99-107.

Leifeld, Karneval Leifeld, Marcus: Der Kölner Karneval in der Zeit des Nationalsozialismus. Vom regionalen Volksfest zum Propagandainstrument der NS-Volksgemeinschaft (Schriftenreihe des NS-Dokumentationszentrums der Stadt Köln, Bd. 18); Köln 2015.

Leitherer und Wichmann, Warenverpackungen Leitherer, Eugen und Wichmann, Hans: Reiz und Hülle: Gestaltete Warenverpackungen des 19. und 20. Jahrhunderts, Berlin 2013.

Leiverkus, Köln Leiverkus, Yvonne: Köln: Bilder einer spätmittelalterlichen Stadt, Köln und Weimar 2005.

Leser, Klotz Leser, Petra: Der Kölner Architekt Clemens Klotz (1886–1969) (Veröffentlichungen der Abteilung Architekturgeschichte des Kunsthistorischen Instituts der Universität zu Köln, Nr. 41), Köln 1991.

Libretto Agrippina Agrippina. Drama per Musica, Libretto di Vincenzo Grimani, Venedig 1709, online: http://www.haendel.it/composizioni/libretti/pdf/hwv_6.pdf (23. 6. 2015).

Literatur-Lexikon, Feinhals Artikel „Feinhals, Joseph", in: Feilchenfeld, Konrad (Hg.): Deutsches Literatur-Lexikon. Das 20. Jahrhundert, Bd. 8, Zürich und München 2005, Sp. 348-349.

Lohenstein, Arminius Lohenstein, Daniel Casper von: Großmüthiger Feldherr Arminius oder Herrmann, Bd. 1 und 2, Leipzig 1689–1690.

Lohenstein, Agrippina Lohenstein, Daniel Casper von: Daniel Caspers Agrippina: Trauerspiel, Breslau 1665.

Lülfing, Artikel Koelhoff Lülfing, Hans: Artikel „Koelhoff, Johann der Jüngere", in: Neue Deutsche Biographie, Bd. 12, Berlin 1979, S. 319.

Lüsebrinck, Bastille Lüsebrinck, Hans-Jürgen: „Votivbilder der Freiheit – der 'Patriote Palloy' und die populäre Bildmagie der Bastille", in: Anderhub, Andreas und Roland, Berthold (Hg.): Die Bastille – Symbolik und Mythos in der Revolutionsgraphik, Katalog Ausstellung Landesmuseum Mainz, Mainz 1989, S. 71-80.

Maffei, Raccolta Maffei, Paolo Alessandro: Raccolta di statue antiche e moderne data in luce sotto i gloriosi auspicj di N.S. Papa Clemente XI. da Domenico de Rossi. Illustrata colle sposizioni a ciascheduna immagine di Paolo Alessandro Maffei, Rom 1704.

Manuwald, Nero Manuwald, Gesine: „Nero and Octavia in Baroque Opera. Their Fate in Monteverdi's Poppea and Keiser's Octavia", in: Ramus 34.2, Wien 2005, S. 152-166.

Mathieux, Köln 1818 Anonym (Mathieux, Johann Paul): Köln und seine Merkwürdigkeiten für den Alterthums-Forscher und Kunstliebenden, Köln 1818 (bei J. Mathieux).

Mehring und Reischert, Geschichte Mehring, Friedrich Everhard von und Reischert, Ludwig: Zur Geschichte der Stadt Köln am Rhein, Bd. 1, Köln 1838.

Meier, Bauer Meier, Robert: „Der Kölner Bauer: Ein Bild aus der Kölner Stadtchronik 'Agrippina', ca. 1470", in: Quellen zur Geschichte der Stadt Köln Bd. 2, hg. im Auftrag des Fördervereins Geschichte in Köln e. V. von Deeters, Joachim und Helmrath, Johannes in Zusammenarbeit mit Rheker-Wunsch, Dorothee und Wunsch, Stefan, Köln 1996, S. 91-94.

Meier, Beeck Meier, Robert: Heinrich van Beeck und seine „Agrippina". Ein Beitrag zur Kölner Chronistik des 15. Jahrhunderts. Mit einer Textdokumentation (Kölner Historische Abhandlungen, Nr. 41), Köln, Böhlau 1998.

Meier, Geschichtsschreibung Meier, Robert: „Geschichtsschreibung in Köln im 15. Jahrhundert: die Agrippina", in: Geschichte in Köln, Nr. 42, Köln 1997, S. 21-39.

Meise, Untersuchungen Meise, Eckhard: Untersuchungen zur Geschichte der Julisch-Claudischen Dynastie, München 1969.

Menne-Thomé, Brantzky Menne-Thomé, Käthe: Franz Brantzky 1871–1945. Ein Kölner Architekt in seiner Zeit (Veröffentlichungen der Abteilung Architekturgeschichte des Kunsthistorischen Instituts der Universität zu Köln, Nr. 17), Köln 1991.

Merian, Köln 1948 Merian – Städte und Landschaften. Eine Monographienreihe, Köln, Hamburg 1948.

Merlo, Artikel Hoffmann Merlo, Johann Jakob: Artikel „Hoffmann, Joseph", in: Allgemeine Deutsche Biographie, Bd. 12, München und Leipzig 1880, S. 605-606.

Merlo, Gürzenich Merlo, Johann Jakob: „Haus Gürzenich zu Köln, sein Saal und dessen Feste. Nach den Urkunden", in: Annalen des Historischen Vereins für den Niederrhein, Nr. 43, Köln 1885, S. 1-79.

Merlo, Nachrichten Merlo, Johann Jakob: Nachrichten von dem Leben und den Werken Kölnischer Künstler, Köln 1850.

Merlo, Woensam Merlo, Johann Jakob: Anton Woensam von Worms. Maler und Xylograph zu Köln. Sein Leben und seine Werke, Leipzig 1864.

Mettele, Bürgertum Mettele, Gisela: Bürgertum in Köln 1775–1870. Gemeinsinn und freie Association, München 1998.

Meyer, Optima mater Meyer, Kathryn Evers: Optima mater: The Life of Agrippina the Younger, Washington 1992.

Meyer-Kalkus, Wollust Meyer-Kalkus, Reinhart: Wollust und Grausamkeit. Affektenlehre und Affektdarstellung in Lohensteins Dramatik am Beispiel von „Agrippina", Göttingen 1986.

Meyer-Wurmbach, Fresken Meyer-Wurmbach, Edith: „Die Neueste Renaissance in der Kunst' und 'Der Ausbau des Domes'. Ein Beitrag zur Geschichte des Dombaus nach wiederaufgefundenen Entwürfen zu den Fresken E. von Steinles im alten Wallraf-Richartz-Museum", in: Kölner Domblatt, Nr. 14/15, Köln 1958, S. 140-161.

Meynen und Schäfke, Flug Meynen, Henriette und Schäfke, Werner: Köln im Flug durch die Zeit. Die schönsten Ansichten aus der Luft vom Mittelalter bis heute, Köln 2008.

Meynen, Grünanlagen Meynen, Henriette: Die Kölner Grünanlagen, Bd. 1, Köln 1979.

Militzer, Collen Militzer, Klaus: „Collen eyn kroyn boven allen steden schoyn. Zum Selbstverständnis einer Stadt", in: Colonia Romanica, Nr. 1, Köln 1986, S. 15-32.

Minaud, Vies Minaud, Gérard: Les vies de 12 femmes d'empereur romain. Devoirs, intrigues et voluptés, Paris 2012.

Mölich, „Koelhoffsche" Chronik Mölich, Georg (Hg.): Spätmittelalterliche städtische Geschichtsschreibung in Köln und im Reich. Die „Koelhoffsche" Chronik und ihr historisches Umfeld (Veröffentlichungen des Kölnischen Geschichtsvereins, Nr. 43), Köln 2001.

Mölich, Köln Mölich, Georg: „'Köln ist wieder da'. Facetten des Stadtjubiläums '1900 Jahre Stadt' im Jahr 1950", in: Geschichte im Westen, Nr. 29, Essen 2014, S. 207-222.

Montaiglon, Catalogue Montaiglon, Anatole de: Catalogue raisonné de l'œuvre de Claude Mellan d'Abbeville, Abbéville 1856.

Mosler, Köln Mosler, Bettina: Köln von seiner schönsten Seite, Bd. 2, Köln 2005.

Müller, Agrippina Müller, Rüdiger: O Agrippina ... Geschichten um Kölns Geschichte, Köln 1990.

Müller, Köln Müller, Klaus: Köln von der französischen zur preußischen Herrschaft (Geschichte der Stadt Köln, im Auftrage der Historischen Gesellschaft Köln e. V., hg. v. Stehkämper, Hugo, Bd. 8), Köln 2005.

Nagler, Künstlerlexicon Nagler, Georg Kaspar: Allgemeines Künstlerlexicon, München 1840.

Naredi-Rainer, Fresken Naredi-Rainer, Paul von: „Die Fresken Edward von Steinles im Treppenhaus des ersten Wallraf-Richartz-Museums", in: Kölner Museums-Bulletin, Nr. 5, Köln 1983, S. 50-54.

Naumann-Steckner, Fortuna Naumann-Steckner, Friederike: „Fortuna, die Göttin des Glücks", in: Kat. Agrippina 2011, S. 35-39.

Naumann-Steckner, Frisur Naumann-Steckner, Friederike: „Mit der Frisur der Kaiserin. Angleichungen an das Bildnis Agrippina d.J. in Köln", in: Trier und Naumann-Steckner, Agrippina (erscheint im Nov. 2015).

Netz, Agrippina Netz, Dina: Susanne Wächters „Agrippina – die Kaiserin aus Köln" in der Schlosserei des Kölner Schauspiels, dradio, 25.11. 2010, http://www.deutschlandradiokultur.de/roemische-puppet-show.1013.de.html?dram:article_id=171197 (29.9.2015).

Netz, Puppet-Show Netz, Dina: Römische Puppet-Show, 26. 11. 2010, online:http://www.nachtkritik.de/index.php?option=com_content&view=article&id=4953:agrippina-die-kaiserin-aus-koeln-suse-waechters-versuch-der-koelner-stadtgruenderin-im-puppenspiel-naeher-zu-kommen&catid=84:schauspiel-koeln (30.9.2015).

Niessen, Führer Niessen, Johannes: Führer in den geistigen Inhalt der Gemälde-Sammlung des Museums Wallraf-Richartz in Köln: dargeboten als beschreibendes Verzeichnis nebst kunstgeschichtlichen Exkursen und biographischen Skizzen, so wie kritischen Erörterungen und in gebundener Form gehaltenen künstlerisch-religiösen Betrachtungen, Köln 1877.

Noelke und Lieb, Römerbrunnen Noelke, Peter und Lieb, Stefanie: „Der Kölner Römerbrunnen von Franz Brantz-ky (1910–1915) und seine Neugestaltung durch Karl Band (1954–1955)", in: Wallraf-Richartz-Jahrbuch, Nr. 53, Köln 1992, S. 223-268.

Noelke, Antikensammlungen Noelke, Peter: Kölner Antikensammlungen und -studien vom Humanismus bis zur Aufklärung und ihr Kontext im deutschen Sprachraum, Typoskript (erscheint 2016)

Noelke, Entdeckung Noelke, Peter: „Entdeckung der Geschichte: Arnold Mercators Stadtansicht von Köln (1570/71)", in: Kat. Renaissance am Rhein, S. 250-257.´

Noelke, Sammlungen Noelke, Peter: Die Archäologischen Sammlungen des Wallrafianums (Tafel 1-15), in: Werner Schäfke (Hg.): Johann Peter Weyer. Kölner Alterthümer, Kommentarband, Köln 1994, S. 293-308

Oepen, Köln katholisch Oepen, Joachim: „Als Köln katholisch wurde. Konfessionsbildung und kirchliches Leben in der Stadt", in: Kat. Köln Unheilige Zeiten

Otten, Einführung Otten, Thomas: „Einführung in die Archäologie und Bodendenkmalpflege in der Rheinprovinz 1920–1945", in: Kunow, Jürgen, Otten, Thomas und Bemmann, Jan: Archäologie und Bodendenkmalpflege in der Rheinprovinz 1920–1945 (Materialien zur Bodendenkmalpflege im Rheinland, Nr. 24), Bonn 2013, S. 19-25.

Otto, Skulpturen Otto, Heike: „Skulpturen aus buntem Hartgestein", in: Trier und Naumann-Steckner, Agrippina (erscheint im Nov. 2015).

Pabst, Wallraf Pabst, Klaus: „Ferdinand Franz Wallraf. Opportunist oder Kölner Lokalpatriot?", in: Geschichte in Köln, Nr. 23, Köln 1988, S. 159-177.

Pallucchini, Pittura Pallucchini, Rodolfo: La pittura veneziana del Seicento, 2 Bände, Mailand 1981.

Parent, Hohenzollern Parent, Thomas: Die Hohenzollern in Köln, Köln 1981.

Pecht, Kunst Pecht, Friedrich (Hg.): Die Kunst für Alle, Heft 6, München 1891.

Pelletier u. a., Lyon Pelletier, André, Rossiaud, Jacques, Bayard, Françoise und Cayez, Pierre: Histoire de Lyon: des origines à nos jours, Lyon, 2007.

Pfotenhauer, Gürzenich Pfotenhauer, Angela: Der Gürzenich und St. Alban (Stadtspuren, Nr. 22), Köln 1993.

Powell, Agrippa Powell, Lindsay: Marcus Agrippa: Right-hand Man of Caesar Augustus, Barnsley 2015.

Pracht-Jörns, Levy Elkan Pracht-Jörns, Elfi: „Der Kölner Lithograf und Maler David Levy Elkan", in: Wacker, Bernd und Lauer, Rolf (Hg.): Der Kölner Dom und „die Juden", Kölner Domblatt, Nr. 73, Köln 2008, S. 207-248.

Pangerl, Reichsprägung Pangerl, Andreas: „Agrippinas Griff nach der Macht im Spiegel der römischen Reichsprägung", in: Trier und Naumann-Steckner, Agrippina (erscheint im Nov. 2015).

Pangerl, Reichsprägungen Pangerl, Andreas: „Agrippina die Jüngere auf Römischen Reichsprägungen", in: Kat. Agrippina 2011, S. 20-31.

Prass und Zöller, Dreigestirn Prass, Ilse und Zöller, Klaus: Vom Helden Carneval zum Kölner Dreigestirn: 1823–1992, Köln 1993.

Premierenzettel Agrippina 1985 Premierenzettel zur Aufführung der Oper „Agrippina", Köln, 31. Mai 1985, Theaterwissenschaftliche Sammlung der Universität zu Köln.

Premierenzettel Agrippina 1994 Premierenzettel zur Aufführung der Oper „Agrippina", Köln, 8. Oktober 1994, Theaterwissenschaftliche Sammlung der Universität zu Köln.

Presicce, Restaurierung Presicce, Claudio Parisi: „Beitrag über die Restaurierung der Agrippina-Statue auf dem Caelius", in: Trier und Naumann-Steckner, Agrippina (erscheint im Nov. 2015).

Pries, Agrippina Pries, Sascha: „Agrippina, Colonia, Concordia, Gerling und Kölnische Rückversicherung. Auf Nummer sicher", in: Kramp, Mario und Soénius, Ulrich S. (Hg.): Made in Cologne. Kölner Marken für die Welt, ² Köln 2015, S. 26-29.

Pries, Tafelaufsatz Pries, Sascha: „'Das Herz ist nicht dabei …' Ein Tafelaufsatz, die Kölner Industrie und die Liebe zu Preußen", in: Kat. Achtung Preußen, S. 126-131.

Programm Köln 1825 Programm zur Darstellung der grossen Weltbegebenheit, welche sich in der Fastnachts-Epoche vom Jahre 1825 zu Köln am Rhein ereignen soll, auf Befehl des abwesenden Helden Carneval II., zu Tag gefördert durch den als Regentschaft bestallten lustigen Rath, Köln o. J. (1825).

Programmheft Agrippina Programmheft zur Oper „Agrippina", hg. v. der Oper der Stadt Köln, Redaktion Angelus Seipt, Köln 1985, Theaterwissenschaftliche Sammlung der Universität zu Köln.

Programmheft En dubbelte Agrippina Programmheft: „En dubbelte Agrippina", Gastspiel Cäcilia Wolkenburg, Oper der Stadt Köln, hg. von der Bühnenspielgemeinschaft im Kölner Männer-Gesang-Verein Cäcilia Wolkenburg, Redaktion Fritzdieter Gerhards, Köln 1994.

Pucci, Agrippina Pucci, Guiseppe: „Agrippina sullo schermo", in: Moltesen, Mette und Nielsen, Anne Marie (Hg.): Agrippina Minor. Life and Afterlife - Liv og eftermaele (Meddelelser fra Ny Carlsberg Glyptotek, Nr. 9), Kopenhagen 2007, S. 161-169.

Puls, Blaeser Puls, Michael: Gustav Hermann Blaeser. Zum Leben und Werk eines Berliner Bildhauers. Mit Werkverzeichnis der plastischen Arbeiten, Köln 1996.

Quarg, Stifterin Quarg, Gunter: „Die 'Stifterin Kölns'. Ein fiktives Münzporträt der Kaiserin Agrippina als Stadtgründerin", in: Kölner Jahrbuch, Nr. 31, Köln 1998, S. 295-298.

Raschdorff, Gürzenich Raschdorff, Julius Carl: Das Kaufhaus Gürzenich in Cöln, Berlin 1863 (auch erschienen als Raschdorff, Carl: „Das Kaufhaus Gürzenich in Cöln", in: Zeitschrift für Bauwesen, Nr. XII, Berlin 1862, Heft 1, S. 3-20 und Atlas zur Zeitschrift für Bauwesen, Nr. XII, Berlin 1862, Tafeln 1-8).

Reuter, Germanicus Reuter, Marcus: „Germanicus, Agrippinas temperamentvoller Vater", in: Trier und Naumann-Steckner, Agrippina (erscheint im Nov. 2015).

Rezension Sotzmann Rezension Sotzmann, Antonius von Worms, in: Allgemeine Literaturzeitung, Bd. 1, Nr. 18, Halle 1820, S. 140-142.

Riccoboni, Zanchi Riccoboni, Alberto: „Antonio Zanchi e la Pittura Veneziana del Seicento", in: Saggi e Memorie di Storia dell'arte, nr. 5, Florenz 1966, S. 117.

Richartz, Wallraf Richartz, Johann Heinrich (Hg.): Ausgewählte Schriften von Ferdinand Wallraf, Köln 1861.

Roman de la Rose Roman de la Rose Digital Library, online: http://romandelarose.org (23.7.2015).

Romelli, Sammeln Romelli, Tiziana: Bewegendes Sammeln. Das studiolo von Isabella d'Este und das petit cabinet von Margarete von Österreich im bildungstheoretischen Vergleich, Diss. Berlin 2008.

Rosand, Opera Rosand, Ellen: Opera in Seventeenth-Century Venice. The Creation of a Genre, Berkeley 1991.

Rossmann, Jelinek Rossmann, Andreas: „Jelinek trifft Seneca", in: Frankfurter Allgemeine Zeitung, Frankfurt/M. 27.11.2010.

Rothenhöfer, Köln Rothenhöfer, Peter: „Köln und Xanten: Frontstädte am Rhein?", in: Daubner, Frank (Hg.): Militärsiedlungen und Territorialherrschaft in der Antike, Berlin und New York 2010, S. 115-130.

Salzmann, Porträts Salzmann, Dieter: „Antike Porträts im Römisch-Germanischen Museum Köln", in: Kölner Jahrbuch für Vor- u. Frühgeschichte 23 (1990), 131–120.

Sammlung Karnevals-Lieder Vollständige Sammlung der Kölnischen Karnevals-Lieder von den Jahren 1823-1828. Herausgegeben zunächst zum Gebrauch in den General=Versammlungen, Köln (bei Franz Xaver Schlösser) 1828.

Savoy, Kunstraub Savoy, Bénédicte: Kunstraub. Napoleons Konfiszierungen in Deutschland und die europäischen Folgen. Mit einem Katalog der Kunstwerke aus deutschen Sammlungen im Musée Napoléon, Köln und Wien 2011.

Schäfer, Geburtsstadt Schäfer, Alfred: „Die Geburtsstadt der Agrippina", in: Trier und Naumann-Steckner, Agrippina (erscheint im Nov. 2015).

Schäfer, Broelmann Schäfer, Alfred: „Stephan Broelmann (1551–1622). Agrippa und die Gründung Kölns", in: Boschung, Dietrich und Kleinschmidt, Erich (Hg.): Lesbarkeiten. Antikerezeption zwischen Barock und Aufklärung, Würzburg 2010, S. 101-120.

Schäfer, Herrscherkult Schäfer, Alfred: „Herrscherkult", in: Trier und Naumann-Steckner, Kat. 14 AD, S. 56-59.

Schäfers, Soll Schäfers, Eva: „Soll er mich doch töten!", in: Westfälischer Anzeiger, Hamm 1.12. 2010.

Schäfke und Heuberger, Fotobücher Schäfke, Werner und Heuberger, Roman: Köln und seine Fotobücher. Fotografie in Köln, aus Köln, für Köln im Fotobuch von 1853 bis 2010, Köln 2010.

Schäfke, Ganz Köln Schäfke, Werner: ,'treulich geführt': Ganz Köln in einem Buch – eine sortierte und kommentierte Bibliographie", in: Haug, Christine und Thiele, Rolf (Hg.): Buch – Bibliothek – Region. Wolfgang Schmitz zum 65. Geburtstag, Wiesbaden 2014, S. 451-482.

Schäfke, Häfen Schäfke, Werner: „Vom Aufstand zum Untergang – Kölns Häfen von 1000 bis 1945", in: Schäfke, Werner (Hg.): Hafenstadt Köln, Köln 2012, S. 76-149.

Schäfke, Hafenstadt Schäfke, Werner (Hg.): Hafenstadt Köln, Köln 2012.

Schäfke, Vogelschauansichten Schäfke, Werner: Köln in Vogelschauansichten. Die Bestände der Graphischen Sammlung des Kölnischen Stadtmuseums, Köln 1992.

Schäfke, Wünsche Schäfke, Werner: „Ein Pokal voller Wünsche. Ein Kölner Original und seine Berliner Kopie", in: Kat. Achtung Preußen, S. 29-31.

Schedel, Weltchronik Schedel, Hartmann: Weltchronik, kolorierte Gesamtausgabe von 1493, Faksimile-Ausgabe mit Einleitung und Kommentar von Stephan Füssel, Köln 2001.

Scheuren, Rhein 1877 Scheuren, Caspar: Vom deutschen Rhein : mit landschaftlichen und architectonischen Ansichten nebst Illustrationen zu rheinischen Dichtungen von Caspar Scheuren, Koblenz 1877.

Scheuren, Rhein 1879 Scheuren, Caspar: Vom deutschen Rhein: Düsseldorf 1879.

Scheuren, Rhein 1880 Scheuren, Caspar: Der Rhein: von den Quellen bis zum Meere, Bilder von Caspar Scheuren, Lahr 1880.

Schier, Almanach Schier, Christian Samuel: Kölnischer Karnevals-Almanach vom Jahre 1824, Köln o. J. (1824).

Schier, Carneval Schier, Christian Samuel: Der kölnische Carneval vom Jahre 1823. Ein Gedicht von Chr. Samuel Schier, Köln o. J. (1823).

Schillings, Gemeinschaft Schillings, Pascal: „Die vorgestellte Gemeinschaft. Der Kölner Karneval in der Nachkriegszeit", in: Ditt, Karl und Obergassel, Cordula (Hg.): Vom Bildungsideal zum Standortfaktor. Städtische Kultur und Kulturpolitik in der Bundesrepublik, Paderborn u. a. 2012, S. 71-94.

Schlappal, Verzeichniß Schlappal, Jodocus: Verzeichniß der Figuren des großen kölnischen Maskenzuges vom Jahr 1825, hg. von Schlappal, Jod. in Köln, Kölnisches Stadtmuseum, Graphische Sammlung, Inv.-Nr. G 8821 und B-Kar 4.

Schmidt, Stars Schmidt, Gérard: Kölsche Stars, Köln 1992.

Schmidt, Nekrolog Schmidt, Friedrich August (Hg.): „Neues Nekrolog der Deutschen", 2. Jg. 1824, Ilmenau 1826.

Schmitt-Rost, Amtskette Schmitt-Rost, Hans (Red.): Die Amtskette des Oberbürgermeisters der Stadt Köln, Köln o. J. (1959).

Schmitz, Kaiserin Schmitz, Hermann: „Die Kaiserin Agrippina als Patronin der colonia Agrippinensium. Zu Tacitus, ann. 13,57,5ff", in: Gymnasium, Nr. 62, Heidelberg 1955, S. 429-434.

Schmitz, Menschen Schmitz, Dirk: „Agrippina und die Menschen im oppidum Ubiorum", in: Trier und Naumann-Steckner, Agrippina (erscheint im Nov. 2015).

Schmitz, Überlieferung Schmitz, Wolfgang: Die Überlieferung deutscher Texte im Kölner Buchdruck des 15. und 16. Jahrhunderts, Habil.-Schrift, Köln 1990.

Schnapp, Entdeckung Schnapp, Alain: Die Entdeckung der Vergangenheit. Ursprünge und Abenteuer der Archäologie, Stuttgart 2009.

Schnorrenberg, Woensam Schnorrenberg, Jakob: Artikel „Woensam, Anton", in: Allgemeine Deutsche Biographie, hg. von der Historischen Kommission bei der Bayerischen Akademie der Wissenschaften, Bd. 43, München und Leipzig 1898, S. 704-706.

Schoor und Kranen, Film Schoor, Irene und Kranen, Marion: „ 'Verläßliche, tüchtige Vorführerin sucht zum 1.9.1917 Dauerstelle!' Film und Kino in Köln während der Ersten Weltkrieges", in: Kat. Köln 2014, S. 106-109.

Schramma, Amtskette Schramma, Fritz: Statement von Oberbürgermeister Fritz Schramma zur Pressekonferenz „50 Jahre Amtskette", 14. 7. 2005, http://www.stadt-koeln.de/mediaasset/content/pdf-ob/reden/2005/07/14-jubilaeum-amtskette.pdf (22. 8. 2015).

Schreiber, Anleitung Schreiber, Aloys Wilhelm: Anleitung den Rhein & die Mosel & die Bäder des Taunus zu bereisen: Mit einer Charta, Heidelberg 1812, S. 168-169.

Schröder, Eintracht Schröder, Günter: „ 'Eintracht und Liebe, Frohsinn und Freude'. Am Aschermittwoch war noch nicht alles vorbei: Homosexuelle und Karneval im Köln der Nachkriegsjahre", in: Balser, Kristof, Kramp, Mario, Müller, Jürgen und Gotzmann, Joanna (Hg): „Himmel und Hölle". Das Leben der Kölner Homosexuellen 1945–1969, Köln 1994, S. 105-113.

Schrörs, Braun Schrörs, Heinrich: Ein vergessener Führer aus der rheinischen Geistesgeschichte des 19. Jahrhunderts, Johann Joseph Braun, Bonn und Leipzig 1925.

Schulten, Domschatz Schulten, Walter: Der Kölner Domschatz, Köln 1980.

Schulten, Schrein Schulten, Walter: Der Schrein der Heiligen Drei Könige im Kölner Dom, Köln 1975.

Schulz, Woensam Schulz, Else: Zum Holzschnittwerk des Anton Woensam von Worms, Diss. (ungedruckt) Köln 1950.

Schumacher u. a.: Braunkohlerevier Schumacher, Achim, Stollberg, Maren, Dworschak, Ulf, Weglau, Jochen u. a.: Rekultivierung im Rheinischen Braunkohlenrevier, Teil 1, Forschungsstelle Rekultivierung, Elsdorf 2014.

Schürenberg, Spiegelung Schürenberg, Dorothee: Spiegelung und Bedeutung der Frau in der Geschichtsschreibung des Tacitus. Phil. Diss. Philipps-Universität Marburg, 1975.

Schütte und Gechter, Broelmann Schütte, Sven und Gechter, Marianne: „Stephan Broelmann und die Folgen. Karten Kölns, der Konstantinischen Rheinbrücke und der römischen Wasserleitung nach Köln aus 380 Jahren", in: Kölner Museums-Bulletin Heft 1, Köln 1999, S. 4-26.

Schweers, Gemälde Schweers, Hans F.: Gemälde in deutschen Museen, Katalog der ausgestellten und depotgelagerten Werke, München [3], 2002.

Séguin, Selecta Selecta numismata antiqua ex museo Petri Seguini (…) decani, ejusdem observationibus illustrata…, Paris 1666.

Seipt, Triumph Seipt, Angelus: „Der Triumph der Intrige. Notizen zu Händels ,Agrippina'", in: Programmheft Programmheft ,Agrippina' (o.P.).

Shotter, Agrippina the Elder Shotter, David Colin Arthur: "Agrippina the Elder: A Woman in a Men's World", in: Historia, Zeitschrift für Alte Geschichte, Nr. 49, Stuttgart 2000, S. 341-357.

Sievers, Köln Sievers, Anke D.: Köln von seiner schönsten Seite. Das Kölner Stadtpanorama in Drucken vom 15. bis zum Ende des 18. Jahrhunderts in den Graphischen Sammlungen des Kölnischen Stadtmuseums und der Kreissparkasse Köln, hg. v. Schäfke, Werner, Köln 1997.

Signon, Straßen Signon, Helmut: Alle Straßen führen durch Köln. Überarbeitet und aktualisiert von Schmidt, Klaus, Köln 2006.

Simon, Nacht Simon, Klaus: "Für eine Nacht voller Seligkeit'. Homosexuelle im Kölner Karneval", in: Limpricht, Cornelia, Müller, Jürgen und Oxenius, Nina (Hg.): "Verführte" Männer. Das Leben der Kölner Homosexuellen im Dritten Reich, Köln 1991, S. 23-30.

Simon, Schreiterer & Below Simon, Sabine: Schreiterer & Below. Ein Kölner Architekturbüro zwischen Historismus und Moderne, Mainz 1999.

Soénius, Wirtschaft Soénius, Ulrich S.: "Die Kölner Wirtschaft. Das Umbruchjahr 1914", in: Kat. Köln 2014, S. 72-81.

Sontheimer, Tacitus Tacitus, Annalen XI-XVI, Übersetzung und Anmerkungen von Sontheimer, Walther, Stuttgart 1980.

Sotzmann, Antonius von Worms Sotzmann, Johann Daniel Ferdinand: Ueber des Antonius von Worms Abbildung der Stadt Köln aus dem Jahre 1531, Köln 1819.

Späth, Agrippina Späth, Thomas: "Agrippina minor. Frauenbild als Diskurskonzept", in: Kunst, Christiane und Riemer, Ulrike (Hg.): Grenzen der Macht. Zur Rolle der römischen Kaiserfrauen, Stuttgart 2000, S. 115-133.

Späth, Frauenmacht Späth, Thomas: "'Frauenmacht' in der frühen römischen Kaiserzeit? Ein kritischer Blick auf die historische Konstruktion der 'Kaiserfrauen'". In: Dettendorfer, Maria H. (Hg.): Reine Männersache? Frauen in Männerdomänen der antiken Welt, Köln, Weimar und Wien 1994, S. 159-205.

Späth, Herrscherin Späth, Thomas: "Skrupellose Herrscherin? Das Bild der Agrippina minor bei Tacitus", in: Späth, Thomas und Wagner-Hasel, Beate (Hg.): Frauenwelten in der Antike. Geschlechterordnung und weibliche Lebenspraxis, Stuttgart und Weimar 2000, S. 262-281.

Späth, Männlichkeit Späth, Thomas: Männlichkeit und Weiblichkeit bei Tacitus, Frankfurt 1998.

Spiertz, Groote Spiertz, Willi: Eberhard von Groote: Leben und Werk eines Kölner Sozialpolitikers und Literaturwissenschaftlers (1789–1864), Köln und Weimar 2007.

Stadt Köln, Köln Stadt Köln (Hg.): Köln, Köln 1950.

Stahr, Agrippina Stahr, Adolf: Agrippina, die Mutter Neros, Berlin 1867.

Stein-Hölkeskamp, Tafeln Stein-Hölkeskamp, Elke: "Tödliches Tafeln. Convivia in neronischer Zeit", in: Castagna, Luigi und Vogt-Spira, Gregor (Hg.): Pervertere: Ästhetik der Verkehrung: Literatur und Kultur neronischer Zeit und ihre Rezeption (Beiträge zur Altertumskunde, Nr. 151), Berlin und New York 2002, S. 3-28.

Stelzmann, Köln Stelzmann, Arnold: Illustrierte Geschichte der Stadt Köln, Köln 1958.

Stelzmann und Frohn, Köln Stelzmann, Arnold und Frohn, Robert: Illustrierte Geschichte der Stadt Köln, [11] Köln1990.

Steuer, Wappen Steuer, Heiko: Das Wappen der Stadt Köln, Köln 1982.

Stohlmann, Lobe Stohlmann, Jürgen: "Zum Lobe Kölns. Die Stadtansicht von 1431 und die 'Flora' des Hermann von dem Busche", in: Jahrbuch des Kölnischen Geschichtsvereins, Nr. 51, Köln 1980, S. 1-15.

Strauss-Ernst, Hoffmann Strauss-Ernst, Luise: "Josef Hoffmann, ein kölnischer Maler des Klassizismus", in: Wallraf-Richartz-Jahrbuch, Nr. 2, Köln 1925, S. 78-87.

Strich, Mesquida Strich, Eva: Guillermo Mesquida, pintor mallorquín en Alemania, Palma di Mallorca 1992.

Strobl, Artikel Claudius Strobl, Wolfgang: Artikel „Claudius", in: Der Neue Pauly, Supplementband 8: Historische Gestalten der Antike. Rezeption in Literatur, Kunst und Musik"; hg. von Möllendorff, Peter von, Simonis, Annette und Simonis, Linda, Stuttgart und Weimar 2013, Sp.297-310.

Surmann, Umgang Surmann, Ulrike: „Vom städtischen Umgang mit Bildern. Die Bildprogramme des Kölner Rathauses", in: Kier, Ernsting und Krings, Ratsturm, S. 166-201.

Tabarelli, Adoption Tabarelli, Petra: Die Adoption von Nero – Agrippinas Meisterstück? Seminararbeit 2011, Johannes Gutenberg-Universität Mainz, online: http://www.academia.edu/3688818/Die_Adoption_von_Nero_-_Agrippinas_Meisterstueck (17.5.2015).

Tacitus, Annalen siehe Sontheimer.

Teichen, Bau Teichen, Theodor: „Der neue Spanische Bau", in: Fuchs, Rathaus, S. 151-160.

Textbuch Agrippina Agrippina. Textbuch, Oper in drei Akten von Georg Friedrich Händel, Libretto von Vincenzo Grimani, Übersetzung aus dem Italienischen von Henneberg, Claus H. und Seipt, Angelus (Texthefte der Oper der Stadt Köln, hg. zur Neuinszenierung am 31. Mai 1985, Köln 1985, Theaterwissenschaftliche Sammlung der Universität zu Köln.

Thierhoff, Wallraf Thierhoff, Bianca: Ferdinand Franz Wallraf (1748–1824). Eine Gemäldesammlung für Köln (Veröffentlichungen des Kölnischen Stadtmuseums, hg. v. Schäfke, Werner, Heft XII), Köln 1997.

Thieme-Becker Allgemeines Lexikon der bildenden Künstler von der Antike bis zur Gegenwart, begründet von Thieme, Ulrich und Becker, Felix, 43 Bdd., Leipzig 1907–1962.

Trier und Naumann-Steckner, Agrippina Trier, Marcus und Naumann-Steckner, Friederike (Hg.): Agrippina – Kaiserin aus Köln, Begleitband zur Ausstellung im Römisch-Germanischen Museum, Köln (erscheint im Nov. 2015).

Trier, Museum Trier, Marcus: „Das Prähistorische Museum, die Römische Abteilung im Wallraf-Richartz-Museum und die Archäologische Bodendenkmalpflege in Köln 1920–1945", in: Kunow, Jürgen, Otten, Thomas und Bemmann, Jan: Archäologie und Bodendenkmalpflege in der Rheinprovinz 1920–1945 (Materialien zur Bodendenkmalpflege im Rheinland, Nr. 24), Bonn 2013, S. 203-214.

Trier, Oppidum Trier, Marcus: „Das oppidum Ubiorum – Köln in der frühen Kaiserzeit", in: Trier und Naumann-Steckner, Kat. 14 AD, S. 46-55.

Van Hasselt und Bleyerveld, Amsterdam van Hasselt, Laura und Bleyerveld, Yvonne: Bird's Eye View of Amsterdam. On the Cusp oft he Golden Age, Begleitband zur Ausstellung im Amsterdam Museum u. a., Zwolle 2015.

Varner, Monumenta Varner, Eric R.: Monumenta Graeca et Romana: Mutilation and transformation : damnatio memoriae and Roman imperial portraiture, Leiden 2004.

Vogel, Dreikönigenschrein Vogel, Joannes Philippus Nerius Maria: Sammlung der prächtigen Edelgesteinen womit der Kasten der dreyen heiligen Weisen Königen in der hohen Erz-Domkirche zu Köln ausgezieret ist, Bonn 1781.

Vogt-Lüerssen: Agrippina Vogt-Lüerssen, Maike: Agrippina die Jüngere: Die große römische Politikerin und ihre Zeit, Norderstedt 2006.

Vogt-Lüerssen: Neros Mutter Vogt-Lüerssen, Maike: Neros Mutter, Agrippina die Jüngere und ihre Zeit, Mainz 2002.

Vogts, Rathaus 1913 Vogts, Hans: „Das Kölner Rathaus", in: Jahrbuch des Kölnischen Geschichtsvereins, Nr. 2, Köln 1913, S. 1-34.

Vogts, Rathaus 1928 Vogts, Hans: Rathaus zu Köln, Köln 1928.

Volkmann, Artikel Municipium Volkmann, Hans: Artikel „Municipium", in: Der Kleine Pauly, Bd. 3, Stuttgart 1969, Sp. 1464-1469.

Voltaire, Pyrrhonisme Voltaire:„ Le Pyrrhonisme de l'Histoire" (1768), Kapitel 13: „De Néron et d'Agrippine", in: Oeuvres complètes de Voltaire, Bd. 27, o. O. (Kehl) 1784, S. 45-49.

Vomm, Scheuren Vomm, Wolfgang (Hg.): Caspar Scheuren. Leben und Werk eines rheinischen Spätromantikers, Petersberg 2010.

Von Hesberg, Fundort von Hesberg, Henner: „Fundort, Fundumstände und Aufstellungskontext der Agrippina-Statue auf dem Caelius", in: Trier und Naumann-Steckner, Agrippina (erscheint im Nov. 2015).

VSVV Verhandlungen der Stadtverordneten= Versammlung zu Köln, hg. v. Oberbürgermeister der Stadt Köln.

Wagner, Bildersaal Wagner: Kölnischer Bildersaal. Die Gemälde im Bestand des Kölnischen Stadtmuseums einschließlich der Sammlung Porz und des Kölner Gymnasial- und Stiftungsfonds. Kölnisches Stadtmuseum, hg. von Schäfke, Werner, Köln 2006.

Wagner, Colonia Agrippina Wagner, Rita: Colonia Agrippina Nobilis Ubiorum Urbs, Museen Köln, Bilder Woche, http://www.museenkoeln.de/home/bild-der-woche.aspx?bdw=2014_19 (12. 7. 2015).

Wagner, Hollar Wagner, Rita: „Wenzel Hollars große Stadtansicht von 1636", in: Kat. Köln Unheilige Zeiten, S. 42-46.

Wagner, Kunstsammler Wagner, Rita: „Kölner Kunstsammler und Global Player. Von der Sternengasse nach Paris – Die Familie Jabach", in: Kat. Köln Unheilige Zeiten, S. 116-125.

Wagner, Mädchen Wagner, Rita: Kölsches Mädchen statt Drag Queen, http://www.museenkoeln.de/home/bild-der-woche.aspx?bdw=2013_06 (22. 8. 2015).

Wagner, Obrigkeit Wagner, Rita: Mit oder ohne – wie es der Obrigkeit gefällt, in: Kat. 125 Jahre, S. 180-181.

Waldherr, Nero Waldherr, Gerhard H.: Nero. Eine Biografie, Regensburg 2005.

Wallraf, Agrippina Wallraf, Ferdinand Franz: „Agrippina, die Gemahlin des Claudius die Stifterin Kölns", erschienen in: Taschenbuch der Ubier auf Achtzehnhundert: Mit Kupfern von Küffner, Schule und Thelot, Deutz 1799.

Wallraf, Agrippina (separat) Wallraf, Ferdinand Franz: Agrippina, die Gemahlin des Claudius die Stifterin Kölns, Deutz 1800.

Weber, Nüngzehnhundert Nüngzehnhundert Johr steiht uns Kölle am Rhing, Marschlied, Text und Musik Fritz Weber, bearbeitet von Gernet, Edgar, Bonn 1949.

Weber, Sieben Jahre Weber, Joseph: Sieben Jahre, aus dem Carnevale zu Cöln 1823-1829. In allegorischen Bildern dargestellt, entworfen und herausgegeben, allen Carnevalsfreunden gewidmet von Joseph Weber, Album mit Umrisslithografien Köln 1829, Kölnisches Stadtmuseum, Graphische Sammlung, Inv.-Nr. G 27641.

Weigel, Weiblichkeit Weigel, Sigrid: „Zur Weiblichkeit imaginärer Städte", in: Fuchs, Gotthard, Moltmann, Bernhard und Prigge, Walter (Hg.): Mythos Metropole, Frankfurt 1995, S. 35-45.

Weiser, Glücksbringer Weiser, Wolfram: „Agrippina die Ältere und Agrippina die Jüngere auf ,Glücksbringern' des 4., des 16. und 18. Jahrhunderts", in: Kat. Agrippina 2011, S. 50-52.

Welter, Quellen Welter, Désirée: „Urkundliche Quellen und städtische Chronik. Entstehung und Wirkung von Gottfried Hagens Reimchronik der Stadt Köln (1270/71)", in: Schwob, Anton u. a. (Hg.): Quelle – Text – Edition. Ergebnisse der österreichisch-deutschen Fachtagung der Arbeitsgemeinschaft für germanistische Edition in Graz 1996 (Beihefte zur editio 9), Tübingen 1997, S. 123-132.

Westfehling, Köln Westfehling, Uwe: Glückliches Köln. Graphische Kunst aus zehn Jahrhunderten, Köln 1992.

Wigg, Artikel Lugdunum Wigg, David G.: Artikel „Lugdunum", in: Reallexikon der Germanischen Altertumskunde, Bd. 19, Berlin und New York 2001, S. 26-28.

Winckelmann, Gedanken Winckelmann, Johann Joachim: „Gedanken über die Nachahmung der Griechischen Wercke in der Mahlerey und Bildhauer-Kunst" (1755), in: Kleine Schriften, Vorreden, Entwürfe, hg. v. Rehm, Walter, Berlin und New York 2002.

Winterling, Caligula Winterling, Aloys: Caligula: Eine Biographie, München 2012.

Wissowa, Religion Wissowa, Georg: Religion und Kultus der Römer, München 1912.

Woermann, Katalog Woermann, Karl: Katalog der Königlichen Gemäldegalerie zu Dresden, hg. von der Generaldirection der Königlichen Sammlungen für Kunst und Wissenschaft, Dresden 1887.

Wolf, Stadtbild Wolf, Klaus: Stadtbild im Umbruch. Öffentlichkeit und Kölner Bauerke 1763–1814, Regensburg 2010.

Wolff, Köln Wolff, Gerta: Das römisch-germanische Köln. Führer zu Museum und Stadt, Köln[6], 2005.

Wurzbach, Lexikon Artikel: „Steinle, Eduard Jacob", in: Wurzbach, Constantin von: Biographisches Lexikon des Kaiserthums Oesterreich, Bd. 38, Wien 1879, S. 108-141.

Wüstenbecker, Kunstform Wüstenbecker, Tobias: „ ,... die Kunstform unserer Stadt'. Theater und Oper in Köln 1914", in: Kat. Köln 2014, S. 99-105.

Zacher, Skulpturen Zacher, Inge: „Skulpturen an öffentlichen Gebäuden", in: Trier, Eduard und Weyres, Willy (Hg.): Kunst des 19. Jahrhunderts im Rheinland, Bd. 4: Plastik, Düsseldorf 1980, S. 349-383.

Zimmermann, Scheuren Zimmermann, Max Georg: Artikel „Scheuren, Johann Kaspar Nepomuk", in: Allgemeine Deutsche Biographie, hg. von der Historischen Kommission bei der Bayerischen Akademie der Wissenschaften, Bd. 31, München und Leipzig 1890, S. 143-144.

Zwierlein-Diehl, Gemmen Zwierlein-Diehl, Erika: Die Gemmen und Kameen des Dreikönigenschreines (Die großen Reliquienschreine des Mittelalters. Der Dreikönigenschrein im Kölner Dom 1,1, Studien zum Kölner Dom Bd. 5), Köln 1998.

Zwierlein-Diehl, Nachleben Zwierlein-Diehl, Erika: Antike Gemmen und ihr Nachleben, Berlin und New York 2007.

Luca Ferrari, genannt Luca da Reggio (1605-1654):
Nero vor dem Körper der Agrippina, Öl auf Leinwand,
145 x 170 cm, Ausschnitt, Galeria Estense, Modena,
Inv. 276

Abbildungsverzeichnis

Trotz aller Bemühungen der Autoren und des Verlags konnten nicht alle Rechteinhaber ermittelt werden. Sollten eventuelle Ansprüche bestehen, werden diese im Rahmen der üblichen Vereinbarungen abgegolten.